"博学而笃志，切问而近思。"
（《论语》）

博晓古今，可立一家之说；
学贯中西，或成经国之才。

复旦博学·复旦博学·复旦博学·复旦博学·复旦博学·复旦博学

主编简介

霍文文,上海财经大学教授,主要讲授和研究方向为证券投资、金融市场、金融期货期权。

主要著作有《证券投资学》,《证券市场基础知识》等等。

普通高等教育"十一五"国家级规划教材

金融学系列

金融市场学教程

（第二版）

■ 霍文文　主编

复旦大学出版社

内容提要

金融市场在现代市场经济体系中处于核心地位。金融市场学是研究市场经济条件下金融市场运行机制及各主体行为规律的科学。本书介绍有关金融市场的基础知识和基本理论，阐述金融市场的组织架构、交易工具、运作机制、运行规律和发展趋势。本书从解释概念入手，力求浅显而不失严谨。各章后附有复习思考题，可检验对基本概念和基础理论的理解。本书可作为经济、金融和管理各专业本科生的必修课教材或参考书，也可作为其他各专业本科生的公共选修课教材。此外，本书还可供对金融市场有兴趣的读者参阅。

本教材第二版入选教育部普通高等教育"十一五"国家级规划教材，补充了利率决定理论、货币市场与利率市场化的关系及我国利率市场化的改革进程、货币市场与货币政策的作用机制、传导机制、反馈机制等内容，补充和完善了相关数据，教材的相关内容与我国金融市场的发展基本保持同步。

第一版前言

金融是现代经济的核心,金融市场是现代市场体系的核心。在经济全球化的趋势下,全球金融市场正以不可逆转的趋势走向一体化,并在全球范围内发挥引导资本流动、为资产定价、优化资源配置和提高经济运行效率的作用。因而,掌握金融市场的基础知识和基本理论,熟悉金融市场的组织架构、交易工具、运作机制和运行规律,了解金融市场的发展趋势,是现代市场经济条件下所有已经从事和准备从事经济工作的人应该具备的知识。

金融市场学是研究市场经济条件下,金融市场运行机制及各主体行为规律的科学,是我国高等院校金融专业的主干课程,也是不少院校经济类、管理类专业的基础课程。国内有关金融市场学方面的教材已有多种,而且各具特色,以适应不同层次的教学需要。我希望将自己讲授金融市场学十多年所积累的资料和心得整理出来,为我国高等教育的教材建设添砖加瓦,尽一份绵薄之力。

本教材按金融市场的基本构架安排教材的体系,在结构安排上力求简洁、紧凑。全书共分十章,除第一章、第九章、第十章阐述金融市场的概况和发展趋势、国际金融中心和国际金融组织、金融风险和金融市场监管以外,其余各章分别阐述货币市场、债券市场、股票市场、基金市场、外汇市场、黄金市场、衍生工具市场等金融市场的各个子市场,使学生能从金融市场总体和微观结构两个层面上认识和把握金融市场。在内容安排上,着重阐明金融市场的基本概念、基础知识和基本理论,对各个子市场则分别阐述市场主体、交易工具、运作机制、收益风险和定价原理,使学生能对各个子市场有完整的认识,又可通过对金融市场作总体描述的章节了解各个子市场之间的有机联系,认识和把握金融市场的总体情况。在较全面阐述西方成熟金融市场运作机制和运行规律的同时,注意结合中国金融市场改革和发展的实践,引导学生在学习理论知识的同时关注中国的金融改革。在写作上,我们力求深入浅出、行文规范。为方便教学,每一章都有提要、本章小结、重要概念和包括判断题、单项选择题、多项选择题三种类型的练习题及参考答案。我们还准备了与教材配套的电子课件,使用本教材的教师可向出版社索取。

本教材是应复旦大学出版社之邀写作和出版的。编写分工如下:霍文文(第一章)、吴自强(第二章)、程国树(第三章)、于宁(第四章)、吴天宇(第五章)、郑燕(第六章)、边海燕(第七章)、翟鹏(第八章)、丁向阳(第九章)、潘俐俐

(第十章),全书由霍文文策划、修改和总纂。在编写的过程中,我们参考了国内外的有关资料和教材,主要的均已列在书后,在此向有关作者致谢。复旦大学出版社的李华、宋树杨和张军等编辑为本书付出了辛勤的劳动,在此向复旦大学出版社的李华、宋树杨和张军等同志致以诚挚的感谢。当然,由于本人才疏学浅,书中难免有不妥和谬误之处,责任由我承担,并请各位专家、读者指正。

霍文文
2005.7

第二版前言

《金融市场学教程》(第一版)出版已经5年了。在这期间,中国金融体制改革不断深化,金融市场不断发展,表现为市场主体结构多元化,金融工具,包括创新金融工具层出不穷,市场制度和法规体系逐渐完善,市场机制日渐深化,与国际金融市场的联系日益紧密,市场监管手段不断丰富。这一切都应在高校的教学和教材中加以体现,以便学生及时了解我国金融市场的发展进程,使教学紧跟市场的发展,因此需要对教材作补充和修订。同时,本教材于2008年入选教育部普通高等教育"十一五"国家级规划教材,根据规划的要求也需要对教材作必要的补充和完善。为此,在复旦大学出版社的支持下,对教材进行了大量的修订和补充,以适应形势发展和教学的需要。

第二版重点修订和补充了以下内容:

对第二章货币市场作了较大修订。货币市场是金融市场的基础子市场,对金融市场基准利率和市场利率体系的形成,以及中央银行货币政策的传导具有不可替代的作用。因此,第二版补充了利率决定理论,货币市场与利率市场化的关系及我国利率市场化的改革进程,货币市场与货币政策的作用机制、传导机制、反馈机制等内容,弥补了第一版的缺憾。

根据我国金融市场近几年的发展进程和现状,对各章内容进行了补充和完善,资料的选取基本截至2008年末或2009年年中,教材的相关内容与我国金融市场的发展基本保持同步。

第二版的教材修订难免有一些遗憾。在教材修订的过程中,次贷危机正在美国本土肆虐,它所带来的金融危机和经济危机波及全球主要经济体,最终的影响和各国政府的援救效果尚未水落石出。教材不同于专著,只有成熟的理论和较稳定的市场制度和机制才能写入教材,因此,第二版对次贷危机及由此引发的与金融市场相关的问题没有涉及。但这并不影响课堂教学就相关问题展开阐述,也为今后的教材修订留下了空间。

教材的第一版是由我策划和总纂,并与多位青年学者共同完成的,他们的辛勤付出为教材打下了基础。第二版是由我独立修订的。由于本人才疏学浅,难免有疏漏和不当之处,恳请专家、读者不吝赐教,以正谬误。

霍文文

2010.3

目 录

第一章 金融市场概论 ·· 1
  第一节 金融市场的含义和功能 ·· 1
    一、金融市场的含义 ·· 1
    二、金融市场的分类 ·· 2
    三、金融市场的功能 ·· 4
  第二节 金融市场要素 ·· 5
    一、金融市场主体 ·· 5
    二、金融市场工具 ·· 8
    三、金融市场中介 ·· 10
    四、金融市场的组织方式 ·· 13
    五、金融市场监管 ·· 14
  第三节 金融市场的历史与发展趋势 ·· 15
    一、金融市场的发展历史 ·· 15
    二、金融市场全球一体化的发展趋势 ··· 20
  本章小结 ·· 26
  练习题 ··· 27

第二章 货币市场 ·· 30
  第一节 货币市场概述 ·· 30
    一、货币市场的概念 ·· 30
    二、货币市场的特征 ·· 30
    三、货币市场的参与者 ·· 31
    四、货币市场的功能 ·· 33
  第二节 货币市场与利率市场化及货币政策 ··· 33
    一、利率决定理论 ·· 33
    二、货币市场与利率市场化 ··· 36
    三、货币政策与货币市场 ··· 43
  第三节 同业拆借市场 ·· 47
    一、同业拆借市场概述 ·· 47
    二、同业拆借市场的运行 ··· 48
    三、同业拆借市场的管理 ··· 51

四、我国的同业拆借市场 ································· 51
　第四节　回购协议市场 ····································· 52
　　　一、回购协议概述 ····································· 53
　　　二、回购协议市场的运行 ······························· 54
　　　三、回购协议市场的风险分析 ··························· 56
　　　四、我国的回购协议市场 ······························· 57
　第五节　短期政府债券市场 ··································· 58
　　　一、短期政府债券概述 ································· 58
　　　二、短期政府债券市场的运行 ··························· 59
　　　三、短期政府债券收益率和价格的计算 ··················· 61
　　　四、我国的短期政府债券市场 ··························· 63
　第六节　其他子市场 ····································· 63
　　　一、商业票据市场 ····································· 63
　　　二、银行承兑汇票市场 ································· 67
　　　三、大额可转让定期存单市场 ··························· 71
　　　四、货币市场基金市场 ································· 74
　本章小结 ··· 77
　练习题 ··· 78

第三章　债券市场 ··· 82
　第一节　债券市场概述 ······································· 82
　　　一、债券的定义 ······································· 82
　　　二、债券票面的基本要素 ······························· 82
　　　三、债券的特征 ······································· 83
　　　四、债券的种类 ······································· 84
　　　五、我国债券的种类 ··································· 87
　　　六、债券市场的功能 ··································· 89
　第二节　债券市场的运行 ····································· 89
　　　一、债券发行市场 ····································· 89
　　　二、债券流通市场 ····································· 93
　　　三、我国的债券市场 ··································· 95
　第三节　债券投资的收益与风险 ······························· 96
　　　一、债券投资收益 ····································· 96
　　　二、债券投资风险 ····································· 99
　　　三、债券利率的期限结构 ······························ 100
　第四节　债券的价格 ······································· 103
　　　一、债券的定价 ······································ 103
　　　二、凸性与久期 ······································ 104

三、影响债券价格的主要因素 ································· 106
　本章小结 ··· 107
　练习题 ··· 109

第四章　股票市场 ··· 112
第一节　股票市场概述 ······································· 112
　　一、股票的定义和性质 ·· 112
　　二、股票的特征 ··· 112
　　三、股票的分类 ··· 113
　　四、股票市场的概念和结构 ··································· 117
　　五、股票市场的功能 ·· 117
　　六、我国的股票市场 ·· 118
第二节　股票市场的运行 ····································· 120
　　一、股票发行市场 ··· 120
　　二、股票流通市场 ··· 125
第三节　股票投资的收益与风险 ····························· 129
　　一、股票投资收益 ··· 129
　　二、股票投资风险 ··· 131
　　三、股票投资收益与风险的关系 ······························ 135
第四节　股票的价格与价格指数 ····························· 135
　　一、股票的理论价格 ·· 135
　　二、影响股票价格的因素 ····································· 136
　　三、股价平均数和股价指数 ··································· 139
　本章小结 ··· 144
　练习题 ··· 145

第五章　基金市场 ··· 149
第一节　基金市场概述 ······································· 149
　　一、证券投资基金的概念 ····································· 149
　　二、证券投资基金的性质 ····································· 151
　　三、证券投资基金的特征 ····································· 151
　　四、证券投资基金的作用 ····································· 152
　　五、证券投资基金的分类 ····································· 153
第二节　基金市场运行 ······································· 160
　　一、证券投资基金的发行 ····································· 160
　　二、证券投资基金的交易 ····································· 162
　　三、证券投资基金的当事人 ··································· 165
第三节　基金的投资、收益与评价 ··························· 168

一、证券投资基金的投资 ……………………………………………… 168
　　二、证券投资基金的收益、费用和分配 ………………………………… 170
　　三、证券投资基金的绩效评价 …………………………………………… 173
　本章小结 …………………………………………………………………… 178
　练习题 ……………………………………………………………………… 180

第六章　外汇市场 …………………………………………………………… 183
　第一节　外汇市场概述 …………………………………………………… 183
　　一、外汇市场的定义 ……………………………………………………… 183
　　二、外汇市场的特点 ……………………………………………………… 183
　　三、外汇市场的层次与分类 ……………………………………………… 185
　　四、外汇市场的参与者 …………………………………………………… 186
　　五、外汇市场的功能 ……………………………………………………… 188
　　六、世界主要外汇市场 …………………………………………………… 188
　第二节　外汇和汇率 ……………………………………………………… 190
　　一、外汇 …………………………………………………………………… 190
　　二、汇率 …………………………………………………………………… 191
　　三、汇率决定理论 ………………………………………………………… 196
　　四、影响汇率的因素 ……………………………………………………… 198
　　五、人民币汇率改革与中国外汇市场 …………………………………… 199
　第三节　外汇市场交易方式 ……………………………………………… 203
　　一、即期外汇交易 ………………………………………………………… 203
　　二、远期外汇交易 ………………………………………………………… 203
　　三、择期外汇交易 ………………………………………………………… 205
　　四、掉期外汇交易 ………………………………………………………… 205
　　五、外汇期货交易 ………………………………………………………… 206
　　六、外汇期权交易 ………………………………………………………… 207
　第四节　套汇交易与套利交易 …………………………………………… 209
　　一、套汇交易 ……………………………………………………………… 209
　　二、套利交易 ……………………………………………………………… 210
　本章小结 …………………………………………………………………… 211
　练习题 ……………………………………………………………………… 212

第七章　黄金市场 …………………………………………………………… 216
　第一节　黄金市场概述 …………………………………………………… 216
　　一、认识黄金 ……………………………………………………………… 216
　　二、黄金市场的定义 ……………………………………………………… 217

三、黄金市场的发展历史 …………………………………………… 217
　　四、黄金市场的基本要素 …………………………………………… 219
第二节　黄金市场的类型 ……………………………………………… 221
　　一、国际黄金市场的主要类型 ……………………………………… 221
　　二、黄金市场的分布 ………………………………………………… 222
　　三、国际主导性黄金市场简介 ……………………………………… 224
　　四、我国的黄金市场 ………………………………………………… 225
第三节　黄金市场的价格决定 ………………………………………… 227
　　一、黄金的成色及其分类 …………………………………………… 227
　　二、黄金交易单位 …………………………………………………… 228
　　三、黄金价格 ………………………………………………………… 230
　　四、影响黄金价格的主要因素 ……………………………………… 231
第四节　黄金市场的交易方式 ………………………………………… 233
　　一、黄金市场的交易品种 …………………………………………… 233
　　二、黄金交易方式 …………………………………………………… 234
本章小结 ………………………………………………………………… 237
练习题 …………………………………………………………………… 238

第八章　金融衍生工具市场 ……………………………………… 241
第一节　金融衍生工具市场概述 ……………………………………… 241
　　一、金融衍生工具的概念与特征 …………………………………… 241
　　二、金融衍生工具的类别 …………………………………………… 243
　　三、金融衍生工具的产生和发展 …………………………………… 244
　　四、金融衍生工具市场交易机制 …………………………………… 246
　　五、金融衍生工具市场的风险 ……………………………………… 248
第二节　金融远期合约市场 …………………………………………… 250
　　一、金融远期合约概述 ……………………………………………… 250
　　二、一般远期的定价 ………………………………………………… 251
　　三、远期利率协议 …………………………………………………… 254
　　四、远期外汇合约 …………………………………………………… 257
　　五、我国的金融远期合约市场 ……………………………………… 259
第三节　金融期货市场 ………………………………………………… 260
　　一、金融期货概述 …………………………………………………… 260
　　二、金融期货的分类与功能 ………………………………………… 262
　　三、金融期货市场的结构 …………………………………………… 264
　　四、金融期货市场的主要交易规则 ………………………………… 266
　　五、金融期货的价格分析 …………………………………………… 267

六、我国的金融期货市场 ……………………………………………… 269
第四节　金融期权市场 …………………………………………………… 269
　　一、金融期权概述 ……………………………………………………… 269
　　二、金融期权的分类 …………………………………………………… 272
　　三、金融期权的基本交易策略和功能 ………………………………… 274
　　四、金融期权的定价分析 ……………………………………………… 276
第五节　金融互换市场 …………………………………………………… 278
　　一、金融互换概述 ……………………………………………………… 278
　　二、利率互换 …………………………………………………………… 280
　　三、货币互换 …………………………………………………………… 282
　　四、我国的金融互换市场 ……………………………………………… 283
第六节　其他金融衍生工具市场 ………………………………………… 284
　　一、可转换债券 ………………………………………………………… 284
　　二、权证 ………………………………………………………………… 286
　　三、资产证券化产品 …………………………………………………… 288
本章小结 …………………………………………………………………… 289
练习题 ……………………………………………………………………… 291

第九章　国际金融中心和国际金融组织 ……………………………… 295
第一节　国际金融中心 …………………………………………………… 295
　　一、国际金融中心概述 ………………………………………………… 295
　　二、主要的国际金融中心简介 ………………………………………… 298
第二节　国际金融组织 …………………………………………………… 301
　　一、国际金融组织概述 ………………………………………………… 301
　　二、国际货币基金组织 ………………………………………………… 302
　　三、世界银行集团 ……………………………………………………… 305
　　四、国际清算银行 ……………………………………………………… 308
　　五、亚洲开发银行 ……………………………………………………… 308
　　六、非洲开发银行 ……………………………………………………… 309
本章小结 …………………………………………………………………… 309
练习题 ……………………………………………………………………… 310

第十章　金融风险与金融市场监管 …………………………………… 313
第一节　金融风险 ………………………………………………………… 313
　　一、金融风险的定义 …………………………………………………… 313
　　二、金融风险的特征 …………………………………………………… 314
　　三、金融风险的类型 …………………………………………………… 315
　　四、金融风险的形成原因 ……………………………………………… 318

五、金融风险的影响 ………………………………………………… 322
　第二节　金融市场监管 ……………………………………………… 323
　　一、金融市场监管的定义及要素 …………………………………… 324
　　二、金融监管理论 …………………………………………………… 326
　　三、金融监管的目标和原则 ………………………………………… 328
　　四、金融监管的手段 ………………………………………………… 329
　　五、金融监管体系 …………………………………………………… 331
　　六、金融监管的国际协调与合作 …………………………………… 335
　本章小结 ……………………………………………………………… 338
　练习题 ………………………………………………………………… 340

参考文献 …………………………………………………………… 343

第一章 金融市场概论

> **提　要**
>
> 　　金融是现代经济的核心，金融市场则处于现代市场体系的核心地位。金融市场由市场主体、客体、中介、组织方式等要素组成，并可按不同标准加以分类。金融市场具有融通资金、优化配置、综合反映和宏观调控功能。现代金融市场表现出资产证券化、金融机构多元化、金融监管自由化、全球金融市场一体化的趋势。

第一节　金融市场的含义和功能

一、金融市场的含义

金融的含义是货币资金的融通。狭义的金融是货币流通和信用活动的总称；广义的金融除了资金融通外，还包括金融体系和金融市场。

金融市场是指以金融资产为交易工具，而形成的供求关系和交易机制的总和。金融市场是货币资金融通的市场，在金融市场上交易的对象是同质的货币资金。金融市场的参与者是货币资金的供应者或需求者，他们通过金融资产的交易实现货币资金的融通。金融资产的交易过程就是它的定价过程，而金融资产的价格则反映了货币资金需求者的融资成本和货币资金供应者的投资收益，金融资产的定价过程也是金融市场上收益和风险的分配过程和金融资源的配置过程，这是金融市场运行的核心机制。

金融市场上的资金融通方式一般分为两种，即直接融资和间接融资。直接融资是指货币资金的需求者借助一定的金融工具直接向资金供应者融通资金的方式。直接融资的主要形式有筹资者直接发行股票、债券、商业票据和企业间的预付和赊销。在直接融资活动中，也需要金融机构的参与，但金融机构仅提供中介服务，并不以筹资者或投资者的身份参与融资活动。间接融资是指货币资金的供应者和需求者通过金融中介实现资金融通的方式。间接融资的主要形式是银行信贷，主要金融中介机构是商业银行。商业银行以存款方式集中社会闲散资金，又以贷款方式满足筹资者的不同需求，分别与存款人、贷款人建立债权债务关系。直接融资与间接融资各有优势与不足，既相互独立，又互为补充，通常同时存在于一国的金融市场中。

广义的金融市场包含一切形式的金融交易活动，既包括直接融资，也包括间接融资。进行直接融资的市场又称直接金融市场、公开金融市场。在这个市场上，交易条件和交易价格对任何人或机构都是公开的、一视同仁的，任何符合交易最低要求的个人或机构都可以自由进出市场，并按标准化的条件进行金融交易。股票市场、债券市场是公开金融市场的典型。进行间接融资的市场又称间接金融市场、协议市场,是借贷双方协商借贷条件的市场。在这个市场上,交易的发生以客户关系为限,每次交易的条件又因不同客户而有所差异。抵押贷款市场、贴现市场、消费信贷市场、保险市场是协议市场的代表。根据我国长期以来形成的习惯,间接融资市场是《货币银行学》《商业银行经营管理学》研究的对象,本教材则以直接融资市场为研究对象,但在理念上,我们应树立广义的金融市场概念。

二、金融市场的分类

金融市场的分类方法很多,除了分为直接金融市场和间接金融市场以外,最常见的还有以下几种。

(一)按金融资产的种类分

按金融资产的种类划分,金融市场可分为货币市场、资本市场、外汇市场、黄金市场、保险市场、衍生工具市场等。

货币市场是以期限在一年以内的金融资产为交易工具的短期资金融通市场。货币市场主要的功能是满足供求双方对短期资金融通的需求,保持金融资产的流动性,以便应付即时支付的需要。保持流动性是各类经济主体的基本要求,货币市场是金融市场的基础市场。货币市场又可细分为短期信贷市场、同业拆借市场、回购协议市场、商业票据市场、银行承兑汇票市场、大面额可转让存单市场、短期政府债券市场,其中短期信贷市场属间接融资市场,其余的归类于直接融资市场。

资本市场是以期限在一年以上的金融资产为交易工具的中长期资金融通市场。资本市场主要的功能是满足供求双方对中长期资金融通的需求,实现储蓄向投资的转化,优化资源配置。将社会闲散资金转化为对实体经济的投资资金是微观经济主体扩大规模和宏观经济保持持续发展的重要条件,因此,资本市场是金融市场的核心市场。资本市场可分为中长期信贷市场、证券市场,其中中长期信贷市场属于间接融资市场。证券市场又可分为股票市场、债券市场、基金市场等。

外汇市场是进行外汇交易的市场。外汇交易的基础是外汇的供给和需求,外汇供求产生于各国之间持续不断的经济、贸易、金融交往。外汇市场的主要功能是进行国际结算与支付、清偿国际债权债务、调剂国际资金余缺、实现国际资本流动,以及规避汇率波动风险。随着国际经济联系日益密切,外汇市场已是金融市场不可或缺的重要组成部分。

黄金市场主要是指集中进行黄金交易的市场。尽管各国货币已与黄金脱钩,黄金非货币化趋势已不可逆转,但黄金仍是重要的国际储备资产。特别是当国际政治经济关系发生动荡时,黄金的重要地位就会凸现,因而黄金市场依然被视为金融市场的组成部分。

保险市场是以保险单和年金单的发行和转让为交易工具的市场。保险市场的主要功能是对因意外灾害事故所造成的财产和人身损失进行补偿,同时还具有积累资金和投资的功能。正是保险的投资功能使它与金融市场的其他子市场发生紧密联系,并成为金融市场的组成部分。但保险市场属于间接融资范畴,保单设立的条件因人、因事、因时而异,不具备标准化的转让条件,不属于公开的金融市场。

金融衍生工具市场是以金融衍生工具为交易对象的市场。金融衍生工具是建立在基础金融工具或基础金融变量之上,价格变动取决于基础工具或基础变量的派生产品。金融衍生工具市场的主要功能是转移、分散现货金融资产面临的利率、汇率、股价变动的风险,实现为现货金融资产保值的目的。金融衍生工具市场可细分为期货市场、期权市场、远期协议市场、互换市场等。回避风险的功能决定了金融衍生工具市场是现代金融市场中最具发展前景的市场。

(二) 按金融资产的交易程序分

按金融资产的交易程序划分,金融市场可划分为发行市场和流通市场。所有采取证券化形式,并在公开市场交易的金融资产都要经过发行和流通两个交易程序。

发行市场又称初级市场、一级市场,是筹资者通过发售金融资产募集资金的市场。发行市场的主要功能是筹资、投资和实现储蓄向投资转化。在发行市场上,企业、政府、金融机构等资金需求者通过公开发行股票、债券、商业票据等金融资产募集所需要的货币资金;投资者通过认购这些金融资产与发行人建立股权债权关系,并在承担风险的同时取得必要的收益;借助金融资产的发行,集中社会闲散的货币资金,转化为对实体经济的投资,加快了社会经济的发展。

流通市场又称次级市场、二级市场,是已公开发行的金融资产转手交易的市场。流通市场的主要功能是为金融资产提供良好的流动性、为投资者提供投资机会、为社会提供经济运行的灵敏信号。流动性是金融资产的基本特性。流通市场为各种期限不同的金融资产,提供以合理的价格迅速变现的机会。流通市场上的金融资产价格变化,特别是各类价格指数的变化能灵敏地揭示利率、汇率、股价的变动趋势,也是一国宏观经济及国际社会政治经济关系运行态势的灵敏反映。

(三) 按金融市场的市场形态分

按金融市场的市场形态划分,可分为有形市场和无形市场。

有形市场是指有固定交易场所、集中进行交易的市场,一般指证券交易所、期货交易所、票据交换所等有组织的交易市场。有形市场借助固定的场地、配置的交易设施、专业化的中介服务和所提供的交易信息吸引买卖双方,集中反映金融市场的供求关系,并通过公开的竞价机制形成合理的价格,提高市场的公开性、公平性和效率。

无形市场是指在交易所以外进行金融资产交易的市场。大量的证券、外汇、短期资金拆借都在无形市场交易。传统的无形市场是在证券公司、商业银行的柜台上完成的,因此又称为柜台市场。随着通信技术的发展和信用制度的完善,无形市场出现了向网络化发展的趋势,大量的金融交易通过网络在金融机构、企业、政府及各类投资者之间进行,使金融市场进一步扩大了交易范围、延长了交易时间、降低了交易成本、增强了交易的灵活性、提高了交易的效率和市场的有效性。但由于无形市场的监管难度较高,自动交易技术的发展还面临诸如安全性等问题,因而还有待进一步完善。一些高风险金融资产的交易,尤其是金融衍生工具的交易还需要加强专业性的管理。因此,可以预见,一定时期内有形市场和无形市场还会同时存在,但是,集中交易的有形市场也已出现网络化趋势。

(四)按金融市场所在地域分

按金融市场所在地域范围划分,可分为国内金融市场和国际金融市场。

国内金融市场是以本币计价的金融资产交易市场,反映对以本币计价的货币资金的供应和需求。国内金融市场按作用范围不同,又可分为全国性金融市场、区域性金融市场、地方性金融市场。国内金融市场受本国金融监管当局的管制。

国际金融市场是金融资产在国际间进行交易,并引起资本在国际间流动的市场。国际金融市场是国际贸易、国际资本流动发展及国际经济联系加强的产物。根据资本在国际间流动的方式,国际金融市场又可分为外国金融市场和境外金融市场两类。外国金融市场,是指某一国的筹资者在本国以外的另一个国家发行以该国货币为面值的金融资产,并以它为交易工具的市场。外国金融市场是传统的国际金融市场,包括国际货币市场、国际资本市场、外汇市场、黄金市场、衍生工具市场等。外国金融市场上的交易活动受市场所在国法律的约束和金融监管当局的监管。

境外金融市场又称离岸金融市场,通常是指在某一货币发行国境外从事该种货币资金融通的市场。该市场的货币资金流动一般利用与各国国内金融市场相分离的独立市场进行,交易的货币一般不是市场所在国发行的某种自由兑换货币。境外金融市场的交易主体主要是非居民,资金来源于所在国的非居民或国外的外币资金。境外金融市场是无形市场,通常没有固定的交易场所,而是通过所在地金融机构之间进行交易而存在于某一城市或某一地区。境外金融市场基本上不受市场所在国和货币发行国的金融管制,资金出入境自由,通常还可享受税收上的优惠待遇,是完全国际化的市场,并已成为国际金融市场的核心。

除了以上的分类方法以外,金融市场还可根据金融资产期限的长短,可分为短期金融市场和中长期金融市场;根据金融资产的职能,可分为筹资投资的市场和保值投机的市场;根据交割方式的不同,可分为现货市场、远期市场和期货市场;根据价格决定机制的不同,可分为公开市场和协议市场等。

三、金融市场的功能

金融市场具有货币资金融通功能、优化资源配置功能、风险分散功能、经济调节功能、综合反映功能。

1. 货币资金融通功能

融通货币资金是金融市场最主要、最基本的功能。在社会经济运行中,各经济主体必然会出现货币资金的盈余和不足,因而有相互间融通货币资金的需要。然而,资金盈余和不足的各方均是独立的经济人,有各自的经济利益,只有通过市场机制,在双方利益、风险对等的情况下才能实现货币资金的融通。同时各经济主体对货币资金的供求,在时间长短、数额大小、收益性、风险性、流动性、融资方式上又各不相同,金融市场创造和提供的多种多样金融工具能满足各方的需求,从而能最大限度地融通资金,实现资金效益最大化。

2. 优化资源配置功能

市场体系最重要的经济功能是优化资源配置功能,即借助市场机制将资源从利用效率低的地区或部门转移到效率高的地区或部门,实现社会资源的合理配置和有效利用。在现代经济条件下,社会资源有效配置的前提条件是货币资金的有效配置。通常,货币资金总是流向最有发展潜力、能为投资者带来最大利益的地区、部门和企业,而金融资产的价格变动则反映了整体经济运行的态势和企业、行业的发展前景,是引导货币资金流动和配置的理想工具。因而,只有借助金融市场的市场机制有效地配置货币资金,才能实现优化资源配置,使有限的资源得到合理利用。

3. 风险分散功能

在市场经济中,经济主体面临着各种各样的风险,无论是投资于实业,还是投资于金融资产,都可能面临价格风险、通货膨胀风险、利率风险、汇率风险、经营风险、财务风险、政治风险、自然灾害风险等。风险是客观存在的现象,人们无法消灭风险,但可以利用金融市场分散风险、回避风险。金融市场为它的参与者提供了分散、降低风险的机会,利用组合投资,可以分散投资于单一金融资产所面临的非系统风险,而远期合约、期货合约、期权合约、互换合约等已成为各类经济主体进行风险管理的重要工具。

4. 经济调节功能

金融市场是现代政府实施宏观经济政策的重要场所。货币政策和财政政策是政府重要的宏观经济政策,金融市场不仅为公开市场业务、利率政策等货币政策工具的实施提供市场条件,还为货币政策的传递提供市场机制,而发行国债和调节国债发行结构是实施财政政策的重要手段。金融市场的经济调节功能既表现在借助货币资金供应总量的变化影响经济的发展规模和速度,又表现于借助货币资金的流动和配置影响经济结构和布局,还表现于借助利率、汇率、金融资产价格变动促进社会经济效率的提高。

5. 综合反映功能

金融市场是社会经济运行的"晴雨表",是灵敏反映社会经济的信息系统,这是因为金融指标比很多实物指标更公开、更灵敏、更有代表性、更有全局意义。利率、汇率、基础货币和货币供应量、金融资产的发行量和交易量、金融资产的价格水平和价格指数等既能反映一国宏观经济的运行状况,又能反映企业、行业的状况,还能反映政府宏观经济政策的变化,以及国际政治经济环境的变化。正因为如此,各国政府、金融机构、企业、居民及国际金融机构都高度关注金融指标的变化,并以此为主要依据判断宏观经济形势,或选择可投资的行业和企业,或作为决策的重要依据。

第二节 金融市场要素

金融市场要素是指构成金融市场的元素,它们共同构成金融市场,在市场原则和市场制度安排下形成竞争机制和制衡机制,维持市场正常运行。金融市场要素包括市场主体、工具、中介和监管,而市场组织方式则是保证金融市场正常运行的制度安排。

一、金融市场主体

金融市场主体是指金融市场的交易者。金融市场的主体有政府部门、工商企业、居民、存款金融机构、非存款金融机构和中央银行。它们参与金融交易的动机,主要有筹措货币资金、对金融资产投资、套期保值、套利、投机,或是调控宏观经济。

(一) 政府部门

在金融市场上,各国的中央政府、地方政府和政府机构都是资金的需求者,它们主要通过发行政府债券筹措资金。政府部门发行的债券统称为公债,依发行主体不同,又可分为中央政府债券、地方政府债券和政府机构债券。中央政府债券又称国债。政府部门通过发行债券筹措的资金可用于各项开支,既可满足政府的流动性需要,也可用于弥补财政赤字、投资于建设项目、弥补战争费用,或实施某种特殊政策。从功能上看,政府债券最初仅仅是弥补财政赤字的工具,但在现代市场经济的条件下,政府债券已成为政府筹措资金、扩大公共开支的重要手段。特别重要的是,现代政府无不利用金融资产的特性将它作为实施财政政策的重要工具,通过发行国债,影响投资、消费和就业率,实现对宏观经济的调控。

政府部门在一定时间内也可能成为金融市场上的资金供应者。由于财政资金收入和支出时间上的不一致,各级政府和政府机构也会出现资金短暂盈余,此时除了以银行存款形式保持盈余外,地方政府或政府机构也可持有国债或高级别的金融机构债券、公司债券。有些国家的中央政府长期保持财政盈余或外汇收支顺差,它们往往是国际金融市场的重要参与者,以持有发达国家的政府债券为主。

(二) 企业部门

企业是金融市场的重要主体,它们既是资金的需求者,又是资金的供应者。但在总体上,企业部门是资金净需求者。

企业首先是资金需求者。只有很少的企业能靠自己的资金积累满足生产经营的需要,绝大多数企业需要在金融市场上筹措资金。通过外部融资,企业不仅能扩大经营规模、满足新投资项目的资金需要,还能改善财务结构,提高财务杠杆效用,而股权融资则能完善公司治理结构。企业筹资的方式灵活多样,对短期资金的需求主要通过票据市场、回购市场实现;对中长期资金的需要则既可以发行中长期债券,也可以选择发行股票。企业在筹资决策时,通常以自己对资金的需要为依据,同时从筹资成本、风险大小、筹资的方便程度、股权安排、财务结构的改善等方面进行综合评估,选择最合适的筹资方式。

企业也是金融市场上重要的投资主体。企业的投资有长、短期之分。企业在生产经营活动中,必然会出现短暂的闲置资金,为提高收益,通常会将闲置的资金投资于货币市场工具。企业的长期投资可选择中长期政府债券、金融债券和其他企业债券,也可选择股票投资实现参股控股目的。

(三) 居民部门

居民部门是金融市场上主要的资金供应者。居民以个人或家庭的名义,以自己的合法财产投资于金融资产,成为金融市场主要的投资主体。居民的投资目的因收入水平、经济负担、年龄、职业、健康状况、性格特点而有所差异,但主要目的是追求盈利、谋求资本的保值增值、抵补通货膨胀的损失、实现资产的多样化等。通常,居民可以投资于任何公开发行的金融资产,从短期政府债券、大面额可转让定期存单到中长期债券、股票、基金、黄金、外汇等。居民的投资特点在于资金量较少、获取和处理投资信息的能力有限、承受风险的能力较小。

居民也会有筹资的需要，但他们只能通过消费信贷的方式间接融资或出售持有的金融资产变现。后者只是金融资产形式的改变，而不是真正意义的筹资。

（四）金融机构

金融机构是金融市场上最活跃的主体，除了履行它们各自的职能外，金融机构既是资金需求者，又是资金供应者。按发达国家的惯例，金融机构分为存款性金融机构和非存款性金融机构，前者主要指商业银行、信用合作社、储蓄贷款协会和储蓄银行，后者主要指保险公司、投资银行、证券投资基金、各类社会基金等。我国的金融机构主要有商业银行、保险公司、证券公司、信托投资公司、证券投资基金和各类社会基金。

以股份有限公司形式组建的金融机构要依本国《公司法》的要求，通过发行股票募集股本。股份制金融机构发行的股票归属于公司股票，不属于金融证券。商业银行、保险公司、证券公司等金融机构为发展业务或是为满足安全性、流动性的需要，也可以公开发行债券。欧美等西方国家能公开发行债券的金融机构一般都是股份公司，所以将它们发行的债券归入公司债券，而我国和日本则习惯于将金融机构发行的债券定义为金融债券，以突出金融机构作为金融市场发行主体的地位。通常，金融机构发行的证券信用度高、发行量大、流动性好，容易被市场接受。

金融机构一般以货币资金为营运对象，为使货币资金保值、增值，它们成为金融市场上最活跃的投资主体。金融机构的投资活动因业务特点和监管要求的差异，而表现出不同的特点。

受自身业务特点和监管限制，商业银行的投资活动比较稳健，通常只投资于政府债券和投资级的公司债券，而不允许投资于股票和投机级债券。一般情况下，商业银行首选短期国债并以它作为主要的超额储备资产，其次选择中长期政府债券，也有部分国家允许商业银行少量持有公司股票。

保险公司的业务特点是收入以保费为主，比较稳定，主要业务支出是保险赔偿金，较有规律。各国政府对保险公司的投资活动都加以严格管理，对政府债券投资不加限制，对地方政府债券和公司债券以高等级为限，通常禁止或限制股票投资。保险公司的投资活动注重安全性和收益性；对流动性的要求不高，可进行长期投资，主要投资于国债、地方政府债、优质公司债，若本国法律允许，也会投资于优良公司股票和证券投资基金。

证券公司是经主管部门依法批准、设立在金融市场经营证券业务的金融机构。证券公司既是证券市场的中介机构，又是金融市场上的重要参与主体。作为筹资者，证券公司可以以金融机构的身份进入货币市场融入短期资金，也可以公开发行债券、股票筹措中长期资金。作为投资者，证券公司可以以参股或控股的方式投资于其他金融机构或企业，但更常见的是以自营业务和证券资产管理业务的形式投资于公开发行的股票和债券。自营业务是证券经营机构以自有资本和营运资金、以自己的名义买卖证券，获取股息利息收入和赚取差价，并承担相应风险的投资行为。证券资产管理业务是证券公司接受客户委托，以资产管理人的身份对委托资产进行金融投资和管理，以实现委托资产收益最大化为目标的业务。证券公司是专业投资机构，也是金融市场的重要投资主体。

证券投资基金是一种利益共享、风险共担的集合投资方式,即通过发行基金份额集中投资者的资金,由托管人托管,由基金管理人管理和运用资金从事股票、债券等金融资产的投资,并将投资收益按基金投资者的投资比例进行分配的间接投资方式。证券投资基金是金融市场上的主要机构投资者,它们可以选择的投资工具品种广泛而齐全。但依基金投资标的分类,对具体的投资工具有所限制,同时对单一基金或同一基金管理公司所属基金的投资活动也有一定的比例限制。证券投资基金有时也需要对外融资,但通常是通过货币市场融进短期资金以补充流动性不足。证券投资基金资金实力雄厚、信息灵通、分析能力和操作能力强,它们的投资活动在金融市场上影响很大。

各类社会基金,包括养老基金、企业年金、社会公益基金等都是金融市场上长期稳定的机构投资者。这类基金的投资目的主要是自身资产的保值、增值,注重安全性和收益性,主要选择国债、地方政府债、信用级别高的公司债和绩优公司的股票进行投资。

(五) 中央银行

中央银行是金融市场的特殊主体。作为一国的金融监管当局,中央银行参与金融市场交易的目的是为执行货币政策、调控货币供应,为国家的宏观经济目标服务。中央银行以公开市场业务的方式参与金融市场交易,在货币市场,通过买卖政府债券投放或回笼基础货币,以影响货币供应和市场利率;在外汇市场,买卖本国或外国货币以维持本国货币汇率的稳定。为调节本国的外汇储备或是为本国的储备资产保值、增值,中央银行也会参与国际金融市场的交易,投资于外国政府债券或进行金融衍生工具交易。在每一笔具体的交易中,中央银行是公平交易的一方,它根据平等交易的原则,按照价值规律和收益风险对等的要求与金融市场的其他交易者进行交易。

二、金融市场工具

金融市场工具是金融交易的载体。对金融工具,可以理解为金融工具持有人对发行人的债权或权益。即对金融工具的发行人而言是金融负债,对金融工具持有人而言是金融资产,是以价值形态存在的资产。公开金融市场上的金融工具,一般采取有价证券或其衍生品的形式。有价证券是具有票面价值、代表财产所有权或债权,并借以取得一定收入的证书。金融工具必须具备规范化的统一格式,广泛的可接受性、可转让性和法律效力。

(一) 金融工具分类

金融工具种类繁多,分类方法也有多种。最基本的分类方法是按金融工具的性质不同,可分为债权凭证和所有权凭证。债权凭证是发行人依法定程序发行,并约定在一定期限内还本付息的有价证券。债权凭证反映了发行人与持有人之间的债权债务关系,对还本付息的条件有所约定,所以又称定约证券。股票是股份有限公司发行的、用以证明投资者的股东身份和权益,并据以取得股息红利的有价证券。股票反映了持有人对公司的所有权关系,又称所有权凭证、权益凭证。

按金融工具发行人的性质及融资方法分类,可分为直接证券和间接证券。一般将公司、政府部门和金融机构在公开金融市场上发行或签署的各种股票、债券、商业票据、抵押契约、借款合同称为直接证券,将金融机构发行的货币、存款凭证、可转让定期存单、人寿保险单、基金收益凭证或基金份额等称为间接证券。

按金融工具的市场属性和期限分类，可分为货币市场工具、资本市场工具和金融衍生市场工具。货币市场工具是期限在一年以内的金融工具，包括短期政府债券、商业票据、银行承兑汇票、大面额可转让定期存单、同业拆借、回购协议等。货币市场工具期限短、流动性强、安全性好，是金融市场上发行量和交易量均居首位的金融工具。资本市场工具是期限在一年以上、代表债权和股权关系的金融工具，包括股票、公司债、国债、地方政府债、政府机构债、金融债、商业银行贷款、消费者贷款等。与货币市场工具相比，资本市场工具期限长、价格波动幅度较大，被视为风险较大的金融工具。衍生市场工具又称金融衍生产品，是建立在基础金融工具或基础金融变量之上，价格变动取决于基础工具或基础变量的派生工具。金融衍生工具是20世纪70年代全球金融创新浪潮中的高科技产品，它是在传统金融工具或金融变量基础上派生出来的，通过预测股价、利率、汇率等未来行情走势，采用交付少量保证金或权利金签订远期合同或互换不同金融资产为交易形式的新兴金融工具。金融衍生工具主要包括金融远期、金融期货、金融期权、金融互换等类别。

（二）金融工具的特征

金融工具一般具有以下基本特征。

1. 期限性

期限性是指金融工具一般有约定的偿还期，即规定发行人届时必须履行还本付息的义务。债券一般有明确的还本付息期限，以满足不同筹资者和投资者对融资期限和收益率的不同要求。债券的期限性具有法定约束力，是对融资双方权益的保护。金融市场上还存在零期和无限期的金融工具，活期存款可视为零期金融工具，而股票、永久债券则可视为无期金融工具。

2. 收益性

收益性是指持有金融工具可以获得一定的报酬和金融工具本身的价值增值，这是投资者转让资本所有权或使用权的回报。金融资产的收益表现为它的股息收入、利息收入和买卖差价收入。衡量收益水平的指标是收益率，即净收入和本金的比率，一般以年率表示。影响收益水平的主要因素是金融工具的票面利率、股息率、市场利率，金融工具的期限及价格水平。

3. 流动性

流动性是指金融工具能以合理的价格，在金融市场上流通转让和变现的特性。金融工具具有流动性必须满足3个条件：容易变现、变现的成本很小、本金保持相对稳定。金融工具的期限性约束了投资者的灵活偏好，但它的流动性以变通的方式满足了投资者对现金的随机需求。金融工具的流动性通过承兑、贴现、再贴现、买卖交易而实现。影响金融工具流动性的因素主要有金融工具的期限、发行人的资信水平、金融市场的完善程度和投机性等。

4. 风险性

风险性是指金融工具的持有人面临预期收益不能实现，甚至连本金也遭受损失的可能性。风险性是未来经济状况的不确定性带来的。在现代社会经济条件下，未来的经济变化有些是可预测的，有些是不可预测的，这些变化会影响金融工具发行人的经营状况和盈利能力，使金融工具具有预期收益不确定性的风险。金融工具的风险性不仅取决于发行人的资信水平、经营能力和盈利能力，还受宏观经济状况、金融市场完善程度等因素的影响。

（三）金融工具特征之间的关系

金融工具的各特征之间存在一定的联系。

金融工具的期限性与收益性、风险性成正比，与流动性成反比。金融工具的期限长，表明筹资者占用的时间长，在资金占用期间经济环境或经营状况发生不可预测变化和投资回报不确定的可能性大，因而风险大。期限长的金融工具占用资金时间长，投资者要求的回报率高，风险大则要求的风险补偿也大，因而收益性较高。期限长的金融工具转手变现相对较难，因而与流动性成反比。

金融工具的风险性与收益性成正比，与流动性成反比。在期限相同的条件下，风险大的金融工具转让出售条件相对苛刻，因而流动性下降；而要顺利转让变现，须支付相应的风险补偿，因而收益较高。

金融工具的流动性与收益性成反比。流动性好的金融工具变现能力强、风险小，要求的流动性溢价少，因而收益水平相对较低。

金融工具各特征之间的关系并非一成不变，在一个相对完善的市场中，期限性、风险性、流动性相似的金融工具在价格的作用下，收益率会趋向平均水平，价格的作用使金融市场实现均衡。

三、金融市场中介

（一）金融中介的意义

通常，金融中介是指为资金融通提供媒介服务的专业性金融机构或取得专业资格的自然人。

在金融市场上进行融资活动，无论是直接融资，还是间接融资都离不开金融中介。这是因为，金融中介在金融市场上发挥着媒介资金融通、降低交易成本和信息成本、构造和维持市场运行的作用。

在资金融通过程中，不可避免地存在筹资者和投资者之间在资金供需数量和时间上的不一致，以致借贷行为或股权融资行为不能成立，融资目的无法实现。然而，金融中介机构所提供的媒介服务使社会零星闲散的货币资金集少成多、续短为长、变闲置为有用，促使储蓄转化为投资，使金融市场最基本的融资功能得以实现。

在金融市场上存在信息不对称现象，即交易的一方对另一方并不充分了解，因而影响作出准确的决策，如公司的管理人比股东和债权人更了解公司的经营情况和盈利能力。信息不对称现象的存在，导致逆向选择和道德风险问题。逆向选择和道德风险的结果使投资者对证券发行者失去信心不愿再投资，使优秀的企业不愿发行证券筹资，使金融市场无法有效运行。解决逆向选择和道德风险问题必须多管齐下，其中，金融中介发挥着不可忽略的作用。金融中介以其信息优势、专业水准和自身信誉在对拟发行证券的公司进行筛选，并提供辅导、保荐、承销等系列服务的同时，也为投资者提供了独立公允的投资信息。同样,金融中介机构为市场提供的风险投资、基金管理、收购兼并、投资咨询、委托资产管理等业务,都在一定程度上降低了金融市场上因信息不对称而带来的问题。显然,金融中介机构并不能彻底消除逆向选择和道德风险问题,但没有金融中介机构却会使金融市场因这类问题的存在而无法有效运行。

在金融交易中必然产生交易成本,即从事金融交易所需耗费的时间和金钱。交易成本是筹资者筹资成本的一部分,也是对投资者投资收益的抵消,因此是任何从事金融交易的主体需要考虑的。在没有金融中介机构的市场上,筹资者要自办发行业务,由于缺乏专业人才,更重要的是投资者无法确信发行人的信誉、经营能力和未来前景,将使发行工作困难重重,即使成功也要耗费大量的交易成本。而金融中介机构以它特有的专业服务和规模经济效益将大大降低交易成本。同样,在经纪业务、基金管理、委托资产管理等其他金融业务上,也使交易成本大为降低。

除此以外,金融中介机构对维持、创造金融市场的运行也起着功不可没的作用。无论在发行市场充当承销商,还是在交易市场作为做市商、经纪商、自营商,在提供服务、提高市场流动性、发现价格并保障价格的连续性和稳定性方面都是不可或缺的。

金融中介机构是金融创新活动最活跃的主体,通过不断创造新的金融工具,开拓新业务,不仅增加了金融工具的种类和数量,而且对金融市场的风险控制和防范、扩大金融市场的广度和提升深度、提高金融市场在社会经济中的地位都有重要作用。

(二)金融中介机构的类型

在广义的金融市场上,金融机构种类繁多,主要有存款机构、契约性储蓄机构、投资金融中介机构和金融服务机构等。在狭义的、直接的金融市场上,金融中介机构是指为直接融资提供中介服务的,并以此为主业的金融机构。它们可以分为主要为一级市场提供中介服务的投资银行和为二级市场提供中介服务的经纪公司。

1. 投资银行

最传统、最狭义的投资银行定义,是仅将在证券一级市场上承销证券和在二级市场上交易证券的金融机构视为投资银行;而广义的投资银行,是指经营部分或全部资本市场业务的证券经营机构。投资银行从事的主要业务有:证券承销、证券交易、私募发行、兼并收购、基金管理、风险投资、金融衍生工具的创造与交易、受托资产管理、咨询业务、清算及其相关业务等。

证券承销业务是投资银行代理证券发行人发行证券的业务。投资银行承销证券的范围很广,不仅承销本国中央政府、地方政府、政府机构发行的债券,工商企业发行的股票债券、外国政府和外国公司发行的证券,甚至还承销国际金融机构,如世界银行、亚洲开发银行发行的证券。

证券交易业务是指投资银行在证券二级市场担当做市商、经纪商和交易商三重身份,同时还在二级市场进行风险套利和无风险套利的业务。证券交易商是指投资银行以自己的资金和账户从事证券交易,此时投资银行是金融市场的投资主体而非中介。做市商是指投资银行作为特许交易商不断地向投资者报出某些特定证券的买卖价格,并在该价位上接受投资者的买卖要求,以其自有资金与投资者进行交易,为所做市的证券维持市场的流动性和稳定价格。作为证券经纪商,则与以下介绍的金融市场上的经纪商没有区别。

证券的私募发行业务是相对于公开发行而言的。所谓私募发行或私下发行是指发行人将证券出售给有限的特定投资者,如保险公司、证券投资基金、养老基金等。在私募发行过程中,投资银行为发行人设计发行方案、寻找合适的机构投资者,以及充当发行顾问提供咨询服务。

在企业的购并重组活动中,投资银行发挥极为重要的作用,它们既可以为购并方服务,为它们寻找目标公司、制定购并方案,包括收购的价格、方式、策略、条件、时间安排及收购后的整合等;又可帮助收购公司筹集必要的资金,进行财务安排;还和目标公司的董事和大股东接触,协商收购条款,编制有关函件和公告等。也可以为目标公司服务,如果对方是敌意购并,可以设计反收购策略;如果对方为善意收购,则可分析收购条件是否公平合理,代表目标公司与对手谈判,编制有关函件和公告等。

投资银行与证券投资基金有密切关系。投资银行可以作为基金的发起人,发起设立基金;可以作为基金管理人,管理自己发起设立的基金或接受其他基金发起人的委托代为管理基金;还可以作为基金承销人,代其他基金发行人向投资者发售基金。

在风险投资业务中,投资银行可以通过私募发行方式为新兴的企业募集资金,也可以直接投资于新兴的创业企业成为它的股东,还可以发起设立风险基金或创业基金,作为专门向新兴公司提供创业资本的资金。

委托资产管理业务是指投资银行作为受托资产管理人根据委托人的意愿,与委托人签订受托投资管理合同,将委托人委托的资产投资于各种金融工具,以实现委托资产收益最大化的目标。

投资银行是金融衍生工具的主要创造者,它们或是代理客户进行金融衍生工具交易,赚取佣金;或是自己参与金融衍生工具交易,赚取价差、套利;或为自己的金融资产规避风险。

投资银行开展投资咨询业务,为客户提供有关资产管理、负债管理、风险管理、流动性管理、组合投资设计、估值等多种咨询服务。有时候,投资银行提供的咨询服务包含在证券承销、经纪、基金管理、收购兼并等业务之中。

2. 经纪人

经纪人是指接受交易者委托,以代理人的身份进行金融工具交易或是为交易双方提供信息促使双方成交,并收取佣金的金融机构或自然人。作为代理人,经纪人对委托人负有信托责任,应尽可能地使委托人的指令以最理想的条件执行。根据经纪人所从事的业务,可以分为货币经纪人、外汇经纪人、证券经纪人、衍生工具经纪人等。

(1) 货币经纪人和外汇经纪人。货币经纪人是指在货币市场上充当交易双方中介收取佣金的中间商。外汇经纪人是指在外汇市场上充当交易双方中介收取佣金的中间商。由于外汇市场以一国货币或以它表示的金融工具为交易对象,所以也称外汇经纪人为货币经纪人。

货币经纪人起源于早年的英国外汇市场和日本银行间的货币批发市场。传统的货币经纪媒介的主要品种是同业拆借、外汇即期与远期买卖、短期政府债券和欧洲货币市场的金融工具。进入20世纪90年代以后,不仅货币市场及外汇市场的衍生产品,甚至非金融产品,如能源期货和期权等均纳入货币经纪业务。传统的经纪业务主要通过电话和直接接触完成交易,而20世纪80年代以来的电子化交易开始了对传统经纪业务的全面改造,现代货币经纪除了传统交易方式以外,屏幕经纪、电子经纪、网络经纪等交易方式取得明显发展。

(2)证券经纪人和金融衍生工具经纪人。证券经纪人是接受客户委托代理买卖有价证券,并收取经纪费的金融中介机构。证券经纪人的主要职能是为证券投资者提供信息咨询、开立账户、提供信用(如果本国法律允许的话)、接受委托、代理买卖、代办证券保管、过户、清算等一整套服务。

金融衍生工具经纪人,指在期货期权交易所接受客户委托买卖金融衍生工具合约,并收取佣金的经纪人。与证券经纪业务不同之处在于,经纪人在接受客户委托买卖证券时,以客户的名义进行交易;而在接受委托买卖衍生工具时,以经纪人自己的名义进行交易。

除了以上金融中介机构外,还有一些金融机构,如信托投资公司、财务公司等也在金融市场上接受客户委托,或代理投资,或作为融资中介,发挥媒介作用。

四、金融市场的组织方式

有了交易主体和交易工具,只是有了形成市场的可能,要使金融市场成为现实的市场并正常运转,还需要一定的制度安排,使交易双方相互联系,在自愿和等价交换的基础上,根据供求关系形成价格转让金融工具。这种制度安排也可称为金融市场的组织方式。金融市场的组织方式涉及面广泛,主要集中在市场形态和价格形成机制两方面。

(一)有形市场和无形市场

根据市场形态不同,金融市场可分为有形市场和无形市场。

有形市场通常是指具有固定交易场所的市场。在早期的金融交易活动中,交易者往往要到人群密集的场所才能寻找到交易机会和交易对手,于是逐渐形成了交易者聚集在相对固定的场所,通过面对面的讨价还价、配备一定交易设施的有形市场。随着金融市场的发展,这类市场发展成以符合一定条件的金融工具为交易对象、以专业的经纪人作为中介、以连续公开竞价为价格决定方式、具有严密的交易程序和严格监管的高度组织化的市场。证券交易所、期货期权交易所是有形市场的典型代表。有形市场集中了大量的供求信息,具有较高的效率和流动性,有利于发现合理的价格和形成公平的市场环境。

无形市场又称柜台市场、场外交易市场,通常是在银行、证券公司柜台进行金融交易,没有固定交易场所的市场。在以柜台方式组织的金融交易中,交易价格不是通过双方竞价确定的,而是由金融中介机构根据供求关系自行确定、报出买入价格和卖出价格,表示愿意以报出的价格买卖金融工具,交易者在认为价格合理的条件下与金融机构直接进行交易而达成的。在无形市场上,金融中介机构以它们的报价和交易维持市场的流动性和保持市场价格的合理性,因而是市场的创造者,即做市商。与有形市场相比,无形市场具有交易成本低、交易时间长、交易方式灵活、交易主体范围广等优势,因而金融机构之间的交易多采用无形市场方式,如银行间拆借市场、外汇市场、欧洲美元市场等都没有集中的交易场所。随着信用制度的完善、通信技术的进步和网络技术的广泛应用，金融交易逐渐出现从有形市场向无形市场变化的趋势，1971年诞生的NASDAQ市场——全美证券商协会自动报价系统就是最为典型的代表。

尽管无形市场发展很快，但是，对于如金融期货之类专业性强、潜在风险大的金融衍生工具而言，严格的交易规则和市场秩序是市场正常运转的必要条件，有形市场似乎更加合适。同时无形市场不利于市场监管，加上自动交易系统还存在诸如安全性问题有待完善和解决，因而有形市场和无形市场两种组织方式还会同时存在于金融市场上。

（二）指令驱动制度和报价驱动制度

根据金融工具价格形成的方式不同，可以将金融市场分为指令驱动市场和报价驱动市场两种。它们的区别在于对金融工具价格形成的机制有不同的制度安排。

指令驱动制度是指交易者根据自己的交易意愿提交买卖指令，并等待在竞价过程中执行指令，市场交易系统根据一定的指令匹配规则决定成交价格的制度。指令驱动制度也称为拍卖制度，根据交易双方表达交易意愿方式的不同，可分为单项拍卖制度和双向拍卖制度；根据成交的连续性不同，可分为定期拍卖制度和连续拍卖制度。在指令驱动制度下，众多投资者亲自参与价格竞争，要求市场信息完全公开，整个交易过程以公开报价、公开竞价的方式完成。指令驱动的制度设计隐含着市场参与者都是成熟、理性的经济主体，有能力收集、分析信息，并能对价格走势作出独立判断，会主动回避风险等条件。采取指令驱动制度，市场价格的波动性相对较大，但市场的有效性较强，对信息披露的要求和监管水平的要求较高。一般地说，指令驱动制度适合于市场规模较大、参与者众多、交易工具流动性强的市场。

报价驱动制度又称做市商制度，是指市场指定的做市商不断地报出买入价和卖出价，并在该价位上接受交易者的买卖要求，以其自有资金和所持有的金融工具与交易者进行交易的制度。做市商通过报价提供市场的真实价格，通过在所报价位上的不断买卖满足市场参与者的交易需求，并维持市场的流动性，而做市商也通过买卖差价来弥补做市成本、赚取一定利润。由于做市商的报价和交易创造并维持了市场，因而这种交易制度也可称为连续交易商市场。报价驱动制度隐含的假设条件是专业的做市商能分析信息，通过他们的报价和交易者接受报价的多少促使市场价格向真实价格靠近，因此需要采取一定的措施保证做市商在信息上的优势。采取报价驱动的市场，价格的稳定性较好、流动性较强，但市场的有效性相对较弱，要求监管部门对做市商的监管较严格及做市商的自律性较强。通常证券交易所、期货期权交易所采取指令驱动制度，外汇市场、柜台市场采取报价驱动制度，但实际上同一市场可根据需要同时采用两种制度。例如纽约股票交易所主要采用报价驱动制度，但它的专家经纪人相当于交易所内的做市商，因此也可以认为纽约股票交易所是指令驱动和报价驱动相结合的市场。对指令驱动和报价驱动的选择，取决于金融市场的发展规模及水平、金融监管水平、经济发展水平、市场传统和文化等诸多因素。

五、金融市场监管

金融监管，是指一国的货币当局或该国政府依法设定的监管部门对金融机构实施的各种监督和管制的行为,包括对金融机构市场准入、业务范围、市场退出等方面的限制性规定,对金融机构内部组织结构、风险管理和控制等方面的合规性、达标性的要求,以及一系列相关的立法和执法体系与过程。

金融市场监管是金融市场健康发展不可缺少的环节。加强金融监管,有利于保护金融市场参与各方的合法权益;有利于维护金融市场的正常秩序;有利于健全和完善金融市场体系;有利于克服金融市场存在的信息不对称、不完全竞争等缺陷,提高市场效率。

金融市场监管的主要目标是:降低系统性风险,保障金融体系安全;创造公平竞争的市场环境,提高金融市场效率;提高市场透明度,保护市场参与者的合法权益。金融市场监管遵循依法监管原则,公开、公平、公正原则,系统性风险控制原则,监管适度与适度竞争原则,综合性与系统性监管原则,政府监管与自律管理相结合原则。

金融市场的监管主体一般有两类:政府授予权力的公共机构和非官方性质的自律机构。金融市场的监管对象是从事金融业务的一切金融机构,以及参与金融市场交易的非金融机构和个人。金融监管的内容一般包括市场准入、业务运营和市场退出三方面。金融监管的手段有法律手段、经济手段、行政手段和自律管理手段。

第三节 金融市场的历史与发展趋势

一、金融市场的发展历史

金融市场是商品经济发展的产物。在商品生产和商品交换的演进过程中,出现了担当一般等价物和商品交换媒介的货币,并产生了货币兑换、货币支付的需求,以后又出现了预付、赊销、借贷等信用活动。随着信用活动的广泛开展,以现代银行为代表的各类金融机构逐渐建立健全,渐渐形成了以各类经济单位为主体、以货币资金为交易对象、以各种金融工具为交易载体、以投融资主要交易目的的层次齐全、形式多样、覆盖面广、规模庞大的金融市场。

(一) 金融市场的产生

金融市场是历史发展的产物,它的产生主要归因于以下条件。

1. 商品经济的发展是建立金融市场的经济基础

在自给自足的小生产社会,受生产力水平的制约,生产规模和交易范围有限,不需要也不可能出现金融市场。随着生产力的提高和社会分工的细化,商品经济逐渐社会化。一方面,社会化大生产产生了对巨额资金的需求,依靠单个生产者自身的积累难以满足,需要有一定的筹资机制以满足社会经济进一步发展的要求;另一方面,社会分工促进了贸易往来,国际贸易的发展产生了对货币兑换、国际结算、票据贴现等业务的需求。金融交易和相应的金融机构应运而生。早在古罗马时期,就出现了商人资本、货币资本和高利贷资本,地中海沿岸曾是国际贸易的中心,在意大利首先出现了货币兑换业和商业票据买卖。

2. 股份制度的出现是建立金融市场的主要动力

随着商品经济的发展,生产规模日益扩大,传统的独资经营方式和家族型企业已不能胜任社会化大生产的需求,于是出现了合伙经营的组织,随之又由单纯的合伙组织逐步演变成现代股份公司。股份公司通过发行股票、债券向社会公众募集资金,实现资本集中。股份公司的建立、公司股票和债券的发行,为金融市场的产生和发展提供了现实的基础和客观要求。17世纪上半叶,欧洲各国先后出现了业务经营较为稳定的股份公司。1602年,荷兰成立了东印度股份公司,随后英法等国也先后建立了类似的股份公司。股份公司的大量出现,促进了证券市场的形成。16世纪,里昂、安特卫普已经有了证券交易所,进行国家债券交易。1602年,荷兰的阿姆斯特丹成立了世界上第一个股票交易所。1698年,英国已有大量经纪人在伦敦柴思胡同的乔纳森咖啡馆进行证券交易,于1773年在该咖啡馆成立了英国第一家证券交易所,即伦敦证券交易所。1790年,美国第一家证券交易所——费城证券交易所成立。1792年,纽约24名证券经纪人在华尔街签订了著名的"梧桐树协定";1793年,露天的证券交易移至汤迪咖啡馆进行;1817年,参与华尔街汤迪咖啡馆证券交易的证券经纪人通过一项正式章程,并成立"纽约证券交易会";1863年,改名为纽约证券交易所。

3. 信用制度的发展促进了金融市场的发展

经济的发展,促使货币资本和产业资本相分离,货币资本本身取得了社会性质,信用制度得以健全发展。随着信用制度的发展,商业信用、银行信用、国家信用、消费信用、国际信用等信用形式渐次出现,各种信用工具层出不穷。信用工具一般都有流通变现的要求,而金融市场为信用工具的流通转让创造了必要的条件,因而随着信用制度的发展,金融市场的产生成为必然。在现代信用制度中,银行信用是最重要的信用形式,包括商业银行和中央银行在内的现代银行体系的出现标志着现代金融市场的形成,而投资银行、保险公司、基金公司、信托公司、储蓄银行、财务公司等各类金融机构则是现代金融市场的重要支柱。信用制度的发展不仅使金融工具品种多样,也使信用体系完善齐备,促进了金融市场的形成和发展。

(二)国际金融市场的发展历程

国际金融市场伴随着国际贸易的发展和世界经济格局的变化而演进,经历了萌芽、形成、扩张、创新等系列进化过程,并向着全球金融市场一体化的趋势发展。

1. 萌芽和初步形成阶段

17世纪初到第一次世界大战前,是国际金融市场萌发和初步形成的阶段。1602年荷兰阿姆斯特丹证券交易所的成立,标志着现代金融市场开始萌发。英国从17世纪开始崛起到18世纪完成工业革命,使它成为世界上头号强国,并采取自由贸易政策支持其本国经济发展和海外扩张。英国拥有大量的股份公司和成熟的公债制度,1773年成立的伦敦证券交易所很快取代了阿姆斯特丹证券交易所,成为当时世界上最大的证券交易所。1816年英国实行金本位制,稳定的币值、发达的银行制度使各国商人都通过伦敦银行进行国际清算,英镑逐渐成为使用最广泛的货币。后来英国又开设了贴现行,发展票据贴现业务,英格兰银行作为贴现行的最后贷款人发挥中央银行的职能,汇票成为国内外融资的主要工具,现代货币市场逐步形成。到第一次世界大战前,伦敦依托英国强大的经济实力、完备的金融体系、国际性的货币市场和资本市场,成为国际贸易中心和国际金融中心。

这一阶段的国际金融市场是伴随着国际贸易的发展,而产生和初步形成的。这一时期金融市场的交易主要集中于与国际贸易发展紧密结合的国际结算、国际兑换、票据贴现等业务范围,国际金融市场只是国内金融市场的派生和延伸,并具有鲜明的附属于实体经济的特点。

2. 两次世界大战的调整阶段

两次世界大战给世界经济带来巨大灾难,也为世界经济格局的变化创造了条件。战争对金融市场发展的影响表现为国际金融中心的调整和转移。英国经济受到两次世界大战的严重破坏,经济、金融实力大为减弱,因而伦敦金融中心的地位也被削弱。与此同时,美国经济实力大为增强,以美元为中心的布雷顿森林体系的建立,使美元取代英镑成为主要的国际结算货币和储备货币,国际性的资金借贷和资金筹集在战争期间及战后向纽约转移,使之成为最大的国际资本集散中心。纽约金融中心迅速崛起,成为最主要的国际金融中心。二战期间西欧各国饱受战争创伤,经济金融体系受到严重破坏,而瑞士却得天独厚,始终保持其货币自由兑换,自由外汇及黄金交易活跃,增强了它对国际资本的吸引力,苏黎世金融市场得以快速发展。经过战争外力的调整,二战以后,纽约、伦敦、苏黎世并列为三大国际金融中心。

3. 欧洲货币市场的产生与发展阶段

1957 年,欧洲货币市场出现于伦敦。二战后东西方冷战的升级、美国严格的金融管制及战后欧洲经济的恢复,促成了美元资金向欧洲集聚。20 世纪 50 年代,英国发生英镑危机。为保卫英镑,英格兰银行提高利率,加强外汇管制,防止英镑外流,导致伦敦商业银行大力吸收美元存款,并贷给客户以摆脱业务紧缩的困境,于是出现了在美国境外的美元资金借贷市场。与此同时,美国的国际收支长期持续逆差,大量的美元、黄金储备流向境外,美元地位岌岌可危。美国政府为防止美元外流,采取了严格的金融管制措施,有些西欧国家为防止美元流入过多,也采取了一些限制性的措施。西欧国家的商业银行为躲避本国的金融管制,纷纷将资金移至国外,于是形成了欧洲美元、亚洲美元等离岸金融市场。与传统的金融市场相比,离岸金融市场的交易参与者及交易货币均与市场所属国、交易货币所属国无关,实现了真正意义的国际化。离岸金融市场的出现,使国际金融市场进入了一个新阶段。随着 20 世纪 70 年代两次石油危机,又形成了大量石油美元,在石油输出国较集中的中东和亚洲地区也出现了新加坡、香港等离岸金融市场,这些后起的金融市场与加勒比海地区的簿记型离岸金融市场一起,有力地推动了新型国际金融市场向全球扩散,并促使美国放松金融管制,开放本土的离岸金融市场。

这一阶段,东京凭借日本经济实力迅速增长,以及位于纽约、伦敦之间优越的地理位置,成为全球金融市场 24 小时不间断交易的连接点,并发展成为新的国际金融中心,与纽约、伦敦并列成为国际金融市场的"金三角"。

4. 新兴金融市场的崛起和发展阶段

20 世纪 70 年代,随着发展中国家经济的崛起,新兴的金融市场也逐渐建立与发展。新兴工业化国家经济的迅速增长和工业化初期较高的投资回报率,是新兴金融市场发展的内在动因;而这一阶段全球金融管制的放松、国际资本流动的增强、技术革新、金融创新、筹资证券化的趋势,则是推动新兴金融市场发展的外部条件。拉丁美洲的墨西哥、阿根廷、巴西,东亚地区的韩国、菲律宾、泰国、马来西亚、印度尼西亚是新兴国际金融市场的典型。这些新兴的金融市场正在向国际性的金融市场发展,对国际金融市场产生越来越大的影响,也促进了这些国家和地区的经济发展。但也由于市场体系不健全、法制监管不完善及国内经济结构不合理,在金融自由化趋势和国际游资充斥的背景下,存在着潜在的风险和危机。20世纪90年代的墨西哥金融危机和亚洲金融危机都与新兴金融市场有关。在促进金融市场发展的同时,加强对金融风险的监控、防范,以及加强国际金融合作是保证国际金融市场健康发展的重要条件。

(三)中国金融市场的形成与发展

1. 旧中国的金融市场

(1) 旧中国金融市场的产生与发展。我国是世界上四大文明古国之一,有着悠久的货币信用历史。据史料记载,我国早在一千多年前的唐朝已出现了兼营银、钱的邸店、质库等。进入明朝中叶,商品经济有了较快发展,在浙江杭州、宁波等地出现了市镇勃兴、商业繁荣的局面,同时也带来金融业的兴盛,出现了金融市场的萌芽形态——钱业市场。钱业市场是钱庄之间兑换货币和调剂资金余缺的场所,从开始的交易量不多、没有固定场所的无形市场逐渐发展为定期交易的有形市场。到了明末清初,在浙江等地已形成宁波、绍兴、杭州、湖州、温州等多个钱业市场。清代中叶,钱业市场在浙江、江苏等地普遍发展,其中上海、宁波、绍兴、杭州、苏州等地逐渐成为钱业中心市场。这些钱业市场与当地工商业联系紧密,是我国金融市场的最初形态和旧中国金融市场的组成部分。

1840年鸦片战争后,中国逐渐变成半殖民地半封建社会。外国资本主义的入侵,使中国封建社会迅速分解,一方面破坏了自给自足的自然经济基础,一方面促进了商品经济的发展。外国金融势力随之迅速入侵我国,各帝国主义国家纷纷来华设立银行、发行货币,很快成为旧中国金融市场的垄断势力。同时,中国民族工业和金融业也有了初步发展,1897年在上海设立了第一家中国人自己办的新式银行——中国通商银行。

商品经济的发展和银行业的兴起对以银行业为主体的新兴金融市场的出现提出了要求,并创造了条件。我国的金融市场就以上海为中心,由大城市到中等城市,由浙江一带到沿海其他城市,又由沿海城市到内地逐步发展起来。

上海自1843年对外开放、1845年开辟租界以后,很快发展成为全国的经济金融中心,上海的对外贸易占全国总量的一半以上。许多全国性银行的总行设在上海,其余全国性银行的绝大部分在上海设立分行。全国近半数资金在上海集散,各地的存贷款利率和金融行市围绕着上海的利率和行市变动。上海有全国最大的证券交易所,黄金交易量在远东首屈一指,外汇交易量也很大。

抗日战争爆发,我国大片领土,包括上海、北平、天津、广州、武汉等金融市场比较发达的大城市先后失守,国民党政府西迁到重庆,使重庆成为国民党统治区的政治、经济中心,自然也成为金融中心。但当时全国处于战争状态,在大部分经济比较发达地区丧失和重庆金融市场基础比较薄弱的情况下,重庆金融市场中心有很大的局限性,不能与原来的上海金融中心相提并论。

抗日战争胜利,上海等沦陷区收复,国民党政府从重庆迁回南京。上海重新设立证券交易所,接着开放外汇市场,逐步恢复了金融中心的地位。但很快发生内战,经济进一步衰落,通货恶性膨胀,金融市场不仅无法恢复兴盛状况,而且愈加衰败,到上海解放前夕已濒临崩溃。

(2) 旧中国金融市场的特点。旧中国的金融市场具有以下特点:第一,外国金融机构居统治地位。外国金融机构在华设立分支机构,外国货币在中国市场大量流通,金融市场被外国金融机构垄断。第二,金融市场业务畸形发展。在金融市场上,黄金外汇交易量较大,货币兑换也较发达,证券市场规模较小,而且以公债为主,银行借贷不多,票据贴现不发达,反映了半封建半殖民地经济的特点。第三,金融市场发展不均衡。由于中国经济发展的不均衡和帝国主义势力范围的划分,使东南沿海城市的商品经济和金融市场比较发达,而内地一些城市的金融市场发展非常缓慢。总之,旧中国半封建半殖民地的社会性质使当时的金融市场既有促进经济增长的积极作用,也有难以避免的局限性。

2. 新中国的金融市场

(1) 改革开放前的金融市场。解放初期,生产停顿、经济萧条、通货恶性膨胀、金融市场极度混乱。为稳定经济和金融,人民政府采取了很多措施来整顿金融市场。主要的措施有:将官僚资本主义金融机构收归国有;对私营金融机构进行社会主义改造;肃清国民党货币和在我国流通的外国货币,统一货币发行;禁止金银计价流通和私相买卖,由国家统一购销管理;由国家统一管理集中经营外汇;建立新中国的金融机构;遏制通货膨胀等。经过一段时间整顿,金融市场秩序恢复正常。

在 20 世纪 50 年代末到 70 年代末,我国实行高度集中统一的计划经济体制和与之相适应的高度集中的金融体制。在这种体制下,金融市场不起作用,只能逐渐消亡。

(2) 改革开放后的金融市场。1978 年以后,中国进入改革开放的新的历史时期。随着社会主义市场经济体制作为社会经济发展模式的确立,金融市场作为市场经济体系重要组成部分的地位也得到确认。同时,随着经济结构的多元化发展和微观经济主体地位和利益的逐步确立,不仅社会经济得到长足发展、社会财富不断增加、经济货币化程度逐步提高,而且国民收入的分配格局和投融资结构也发生了重大变化,金融市场的作用相应加强。

经过 30 年的改革和发展,我国金融市场体系已基本形成。我国的货币市场已发展为包括同业拆借市场、回购协议市场、商业票据市场、银行承兑汇票市场和货币基金市场的市场体系。上海银行间同业拆借利率(Shibor)已成为我国金融市场的基准利率。我国债券市场已形成以银行间债券市场为主、证券交易所市场为辅、商业银行柜台市场为补充的多层次债券市场体系,债券的品种包括国债、地方政府债、中央银行票据、金融债券、企业债、公司债和资产支持证券等。我国的股票市场已逐渐形成由沪深交易所主板市场、创业板市场和代办股份转让系统(三板市场)构成的多层次资本市场体系,为不同类型的市场主体提供融资和投资的平台。近年来,我国股票市场的融资规模、总市值、成交总额在国际市场上已位居前列,对外开放的程度也日渐扩大。我国的基金市场规模日渐扩大,品种逐渐增加,截至 2009 年中已有 60 家基金管理公司管理 520 只基金,基金的品种包括封闭型基金、开放型基金,按投资对象划分已有股票基金、指数基金、债券基金、货币市场基金、混合基金、保本基金、伞形基金、交易型开放式指数基金(ETF)、上市开放式基金(LOF)、QDII基金等,基金已成为我国证券市场重要的投资主体。随着人民币汇率改革的不断深入,我国银行间外汇市场不断完善,交易主体和交易品种不断增加,交易机制不断健全。外汇市场的发展又进一步推进了人民币汇率的市场化形成机制。我国的黄金市场也取得了长足的进步,除了传统的金饰品、金币、金条市场外,已成立黄金交易所,推出黄金现货交易、远期交易、延期交易和白银、铂金交易,上海期货交易所还推出黄金期货交易,黄金价格已实现市场化。我国的衍生品市场也取得初步发展,除了商品期货外,已有债券、利率、外汇远期交易、人民币互换交易、可转换债券、权证和少量的资产证券化品种。不久的将来,上海金融期货交易所还将推出金融期货、期权交易。可以确信,我国的金融市场还有很大的发展空间。

二、金融市场全球一体化的发展趋势

金融市场全球一体化发端于20世纪60年代出现的欧洲货币市场,现在已成为国际金融市场不可逆转的发展趋势。近几十年来,在国际金融市场上出现了若干发展趋势,但金融市场全球一体化的趋势是最本质、最主要的趋势,其他趋势或者是金融市场全球一体化的动因,或者是表现、影响,它们都围绕着金融市场全球一体化这一主流趋势而展开。金融市场全球一体化是国际金融市场之间,以及国内和国外金融市场之间联系日益密切、影响日渐加深,逐步走向统一的全球性金融市场的过程。

(一)金融市场一体化在经济全球化中的地位

整个20世纪,世界经济经历了全球化的过程,进入新世纪,全球化趋势愈加明显,经济全球化是世界经济发展的主线。经济全球化表现在三个方面:贸易自由化、生产跨国化、金融市场一体化。

贸易自由化是20世纪50—60年代以来世界各国经济发展及国际经济关系中的重要现象,贸易自由化的主要内容是各国对外开放本国的市场,主旨是限制和反对贸易保护主义。1995年1月,世界贸易组织正式生效运转,并取代了关贸总协定,是世界贸易一体化的雏形,也是世界经济全球化加速形成的重要标志。贸易自由化对金融市场一体化有着明显的推动作用。贸易自由化首先带动双边和多边的支付业务和外汇交易活动;其次带动围绕贸易而进行的国际融资和投资活动,进而引起国际信贷资本和证券资本的流动,促进国际金融业务开展。贸易自由化经历了从商品贸易自由化向服务贸易自由化的过程。在服务贸易开放谈判的初期,涉及的主要领域是交通运输、旅游业、技术贸易、教育等,20世纪90年代中期,服务贸易谈判开始涉及金融领域,1997年世界贸易组织通过的服务贸易开放协定明确了各国金融市场开放的原则,要求各成员国进一步开放金融市场,促进金融服务贸易的国际化和全球化。

在经济全球化的过程中,生产跨国化是主要动力。生产跨国化,是指世界各国和地区的生产过程日益形成环环相扣不可分割的产业链条。国际分工的细化和深化,使跨国公司的全球化经营成为推动生产活动全球化的主要力量。跨国公司不仅在生产总值上成为全球的重要部分,而且成为国际贸易的主要推动力量,并主导着全球的投资活动和科技开发和应用。跨国公司在全球经济中地位和作用的上升,成为推动金融市场一体化的重要力量。首先,跨国公司是国际外汇市场的重要参与者,跨国公司的海外投资、生产经营、资金调度、套期保值及境外销售活动产生对外汇交易的需求。其次,跨国公司对国际结算的需求与日俱增,需要相应的金融机构和清算系统准确、快速地完成。再次,跨国公司对融资的需求快速增加,跨国公司的投资通常周期长、规模大、风险高,常常寻求国际融资,包括在国际证券市场、离岸金融市场、国际信贷市场筹措资金;同时跨国公司对所设分支机构所在地的融资需求也不断加大,这又密切了当地金融市场与国际金融市场的联系;跨国公司还通过并购重组向新兴行业和新兴市场经济区域扩展。此外,跨国公司对外汇交易、国际融资、国际结算的需要推动着大型金融机构不断走向国际化,一些大型金融机构往往跟随本国大型跨国公司国际业务的扩张而扩张,依照跨国公司经营活动全球分布格局而构建自身的系统,跨国金融机构的发展也进一步促进了各国经济的全球化和金融市场一体化。

在贸易自由化、生产跨国化的推动下,全球金融市场出现了货币资金在国际间流动的障碍减少、规模扩大、价格趋同、效率提高的一体化趋势。贸易自由化、生产跨国化、金融一体化是世界经济全球化总趋势的三个组成部分。贸易自由化从产品交换阶段体现国际经济联系,是世界经济关系发展的起点和最初形式。生产跨国化从生产阶段体现国际经济联系,是世界经济联系的高级形式。金融市场一体化从要素配置角度体现国际经济联系,要素的国际流动与商品的国际流动相比,可以形成新的比较优势,进一步优化资源的配置。金融市场一体化既是贸易自由化的结果,又是生产跨国化的基础,金融市场一体化在经济全球化过程中的主导作用正不断显现并强化。

(二) 金融市场一体化的原因

金融市场一体化的原因可以归结为世界经济的发展、金融管制的放松、大型金融机构的出现、金融创新和科学技术的进步。

1. 世界经济的发展

金融市场一体化是以世界经济的发展水平不断提高、国际分工逐渐细化、各国经济联系日益密切为基础的。世界各国经济相互依存关系的加深,促使各国经济走向全球化,贸易的自由化和生产的国际化促进了金融市场一体化的进程。

2. 金融自由化的政策取向

20世纪70年代开始,发达国家逐渐放松金融管制,选择金融自由化政策。金融自由化是通过法律制度和其他制度的调整,从市场准入的限制、金融产品价格的限制、金融业务的限制、金融经营地域的限制、对外资金融机构的限制、货币兑换的限制等方面突破传统的金融管制,以实现金融市场的对内开放和对外开放。进入90年代,在发达国家进一步扩大和推动国内金融机构之间的竞争,弱化或取消对金融机构在定价权、经营范围和地域范围等方面的限制,以及进一步向外资金融机构开放国内金融市场的同时,发展中国家也通过加速民营化进程、积极吸引外资和外资金融机构、加快经常项目下货币可兑换步伐等措施放松金融管制。各国政府的金融自由化政策取向,消除了各国金融市场的界限,加强了国内外金融市场的联系,降低了各国金融市场之间的交易成本,加快了金融市场一体化的进程。

3. 大型金融机构快速发展

20世纪90年代大型金融机构快速成长,这些金融机构不仅有开放式共同基金、封闭式投资基金、养老基金、保险基金、信托资金等机构投资者,还出现了大型复合型金融机构。这种类型的金融机构是指由同属一个集团的若干金融机构组成,能提供两种以上的金融服务,营业范围比兼营银行和证券业务的综合金融机构还要广泛,不仅打破了银行、证券、保险业务的界限,是无国界之分的跨国界、跨行业经营,规模大型化的全能金融机构。这些大型金融机构资产规模巨大,在金融创新和国际资本流动方面发挥着日益显著的主导作用,它们还经常同时在不同国家、不同地区、不同种类金融市场上运作,甚至建立起全球化的金融网络,加强了各个金融市场之间的联系,使金融市场一体化向纵深发展。

4. 全方位的金融创新

继20世纪70—80年代金融创新高潮迭起以后,90年代金融创新呈现出全方位的特点。金融创新不仅发生在发达国家、发展中国家和地区,而且发生在国际金融市场中;金融创新不仅表现为金融产品创新,而且表现为金融制度、金融技术和金融交易等创新。金融创新对全球金融市场的发展有着多方面的影响。金融创新使金融资产的替代性增加、流通性增强,使资金融通的效率提高,推动金融市场的发展;金融创新使企业和金融机构有了更多的融资工具和规避风险的方法,降低融资成本,使更多的企业和金融机构参与金融交易,提高了金融市场的广度和深度;有些金融创新的品种在不同的市场同时上市交易,或是可以在不同的市场间进行套利交易,加强了各类金融市场之间的联系,促进了金融市场的一体化。但金融创新也加剧金融市场内在的不稳定性,增加了金融风险发生的可能和金融监管的难度。

5. 科技进步的推动

科技进步是金融市场一体化的重要推动力。通讯技术和大型计算机的发展和广泛应用使交易成本大幅降低,也使全球金融市场实现24小时不间断交易成为可能,从而促使世界各国金融市场在时间和空间上相互连接形成统一整体。信息传播速度的加快减少了传统金融业务的收益,加剧了竞争,从而刺激了金融机构的创新;而创新金融工具的设计和定价非常复杂,又必须依靠高新技术的帮助才能实现。科技进步使各个金融市场之间的距离缩短,加速全球金融市场向一体化方向发展。

(三)金融市场一体化的表现

1. 国际化大银行出现,实现银行业务一体化

银行业务一体化是指银行在全球范围内调度资金,经营各种业务,不受国界限制。得益于放松金融管制,20世纪90年代以来,出现了银行兼并浪潮。银行购并,特别是大银行之间的购并,导致银行规模扩张,出现了一些国际化大银行。国际银行作为国际金融中介,其功能的发展也显示了金融一体化及其在当代世界经济中的作用。国际化大银行除了继续传统的银行业务外,为适应跨国公司和国际贸易发展的需要,纷纷在全球范围内设立分支机构,开展多元化经营,通过安排项目融资、发行证券、接受信托管理以及国际咨询服务等,在国际资本配置中发挥核心作用。

2. 国际证券市场迅猛发展并连为一体

在经济全球化的背景下,多数发达国家和部分发展中国家拆除隔离国内、国际证券

市场的障碍,全球证券市场相互联系日趋紧密,出现了一体化趋势。首先,证券市场的开放使股票发行异地上市、海外上市,以及多个市场同时上市的公司数量和发行规模日益扩大,海外发行主权债务工具的规模也非常巨大。其次,随着资本管制的放松,全球资产配置成为流行的趋势,个人投资者可以借助互联网轻松实现跨境投资,以全球基金、国际基金为代表的机构投资者大量投资境外证券市场,主权国家出于外汇储备管理的需要也形成对外国高等级证券的巨大需求。再次,交易所之间的跨国合并和跨国合作层出不穷,场外市场在跨国兼并的驱动下也渐趋融合,电子化、网络化的技术条件使全球证券市场融为一体,克服了时间和空间的限制,使24小时不间断交易得以实现。最后,证券市场一体化的趋势还表现为全球资本市场之间的相关性显著增强。由于全球金融市场高度融合和金融信息在全球范围内快速传递,使各证券市场的主要资产价格和利率差距缩小,而利率的趋同又导致证券发行成本一致化,促使各市场之间相关度提高、联动性加强。此外,从产品设计与创新、投资理念、监管制度等角度看,证券市场一体化的趋势也非常明显。

3. 国际资本流动日益活跃

国际资本流动的主要形式有对外直接投资、证券投资和国际信贷。国际资本流动既是金融一体化的表现,也是金融一体化的结果。20世纪90年代以来,国际资本流动呈现不断加快趋势,除了国际银团贷款有所减少以外,国际直接投资、国际证券投资均有明显增长,而且资本流动速度超过了贸易增长速度,贸易增长速度又超过了生产增长速度。国际资本流动的加快,提高了全球范围内金融资源的配置效率,同时也加快了金融市场一体化的进程。近年来,国际资本流动出现新的变化。一是在国际资本流动规模不断扩大的情况下,发达国家的资本流入占比不断上升,成为主要的资本输入国;新兴市场国家的资本流动波动较大,占比下降,已由资本净流入国变为资本净流出国。二是以证券投资方式的国际资本流动超过了银行信贷方式,而且衍生金融工具交易引起的国际资本流动数额已占绝对优势。三是国际资本流动中私人资本地位上升,特别是流入新兴市场国家的私人资本增长较快,短期资本大量增加。国际资本流动的变化一方面强化了发达国家主导国际金融市场的现有格局,一方面也加深了新兴市场国家金融市场与国际金融市场的联系。但是国际资本流动也有不稳定的特点,由于国际资本是在收益和风险的权衡中流动的,国际资本,特别是短期国际资本大规模地在某一国家或地区的流入、流出,往往成为引起这一国家或地区金融市场动荡的重要因素。

4. 金融创新不断深化

金融创新从一开始就是全球一体化的市场表现。金融创新工具面对的投资者是全球性的,交易的范围是国际性的,而金融创新工具广泛应用的结果是使全球资本流动加速,全球资产价格趋同,并使银行业务和证券市场越来越趋于全球一体化。

在20世纪70—80年代的金融远期、金融期货、金融期权、金融互换等衍生工具成功创造的基础上,90年代金融创新品种层出不穷、不断深化。首先,信用衍生品迅速崛起。信用衍生品是用于分离和转移信用风险的各种工具和技术的总称。它可以在不改变银行信贷资产和客户关系的前提下,将信用风险从其他风险中分离出来,为信用风险管理者提供一种风险管理手段,是一种新型的管理信用风险的金融衍生工具。按其表现形式,可分为总收益互换、信用违约工具、信用联系票据等类型。信用衍生工具出现在20世纪90年代初,但21世纪以来,它的发展速度远高于整个衍生品市场的平均水平。

其次,资产证券化方兴未艾。资产证券化是指通过特定的金融机构将流动性较差的资产进行集中并重新组合,以这些资产作抵押发行证券,以实现相关债权的流动性。当前,资产证券化趋势正深入到金融市场的各个领域,不仅传统的银行贷款实现证券化、各种融资活动以有价证券作为载体,而且出现了各种社会资产金融资产化的倾向,从而形成以证券形式持有的资产占全部金融资产的比率越来越大的现象。资产证券化不仅增加了可供投资者选择的证券种类、改善了金融机构资产的流动性,而且增加金融市场的活力,推动了金融市场的发展。

再次,另类衍生品层出不穷。近年来,国际衍生品市场出现了多种另类衍生品交易的设想和实践,应用范围不仅限于金融领域和商品领域,还应用于社会、政治、经济、文化等各领域。在有组织的金融市场中,结构化票据、交易所交易基金、各类权证、证券化资产混合型金融工具和新兴衍生合约不断上市交易,其中尤以天气衍生金融产品、能源风险管理工具、巨灾衍生产品、政治风险管理工具引人注目。此外,还有GDP指数期货、房地产指数期货、消费者物价指数期货等另类衍生工具。在场外市场,以各类奇异型期权为代表的非标准品种大量出现,成为风险管理工具。

5. 国际金融竞争日趋激烈

金融市场一体化的过程也是各国金融市场竞争日趋激烈的过程。各国的金融竞争主要有三种形式,即跨国金融机构之间的竞争、国际金融中心之间的竞争、国际货币之间的竞争。

20世纪90年代以来,跨国金融机构之间的竞争表现为大规模开展跨国购并,并通过跨国购并重组追求规模效应,推动跨国金融机构的资产规模高速增长、市场份额快速扩张。商业银行、投资银行或证券公司、保险公司、金融服务企业之间通过混业购并,摆脱原来的分业经营和监管的束缚,向全能化银行、超级金融百货公司转变,形成规模越来越大的银行集团或以银行为核心的财团,进一步加强了它们在全球金融市场上的垄断地位。但是,综合化、全能化的超大型金融机构的发展并不顺利,传统的、专业化的经营模式又有所回归。

在信息技术革命、经济全球化和金融一体化的推动下,国际金融中心之间的竞争日趋激烈,一些新的国际金融中心也加入到国际竞争行列中。国际资本市场兼并或战略联盟引人注目,欧洲八大证券市场宣布结盟,巴黎、阿姆斯特丹、布鲁塞尔证券交易所合并成新的Euronext,伦敦证券交易所和法兰克福证券交易所合并成欧洲最大的国际交易所,纳斯达克市场和美国证券交易所合并等,使长达两百余年的国际资本市场的传统格局发生变化,纽约—伦敦—东京尽管还是全球资本市场的中心,但正以前所未有的速度向国际一体化市场迈进,而新加坡、香港等新兴的金融中心则发展势头迅猛,并向东京的国际金融中心的地位提出挑战。

国际货币竞争是主要国家的货币之间为扩大其作为国际货币的地位和影响,乃至争夺作为世界货币地位而展开的竞争。20世纪90年代以来,欧盟国家大力推进经济和货币一体化进程,并推出统一货币欧元,极大地改变了国际货币竞争格局。欧元的出台,不仅向美元的国际货币地位提出严峻挑战,也使英镑、瑞士法郎等传统国际货币的地位发生动摇。为应付来自欧元的挑战,巩固美元的国际地位,美国则致力于推动其他国家货币的美元化,并使一些拉丁美洲国家作出以美元作为官方货币的选择。日本政府则因日元国际化的政策收效甚微,在亚洲危机以后开始主张亚洲货币合作,想以此来提高日元在亚洲的地位和影响。由美国次贷危机引起金融危机的爆发,并在全球范围内迅速蔓延,暴露出当前国际货币体系的内在缺陷和系统性风险。为此,中国政府提出必须创造性地改革和完善现行国际货币体系,推动国际储备货币向着币值稳定、供应有序、总量可调的方向完善,才能从根本上维护全球经济、金融稳定的主张。并提出为避免主权信用货币作为储备货币的内在缺陷,需要创造一种与主权国家脱钩,并能保持币值长期稳定的国际储备货币,以增强国际社会应对危机、维护国际货币金融体系稳定能力的建议。

国际金融机构之间、国际金融市场之间、国际货币之间的竞争既是国际金融市场一体化的表现,又加速了一体化的进程。

(四) 金融市场一体化的影响

金融市场一体化的趋势对全球经济的发展既有积极影响,也有消极影响。

1. 提高金融资源配置效率

金融市场一体化为扩大国际贸易和国际投资创造了条件,也为各国的企业和金融机构融通资金、经营资产、规避风险提供了多样化的手段,同时还扩大了信息传播的范围、促进了资本的流动,从而提高了在全球范围内配置金融资源的效率,有利于各国经济的发展。

2. 削弱国家货币政策的独立性

金融市场一体化加强了各国金融市场之间的联系,使一国的货币政策受到溢出或溢入效应的影响。即本国的货币政策未能或仅能对部分国内经济变量发生作用,而使货币政策不能实现最终目标;或是外国的货币政策干扰国内货币政策的实施,使一国或地区的货币政策失效或偏离预期的政策目标。

3. 增加了金融风险的传播

金融市场的一体化增加了国际资本的流动性,加强了各国金融市场之间的竞争。资本的流动容易加剧金融资产的价格波动,而金融资产价格的过度波动有可能引发金融风险;激烈的竞争会迫使金融机构追逐利润最大化,经营高收益、高风险的业务,一旦经营不善也可能引发金融风险。金融市场一体化扩大了信息的传播,使各国金融市场相关度提高,也使金融风险传播的范围扩大、速度加快。一国的金融风险可能影响国际金融市场的正常运行,甚至一个金融机构的操作失误会影响国际金融市场的正常走势,而短期国际资本的流动可能直接引起一国,甚至多国发生金融危机。金融市场一体化在提高全球金融市场效率的同时,也可能引发全球金融风险,加剧金融市场动荡。

4. 促进国际合作和协调

加强国际合作和协调是防范和处理国际金融危机的重要机制。由于金融危机通常具有较强的国际扩散效应,仅仅依靠单个国家的努力难以奏效,随着各国金融市场相互依存关系的提高,需要国际金融合作和协调来防范和控制金融风险。在布雷顿森林体系瓦解以后,国际金融合作和协调主要表现为:主要发达国家通过七国首脑会议、中央银行行长会议和财长会议协调汇率和货币政策;以国际货币基金组织、世界银行和国际清算银行为主的国际金融机构在应对发展中国家外债危机问题和应付墨西哥危机、亚洲危机等过程中发挥突出作用;发展中国家参加国际金融机构的成员增加、地位提高。同时双边的,尤其是区域性的国际金融合作和协调是全球金融合作和协调的重要补充。金融市场一体化给国际金融领域的协调机制带来挑战。在金融全球化逐渐深入、各国金融市场联动效应增强的情况下,一旦国际金融市场发生动荡,任何一国或地区都难以独善其身,未来的国际合作和协调机制还需要不断改善和提高。

本 章 小 结

金融市场是指以金融资产为交易工具,而形成的供求关系和交易机制的总和。金融市场上的资金融通方式一般分为直接融资和间接融资两种。广义的金融市场包含一切形式的金融交易活动,既包括直接融资,也包括间接融资,但本教材以直接融资市场为研究对象。

金融市场的分类方法很多,按金融资产的种类划分,可分为货币市场、资本市场、外汇市场、黄金市场、保险市场、衍生工具市场等;按金融资产的交易程序划分,可划分为发行市场和流通市场;按金融市场的组织方式划分,可分为有形市场和无形市场;按金融市场所在地域范围划分,可分为国内金融市场和国际金融市场。金融市场具有货币资金融通功能、优化资源配置功能、风险分散功能、经济调节功能、综合反映功能。

金融市场要素是指构成金融市场的元素,包括市场主体、工具、中介和监管,而市场组织方式则是保证金融市场正常运行的制度安排。金融市场主体是指金融市场的交易者,有政府部门、工商企业、居民、存款金融机构、非存款金融机构和中央银行。它们参与金融交易的动机,主要有筹措货币资金、对金融资产投资、套期保值、套利、投机,或是调控宏观经济。

金融市场工具是金融交易的载体,公开金融市场上的金融工具一般采取有价证券或其衍生品的形式。金融工具种类繁多,分类方法也有多种,按金融工具的性质不同分为债权凭证和所有权凭证;按金融工具发行人的性质及融资方法分类,可分为直接证券和间接证券;按金融工具的市场属性和期限分类,可分为货币市场工具、资本市场工具和金融衍生市场工具。金融工具一般具有期限性、收益性、流动性、风险性等基本特征。

金融中介是指为资金融通提供媒介服务的专业性金融机构或取得专业资格的自然人。在直接的金融市场上,金融中介机构可以分为主要为一级市场提供中介服务的投资银行和为二级市场提供中介服务的经纪公司。投资银行是指经营部分或全部资本市场业务的证券经营机构,投资银行从事的主要业务有:证券承销、证券交易、私募发行、兼并收购、基金管理、风险投资、金融衍生工具的创造与交易、受托资产管理、咨询业务、清算及其相关业务等。经纪人是指接受交易者委托,以代理人的身份进行金融工具交易或是为交易双方提供信息促使双方成交,并收取佣金的金融机构或自然人。根据经纪人所从事的业务,可以分为货币经纪人、外汇经纪人、证券经纪人、衍生工具经纪人等。

金融市场的组织方式是使金融市场正常运转的制度安排,它主要集中在市场形态和价格形成机制两方面。根据市场形态不同,可以将金融市场分为有形市场和无形市场;根据金融工具价格形成的方式不同,可以将金融市场分为指令驱动市场和报价驱动市场。

金融监管是指一国的货币当局或该国政府依法设定的监管部门对金融机构实施的各种监督和管制的行为,包括对金融机构市场准入、业务范围、市场退出等方面的限制性规定,对金融机构内部组织结构、风险管理和控制等方面的合规性、达标性的要求,以及一系列相关的立法和执法体系与过程。

金融市场是商品经济发展的产物,商品经济的发展是建立金融市场的经济基础,股份制度的出现是建立金融市场的主要动力,信用制度的发展促进了金融市场的发展。国际金融市场经历了萌芽和初步形成阶段、两次世界大战的调整阶段、欧洲货币市场的产生与发展阶段、新兴金融市场的崛起和发展阶段。旧中国的金融市场具有半封建半殖民地的特点。在改革开放前,我国实行高度集中统一的计划经济体制和与之相适应的高度集中的金融体制,在这种体制下,金融市场不起作用。随着社会主义市场经济体制作为社会经济发展模式的确立,金融市场作为市场经济体系重要组成部分的地位得到确认,我国的货币市场、债券市场、股票市场、基金市场、外汇市场、黄金市场、衍生品市场得到不同程度的发展。

近几十年来,在国际金融市场上出现金融市场全球一体化的趋势。经济全球化是世界经济发展的主线,经济全球化表现在三个方面:贸易自由化、生产跨国化、金融市场一体化。金融市场一体化既是贸易自由化的结果,又是生产跨国化的基础,金融市场一体化在经济全球化过程中的主导作用正不断显现并强化。金融市场一体化的原因可以归结为世界经济的发展、金融自由化的政策取向、大型金融机构的出现、金融创新和科学技术的进步。金融市场一体化表现为国际化大银行出现,实现银行业务一体化;国际证券市场迅猛发展并连为一体;国际资本流动加快;金融创新不断深化;国际金融竞争日趋激烈。金融市场一体化的趋势对全球经济的发展既有积极影响,也有消极影响,主要有提高金融资源配置效率、削弱国家货币政策的独立性、增加了金融风险的传播、促进国际合作和协调。

重 要 概 念

金融市场 直接融资 间接融资 货币市场 资本市场 金融衍生工具 发行市场 流通市场 国内金融市场 国际金融市场 外国金融市场 境外金融市场 债权凭证 股票 期限性 收益性 流动性 风险性 金融中介 委托资产管理业务 经纪人 指令驱动制度 报价驱动制度 金融监管 金融市场全球一体化 资产证券化

练 习 题

一、判断题

1. 金融市场是货币资金融通的市场,在金融市场上交易的对象是同质的货币资金。

2．间接融资是指货币资金的需求者借助一定的金融工具直接向资金供应者融通资金的方式。

3．资本市场是以期限在 3 年以上的金融资产为交易工具的中长期资金融通市场。

4．金融衍生工具是建立在基础金融工具或基础金融变量之上，其价格取决于后者价格变动的派生产品。

5．外国金融市场是指某一国的筹资者在本国以外的另一个国家发行以第三国货币为面值的金融资产，并以它为交易工具的市场。

6．金融风险是客观存在的现象，人们可以消灭风险，也可以利用金融市场分散风险、回避风险。

7．中央银行参与金融市场交易的目的是为执行货币政策、调控货币供应，为国家的宏观经济目标服务。

8．证券的私募发行即私下发行，是指发行人将证券出售给有限的特定投资者，因而是非法的。

9．指令驱动是指交易者根据自己的交易意愿提交买卖指令，并等待在拍卖过程中执行指令，市场交易系统根据一定的指令匹配规则决定成交价格。

10．经济全球化表现在三个方面：贸易自由化、生产跨国化、金融市场一体化。

二、单项选择题

1．间接融资的主要形式是_____。
  A 银行信贷　　　B 股票　　　　　C 债券　　　　　D 商业票据

2．以下不属于货币市场的是_____。
  A 同业拆借市场　B 商业票据市场　C 股票市场　　　D 回购市场

3．在某一货币发行国境外从事该种货币融通的市场是_____。
  A 国内金融市场　　　　　　　　　B 区域性金融市场
  C 外国金融市场　　　　　　　　　D 境外金融市场

4．能在金融市场上简便、快捷地转让变现而不致遭受损失的是金融工具的_____特性。
  A 期限性　　　　B 收益性　　　　C 流动性　　　　D 风险性

5．投资银行代理证券发行人发行证券的业务是_____业务。
  A 私募发行　　　　　　　　　　　B 证券承销
  C 风险投资　　　　　　　　　　　D 受托资产管理

6．在货币市场上充当交易双方中介收取佣金的中间商是_____。
  A 外汇经纪人　　B 货币经纪人　　C 佣金经纪人　　D 专家经纪人

7．二战以后，与纽约、伦敦并列为三大国际金融中心的是_____。
  A 苏黎世　　　　B 东京　　　　　C 新加坡　　　　D 香港

8．我国的股票发行实行_____。
  A 审批制　　　　B 注册制　　　　C 审核制　　　　D 核准制

9．证券经营机构以自有资本和营运资金以自己的名义买卖证券，获取股息利息收入和赚取差价,并承担相应风险的是_____业务。
　　A　风险投资　　　　B　证券咨询　　　　C　证券自营　　　　D　证券承销
　10. 发行人依法定程序发行,并约定在一定期限内还本付息的有价证券是_____。
　　A　债权凭证　　　　B　所有权凭证　　　C　金融衍生工具　　D　证券投资基金

三、多项选择题

1. 按金融资产的种类划分,金融市场可分为_____衍生工具市场等。
　　A　货币市场　　　　B　资本市场　　　　C　外汇市场　　　　D　黄金市场
2. 证券市场可分为_____等。
　　A　中长期信贷市场　　　　　　　　　　B　股票市场
　　C　债券市场　　　　　　　　　　　　　D　基金市场
3. 金融衍生工具市场可细分为_____。
　　A　期货市场　　　　B　期权市场　　　　C　远期协议市场　　D　互换市场
4. 按金融市场的市场形态划分,可分为_____。
　　A　有形市场　　　　B　无形市场　　　　C　直接市场　　　　D　间接市场
5. 金融市场的主体有_____非存款金融机构和中央银行。
　　A　政府部门　　　　B　工商企业　　　　C　居民　　　　　　D　存款金融机构
6. 金融工具一般具有_____基本特征。
　　A　期限性　　　　　B　收益性　　　　　C　流动性　　　　　D　风险性
7. 根据金融工具价格形成的方式不同,可以将金融市场分为_____市场。
　　A　指令驱动　　　　B　报价驱动　　　　C　有形　　　　　　D　无形
8. 经济全球化表现在_____。
　　A　贸易自由化　　　　　　　　　　　　B　生产跨国化
　　C　金融自由化　　　　　　　　　　　　D　金融市场一体化
9. 各国的金融竞争主要形式有_____。
　　A　跨国金融机构之间的竞争　　　　　　B　国际金融中心之间的竞争
　　C　国际货币之间的竞争　　　　　　　　D　国际金融市场之间的竞争
10. 金融市场一体化的原因可以归结为_____。
　　A　世界经济的发展　　　　　　　　　　B　金融管制的放松
　　C　大型金融机构的出现　　　　　　　　D　金融创新和科学技术的进步

参 考 答 案

一、1. 是　2. 非　3. 非　4. 是　5. 非　6. 非　7. 是　8. 非　9. 是　10. 是
二、1. A　2. C　3. D　4. C　5. B　6. B　7. A　8. D　9. C　10. A
三、1. ABCD　2. BCD　3. ABCD　4. AB　5. ABCD　6. ABCD　7. AB　8. ABD　9. ABC　10. ABCD

第二章 货币市场

> **提　要**
>
> 　　货币市场是金融市场的重要组成部分,是实现经济主体短期资金融通的市场。发达的货币市场是利率市场化改革的必要条件,也是货币政策实施和效应检验不可或缺的条件。货币市场由同业拆借市场、回购协议市场、商业票据市场、银行承兑汇票市场、大额可转让定期存单市场和短期政府债券市场等子市场构成。每一个子市场都有大量参与者,以及各自的交易机制。同业拆借市场通过资金融通双方直接交易形成短期资金的借贷关系,其他的子市场都通过各自所特有的短期金融工具的发行和交易建立交易双方的资金借贷关系。另外,商业票据市场、大额可转让存单市场和短期政府债券市场还存在着各自短期金融工具的流通市场。

第一节　货币市场概述

一、货币市场的概念

　　货币市场是短期资金融通的市场,是金融市场的基础市场。短期资金的直接融通关系是通过短期金融工具的发行和交易建立的。货币市场,是指1年期以内(包括1年期)的短期金融工具发行和交易所形成的供求关系和运行机制的总和。短期金融工具的"短期"所包含的时间间隔是金融工具从发行日至到期日之间的时间。货币市场的性质是短期借贷市场,反映了短期债权债务关系。

　　货币市场又可分为短期信贷市场、同业拆借市场、回购协议市场、商业票据市场、银行承兑汇票市场、大额可转让存单市场和短期政府债券市场等子市场,除短期信贷市场以外,其余子市场均属于公开的直接金融市场。

二、货币市场的特征

　　按照货币市场交易工具的不同可以划分为不同的子市场,但这些子市场都有着以下特征。

　　1. 货币市场的交易主要在现金剩余者和现金需求者之间进行

　　货币市场是融通短期资金的市场,是金融机构短期流动性管理和商业银行头寸管理的主要场所。所以,货币市场交易主要在金融机构的经常账户间进行,而非资本账户间进行。

　　2. 货币市场的参与者具有较高的资信

　　货币市场的参与者种类多、数量大,主要是各类机构,有银行、非银行金融机构,公司,政府和政府机构,专业经纪商等。货币市场的参与者必须具备较高的资信,以保证货币市场利率反映货币资金真实的供求情况和货币市场效率。

3. 货币市场工具种类多、数量大、期限短、信用好、流动性强、风险小、收益率低

为满足机构交易者的不同需求,货币市场工具必须有足够的种类和数量,并且还在不断地创新。货币市场工具大多是银行、政府、大企业发行的期限在1年以内的短期信用工具,信用好、违约风险低。货币市场工具一般都有发达的二级市场,投资者可以迅速方便地买卖交易,有些工具还可以在未到期前通过贴现等方式提前兑现,短期金融工具价格波动风险也较小。由于货币市场工具期限短、风险小,所以对应的收益率也较低。

4. 货币市场是无形市场

货币市场通常没有固定、统一的集中交易场所,大量的交易是以场外双边交易或通过中介的多边交易方式进行,现代货币市场则是借助现代通信设施和计算机网络进行交易的无形市场。这是因为货币市场的参与者主要是机构,机构之间的交易具有单笔交易规模大、交易成本低、交易频繁、交易者之间较了解的特点,同时货币市场又有发行量大、发行范围广的特点,这就要求货币市场克服地域分割的限制,使不同地区的交易者能在同一时间按相同的条件进行交易,以提高市场的效率和效益。

5. 货币市场的各子市场相互联动,与资本市场也有必然联系

货币市场由多个子市场构成。子市场按交易工具的不同划分,满足不同交易者的需要,各有不同的功能。交易者可以同时在不同的子市场交易,资金在各子市场间流动,价格信号在子市场间传递,多个子市场共同构成货币市场的统一整体,承担货币市场功能。货币市场与资本市场间有必然的联系,借助同业拆借、回购协议,部分货币市场资金流向资本市场,满足资本市场主要机构的流动性需要;借助证券投资基金,部分资本市场的投资资金流向货币市场,形成对货币市场工具的投资需求。资金在货币市场和资本市场间的流动,引起各种金融工具价格、收益率和风险的变化,形成金融工具的期限结构和风险结构。

三、货币市场的参与者

货币市场的参与者指在货币市场中参与交易的各类主体,主要有商业银行、非银行金融机构、非金融机构、政府和政府机构、中央银行、经纪类中介机构等。货币市场对交易主体的资信程度、资本规模、业务许可等有严格的准入限制。个人投资者除了购买短期政府债券和大额可转让定期存单外,一般不能直接参与货币市场交易,通常以投资货币市场基金方式间接参与货币市场交易。

(一) 商业银行

商业银行参与货币市场交易主要是为了准备金管理。商业银行的准备金,俗称"头寸",是在某一时点上银行可以使用的营运资金,一般以"天"计。在银行的经营活动中,资金的流入和流出是不确定并难以准确预测的,因此准备金常有不足或有剩余。准备金不足会影响经营,准备金过多又会影响盈利。在货币市场上,资金的借入方弥补准备金的不足,贷出方为超额准备金找到安全、合适的投资渠道,货币市场成了商业银行管

理准备金的重要平台,商业银行是货币市场重要的参与者。

(二) 非银行金融机构

非银行金融机构主要有保险公司、证券公司、基金管理公司、资产管理公司、财务公司、社会保障基金和企业年金等。这些金融机构通常拥有大量的长期性投资资金,以组合投资的方式管理着规模庞大的金融资产。在它们管理的资产组合中,既有高风险、高收益的风险资产,也需要保持一定比例低风险、高流动性的货币市场工具,以实现最佳投资组合的目的。有时候,这类机构还需要从货币市场融入短期资金满足流动性需要。非银行金融机构也是货币市场的重要参与者。

(三) 非金融机构

非金融机构主要是指不以金融业务为主营业务的各类企业实体。非金融机构参与货币市场交易的主要目的是调整流动资产的比例,取得短期投资收益。各类企业实体在经营活动中,经常会持有短期闲置资金,为了在取得投资收益的同时又不承担资本损失的风险,企业可将短期闲置资金投资于各种流动性强、风险低、收益又高于活期存款的货币市场工具,成为货币市场的资金供应者。企业也是货币市场的资金需求者,可以以持有的合格债券通过回购交易融入短期资金,可以将持有的票据请银行承兑和向银行贴现,信用良好的企业还可以公开发行商业票据(短期融资券)。但是企业一般不直接参与货币市场交易,而是委托经纪类中介机构进行交易。

(四) 政府和政府机构

参与货币市场的政府和政府机构包括中央政府、地方政府、政府机构和外国政府及国际金融组织。政府和政府机构是货币市场重要的资金需求者,特别是中央政府发行的短期政府债券,既是弥补国库先支后收流动性不足的重要手段,也是政府实施财政政策、中央银行进行公开市场操作的工具。各级政府和政府机构也会有短期闲置的资金,这部分资金除了存放在银行以外,也可以在规定的条件下持有高信用级别的货币市场工具,主要是国库券。政府和政府机构以平等的身份参与货币市场交易,在承受有限风险的条件下,取得相应的收益。

(五) 中央银行

中央银行是货币市场交易的特殊参与者。中央银行参与货币市场交易的目的不是为获利,而是为实施公开市场业务。公开市场业务是中央银行的货币政策工具,具体是指中央银行在货币市场上买入或卖出政府债券,主要是短期政府债券,有时还包括黄金和外汇,调节基础货币的供应和影响市场利率走势,以实现货币政策目标。中央银行的公开市场业务主要在二级市场进行,以平等的市场主体身份参与交易。但因为中央银行的交易频繁、数额较大,对各类货币市场工具的价格、收益率会产生重要影响。各国中央银行法通常禁止中央银行参与国债一级市场交易,并严格限制可供公开市场操作的债券种类。

(六) 交易中介机构

货币市场的交易中介是为资金融通双方提供服务,而获取佣金的专营或兼营金融机构。在货币市场上,大型商业银行常常为中小型银行或非银行金融机构寻找合适的交易对手,而兼营货币经纪业务;同时,各国货币市场又存在着不同类型的专业经纪类中介机构。货币经纪中介的主要作用是：为供求双方寻找在融资数量和期限上匹配的交易对手、寻求和提供最优的价格信息、为交易双方见证、为部分需要匿名的交易者提供服务等。专业的货币经纪中介可以减少货币市场的信息成本和交易成本，所以大部分货币市场交易通过货币经纪中介完成。

四、货币市场的功能

1. 提供短期资金融通的渠道

在货币市场上，存在着大量不同的短期资金的需求者与供给者。一方面，短期资金的需求者为弥补头寸和流动性的不足，希望从外部获得短期资金；另一方面，拥有暂时闲置资金的短期资金供给者，希望通过某种途径贷出资金，并获得一定的回报。货币市场中存在的不同短期金融工具可满足供求双方不同的需要，以实现短期资金从供给者到需求者的转移。

2. 货币市场利率具有"基准"利率的性质

货币市场中，交易者数目众多、交易频繁且交易量庞大，由短期资金的供求关系决定的资金价格（即利率）具有市场化利率的特征。该利率对于确定其他债务性金融工具和银行存贷款的利率，具有重要参考作用。

3. 货币市场是中央银行实施货币政策的平台

中央银行通过参与货币市场短期金融工具的交易进行公开市场业务操作，从而实现货币政策目标。中央银行买入短期金融工具，投放基础货币；卖出短期金融工具，回笼基础货币。中央银行通过公开市场操作，不仅可以调节基础货币进而影响货币供应量，还可以借助交易价格引导金融市场的利率走势。中央银行还可以运用回购协议影响货币存量，其他的货币市场工具，如票据再贴现也可以成为货币政策工具。中央银行之所以选择货币市场作为公开市场业务的操作平台，一方面是因为货币市场工具数量大、期限短，能满足中央银行交易金额大，又不希望因此而引起市场价格剧烈波动的要求；另一方面是因为货币市场的主要交易者是大金融机构，中央银行与它们之间的资金往来改变的是基础货币数额，通过这些金融机构的业务活动传导中央银行政策意图的政策效用大。

第二节　货币市场与利率市场化及货币政策

利率是资金的价格，是金融市场重要的金融变量，也是中央银行货币政策的重要工具和政府调节社会经济的重要经济杠杆。在金融市场利率体系中，货币市场利率具有基础利率的作用。

一、利率决定理论

（一）古典利率理论

古典利率理论是19世纪末20世纪30年代西方经济学家所提出的，利率水平由储蓄和投资共同决定的理论。

古典利率理论认为,储蓄来自人们推迟当前的消费。由于时间偏好的影响,人们可能更偏好当前的消费,要使人们放弃当前的消费必须给予一定的补偿。利息就是对人们推迟当前消费的补偿,因此储蓄一般是利率的递增函数。即利率越高,对储蓄的吸引力越大。投资则取决于投资收益与投资资金成本,即利率的关系。只有当投资收益高于利率水平时,投资需求才会增加,因此投资是利率的递减函数。古典利率理论认为,利率水平是由储蓄与投资共同决定的。当货币资金利率等于预期投资收益率时,全社会的资本供给等于资本需求,整体经济实现均衡。古典利率理论认为,利率对储蓄和投资具有自发调节作用,使储蓄和投资趋于一致,整体经济不会长期失衡。

古典利率理论从实体经济出发研究资本供求对利率的影响,但受时代局限,忽略了金融因素对利率的影响。

(二) 流动性偏好利率理论

20世纪30年代,西方国家爆发严重的经济危机,古典利率理论关于利率具有自动调节经济的观点受到挑战,流动性偏好利率理论应运而生。

流动性偏好利率理论认为,利率纯粹是货币现象,利息是在一定时期内放弃货币、牺牲流动性所得的报酬。利率水平主要取决于货币数量与人们对货币的偏好程度,即由货币供应与货币需求的均衡点决定。货币供求的变动将影响利率水平的变动,改变货币供求变动的主要因素是人们收入水平、价格水平和货币供应的变动。在经济扩张期,收入水平的增加会带动货币需求的增加,利率水平相应上升;价格水平上升会使人们持有更多的名义货币量,货币需求上升,在货币供应及其他经济条件不变的情况下,价格水平上升将带动利率水平上升;在其他条件不变的情况下,货币供应增加将导致利率水平下降。如果影响货币供求的因素都发生变化,则利率水平的变化取决于两种因素变动对比的净效应。流动性偏好利率理论在指出利率下降会导致货币需求增加的同时,还指出当利率下降到一定程度或达到某一临界程度时,货币需求将趋于无穷大,此时人们具有几乎绝对的流动性偏好,这就是"流动性陷阱"。在这种情况下,因为利率已经接近于零,所以扩张的货币政策对投资、就业和产出都没有影响。

流动性偏好利率理论考虑了货币供求对利率的影响,却忽略了储蓄、投资对利率的影响,仍有一定的片面性。

(三) 可贷资金利率理论

可贷资金理论同样出现于20世纪30年代,是在古典利率理论的基础上,将货币供求等因素对利率的影响纳入考量范围,弥补了古典利率理论只关注储蓄、投资等实物因素的不足,因此又被称为新古典利率理论。

可贷资金利率理论认为,利息产生于资金的贷放过程,利率是使用信贷资金的代价,利率变动取决于可贷资金的供应和需求。可贷资金的需求来自居民、企业、政府和外国。居民对信贷资金的需求主要是消费信贷需求,利率不是影响消费信贷需求的主要因素,居民的消费信贷需求对利率变动的弹性相对较小;企业对信贷资金的需求主要是投资并取得盈利,利率作为信贷资金的成本对企业盈利有重要影响,企业对信贷资金的需求与利率有较明显的负相关性;政府对信贷资金的需求主要由履行政府职能的需求决定,受利率的影响较小;国外部门对信贷资金的需求受本国和外国的利差影响,本国利率上升会减少外国对本国信贷资金的需求。综合分析,可贷资金的总需求与利率的关系是负相关。

可贷资金供应主要来自国内储蓄、货币窖藏、银行系统的信用创造和外国贷款。一般认为,影响储蓄的主要因素是收入而非利率。利率上升可能使人们为实现既定的消费目标而减少当前储蓄,即"收入效应";利率上升也可能使人们为增加未来的消费而增加储蓄,即"替代效应";利率上升可能使人们持有的金融资产价值下降,促使人们增加储蓄以保持财富总值不变,也可能使高负债的企业和居民为减轻债务负担而减少储蓄,即"财富效应"。在收入效应、替代效应、财富效应的综合作用下,储蓄对利率缺乏弹性,即不会因利率变化对可贷资金的供应产生明显影响。货币窖藏是指货币供应与货币需求的差额,这是可贷资金供应的又一来源。货币供应由中央银行组织,公众对货币的需求取决于收入水平和利率的变化。当货币供应大于货币需求时,人们增加持有的现金余额,货币的正窖藏形成,可贷资金数量减少;反之,货币的负窖藏形成,可贷资金数量增加。银行系统具有信用创造能力,所创造的信用货币是可贷资金的重要来源,中央银行可以调控商业银行的信用创造能力,进而影响可贷资金供应。在资本可以自由流动的条件下,国外的资金供应随国内外利差的变化而变化,利差越大,流进的资金越多,两者成正相关关系。综合分析,可贷资金供应与利率成正相关关系。可贷资金利率理论认为,当可贷资金的供应等于需求时,可贷资金市场达到均衡,此时的利率即为均衡利率。

(四)基于 IS—LM 模型的利率理论

在吸收和借鉴流动性偏好利率理论和新古典可贷资金利率理论的基础上,经济学家希克斯和汉森创建了 IS—LM 模型。该模型从商品市场和货币市场的全面均衡状态阐述利率的决定机制,认为利率受制于投资函数、储蓄函数、流动性偏好函数(即货币需求函数)和货币供应量等四大要素,所以利率决定理论应包含对这些要素的分析。

IS—LM 模型在价格水平不变的条件下,解释了经济中利率和总产出的决定。其中,IS 曲线表示商品市场的均衡,LM 曲线表示货币市场的均衡。

IS 曲线表示的是使储蓄(S)等于投资(I)的利率与收入之间的相互关系,即实际上是表示在一定利率水平和一定的收入水平上,投资与储蓄均衡点的轨迹。IS 曲线上的每一点都表示商品市场达到均衡状态。对任一给定的利率水平,IS 曲线表明使商品市场达到均衡时总产出必须达到的水平。当利率上升时,企业预期从实物资本投资中得到的收益小于该项投资所需贷款的利息成本支出,企业计划投资支出和净出口下降,总需求减少,为了与总需求相等并满足商品市场均衡的要求,总产出也必须降低;反之,利率下降,总产出增加。只有当产出处于 IS 曲线上均衡水平时,商品市场才实现均衡。

LM 曲线表示使货币需求等于货币供应的利率与收入两者之间的相互关系,即表示在一定的利率水平和一定的收入水平上,货币需求与货币供应均衡点的轨迹。LM 曲线上的每一点都表示货币供求达到均衡状态。对于各个给定的总产出水平,LM 曲线给出使货币供求实现均衡所对应的利率。当总产出增加时,货币需求也增加并使利率上升,从而使货币需求等于货币供应,货币供求达到均衡;反之,若总产出下降或货币供应过度,则导致利率下降,直至 LM 曲线,货币供求实现均衡。

如图 2—1 所示，IS 曲线和 LM 曲线的交点 E 所决定的收入 Y_e 和利率 i_e 是使整体经济处于一般均衡状态的唯一收入水平和利率水平。换言之，处于 E 点以外的收入水平和利率组合都是不稳定的，都会通过商品市场和货币市场的调整而实现均衡。

由于 IS 曲线和 LM 曲线分别代表商品市场和货币市场的均衡，IS 曲线和 LM 曲线都不能单独决定两个市场全部均衡状态下的均衡收入和均衡利率。只有商品市场和货币市场同时达到均衡，即同时满足储蓄等于投资、货币供应等于货币需求时，均衡收入和均衡利率才能确定。进一步说，对一个开放的经济体而言，只有同时实现商品市场、货币市场、可贷资金市场、外汇市场均衡的条件下，长期稳定的均衡利率才能确定。

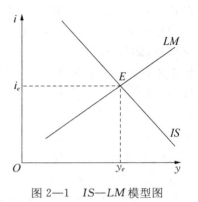

图 2—1　IS—LM 模型图

二、货币市场与利率市场化

（一）利率市场化

利率市场化是发达的金融市场和市场化经济体制的必要条件。实现利率市场化就是要建立由市场供求关系决定的利率体系和利率形成机制，使金融市场利率能充分发挥利率信号作用和杠杆作用。

在金融市场上经常能观察到以下现象：相同期限的不同金融工具有不同的利率、不同期限的同种金融工具有不同的利率、相同期限的同种金融工具在不同的时间也有不同的利率。上述第一种情况是由不同金融工具的风险差异导致的；第二种情况是由同种金融工具的不同期限导致的；第三种情况是由利率水平的变动导致的。因此，利率市场化包含合理的利率水平、利率风险结构和利率期限结构。

1. 合理的利率水平

由于利率对储蓄、投资、货币供应、货币需求等金融变量和经济变量都有影响，因此，合理的利率水平应与一国或地区的经济发展水平、金融市场的发达程度及开放程度有关，在以下因素影响下，大致有一个合理的区间。

（1）全社会的平均利润率。利息是资金的成本，也是利润的一部分。由于借贷资本是在全社会流动的，在竞争机制的作用下，全社会的利润会趋于平均化，因此利率水平首先取决于一定时期内一国的平均利润率。通常，利率水平不会高于平均利润率。

（2）金融市场的供求关系。理论上利率水平的取值在零和平均利润率之间。在利率市场化的条件下，一定时期具体的利率水平还受金融市场供求关系的影响。金融市场流动性充足，资金供大于求，利率水平趋于下降；反之，则上升。

（3）中央银行的货币政策。中央银行通过实施货币政策调控货币供应，进而影响一国的宏观经济运行；同时，利率也是中央银行常用的货币政策工具，因此，货币政策对利率水平有直接而明显的影响。通常，松动的货币政策会导致利率水平下降，紧缩的货币政策则导致利率水平上升。

（4）通货膨胀和通货紧缩。通货膨胀引起货币贬值、价格上涨，借贷资金的本金和利息都将遭受损失，利率水平作为资金的价格将上升；反之，通货紧缩，则利率水平下降。

(5) 汇率变化。在开放型经济中,汇率变化也会影响一国的利率水平。当一国的本币升值、外汇汇率下降时,资本流入增加,对本币的需求增加,如果其他条件不变,该国的利率水平上升;反之,则下降。

(6) 国际金融市场的利率水平。对开放型的经济体而言,国际市场与本国金融市场的利差也会影响本国的利率水平。国际市场的利率水平高于国内市场,资金将外流,本国金融市场资金供应减少,利率水平上升;反之,资金流入,国内市场资金供应增加,利率下降。

2. 合理的利率风险结构

利率风险结构是指由借款人的资信等级、金融工具的流动性、利息收入是否纳税等因素决定的,反映期限相同的各种金融工具之间的利率关系。

通常,借款人的资信级别越低,意味着信用风险越高,投资人要求的风险补偿越多,利率越高;金融工具的流动性越好,风险越小,利率越低;利息所得免税,实际收益越高,利率越低。对货币市场工具间的利率风险结构可作如下分析。

(1) 商业票据利率低于公司债券利率,高于贴现率和大面额存单利率。票据的期限短,流动性和安全性都超过其他条件相同的公司债券,因此商业票据利率一般低于公司债券。如果票据持有人将票据贴现,可提前收回资金,则必须放弃自贴现日至票据到期日的利息收益,所以贴现率低于票据利率。商业票据是公司发行的,大面额可转让存单是商业银行发行的,两者信用风险不同,所以商业票据利率略高于后者。

(2) 再贷款利率高于再贴现利率,低于贴现利率。再贷款和再贴现是中央银行向商业银行提供信贷支持的两种方式,但再贴现有票据担保,信用风险小于再贷款,因此再贷款利率高于再贴现利率。对于商业银行而言,再贷款和再贴现是向中央银行融资的成本,理应由贷款收益或贴现收益承担,所以再贷款利率、再贴现利率低于贴现利率。

(3) 同业拆借利率略高于回购利率,两者又同时低于再贴现利率,高于短期存款利率。同业拆借、回购协议和再贴现都是商业银行弥补流动性不足的手段,区别在于同业拆借和回购协议是金融机构之间或金融机构与非金融机构之间融通短期资金的渠道,而再贴现是向中央银行融资,意味着基础货币的投放。中央银行为了控制货币供应,通常会使再贴现率略高于同业拆借利率和回购协议利率,以此鼓励金融机构通过同业拆借或回购协议解决流动性不足,除非中央银行要放松银根。与同业拆借相比,回购协议融资有证券做担保,风险较低,利率也较低。开展同业拆借和回购协议交易如果不能弥补短期存款成本,就没有开展这两项业务的动力,因此这两项业务的利率会略高于短期存款利率。

(4) 短期国债利率高于存款准备金利率,低于其他货币市场工具利率。短期国债,即国库券,由中央政府发行,信用风险几乎为零,流动性好,利息收入又可免税,它的利率是无风险利率的代表,因而利率是最低的,这样也可以避免金融机构通过再贷款、再贴现等方式投资于短期国债从中套利的行为发生。存款准备金是用法律形式规定的商业银行必须向中央银行缴存一定比率存款的制度,很多国家规定法定准备金不计利息,所以短期国债利率一般高于法定准备金利率。

综上所述,货币市场工具间的利率风险结构关系通常表现为:存款准备金利率<短期国库券利率<银行短期存款利率<回购协议利率<同业拆借利率<中央银行再贴现利率<中央银行再贷款利率<贴现利率<大面额可转让存单利率<商业票据利率<银行短期贷款利率。

如果加入资本市场工具,则利率风险结构又表现为货币市场工具利率<资本市场固定收益证券的利率<资本市场股权类证券利率。在固定收益证券中,若剩余期限相同,则国债利率最低,其他证券原则上按信用级别排序。在股权类证券中,则依公司业绩、发展前景排序。

需要说明的是,上述风险结构中的利率是指收益率而非名义利率,而且是二级市场的收益率而非发行利率。这种结构关系只是一种理论分析,实际上,受供求关系和中央银行政策调整的影响,某些利率关系可能会发生变化。

3. 合理的利率期限结构

利率期限结构主要是指在其他条件相同的情况下,不同期限的金融工具利率之间的关系。通常,利率期限结构是指某一时刻、不同期限国债的收益率关系,可以用收益率曲线表示。利率期限结构的类型有:收益率曲线向右上方倾斜,说明长期利率高于短期利率;收益率曲线呈水平状,说明长、短期利率相近;收益率曲线向右下方倾斜,说明长期利率低于短期利率;收益率曲线呈驼背状或波浪状,说明长短期利率不规则。有关利率期限结构及理论解释在本教材第三章阐述,但需要强调的是,只有在利率市场化的条件下,收益率曲线才能反映真实的利率期限关系;否则,利率期限结构有可能被扭曲。

(二) 货币市场与利率市场化的关系

1. 货币市场利率的特征

(1) 多种利率同时并存。货币市场由不同的子市场构成,不同的子市场交易着不同的短期金融工具。这些金融工具有不同的发行人和不同的交易主体,它们的信用风险不同、利率的风险补偿不同,则利率水平必然不同。同一发行主体发行的金融工具,因期限不同,利率也不相同。即使是其他条件都相同的金融工具,但发行时间不同、发行的市场条件不同,利率也不尽相同。因此,货币市场呈现多种利率并存的特征。

(2) 各种利率相关性高。尽管多种利率并存,但各种金融工具之间利率水平相近,利差很小,变动趋势基本一致。这是因为尽管各子市场具有各不相同的功能,但市场参与者相同或相似、市场准入条件相近、各种金融工具替代性高、资金可以在各子市场间流动、利率信号传递透明,因而各金融工具的相关性高。

(3) 对经济运行态势和宏观经济政策变化敏感。货币市场是解决商业银行及非银行金融机构、公司流动性需要的市场,市场主体以商业银行等各类金融机构为主。对经济运行中的流动性不足或过剩,商业银行和各类金融机构首先感知;中央银行货币政策的实施也以货币市场作为传导平台,政府对宏观经济的调控是首先影响短期资金供求和短期性利率,进而影响长期资金供求和长期利率而实现的;货币市场工具是短期金融工具,票面利率低,价格对利率变化的弹性系数大。因此,货币市场利率对经济运行和经济政策的变化比其他金融工具更敏感。

(4) 货币市场利率可分为三个层次。因中央银行对货币市场利率工具的控制程度不同,货币市场利率可分为三个层次。第一个层次是自由市场利率,主要取决于货币市场的供求关系,也受中央银行在货币市场上的业务影响,主要是同业拆借利率、商业票据利率、大额可转让定期存单利率等;第二个层次是受管理的利率,即受监管当局设定的利率上下限限制,受市场供求关系影响的程度有限,主要有短期政府债券利率、短期政府机构债券利率等;第三个层次是受控制的利率,是由中央银行直接控制的利率,尽管也受供求关系影响,但主要体现中央银行的货币政策意图,主要是再贴现利率。

2. 基准利率出自货币市场

金融市场基准利率是指在一国利率体系中起基础作用、作为市场其他金融产品利率定价参照系的利率体系。在利率市场化条件下,基准利率是利率体系的基础和准星。基准利率的水平一经确定,其他金融工具的利率水平将按各自的风险溢价确定;基准利率发生变动,其他金融工具的利率也依次发生变动。通常,可供选择的基准利率有同业拆借利率、再贴现利率、短期国债利率。由于各国(地区)的经济体制和金融市场发达程度不同,各国(地区)所选择的基准利率也不尽相同,但基准利率无不出自货币市场,各国中央银行无不通过影响、调控基准利率实现对金融市场利率的影响。

由于同业拆借利率是最具市场性、最能快速反映市场供求关系的利率,所以市场经济发达的国家一般选择根据信用等级较高的银行报出的同业拆借利率计算的算术平均利率作为基准利率。美国、英国、欧盟、日本等国家和地区已形成各具特色的基准利率体系,如美国的联邦基金利率、英国的伦敦同业市场的 Libor、欧元区欧元同业市场的 Eribor 等。

以伦敦银行同业拆借利率为例,Libor 是伦敦银行间市场报价银行报出的各自资金拆出利率的算术平均。英国银行协会授权路透公司负责 Libor 的计算和发布。根据报价行报出的价格,分别去掉最高、最低各 25% 的报价,对剩余 50% 的报价进行简单算术平均求得对应币种的 Libor,于每天伦敦时间 11:00 后发布。选择报价银行的考核指标,包括银行的市场声誉、交易规模、专业能力、信用等级等。Libor 涵盖了包括英镑、美元、欧元、日元、加元、澳元、瑞士法郎、新西兰元和丹麦克朗共 9 种货币的同业拆借利率;利率期限从隔夜到 1 年不等,共 15 个品种。

从成熟市场的经验看基准利率,一般主要有以下特点:一是各国或地区基准利率体系都是通过报价机制形成的,是报价银行拆出资金的利率报价,而非实际交易利率;基准利率是在各行报价基础上,剔除一定比例最高、最低报价对剩余的报价进行简单算术平均求得;报价银行团由信用等级较高、交易规模较大、定价能力较强的一流银行组成。二是各国或地区基准利率都是有隔夜至 1 年期的各档次利率组成的利率体系,而非交易量最大的某一档次利率。三是基准利率信息一般由银行业协会委托指定机构计算,并按时对外公布。四是主要国家都以其金融中心的城市命名基准利率。

为进一步推动利率市场化,培育中国金融市场的基准利率体系,指导金融工具定价,完善货币政策传导机制,中国人民银行借鉴国际经验,推动了报价制中国金融市场基准利率——上海银行间同业拆借利率(Shanghai Inter Bank Offered Rate,简称 Shibor)的建立。Shibor 是由信用等级较高的银行组成报价团自主报出的人民币同业拆出利率计算确定的算术平均利率,是单利、无担保、批发性利率。Shibor 的品种包括隔夜、1周、2周、1个月、3个月、6个月、9个月及1年8个品种。Shibor报价银行团由16家商业银行组成,这些报价行是公开市场一级交易商或外汇市场做市商,在货币市场上交易相对活跃,信息披露比较充分。Shibor从2006年10月8日起开始运行,2007年1月4日正式对外发布。全国银行间同业拆借中心受权负责Shibor的报价计算和信息发布。中心在每个交易日根据各报价行的报价,剔除最高、最低各两家报价,对其余报价进行算术平均后,得出每一期限品种的Shibor,并于11:30对外发布①。

Shibor运行以来,初步确定了我国基准利率的地位。Shibor具有市场代表性,与拆借、回购利率高度相关,与货币市场各子市场之间的利差稳定性不断增强,以Shibor为基准的拆借、回购、转贴现的交易量不断扩大。Shibor在市场化产品定价中得到广泛应用,对短期融资券、企业债券、浮息债券等债券产品定价的指导作用明显增强。市场推出的以Shibor为基础的金融创新产品已有债券远期利率协议、利率互换等。Shibor的推出有利于我国的利率市场化改革,有利于货币政策向价格型调控转变。

3. 发达的货币市场是实现利率市场化的必要条件

(1) 货币市场是形成短期利率结构的条件。市场经济体制历史较长、市场机制较完备国家的经验表明,完善、发达的货币市场应是各子市场种类齐备、均衡协调发展又主次分明、市场体系不仅包括全国性的交易市场也涵盖一些地方性市场的完整体系。以美国为例,美国的货币市场由很多从事短期资金融通又相互关联的子市场组成。这些子市场有规模最大、最活跃的国库券市场,等同于同业拆借市场的联邦基金市场,规模仅次于国库券市场的商业票据市场和银行承兑汇票市场,体现金融创新的大额可转让定期存单市场、回购协议市场等。在这些子市场中,以国库券市场、联邦基金市场、商业票据市场为主要市场,其他子市场则处于辅助地位,整个市场体系主辅分明,各子市场定位准确、各司其职,共同实现货币市场的整体功能。

发达、完善的货币市场中,各子市场种类齐全,不同的子市场交易不同类型的金融工具,各子市场有各自不同的利率,但各子市场的金融工具又有一定的替代性,短期资金会在各子市场之间流动,通过供求关系使各子市场之间的利率相互联系,并呈现同方向的变化趋势。在市场机制的作用下,货币市场的各种短期利率之间形成合理的利率结构,并处于合理的水平,最终实现均衡的利率结构。

(2) 货币市场和资本市场构成完整的利率结构。在发达的金融市场中,货币市场和资本市场是最重要又相互联系的组成部分。

货币市场与资本市场的联系首先表现在两个市场的主体基本相同。金融机构和非金融机构市场主体既参与货币市场交易,也进入资本市场。例如,证券公司和基金管理公司在持有大量股票和长期债券的同时,还可以持有短期债券,并参与同业拆借和回购交易来调节资金的安全性和流动性;保险公司和信托投资公司在法规规定的投资范围和投资比例以内投资于资本市场,同时也积极参与货币市场交易;商业银行在货币市场进行流动性管理,满足间接融资市场对中长期资金的需要等。尽管货币市场和资本市场工具的收益率和风险各不相同,但基本相同的市场主体可以通过比较这些工具的价

---

① 参见:中国人民银行网站。

格、收益、流动性和风险,或是构成较理想的资产组合以提高收益、降低风险,或是动态地调整资产负债结构以满足它们各自的需要。

货币市场和资本市场的联系其次表现在资金可以在两个市场间双向流动。货币市场和资本市场交易的是同质的货币资金,从理论上说,货币市场工具和资本市场工具存在均衡关系。在均衡条件下,资本资产(股票、中长期债券)价格与货币市场利率成负相关关系。当利率下降时,各类机构投资者倾向于从同业拆借市场、回购协议市场拆入资金或出售短期证券,以便获得在资本市场购买长期证券所需资金。由于资金从货币市场流向资本市场,导致长期证券价格上升。当利率上升时,投资者倾向于出售长期证券转而投资于短期证券,由于资金从资本市场流向货币市场,又会导致长期证券价格下降。同样,当资本市场行情火爆时,资金会从货币市场流向资本市场;当资本市场行情低迷时,资金又会流回货币市场。资金的流动改变了货币市场、资本市场的供求关系,影响两个市场金融工具的价格,最终使不同金融工具的利率形成合理的利率结构。

货币市场利率是一国利率体系的基础。多样化、分层次、对宏观经济运行和经济政策敏感又高度相关、与资本市场利率相互联动的货币市场利率体系,是形成、观察利率风险结构和期限结构的基础,也是实现利率市场化的必要条件。

(三) 我国的利率市场化改革[①]

利率市场化改革是将原来行政管制的利率形成机制,转变为由市场主体根据代表市场资金供求的基准利率、按照商业原则自主决定利率的市场化形成机制。我国利率市场化改革的目标是:建立以市场资金供求为基础、以中央银行基准利率为调控核心,由市场资金供求决定各种利率水平的市场利率管理体系。

1. 我国利率市场化改革的进程

1996年,人民银行在创建统一的银行间同业拆借市场的同时,开始了我国的利率市场化改革进程。改革的总体思路是:先放开货币市场利率和债券市场利率,再逐步推进存、贷款利率的市场化。存贷款利率市场化按照"先外币,后本币;先贷款,后存款;先长期、大额,后短期、小额"的顺序进行。改革进程分为四步。

第一步,1996年6月1日放开银行间同业拆借利率。1986年1月,国务院明确专业银行可以相互拆借资金,期限和利率由双方协商议定。1990年3月公布的《同业拆借管理试行办法》规定,同业拆借利率实行上限管理。1996年1月1日,建立全国统一的银行间同业拆借市场,生成中国银行间同业拆借利率(Chibor)。1996年6月1日,放开银行间同拆借利率上限,由拆借双方根据市场资金供求自主决定。

第二步,1997年在创建银行间债券市场的同时放开债券市场利率。我国国债市场是在1991年试行承购包销发行方式后,于1996年由财政部在证券交易所采取划款期招标、利率招标和价格招标开始国债利率市场化试点。1997年6月全国银行间债券市场设立,同时开办了现券买卖、债券回购业务,现券交易价格、回购利率同步放开。1998

[①] 郭建伟(中国人民银行货币政策司利率处):"Shibor 与利率市场化",《中国货币市场》,2007年第7期。

年9月,国家开发银行、中国进出口银行等在银行间债券市场以利率招标方式发行政策性金融债券,金融债券发行实现了利率市场化。1999年,财政部首次在银行间债券市场实现国债利率市场化发行。至此,全面实现了债券市场利率市场化。

第三步,推进存贷款利率市场化改革,至2005年实现"贷款利率管下限,存款利率管上限"的阶段性目标。首先,推进境内外币利率市场化改革,从2000年9月放开境内外币贷款利率和大额存款利率开始,至2004年11月放开1年期以上小额外币存款利率上限,基本实现改革目标。其次,以人民币贷款利率浮动为过渡模式,至2005年3月人民币贷款利率改革全面实现了管下限、放开上限的阶段性市场化目标。再次,从试点放开人民币协议存款利率开始,至2004年10月人民银行公布人民币存款基准利率为上限,允许金融机构对人民币存款利率实行下浮制度,实现了人民币存款利率管上限、放开下限的阶段性市场化目标。

第四步,2007年推动货币市场基准利率建设,培育上海银行间同业拆放利率(Shibor)。市场基准利率是一国利率体系中能真实反映资金成本和供求状况,且其变动必然引起利率体系中其他利率相应变动的利率。基准利率体系的建设是利率市场化改革的关键。在已经取得利率市场化改革的基础上,借鉴国际基准利率体系形成的经验,2007年1月4日起,以信用等级高的银行组成报价团报价作为形成机制,建立起与国际基准利率体系接轨的我国基准利率体系——从隔夜到1年上海银行间同业拆放利率(Shibor)。Shibor具有独立性、低风险性、联动性、稳定性和权威性的特点,它的推出和运行为下一步利率市场化改革奠定了基础。

2. 利率市场化改革的下一步目标

在Shibor推出后,将以Shibor为核心推进利率市场化。具体步骤是:先实现市场化产品定价与Shibor挂钩,再推进存贷款利率定价与Shibor挂钩,为最终实现中央银行从数量调控向价格调控奠定基础。

在市场化产品定价方面,按照由短期到长期的路径实现其定价与Shibor挂钩的机制。即Shibor先与短期市场产品定价挂钩,再与中长期市场产品定价挂钩;先与短期融资券利率挂钩,再与贴现利率挂钩;先与金融债利率挂钩,再与企业债利率挂钩。

在完善短期融资券和金融债等市场化利率产品定价机制的基础上,改革贴现、企业债利率形成机制,建立以Shibor为基准的市场化定价机制和市场利率体系,并以此为基础推进存、贷款方面的利率改革。在存、贷款利率改革上,先简化中长期存、贷款利率档次,Shibor再与放开的存、贷款利率挂钩。

在培育基准利率的同时,探索建立中央银行货币政策调控的目标利率和利率调控框架。具体地说,逐步建立贴近市场、动态调整的准备金存款利率、公开市场操作利率、再贴现利率、再贷款利率形成机制,逐步形成以超额准备金存款利率为下限、再贷款和再贴现利率为上限的中央银行利率走廊,以及公开市场操作利率在走廊内盯住货币市场基准利率波动的中央银行利率体系。在此基础上,建立中央银行根据货币政策调控要求、结合市场利率变化情况,动态调整中央银行利率的价格调整框架,逐步实现货币政策调控方式由数量型间接调控向价格型间接调控的转变。

最终,建立中央银行运用货币政策工具间接调控市场利率、市场利率引导金融机构的利率定价,金融机构利率引导企业、居民的投资、消费行为的利率传导机制。

三、货币政策与货币市场

(一)宏观调控方式与货币市场

中央银行是一国的宏观金融调控部门,中央银行对宏观金融的调控主要依靠货币政策的实施。货币政策是中央银行为实现一定的宏观经济目标,而采取的各种控制和调节货币供应量或信用总量的方针、政策或措施的总称。中央银行的宏观调控方式有直接调控和间接调控之分。在不同的调控方式下,货币政策所采取的工具不同、政策实施的效果不同,对货币市场的要求也不同。

在直接调控模式下,中央银行的主要政策工具是利率管制、信贷限额、选择性信贷控制和对优先部门的直接信贷和优惠利率、对商业银行的高额准备金要求和流动性要求等。在传统的体制下,直接调控模式很容易达到预定的目标范围,如将利率或银行信贷规模控制在某一水平,从而很快对实体经济产生影响。但直接调控模式会形成普遍的金融压抑,造成金融体系缺乏竞争、垄断性金融体系对货币政策反应迟钝、阻碍市场创新与发展,导致价格信号失真、资源配置扭曲和效率低下,甚至使货币政策失效。

直接调控模式与货币市场乃至金融市场的存在不相关也不相容。因为直接调控模式基本上是确定信贷规模后用行政手段分配信贷额度,中央银行以再贷款方式供应基础货币,规定存、贷款利率水平,再加上存款准备金率基本不变,所以比较容易控制货币供应量。直接调控模式的货币政策传导机制是信贷配给机制,手段是对银行经营活动的直接干预,货币政策的实施不需要借助货币市场。相反,货币市场乃至金融市场的存在会为资金融通提供体制外的渠道,削弱信贷管制和利率管制的效果。为保持货币政策效果,货币当局不会鼓励,甚至会抑制货币市场的发展。

间接调控模式下,在货币政策实施的过程中,中央银行首先根据一国(地区)宏观经济运行态势确定一定时期的最终目标,然后根据本国(地区)的金融体制选择合适的中介目标、操作目标,再通过货币政策工具的实施使调控过程有利于最终目标的实现。间接调控模式所选用的货币政策工具以存款准备金、再贴现、公开市场业务等市场化的工具为主,货币政策中介目标主要是货币供应量、利率,操作目标主要是基础货币、准备金等金融变量,货币政策传导机制主要是借助货币市场、资本市场的市场机制传递政策信号。

在现代间接调控体系中,发达完善的货币市场是货币政策得以顺利实施、有效传导、及时反馈政策效应的市场基础。货币市场各子市场之间、货币市场与资本市场之间存在紧密的互动和协作关系,货币市场交易规模和利率水平的变化能灵敏、及时又较为准确地反映金融市场乃至宏观经济运行中的资金供求关系。货币市场具有的专业化和协同化的特征,使它在为货币政策提供决策信息的同时,也成了有效传导货币政策意图的市场平台。

目前,不仅市场经济发达国家的中央银行基本采取间接调控方式,而且经济体制转型国家、发展中国家也越来越倾向于市场化的间接调控方式。随着我国经济体制改革的深入,金融宏观调控方式也基本转化。我国中央银行已基本建立了以稳定货币为最终目标,以货币供应量为中介目标,运用多种货币政策工具调控主要操作目标基础货币,并监测货币市场利率的间接调控体系,初步建立从货币政策工具到操作目标、到中介目标的间接传导机制。

(二) 货币政策作用机制与货币市场

在间接调控方式下,法定存款准备金政策、再贴现政策、公开市场业务是中央银行三大传统的一般性政策工具,主要作用于信贷规模、货币供应量、利率水平,是中央银行实施货币政策的常规手段。货币政策作用机制主要是指中央银行通过运用货币政策手段,改变货币政策操作目标,影响中介目标,实现最终目标的过程。

1. 一般性政策工具

法定存款准备金政策是指中央银行对商业银行的存款规定存款准备金率,强制性地要求商业银行按规定比例上缴存款准备金的政策手段。存款准备金政策除了可以保证商业银行的流动性,以及中央银行可以集中一部分资金用于履行央行职能外,更重要的作用是可以调节货币供应量。法定存款准备金率的变动会直接影响商业银行的超额储备规模,影响它们的存款创造能力。当准备金率上升时,商业银行的部分超额储备转为法定准备,可贷资金减少,信用收缩;反之,准备金率下降,信用扩张。存款准备金率变化还会影响货币乘数,与货币乘数呈反向变动关系。作为货币政策工具,存款准备金制度对货币供应的作用明显、收效迅速,但不足之处是对金融体系流动性的影响力度大,可能给实体经济带来很大震动。因此,各国中央银行对调节法定存款准备金率采取非常谨慎的态度。

再贴现政策是指中央银行通过提高或降低再贴现率、认定再贴现票据的条件,影响商业银行从中央银行获得再贴现贷款的数额和成本的政策手段。当中央银行提高再贴现率时,商业银行资金借入成本上升,会影响它们对中央银行再贴现贷款的需求和减少贴现贷款发放,从而导致市场利率上升和缩减货币供应量;反之,中央银行减低再贴现率会导致市场利率下降和扩张货币供应量。再贴现政策有抑制政策和扶持政策之分。抑制政策是中央银行采取再贴现率高于市场利率的政策,抑制商业银行的再贴现需求;扶持政策是中央银行采取再贴现率低于市场利率的政策,鼓励商业银行的再贴现需求。从时间上分,又有短期政策和长期政策之分。再贴现政策的主要作用是通过改变商业银行的借入资金成本影响市场利率水平和货币供应量,同时还有调节信贷结构、对市场利率走势和货币政策取向的告示效应。但是在再贴现政策的实施过程中,中央银行并没有多少主动权,一方面,是否办理再贴现业务取决于商业银行而非中央银行;另一方面,中央银行主要利用再贴现率与市场利率之间的利差方向或利差大小影响商业银行的再贴现需求,但在市场利率频繁变动的情况下再贴现率的调整往往十分被动。

公开市场业务是指中央银行在公开的金融市场上,以商业银行为主要的交易对手买卖债券、票据等有价证券的政策手段。当中央银行准备放松银根时,在金融市场上买入有价证券,相当于投放一笔基础货币,从而增加货币供应;当中央银行准备收紧银根时,在公开市场上卖出有价证券,相当于回笼基础货币,从而减少货币供应。从公开市场业务的操作方式分,有直接买卖和回购交易。直接买卖是一次买断,交收清算后即终止交易。回购交易是指中央银行在卖出(或买入)有价证券的同时,与对方约定在未来某一时间按约定的价格购回(或出售)所卖(买)证券的交易。在公开市场业务中,中央银行以回购交易为主,直接买卖所占比重较小。从公开市场业务的政策意图分,可分为防御性公开市场业务和主动性公开市场业务。防御性公开市场业务,是指中央银行为抵消一些无法控制的因素对银行准备金的影响而进行的操作;主动性公开市场业务,是指中央银行为了改变银行准备金水平或结构而进行的操作。从公开市场业务的交易定价分,有以控制成交量为目标的公开市场业务和以控制成交价为目标的公开市场业务。前者的交易目标是控制投放或回笼的基础货币数额,在这一前提下,中央银行按照不同的价格或收益率进行交易;后者的交易目标是控制市场价格或收益率,中央银行按固定价格或收益率进行证券交易。在公开市场业务中,中央银行可以主动进行操作,避免了再贴现政策的被动性局限,又可以根据市场情况和政策意图灵活操作,避免了存款准备金政策的过强震动。通过公开市场业务,中央银行可以直接影响银行体系的准备金状况,使之符合政策目标,因而是现代中央银行最重要和最经常使用的货币政策工具。中央银行的公开市场业务主要借助货币市场操作,公开市场业务融资的期限大多是短期的,主要交易工具是短期政府债券,即使是长期政府债券也以回购交易方式转变为短期交易。货币市场是公开市场业务实施的主要市场。

2. 货币政策作用机制

中央银行一般不进入资本市场,也不能直接干预商业银行的经营行为。在有发达、完善的货币市场的条件下,中央银行的货币政策工具可以通过两条路径发挥作用,改变操作目标,影响中介目标。一是借助商业银行经营机制,通过改变银行的超额准备金和基础货币投放,进而影响货币供应量;二是借助货币市场机制,通过影响或改变货币市场供求关系和短期利率,进而影响中长期利率水平。可见,货币政策的操作目标和中介目标不外乎通过流动性影响利率或通过利率影响流动性,但共同之处在于调控对象都是货币市场的流动性和利率水平。

中央银行货币政策作用机制可以用简单形式表示,如图2—2所示。

法定存款准备金政策 ⎰ 商业银行超额准备金→信贷能力→货币供应量
　　　　　　　　　　⎱ 商业银行超额准备金→同业拆借市场供求关系和基准利率→货币市场短期利率→金融市场中长期利率

再贴现政策 ⎰ 对央行再贴现需求→从央行取得超额储备→信贷能力→货币供应量
　　　　　　⎱ 从央行取得的资金成本→同业拆借市场的供求关系和基准利率→货币市场短期利率→中长期利率

公开市场业务 ⎰ 商业银行超额准备金→信贷能力→货币供应量
　　　　　　　⎱ 商业银行超额准备金→同业拆借市场的供求关系和基准利率→货币市场短期利率→中长期利率

图2—2 中央银行货币政策作用机制

有了双重作用机制,中央银行货币政策的实施更有保证,货币市场在货币政策的传导过程中具有不可替代的作用。

(三) 货币政策传导机制、政策效应与货币市场

中央银行货币政策的实施可以分为两个阶段。第一阶段是从中央银行运用货币政策工具到引起货币供应量发生变化的过程。这一过程在金融体系内完成,中央银行对存款准备金、基础货币等操作目标有较强的调控能力,对货币供应量、市场利率也有明显的影响能力,可以定义为货币政策的作用阶段。有关货币政策工具引起金融领域某些变量变化的分析,是对货币政策作用机制的分析。第二阶段是从货币供应量变化后引起社会经济领域一些变量,如 GDP、就业率、物价指数、国际收支等发生变化,趋向于货币政策最终目标实现的过程。这一过程在金融体系以外完成,中央银行对相关经济变量不能直接调控,只能间接影响,作用的效果在很大程度上取决于企业、居民对货币政策的反应,可以将这一阶段定义为货币政策的传导阶段。有关货币供应量变化引起社会经济变量变化的分析,是对货币政策传导机制的分析。

对货币政策传导机制的分析,理论界有多种观点,主要有投资效应、托宾 q 理论[①]、信贷观点、非对称信息效应、耐用消费品支出效应、财富效应、流动性效应、国际贸易效应等。这些理论从不同角度分析了货币供应量变化到利率、投资、股票市场、托宾 q、贷款规模、消费支出、金融资产价值、财富、汇率、进出口等中间变量变化,进而影响产出变化的过程。在所有的分析中,有一个共同的关键变量,即利率。一般认为,货币供应量变化首先引起利率变化,然后逐次传递,并引起其他中间变量的变化,从而实现货币政策的预期目标。在市场化的利率体系中,货币市场利率是基础利率;在货币政策传导过程中,货币市场也是不可或缺的。

中央银行实施货币政策后需要及时得到信息反馈,以判断政策效应,以便适时对政策方向和力度加以调整。通常,中央银行会从两方面关注货币政策实施的效果,一是数量指标,如基础货币、货币供应量直至进出口额、GDP 变化;二是价格指标,如短期利率、中长期利率、物价指数汇率等。中央银行会密切关注金融体系的存款准备金增量和余额、存贷款增量和余额、国际收支差额和外汇储备增量及余额,以及 M_0、M_1、M_2 的增量和余额等,也会密切关注金融市场利率和金融资产价格的变化。由于货币政策实施存在时滞效应,以及企业居民对货币政策的敏感程度不一,若干远程金融变量往往反应滞后,影响中央银行对货币政策效应的及时判断和修正。货币市场的变量,如同业拆借市场的成交额、同业拆借利率及资金流向,回购协议市场的成交额、回购利率及资金流向,短期政府债券、中央银行票据的招标发行价格等都是非常灵敏的金融指标,通过观察货币市场指标,有助于中央银行对货币政策效应的及时判断。

综上所述,在间接调控方式下,货币政策的工具操作、作用机制和传导机制、政策效应的检验都与货币市场密切相关,发达、完善的货币市场有助于货币政策的实施。

---

① 美国经济学家詹姆斯·托宾提出关于货币政策变化通过影响股票价格进而影响投资支出的理论,该理论称为 q 理论。托宾将 q 定义为:$q=$公司资本的市场价值/公司资本的重置成本。

第三节 同业拆借市场

一、同业拆借市场概述

(一) 同业拆借的概念

同业拆借市场是各类商业性金融机构之间以货币资金借贷方式,进行短期资金融通而形成的市场。各类金融机构在经营的过程中经常会出现短暂的资金剩余或不足,通过同业拆借,可满足临时性的资金需求。在拆借市场上,交易双方形成短期资金借贷关系,头寸盈余者贷出资金,称为拆出;头寸不足者借入资金,称为拆入。

(二) 同业拆借市场的特征

1. 同业拆借市场融通资金的期限较短

同业拆借融通资金的期限多数为隔夜、1天、2天或1个星期,少数有数月至1年不等,有些拆借可以不确定拆借日期。

2. 同业拆借的金额较大,交易具有批发性

同业拆借市场的参与者都是银行和其他金融机构,对资金的供应和需求为数较大,市场对交易数额一般没有限制,通常单笔成交额都很大。

3. 同业拆借基本上是信用拆借,交易具有无担保性

同业拆借市场有严格的市场准入制度,通常只有实力较强、信誉较好的,或是相互之间有业务往来的银行和其他金融机构才能进入市场。同业拆借的期限很短,因此借款人无须缴纳抵押品,借贷双方一般也不签订贷款协议。

4. 同业拆借市场的利率由双方议定,随行就市、变动频繁

同业拆借的资金视为借款而非存款,免缴存款准备金和存款保险费,资金成本比一般存款低,对银行和存款机构具有吸引力。

5. 同业拆借市场是无形的、高效率的市场

参与同业拆借的金融机构分布在各地,通过电话、计算机网络等现代通信手段传递信息、询问价格和达成交易,成交后通过各自在中央银行的存款账户转账清算,成交速度快、交易成本低、市场效率高。

(三) 同业拆借市场的功能

1. 同业拆借市场为银行和其他金融机构提供了准备金管理的有效手段

同业拆借市场的产生源于法定存款准备金制度的实施,拆借的资金是商业银行和其他存款金融机构在中央银行准备金账户的超额准备金。同业拆借市场为准备金不足的银行和其他金融机构,能以较低的成本快速弥补准备金缺口,避免央行处以罚息或被动收缩资产;对准备金有剩余的银行和金融机构而言,则同业拆借安全、流动性好又有收益,可以减少资金闲置,提高盈利水平。随着市场的发展,同业拆借市场已不限于存款准备金的头寸调剂,还包括商业银行间的存款、同业间票据清算的差额抵补和解决临时性、季节性的资金需求等。在一些市场发达的国家,同业拆借的期限逐渐延长和日趋灵活,同业拆借已成为大银行资产负债管理的重要工具。

2. 同业拆借市场为金融机构提供了高效率和低成本的结算平台

在银行和各类金融机构之间每天发生着大量的交易,需要进行资金清算;在母公司和子公司、分公司之间也经常发生资金往来;银行和金融机构代理客户结算在清算了债权债务后,最终要对净额进行支付。在现代金融体系中,金融机构之间的结算都通过各自在中央银行的准备金账户进行,结算的结果表现为准备金账户余额的增减,有时立即以同业拆借弥补准备金缺口。所以,同业拆借市场的结算制度成为金融机构进行各项金融资产交易的结算平台。

3. 同业拆借市场是提高银行体系经营效率的重要条件

同业拆借市场不仅有助于个别银行的流动性管理,对整个银行体系而言,如果有一个信息透明、诚信度好、流动性强、运转有序的同业拆借市场,意味着金融机构可以将没有利息收入的准备金压缩到最低限度,将资产规模扩张到最大限度,从而最大限度地降低营运成本、提高营运效益;对中央银行而言,在商业银行准备金规模一定的情况下,可以充分扩大商业银行信用创造能力,最大限度提高基础货币的效率,中央银行可以相应减少基础货币供应,使货币政策有更大的调整空间。

4. 同业拆借市场在中央银行货币政策实施中发挥核心作用

在同业拆借市场上,中央银行以市场参与者的身份参与交易,在公开市场上或是一次性的买入或卖出短期政府债券,或是以回购协议方式供应或收回短期资金,以调整金融机构的准备金余额,并影响同业拆借利率。中央银行的货币政策工具都直接或间接地借助同业拆借市场发挥作用。

二、同业拆借市场的运行

(一)同业拆借市场的参与者

同业拆借市场的参与者包括各类商业性金融机构,主要有商业银行及非银行金融机构,它们根据自身资产负债状况决定对同业拆借的供应或需求。

商业银行是同业拆借市场的主要成员,它既可以作为主要的资金供给者,也可以作为主要的资金需求者,决定商业银行对资金是供给还是需求的因素是商业银行的超额准备金。超额准备金的含义是商业银行对存款负债所持有的现金储备(库存现金与中央银行存款)中,超过法定存款准备所需数额的部分。商业银行的日常经营活动,以及中央银行制定的法定存款准备金率对于商业银行的现金准备数额都会产生影响。当商业银行的现金储备不足以缴付法定存款准备金,或者超额准备金不足以应付流动性需要时,商业银行可以通过同业拆借市场借入短期资金,以弥补法定存款准备金的不足和补充必要的超额准备;反之,若商业银行存在过多的超额准备金,则可以通过在同业拆借市场贷出多余的资金,获得一定的收益。除此之外,商业银行为了扩大放贷资金规模,也会通过同业拆借市场借入资金,充当资金的需求者。拆借市场的存在对于商业银行保持良好的资产负债结构、降低经营风险、保持资产流动性有着重要作用。

非银行金融机构也是同业拆借市场的参与者,主要包括证券公司、基金管理公司、保险公司、信托投资公司、互助储蓄银行、储蓄贷款银行等。这些机构在同业拆借市场里同样既是短期资金的需求者,也是短期资金的供应者,决定因素在于这些机构自身资金的状况。短期资金不足时,可以通过同业拆借市场借入资金;资金盈余时,则可以贷出资金。由于商业银行与非银行金融机构之间的业务差异,它们对资金的需求在方向和时间上也有所不同,同业拆借市场的存在不仅增强了这些不同金融机构之间的横向联系,有助于它们完善自身的资产负债管理,也提高了金融市场的效率。

交易中介机构是同业拆借市场重要的参与者。它们通过给拆借交易的双方充当媒介,获得一定的手续费收益。交易中介又可以分为两类:一类是专门从事拆借市场及其他货币市场子市场中介业务的专业经纪商,如日本的短资公司;另一类则是非专门从事拆借市场中介业务的兼营机构,多由大的商业银行担当。

(二) 同业拆借市场的拆借期限

同业拆借市场的拆借期限一般以 1~2 天最为常见,最短期的为隔夜拆借,这些时间很短的拆借,又被称作是头寸拆借,因为其拆借资金主要用于弥补借入者头寸资金的不足。其他还有拆借期限比较长的,如 7 天、14 天、28 天等,也有 1 个月、2 个月、3 个月期的,最长的可以达 1 年,但通常不会超过 1 年。时间较长的拆借又被称作同业借贷,拆借的资金主要用于借入者的日常经营,以获得更多收益,如银行的短期放贷。

在发达市场,同业拆借市场的期限发生了一些变化,即不仅有短期拆借,也有长期拆借。一些经常缺乏资金的银行和经常有资金多余的银行,通过签订定期合同或连续合同两种较长期的交易方式每天自动进行隔夜拆借,一天转账两次。连续合同没有固定期限,直至签约双方有一方提出终止合同为止。这样,一些大银行将同业拆借市场视为较长期资金来源和扩大资产业务的场所,成为资产负债管理的重要组成部分。

(三) 同业拆借市场的交易方式

同业拆借的交易方式有直接拆借和间接拆借两种。直接拆借是交易双方直接询价、协商成交;间接拆借是通过经纪人进行交易。直接交易大多发生在大银行之间或代理行之间。大银行一般是净拆入方,小银行一般为拆出方。大银行之间业务联系密切、市场信誉好,直接拆借可免除经纪人费用,降低交易成本。小银行一般拆出的资金数额较小,不易找到交易对手,可以委托大一些的银行作为代理行,后者将多笔小额资金汇集后再拆放出去。

当市场规模巨大,没有稳定交易关系的情况下,需要借助经纪人完成交易。一些大银行将它们从中小代理行拆入的资金再通过经纪人拆出去,外国银行一般也通过经纪人参与拆借交易。通过经纪人交易虽然要支付佣金,但可以节省寻找合适交易对手的时间和费用,交易的速度更快、更安全,效率更高。有时大银行还可以利用不同经纪人所报利率的差异,进行套利活动。交易完成后,经纪人按照交易量收取佣金。通过经纪人进行的同业拆借金额往往较大。同业拆借的经纪人一般是专门的经纪公司,美国称之为联邦基金经纪人,英国称之为货币经纪商,日本称之为短期资金公司。

(四) 同业拆借市场的拆借利率

同业拆借市场按有无中介机构参与,可分为直接交易和间接交易,并由此导致不同的同业拆借利率的形成方式。在直接交易情况下,拆借利率由交易双方通过直接协商确定;在间接交易情况下,拆借利率根据借贷资金的供求关系通过中介机构公开竞价或从中撮合而确定,当拆借利率确定后,拆借交易双方就只能是这一既定利率水平的接受者。同业拆借利率根据不同拆入银行和金融机构的信誉而有所不同,信誉较好的大银行支付的利率低于信誉较差的小银行,形成利率的风险结构;同样,也有利率期限结构。

目前,国际货币市场上较有代表性的同业拆借利率有以下四种:美国联邦基金利率、伦敦同业拆借利率(Libor)、新加坡同业拆借利率和香港同业拆借利率。

美国联邦基金利率,是指美国商业银行同业之间隔夜拆借资金形成的短期利率。联邦基金是美国银行间的日拆贷款,拆借的资金是它们在联邦储备体系中的存款。联邦基金利率是一个市场化利率,美国联邦储备委员会下属的联邦公开市场委员会及联邦货币政策委员会通常都会先设定一个联邦储备目标利率,联邦储备委员会只能通过公开市场操作的方式来影响短期资金的市场供求关系,从而影响实际的利率水平,使其接近由委员会制定的联邦储备目标利率。

伦敦银行同业拆借利率 Libor,即 London Inter Bank Offered Rate 的缩写,是伦敦金融市场上银行间相互拆借英镑、欧洲美元及其他重要国际货币的利率。这些拆借利率是英国银行家协会(British Banker's Association)根据其选定的银行在伦敦市场报出的营业日当天银行同业拆借利率,进行取样并平均计算而确定的伦敦金融市场的基准利率,该基准利率在每个营业日都对外公布。拆借利率有拆出利率和拆入利率的区分,而一家银行的拆出利率,实际就是另一家银行的拆入利率。对于同一家银行来说,它对外公布的拆出利率应该高于拆入利率,其差价就是银行的收益。

新加坡同业拆借利率又称为亚洲美元市场利率,是指新加坡的亚洲美元市场上金融同业机构之间拆借短期资金的利率。它是以纽约市场及欧洲美元市场前一天的收盘利率作为其当日开盘利率,而后的利率水平则是由市场供求来决定。

香港银行同业拆借利率(Hibor)是指香港的货币市场上,银行与同业之间在进行以亚洲货币表示的短期货币资金借贷时所依据的利率。20 世纪 70 年代以来,由于亚洲美元市场的兴起,香港的国际金融业得到进一步的发展,成为远东国际金融中心之一,因此,Hibor 成为东南亚地区银团贷款所采取的基础利率。

同业拆借利率是金融机构融入资金的价格,是货币市场的基准利率。它能够及时、有效、准确地反映货币市场的资金供求关系,对货币市场上其他金融工具的利率具有重要的导向和牵动作用。例如,伦敦同业拆借利率已成为国际金融市场上的关键利率,许多浮动利率的融资工具在发行时都以该利率作为浮动的依据和参照。又如,新加坡同业拆借利率和香港同业拆借利率也可起到同样的作用,只是范围多被局限于亚洲金融市场上,其影响程度不如伦敦同业拆借利率。

(五)同业拆借市场的结算

传统的同业拆借结算多以支票转移、人工方式为主,现在很多国家都使用电子结算支付系统,通过各金融机构在中央银行开立的存款准备金账户方便、快捷地完成结算。

电子结算系统一般分为实时总额结算和净额结算两种类型。实时总额结算是对同业拆借交易及时进行结算,成交一笔就结算一笔。这种方式的最大好处是安全、快捷,由中央银行担保付款,同时给予参与结算的金融机构在营业日中准备金透支的便利和透支额度;不足之处是将结算风险集中到中央银行。净额结算是结算参与者之间首先对债权债务相互抵消,然后对抵消后的余额进行结算。由于是对净额进行结算,不会导致大量资金在各金融机构账户间频繁转移,对准备金头寸影响小,也不容易出现日间透支;但由于没有中央银行担保,到营业日结束时如果有个别金融机构违约,容易引发系统性风险。

三、同业拆借市场的管理

各国金融管理部门都视同业拆借利率为资金价格的重要参考依据,为使同业拆借利率保持较高的市场化程度,各国金融管理部门都基本放开同业拆借市场,不作太多的干预。然而,为保证同业拆借市场健康地运行和发展,金融管理部门对其依然进行适当的管理,这些管理主要体现在以下几个方面。

(一)市场准入的管理

市场准入的管理主要体现在金融管理部门通过制定一定的标准来限制不符合标准的机构进入同业拆借市场,规定只有符合标准的金融机构才能进入同业拆借市场。而对于从事同业拆借市场中介业务的中介机构,金融管理部门制定了更为严格的准入条件,各国金融管理部门根据本国金融市场的发展状况来决定其准入条件的严格程度。

(二)对拆借资金的管理

为防止金融机构过度拆入资金,导致无力偿还短期债务,甚至引发系统风险,各国金融监管部门都对同业拆借市场的拆借资金进行一定程度的管理。对拆借资金的管理主要体现在对不同类型金融机构同业拆借的资金拆入、拆出数额作出一定的限制。

(三)对拆借期限的管理

对拆借期限的管理主要体现在同业拆借的期限都有所限制,限制金融机构将拆入资金用于长期贷款或投资。这样做的目的是保持金融机构流动性和盈利性的统一,防止将短期资金用于长期项目,以维护金融体系的安全性。

(四)对拆借市场利率的管理

对拆借市场利率的管理主要出现在一些发展中国家,因为这些国家的金融市场尚不够发达,利率市场化的程度不高。金融管理部门对拆借市场利率的管理主要通过以下三种方式:第一是规定同业拆借利率的上限;第二是规定同业拆借利率波动的范围;第三则是直接规定不同期限下的同业拆借市场利率。

(五)其他的管理措施

其他的管理措施主要是各国视自身金融市场的实际状况所作出的管理,如有的国家金融管理部门为避免过高的违约风险,要求拆入资金者提供一定的担保或抵押。

四、我国的同业拆借市场

我国同业拆借市场的产生依赖于两个条件:一是金融机构的多样化,1981—1986年期间的中国金融体系改革创造了这一条件;二是法定存款准备金制度的实施,中国人民银行专门行使中央银行职能后,规定了这一制度,从而创造了第二个条件。1986年1月7日,国务院颁布了《中华人民共和国银行管理暂行条例》,其中第三十九条规定:"专业银行之间的资金可以相互拆借",从此,我国的同业拆借市场步入了发展轨道。而此后的发展大致可以分为三个阶段:

第一个阶段是1986—1991年的起步阶段。这一阶段的特点是银行同业拆借活动迅速在全国扩展,拆借交易量成倍增加,但由于是起步阶段,在迅速发展的过程中也出现了很多问题。中国人民银行于1988年和1990年对同业拆借市场进行了两次治理整顿。

第二个阶段是1992—1995年的高速发展和清理整顿阶段。这一阶段的特点是拆借资金量继续高速增长,拆借资金与银行信贷资金的联系更加紧密,与其他货币市场及资本市场之间的相互影响也日益加强,由此导致的问题也更加多元化。在这期间,中国人民银行对同业拆借市场进行了较大规模的清理整顿,整顿的结果表现为中介机构数量减少,拆借交易量迅速下降,利率明显回落,期限大大缩短,市场秩序逐渐好转。

第三个阶段是1996年至今的规范发展阶段。1996年1月,中国人民银行对同业拆借市场的再次整顿提出了对拆借市场的主体资格、拆借资金的来源和用途、拆借资金的拆入总量、拆借期限和签订拆借合同的管理要求,并且宣布建立全国统一同业拆借市场,所有同业拆借业务通过全国统一的同业拆借网络办理,并生成中国银行间拆借市场利率(Chibor)。

目前,我国的同业拆借市场是经中国人民银行批准的、金融机构之间通过全国统一的同业拆借网络进行无担保资金融通的市场。政策性银行、中资商业银行、外商独资银行和中外合资银行、城乡信用合作社、企业集团财务公司、信托公司、金融资产管理公司、证券公司、保险公司等16类具备条件的金融机构可以进入同业拆借市场,涵盖了所有的银行类金融机构和绝大部分非银行金融机构。

同业拆借交易以询价方式进行,自主谈判、逐笔成交,利率由交易双方自行商定。拆借期限有1天、7天、14天、21天、1个月、2个月、3个月、4个月、6个月、9个月、1年。拆借期限管理分为3档:商业银行、城乡信用社、政策性银行拆入资金最长期限为1年;金融资产管理公司、金融租赁公司、汽车金融公司、保险公司拆入资金最长期限为3个月;财务公司、信托公司、证券公司、保险资产管理公司拆入资金最长期限为7天。

同业拆借实行限额管理,限额核定分为5个档次:中资商业银行、城乡信用社、政策性银行为主要负债的8%;外资银行为实收资本或人民币营运资金的2倍;财务公司、金融资产管理公司、汽车金融公司、保险公司为实收资本的100%;证券公司为净资本的80%;信托公司、保险资产管理公司为净资产的20%。

上海银行间同业拆借利率(Shibor)是由信用等级较高的银行组成的报价团自主报出的人民币同业拆出利率计算确定的算术平均利率,是单利、无担保、批发性利率。上海银行间同业拆借利率(Shibor)与先前发布的中国银行间同业拆借利率(Chibor)最主要的不同之处在于,Shibor是根据报价行的报价按一定规则进行算术平均计算得出的,报价和计算方法符合国际惯例,已被中央银行明确定为我国的基准率;Chibor是同业拆借市场中交易品种在每一交易日以成交量为权数的加权平均利率,是我国同业拆借市场发展过程中阶段性的产物。

第四节 回购协议市场

回购协议市场是通过回购协议来进行短期货币资金借贷所形成的市场,它是货币市场体系的又一重要组成部分。

一、回购协议概述

（一）回购协议的概念

回购协议（repurchase agreement，简称 REPO 或 RP），是指证券资产的卖方在卖出一定数量的证券资产的同时，与买方签订的、在未来某一特定日期按照约定价格购回所卖证券资产的协议。

逆回购协议（reverse repurchase agreement），是证券资产的买方在买入一定数量证券资产的同时，与卖方签订的、在未来某一特定日期按照约定价格出售所买证券资产的协议。逆回购协议与回购协议实际上属于同一次交易的两个方面。回购协议是从资金需求者，即证券资产的卖方角度出发；而逆回购协议是指买入证券资产的一方，即从资金供给者的角度出发的。证券回购是对某种证券现实的购买或出售及其后一笔相反交易的组合。一笔回购交易涉及两个交易主体和两次交易契约行为，两个交易主体，是指以券融资的资金需求方和以资融券的资金供应方；两次交易契约行为，是指交易开始时的初始交易和交易结束时的回购交易。

（二）回购协议交易的性质

回购协议交易实质上是一种以证券资产作抵押的短期资金融通方式。融资方（正回购方）以持有的证券作质押，取得一定期限内的资金使用权，到期以按约定的条件购回的方式还本付息；融券方（逆回购方）则以获得证券质押权为条件，暂时放弃资金的使用权，到期归还对方质押的证券、收回融出的资金，并取得一定的利息收入。

回购协议交易是同一交易对象之间两笔方向完全相反交易的组合，即资金借贷和证券买卖的组合。由于在成交时已经确定到期证券购回的价格或资金的偿还额，实际上它也是一笔即期交易和远期交易的组合。

从表面上看，回购协议交易与短期质押贷款相似，其质押物均为证券资产，但两者的法律含义却有很大区别。当短期质押贷款到期，借款人不能如期偿还贷款时，贷款人须经过法律程序才能处置质押物，收回贷款。在回购交易中，一旦协议到期，融资方不能如期买回证券，融券方即有权处置证券，收回资金。从这一角度说，回购协议比质押贷款还安全。

回购协议是货币市场重要的金融创新工具。回购协议是基于某种金融工具的交易而产生的协议，它本身并不能单独进行交易，它的存在以其他金融工具为前提，因此是一种金融衍生工具。

（三）回购协议市场的作用

1. 对交易双方而言，回购协议交易是一种灵活方便、安全性较高的融资方式

由于回购交易在成交时已确定证券回购的价格，回购协议可以使融资方免受购回证券资产时市场价格上升带来的损失，降低市场风险；又可以使融券方在减少债务人无法按期还款的信用风险的同时，免受卖出证券资产时市场价格下降的风险。

2. 对商业银行而言，回购协议市场的出现和发展改变了传统的资产管理理念，增强了资产组合的灵活性，提高了资金使用效率

回购协议的出现，一方面降低了银行间同业拆借的风险；另一方面利用回购协议融入的资金无须向中央银行缴纳法定存款准备金，降低了资金成本，增强了商业银行的资产业务扩张能力。同时，商业银行可以不用保留过多的超额准备金，可以选择投资于可作为回购协议质押物的短期证券，从而在最大限度拓展业务的同时，还能增加盈利。

3. 回购协议市场扩大了货币市场范围

回购协议市场的参与者不再局限于金融机构和中央银行，各级政府、企业都可以参与交易，市场的资金来源广泛、流动性强，成了各类企业现金管理的工具。同时，作为一种金融创新，也拓展了货币市场的范围，增加了各类市场主体融通短期资金的渠道。

4. 回购市场丰富了中央银行公开市场业务操作的手段，降低了公开市场操作的成本

发达国家的中央银行现在经常选择回购协议，而不是以直接买卖政府证券作为公开市场业务的主要方式。这是因为，回购协议是约定在较短时间内，以一笔相反的交易收回（或投放）在交易开始的时间投放（或收回）的基础货币。中央银行可以利用回购交易抵消各种意外因素对银行体系准备金暂时性影响，而且，它比直接买卖政府证券更加灵活、交易成本更低、对公众预期的干扰更小。中央银行可以限定回购协议的利率，以数量招标的方式作为数量控制工具；也可以限定回购协议的资金数量，以利率招标方式作为价格控制工具；还可以将短期的回购协议交易与长期的政府证券直接买卖组合运用。回购协议市场为中央银行灵活运用公开市场操作提供了条件。

二、回购协议市场的运行

（一）回购协议市场的参与者

回购协议市场的参与者包括商业银行、非银行金融机构、企业、政府和中央银行。

商业银行是回购协议市场上的主要参与者，商业银行在短期资金不足的情况下，可以通过回购协议借入资金，弥补不足；也可以在短期资金盈余时，通过逆回购协议贷出资金，获得收益。对商业银行来说，回购协议交易风险比同业拆借小，资金成本比同业拆借低，期限又比大额存单等灵活。回购协议市场对难以从其他渠道筹措资金的中小银行很有吸引力，而大银行则可与交易对手签订没有具体期限的、连续的回购协议，每天根据需要不断续约，以满足业务扩展的需要。

非银行金融机构同样是回购协议市场上的主要参与者，它们包括证券公司、资产管理公司、基金管理公司、保险公司和储蓄类机构等非银行金融机构。与商业银行相同的是，这些非银行金融机构也会因自身的短期资金状况既可以成为资金需求者，也可以成为资金供给者。但非银行金融机构与商业银行短期资金盈余或不足的产生原因、方向、期限、数额不尽相同，它们往往与商业银行成为交易对手，形成互补交易。

企业作为回购协议市场的参与者，主要是资金供给者。因为企业在日常生产经营活动中可能存在闲置资金，这些闲置资金可以通过回购协议的方式贷出给资金需求者，从而获得高于存款利率的收益，而风险又低于商业票据、大面额定期存单。

政府或政府机构大多也是作为资金供给者参与回购协议市场。政府或政府机构可以在该国法律允许的范围内，将暂时闲置的资金通过回购协议贷出，从而使资产增值。

中央银行参与回购协议市场则有着不同于其他参与者的意图。中央银行参与回购交易并非为了获得收益,而是通过回购协议市场进行公开市场操作,从而有效实施货币政策。

(二)回购协议交易的类型

以所质押的债券所有权是否由正回购方转移给逆回购方进行区分,回购交易可以分为封闭式回购和开放式回购两种交易方式。

在封闭式交易方式中,正回购方所质押证券的所有权并未真正让渡给逆回购方。而是由交易清算机构作质押冻结处理,并退出二级市场;待回购协议到期,正回购方按双方约定的回购利率向逆回购方返还本金并支付利息后,交易清算机构对质押冻结证券予以解冻,质押券重新进入二级市场流通。在回购期间,逆回购方没有对质押证券实施转卖、再回购等处置的权力。封闭式回购实际上是一种以证券为质押的资金拆借方式。

开放式回购,又称买断式回购,是指证券持有人(正回购方)将证券卖给证券购买方(逆回购方)的同时,交易双方约定在未来某一日期,正回购方再以约定价格从逆回购方买回相等数量同种证券的交易行为。与封闭式回购不同,开放式回购的交易双方对质押证券采取买断和卖断的方式,逆回购方拥有买入证券的完整所有权和处置权,因而赋予逆回购方在回购期间灵活运用质押证券的权力。在回购到期前,逆回购方可以根据资金管理的需要和市场形势的把握,将质押证券用于再回购或二级市场交易,并只需在未来某一日期,再以约定价格将相等数量的同种证券返售给正回购方即可。开放式回购实际上是一种依附于证券买卖的融资方式。

开放式回购与封闭式回购的区别在于回购协议中的标的证券不是质押冻结,而是所有权转移,只要能保证回购协议到期时如数卖回,融券方有权在协议期间自由支配和处置标的证券。开放式回购的出现对完善证券市场有重要意义。首先,开放式回购不再冻结标的证券,不影响证券市场的供应量和流动性,有利于证券的合理定价;其次,在回购期间,逆回购方可以将购入的证券先卖出,在协议到期日前再买回,在证券市场上形成了卖空机制,增加了交易方式,有利于提高回购交易参加者持有证券的利用率,有利于商业银行等市场参与者的流动性管理;再次,回购协议交易的参与者还可以利用开放式与现贷交易、远期交易等构造证券组合,调整证券结构,回避利率风险。

(三)回购协议的标的证券品种

回购协议的标的证券种类很多,短、中、长期政府债券、金融债券、商业票据、银行承兑汇票、大额定期存单、大公司债券等都可以作为质押物,但政府债券是主要标的证券。这是因为政府债券安全性好、流动性强、发行量大,各金融机构一般都持有相当数量的政府债券,仅政府债券回购已足以满足各金融机构通过回购交易进行流动性管理的需要;同时,政府债券一般都集中托管在同一结算体系中,交易方便、效率高。

(四)回购协议的期限

回购协议期限的性质是短期的,它是指从卖方卖出证券资产时与买方签订回购协议,直到卖方最终将证券资产购回的这段时间。具体的期限,从1天到数月不等,如1天、7天、14天、21天、1个月、2个月、3个月和6个月等。其中,1天的回购协议又被称作隔夜回购;超过1天的回购协议称为定期回购;还有一种连续性协议,没有具体期限,每天按市场利率连续交易,常发生在银行与熟悉的客户之间。

(五)回购协议的报价方式和利率决定

国际通行的回购协议报价方式以年收益率进行报价,这有利于直接反映回购协议双方的收益与成本。在一笔具体的回购协议交易中,所报出的年收益率对于以券融资方(正回购方)而言,代表其固定的融资成本;对于以资融券方(逆回购方)而言,代表其固定的收益。

回购协议的利率取决于标的证券的种类、交易对手的信誉和回购协议的期限等。通常,标的证券的信用风险越小,流动性越好,回购利率越低,因此,以政府债券作为标的的回购利率低于其他证券。交易对手的信誉越好,回购利率越低,大银行以回购方式融入资金的成本较低。通常,回购期限越短,回购利率越低。但有时期限极短的回购利率,如隔夜回购利率却可能略高于期限较长的回购利率,这是因为期限稍长的回购与商业票据、银行承兑汇票、大额定期存单可以相互替代,有竞争性,而隔夜回购等短期交易除了同业拆借几乎没有竞争对手,此时,回购市场的利率结构要视资金供求关系而定。在期限相同的情况下,回购市场利率一般低于商业票据、银行承兑汇票、大额定期存单、同业拆借等货币市场工具利率,又略高于政府短期债券利率。这主要是因为回购协议有足额的证券作为质押物,且质押物一般托管在统一的结算系统中,信用风险小于商业票据等;与同业拆借相比,不仅有证券质押,而且企业、政府也能参与回购交易,资金供应较多,因而利率较低;国库券由政府发行,没有信用风险又有发达的二级市场,流通性好,而回购协议没有二级市场,因此利率高于国库券利率。

三、回购协议市场的风险分析

现实的市场对于参与交易的主体都是存在风险的,封闭式回购与开放式回购因为交易过程复杂程度的差异,交易者所承受的风险也不尽相同。

(一)封闭式回购风险分析

封闭式回购由于质押债券所有权不从正回购方转让给逆回购方,只是由专门机构将质押债券冻结,尽管这样做牺牲了质押债券的流动性,但能够在一定程度上控制风险。封闭式回购的风险主要有信用风险和清算风险两种。

封闭式回购的信用风险主要是指正回购方在回购协议到期时,未能如约将所质押债券购回,由于违约而给逆回购方造成的可能损失。如果协议到期时,市场利率上升,债券价格下降,正回购方违约给逆回购方造成的损失就会成为现实。

封闭式回购的清算风险主要是因为回购协议中所交易的证券资产,其支付一般不采用实物支付的方式。特别是在以标准券折算和回购期限短的交易中,清算风险出现的可能性更大。

(二)开放式回购风险分析

由于开放式回购交易过程更为复杂,因此除了信用风险和清算风险以外,它还有自身特有的风险,这种风险主要体现在开放式回购的卖空机制中。

开放式回购的卖空机制是由于开放式回购协议一旦签订,逆回购方就拥有了正回购方所质押债券的所有权,而且可以在回购协议到期前,对所拥有的质押债券进行再回购和卖出交易。尽管卖空交易的存在可以增加质押债券的流动性,但与此同时,也产生了更多的风险。

1. 提前卖出质押证券的价格风险

如果逆回购方预期未来协议到期时债券价格下降,将会进行质押债券卖出交易。如果实际的债券价格变动方向与预期相反,逆回购方在协议到期时必须返回债券的情况下,只能以更高的价格购入质押债券用以履行回购协议,从而承担一定的价差损失。

2. 循环再回购交易的交易链断裂风险

在开放式回购方式中,每一回购交易中的逆回购方都拥有再回购交易的权利,因此对于同一笔质押债券就可能存在循环再回购交易的情形。当整个循环再回购交易链条中的任一逆回购方到期不能按照协议卖回所质押债券或不能足额偿还时,整个再回购交易链就会出现断裂,从而可能发生连锁到期偿付困难。

3. 利用卖空交易、操纵市场的投机风险

如果不对卖空交易进行限制,资金实力雄厚的逆回购方就可以通过大量的债券卖出交易有意压低质押债券价格,从而实现其在协议到期日以低价购回所质押债券进行履约的目的。这种利用卖空交易、操纵市场、得以获利的操纵行为,对于整个市场的健康发展是相当不利的。

四、我国的回购协议市场

我国的回购协议市场是在20世纪90年代国债市场迅速发展的背景下产生的。1991年7月,全国证券交易报价系统(STAQ系统)试运行国债回购协议交易;1992年武汉证券交易中心、1994年上海证券交易所相继推出国债回购协议交易,以后深圳证券交易所及各地证券交易中心也陆续推出国债回购交易。在我国回购协议交易初期,各种违规行为盛行,资金逾期和坏账问题十分严重,信用风险突出。1995年,中国人民银行、财政部、中国证监会联合对国债回购市场进行整顿,回购协议交易逐渐集中在证券交易所进行。1997年6月,为防止商业银行资金进入股市,政府决定对银行和非银行金融机构实施严格的分业经营、分业管理。同时,各商业银行退出沪深证券交易所,银行间债券现券交易和回购协议交易改在全国银行同业拆借市场进行。自此,我国债券市场和回购协议市场出现交易所市场和银行间市场分离的局面。

随着交易所债券市场和银行间债券市场的发展,回购交易的证券品种在原来国债基础上也日渐扩大。1995年8月8日,中国人民银行、财政部、中国证监会联合发布了《关于重申对进一步规范证券回购业务有关问题的通知》,强调证券回购交易的券种只能是国库券和经中国人民银行批准发行的金融债券。1997年6月起,全国统一同业拆借中心开办国债、政策性金融债和中央银行融资券回购业务。2002年12月30日和2003年1月3日,为推动我国企业债券市场的发展,上海证券交易所和深证证券交易所分别推出了企业债券回购交易。2004年5月20日,全国银行间同业拆借中心开办了国债开放式回购交易。2004年12月,上海、深圳证券交易所开办国债开放式回购交易。

至此,我国的回购协议市场有上海、深圳证券交易所市场,其证券回购券种主要是国债和企业债、公司债;全国银行间同业拆借中心市场,其证券回购券种主要是国债、中央银行票据、政策性金融债和短期融资券。

第五节 短期政府债券市场

短期政府债券市场是发行和流通短期政府债券所形成的市场。在一个发达的货币市场体系中,短期政府债券市场是重要的组成部分,由于短期政府债券是回购协议交易的主要标的物,因此短期政府债券市场与回购协议市场有重要的关系。另外,短期政府债券市场形成的利率,还是其他金融工具收益率的重要参考基准。

一、短期政府债券概述

(一)短期政府债券的概念

短期政府债券是政府作为债务人,承诺一年内债务到期时偿还本息的有价证券。短期政府债券主要是中央政府债券,它属于国家信用范畴。政府发行短期国债,一般是为了国库入不敷出之需,因此又称为国库券。期限一般为3个月、4个月、6个月和12个月。

(二)短期政府债券的特征

短期政府债券与货币市场中的其他工具相比,有以下显著特征。

1. 违约风险小

短期政府债券以国家的税收权力作为担保,信誉好、安全性高,没有或几乎没有违约风险,通常作为无风险证券的代表。货币市场的其他信用工具,如商业票据、银行承兑汇票和大额可转让存单,由于发行人的原因,都存在着可能违约的风险,特别是在经济衰退时期,违约的可能性更大。

2. 流通性强

短期政府债券是一种在高组织性、高效率的竞争市场上交易的短期同质工具。发达的二级市场使它能在交易成本,以及价格风险较低的情况下迅速变现,被认为是仅次于现金和存款类货币形态的准货币。

3. 面额小

货币市场的其他金融工具的面额都很大,短期政府债券的面额较低。在美国,国库券的最小面额是10 000美元,而商业票据和大面额可转让存单的面额大多在10万美元以上。很明显,短期政府债券的面额远远低于其他货币市场金融工具。对许多小投资者来说,短期政府债券通常是他们能直接从货币市场购买的唯一有价证券。

4. 利息免税

政府债券的利息收益通常免缴所得税,而其他金融工具,如商业票据投资收益必须按照规定的税率缴税。尽管短期政府债券的名义利率没有商业票据高,但由于税收的影响,短期政府债券的实际收益率仍有可能高于商业票据。

(三)短期政府债券的功能

1. 满足中央政府对短期资金的需求

政府的收入以税收为主,税收的收入时间有一定规律,政府支出的时间不一定与税收收入时间相匹配,为应付突发事件或季节性需要经常会出现先支后收的情况,而这些支出并不影响财政收支的平衡。短期国债的发行可以满足财政部对短期资金的需求。

2. 为商业银行提供理想的超额储备资产,并为中央银行提供理想的公开市场业务操作工具

短期政府债券安全性高、流动性强、收益免税,是商业银行和各类非银行金融机构理想的超额储备资产。对中央银行而言,由于短期政府债券信用风险小、品种多、发行量大、价格变动的利率弹性小,又是商业银行的主要超额储备资产,成了中央银行公开市场操作的理想工具。

3. 为金融市场提供了低风险的金融工具

短期政府债券不仅因其信用好、流动性强、收益免税而受中小投资者欢迎,而且被视为无风险金融工具的代表,短期政府债券利率也被视为无风险利率的代表,为其他风险资产定价提供了基础。同时,以短期政府债券利率作为基础金融变量,创造出利率期货、利率期权等金融衍生工具。

二、短期政府债券市场的运行

(一) 短期政府债券市场的参与者

短期政府债券一级市场的参与者主要有政府和投资者。发行短期政府债券对于政府来说有两个重要的意义:一是融资以满足政府短期资金周转的需要。尽管政府年前预算力求保证下一年度的收支平衡,但由于季节性收支变动,以及国库经常出现先支后收的情况,仍有可能要出现年内短期资金周转缺口,通过发行短期政府债券可以弥补临时性资金短缺。二是规避利率风险。固定利率中长期债券的利率风险较高,当市场利率较发行债券那一刻降低时,政府要承担相对高的利息成本。短期政府债券由于期限较短,且政府可以有不同期限的选择,因此利率波动风险小很多。

一级市场中的投资者主要是参与短期政府债券发行投标的一级自营商,它们通常由资力雄厚的大投资银行与商业银行共同组成。一旦获得了短期政府债券一级自营商的资格,该金融机构就有义务连续参加短期政府债券的发行活动。

在一级市场还有除自营商以外的金融机构、企业、外国中央政府等参与者。金融机构参与者主要是一些资金实力相对较小的商业银行和投资银行,它们没能够成为一级自营商,但也可以通过竞标获得一级市场直接投资短期政府债券的机会。

短期政府债券一级市场上的企业,主要是指那些在满足了日常生产经营活动资金需要后依然有资金盈余的经济主体,它们主要是希望利用盈余的资金投资于风险较小的短期政府债券,以获得一定的投资收益。

外国中央政府参与一国短期政府债券一级市场主要有两个目的:一个是投资目的,即通过投资一国短期政府债券获得收益,经济发达、币值稳定国家的短期国债已经成为很多国家外汇储备的重要资产;另一个是稳定汇率的目的,即通过购买一国金融资产以稳定两国货币之间的汇率。

短期政府债券二级市场的参与者范围十分广泛,包括了发行国中央银行和各类投资者。发行国中央银行参与二级市场交易主要是进行公开市场业务操作,通过买卖短

期政府证券来控制货币供应量,实现其货币政策目标。二级市场上的各类投资者范围很广泛,包括作为短期政府债券承销人的一级自营商、政府证券经纪人、各类金融性与非金融性机构、个人投资者,以及其他国家的政府等。

(二) 短期政府债券的发行市场

短期政府债券市场由发行市场(一级市场)和流通市场(二级市场)构成。

短期政府债券的发行人是中央政府,一般由财政部负责发行。短期政府债券通常采用贴现方式发行,即投资者以低于面值的价格购得短期政府债券,到期时按面额偿还金额,发行短期政府债券的面额与购买价格之间的差额就是投资者的收益。

短期政府债券一般采取公开招标发行的方式,即通过投标人的直接竞价来确定国库券的发行价格(或收益率)。发行人将投标人的报价,自高价向低价或自低利率向高利率排列,并从高价(或低利率)选起,直到满足需要发行的数额为止。因此,最终所确定的价格恰好是供求决定的市场价格。目前,美国、意大利、英国等发达国家都采取这一形式。

从招标竞争标的物看,存在缴款期、价格和收益率招标三种形式;从确定中标的规则看,有单一价格(美国式)招标与多种价格(荷兰式)招标之分。

1. 按标的物分类

(1) 缴款期招标。以缴款时间作为竞争标的物,发行人按由近及远的原则确定中标者,直至募满发行额为止。缴款期招标一般多在发行价格或票面利率已定的条件下使用,适应于招标机制并不健全的环境。

(2) 价格招标。以发行价格作竞争标的物,发行人按由高到低的原则确定中标者和中标额。贴现债券多采用这种办法发行。如果附息债券或附有票面利率的零息债券也要实行价格招标,则必须将发行票面利率确定。贴现债券的中标收益率依不同的招标价格而定,附有票面利率的债券的中标收益率则分两种情况:当中标价高于面值时,收益率低于票面利率;反之,则高于票面利率。

(3) 收益率招标。以债券投资收益率为投标竞争标的物,发行人按由低到高的顺序确定中标者。对于附有票面利率的债券,通过招标过程所确定的票面利率,一般为所有中标收益率的加权平均数,由于发行价格是预先规定好的,所以中标商的盈亏是由其缴款价格相对于面值的差额体现出来的。即当中标收益率低于加权平均中标收益率时,则缴款价格高于面值,相对亏损;反之,则相对盈利。

2. 按中标方式分类

(1) 荷兰式招标。也称单一价格招标,即在招标规则中,发行人按募满发行额时的最低中标价格作为全体中标商的最后中标价格,每家中标商的认购价格是同一的。在这种招标形式下,如果市场对债券需求强烈,投标商为了能够多认购债券,往往会将价格抬高。因为就单个投标商而言,即使将价位报得较高,最后与其他中标商同样按最低中标价格认购债券,而且还能满足自己增加认购量的需求。如果所有投标商都抱有这种心理,必然会使最低中标价格也较高。这种结果对发行人有利,但容易使新发债券的发行收益率因竞争激烈而被压低,在净价交易制度下,附息债券进入二级市场的交易价格可能低于面值。但当市场对债券需求不大时,最低中标价格可能会很低,新发债券的收益率相应提高,这对发行人不利。因此,从国债发行和管理者的角度来看,当市场需求不大时,不宜采用荷兰式招标。

(2) 美式招标。亦称多种价格招标,即在招标规则中,发行人按每家投标商的投标价格确定中标者及其中标认购数量,招标结果一般是各中标商有各不相同的认购价格,每家的成本与收益率水平也不同。这种招标形式因为中标价格各不相同,最能体现各投标商的认购能力。投标商会更加认真地综合考虑每个价位上的认购能力、中标概率,公开竞争性较为明显。但如果没有合理的限额规定,美国式招标也容易出现垄断现象,新发债券的收益率会取决于少数实力雄厚的机构。与荷兰式招标相比,市场需求强烈时,美式收益率招标所确定的票面利率会相对低些;市场需求不高时,情况则会相反。

(三) 短期政府债券的流通市场

在发达国家,短期政府债券因为期限短,一般不进入证券交易所交易,而是分散在场外市场交易。整个市场通过电话、计算机网络等通信系统连接,交易指令由计算机终端传送,由政府证券交易商做市,交易速度快、市场参与者多,因而是一个高效的市场。

短期政府债券二级市场参与者的范围广泛,其中,政府证券交易商是重要主体。政府证券交易商在短期政府债券市场上发挥重要作用。首先,在一级市场直接参与短期国债的竞标或认购,保证短期国债顺利发行;在二级市场作为中央银行公开市场业务的操作对手。因为可以直接与财政部、中央银行进行交易,因而是连接财政部、中央银行和其他交易者的纽带。其次,为短期国债做市。作为做市商,不断地向市场提供买价和卖价,并随时以所报价格买卖短期国债,以维持市场的流动性。短期国债市场的报价不直接以价格显示,而是以相应的收益率表示。其中,出价是交易商向客户买入短期国债的价格,要价是交易商向客户出售短期国债的价格,两者的差额是交易商的利润来源。再次,为各类市场参与者提供市场信息、分析交易行情,以增强市场的透明度和效率;而政府证券交易商之间的交易又因为他们的信息收集和分析能力强、交易量大,而有价格发现作用。

短期国债的买卖一般通过政府证券经纪商进行。有的国家,政府证券经纪商是专营的,即不得做自营买卖,有的则允许兼营自营业务。经纪商既为一般的交易者提供服务,也为政府证券交易商提供经纪服务。政府证券交易商通过经纪商交易可以得到最新报价,节省了时间、提高了效率,又可以在必要的时候不公开自己的真实身份。短期国债经纪商的收入来自佣金。

三、短期政府债券收益率和价格的计算

(一) 收益率计算

1. 贴现收益率

由于采取贴现发行,短期政府债券的收益是面值与实际购买价格的差额,该差额称为贴现收益。贴现收益率是贴现收益与票面价值之比按单利法则计算的年收益率。计算公式为

$$贴现收益率 = \frac{面值 - 价格}{面值} \times \frac{360}{期限(天)} \times 100\%$$

例如,某一182天期的短期政府债券,面值为100元,出售价格为96元,则贴现收益率为

$$\text{贴现收益率} = \frac{100-96}{100} \times \frac{360}{182} \times 100\% = 7.91\%$$

以贴现收益率衡量短期政府债券的收益存在一些缺陷。首先,在计算收益率时,将面值作为投资额,但实际的投资额是购买价格而非面值;其次,将一年视为360天,但实际天数应为365天(或366天);再次,由于短期政府债券期限在1年或1年以内,计算时按单利法则,与其他中长期债券按复利法则和365天计的收益率可比性受到影响。贴现收益率的这些缺陷可由等价收益率或有效年收益率弥补。

2. 等价收益率

等价收益率是贴现收益与价格之比按单利法则计算的年收益率。与贴现收益率不同之处在于:一是将一年视为365天,二是将购买价格视为投资成本。通常,这一收益率高于贴现收益率,而且能更真实地反映短期政府债券的收益。计算公式为

$$\text{等价收益率} = \frac{\text{面值}-\text{价格}}{\text{价格}} \times \frac{365}{\text{期限(天)}} \times 100\%$$

上例短期政府债券的等价收益率为

$$\text{等价收益率} = \frac{100-96}{96} \times \frac{365}{182} \times 100\% = 8.02\%$$

3. 有效年收益率

有效年收益率是贴现收益与价格之比按复利法则计算的年收益率。计算公式为

$$\text{有效年收益率} = \left[\left(1+\frac{\text{面值}-\text{价格}}{\text{价格}}\right)^{\frac{365}{\text{期限(天)}}} - 1\right] \times 100\%$$

上例短期政府债券的有效年收益率为

$$\text{有效年收益率} = \left[\left(1+\frac{100-96}{96}\right)^{\frac{365}{182}} - 1\right] \times 100\% = 8.53\%$$

(二)价格计算

由于短期政府债券市场的报价不以价格直接显示,而是以对应的收益率表示,因此要根据交易商所报的要价和出价计算市场价格。计算公式为

$$\text{价格} = \text{面值} \times \left[1 - \text{贴现收益率} \times \frac{\text{期限(天)}}{365}\right]$$

例如,根据短期国债行情表,面值为100元,还有162天到期的国库券,出价贴现收益率为5.11%,要价贴现收益率为5.09%,则相应的价格为

$$\text{交易商的出价} = 100 \times \left(1 - 5.11\% \times \frac{162}{365}\right) = 97.73(\text{元})$$

$$交易商的要价 = 100 \times \left(1 - 5.09\% \times \frac{162}{365}\right) = 97.74(元)$$

出价与要价之差是交易商的做市盈利。

四、我国的短期政府债券市场

1981年发布的《中华人民共和国国库券条例》,为我国在改革开放后重新启动国债市场拉开了帷幕。我国发行的国债多以中长期债券为主,1年以下的短期债券数量甚微。我国政府于1994年首次发行期限短于1年的短期国债。1994年初,为配合中国人民银行拟议中的公开市场操作,我国采用无纸化方式,向银行、证券公司等金融机构发行了两期短期国债:第一期是期限半年的50亿元短期国债;第二期是期限1年的80亿元短期国债。1996年,又发行了期限为3个月、6个月和1年期的短期国债,当年的短期国债发行额为649亿元,占国债发行总额的32.99%。到了1997年,由于种种原因,短期国债停止发行。我国的短期政府债券在停止发行7年后,2003年起又开始恢复发行,但短期国债发行规模始终很小。为满足公开市场业务的需要,中国人民银行2003年起正式发行中央银行票据,目前已取代短期政府债券,成为货币政策日常操作的重要工具。尽管当前的短期政府债券市场规模不大,但随着我国国债发行规模的继续扩大,以及国债管理逐渐从"赤字管理"向"余额管理"过渡,短期政府债券市场也必然会形成一定的规模。

第六节 其他子市场

货币市场上的短期证券除了政府债券以外,还有商业票据、银行承兑汇票和大额可转让定期存单等。这些短期证券由银行、非银行金融机构和非金融性公司发行,它们与政府短期债券共同组成短期证券市场。在货币市场上还有货币市场基金,它既是短期投资工具,又是货币市场的投资主体,具有双重身份。

一、商业票据市场

(一)商业票据市场概述

商业票据是由财务状况良好、信用等级很高的公司发行的短期、无担保的融资工具。

商业票据是票据的一种。票据是约定由债务人按期无条件支付一定金额,并可以转让流通的债务凭证。票据主要有三类,即汇票、本票、支票。汇票是出票人签发,由付款人按约定的付款期限对指定的收款人无条件支付一定金额的债务凭证。汇票是典型的票据。汇票的签发必须以合法的商品交易为基础。由商业信用产生的汇票是商业汇票,由银行信用产生的汇票是银行汇票。本票是发票人签发,由发票人自己在约定的日期无条件支付一定金额的债务凭证。由企业签发的本票是商业本票,由银行签发的是银行本票。支票是发票人根据银行存款或约定的透支额度签发,以银行为付款人无条件支付一定金额的债务凭证。广义的商业票据包括商业汇票和商业本票,狭义的商业票据仅指商业本票。本节所指的商业票据是狭义的商业票据。

作为现代金融市场中公开发行和交易的金融工具,商业票据已与传统意义的商业票据有很大区别。首先,现代意义的商业票据与具体的商品交易无关,也不需要真实的商品交易背景,票面上不再是同时标明出票人和债权人姓名的双名票据,而是仅标明出票人姓名的单名票据;其次,商业票据以在货币市场上公开发行方式出售,票据面额、期限、利率不再因商品交易的具体条件而各不相同,而是面额、期限、利率整齐划一;再次,商业票据的性质属于本票,发挥期融资功能,不再限于支付结算手段。

(二)商业票据市场的运行

1. 商业票据市场的参与者

(1)发行人。在发行市场上,商业票据的发行实现了短期资金由商业票据的投资者向其发行人融通的过程。商业票据的发行主体主要包括金融公司和非金融公司两大类,其中金融公司又可分三种:一是独立的金融公司;二是附属于制造业公司的金融公司,如附属于美国通用汽车公司的金融公司;三商业银行和商业银行控股的子公司。非金融公司主要是指发行商业票据的大公司,这些大公司往往都具有很好的信誉与知名度。

(2)投资人。商业票据对于投资者的限制较少,因此参与者十分广泛,主要有中央银行、商业银行、保险公司、基金组织、投资公司、非金融公司、政府和个人。商业票据面值较大,除了具有一定资金实力的个人投资者可以直接从一级市场购买商业票据外,其他个人投资者则可以通过购买货币市场基金来实现对商业票据的投资。

(3)中介机构。投资银行及专门从事商业票据销售的小经纪商是为商业票据发行和交易提供服务的中介机构。商业票据的发行方式可以按有无中介参与,可分为直接发行与间接发行。投资银行主要是帮助一些规模虽大,但仍无力直接销售的公司发行商业票据,从中获得一定的收益。由于大公司商业票据的发行规模都比较大,投资银行通常以承销团方式承销大公司发行的商业票据;而一些专门从事销售的小经纪商,主要是参与其中的小部分商业票据零售活动。

2. 商业票据的面额和期限

商业票据的面额一般都很大,以美国为例,商业票据的面额大多在100 000美元以上,只有少数为25 000美元或50 000美元。大面值伴随着的是发行规模也十分大,单个发行者最多的可发行10亿美元之多,主要面向机构投资者发行。

商业票据是短期金融工具,美国商业票据期限一般不超过270天,欧洲稍长些。市场上未到期的商业票据平均期限在30天以内,而大多数商业票据的期限在20天到40天之间。

3. 商业票据的发行

作为一种非担保证券,市场对发行人要求非常高,一般只有大公司发行商业票据才能被投资者接受。大部分商业票据以贴现方式发行。发行方式有直接发行和借助投资银行或票据经纪商发行。直接发行成本较低,适合于发行数额大、发行频率高的大公司。金融公司和有附属金融公司的大型企业、商业银行一般采用直接发行方式。发行数额相对较小、且不经常发行的发行人通常通过中介机构间接发行,这种方式可省去建立销售网络的成本,又可借助中介机构的信息优势取得较有利的发行价格。

4. 商业票据的信用评级

信用评级对于商业票据的发行有重要作用。一方面,信用评级的结果可以作为投资者进行投资决策的直接依据,较高的信用评级对于投资者就意味着较低的信用风险;另一方面,信用评级的结果对于发行人的发行成本有重要影响,较高的信用评级即表示发行人实际给出的利息成本要低些,同时付给其他中介服务机构的非利息成本也相对低些。

5. 商业票据的发行成本

商业票据发行所产生的成本主要由两大部分组成:利息成本与非利息成本。首先是利息成本,由于商业票据是贴现发行的,所以商业票据总的利息成本就是其面值与发行价格之间的差额。

其次是非利息成本,主要是在发行和销售商业票据过程中所支付的费用,包括:① 承销费,即支付给承销机构的佣金;② 保证费,即支付给为发行者提供信用保证的金融机构的费用;③ 信用额度支持费,即发行者必须在银行账号中保留一定金额的无息资金,是资金的机会成本;④ 信用评级费,即发行者支付给为其评级的信用评级机构的费用。

6. 票据发行便利

票据发行便利是以商业本票为基础的循环融资方式,具有法律约束力的约定。票据发行人与商业银行签订这种约定后,借款人可以在约定的期限内(一般 3~5 年)用自己的名义连续发行短期票据进行周转性贷款,从而实现中期融资。安排发行便利的承销银行并不贷出足额的货币资金,只是提供贷款承诺或信贷额度,在借款人需要资金时提供一种机制将发行人的票据卖给其他投资者,以保证借款人能在约定的期限内不断地得到短期资金。若商业票据不能全部销售,则由银行包销所余票据或提供贷款,以保证借款人可以获得连续资金。

票据发行便利自 20 世纪 80 年代问世以来,就受到票据发行人和投资者的欢迎,发展迅速并出现了多种变形,以满足不同企业的需要。对票据发行人而言,银行的贷款承诺和包销有利于票据信用度的提高、降低筹资成本、享受中期信用,更为重要的是,一旦企业发生流动性困难,银行的贷款支持可以帮助企业渡过难关。对投资者而言,商业票据期限短、风险小、流动性强,有了银行的贷款承诺,可以降低与票据发行人信息不对称的"道德风险",提高商业票据的安全性。对提供贷款承诺的银行而言,通常不需要投入资金即可赚取手续费,而且银行安排票据发行便利属于表外业务,不影响其资产负债结构。

7. 商业票据的流通转让

在现实中,商业票据的交易市场较之发行市场并不十分活跃。这主要是由于商业票据是短期金融工具,投资者往往都会持有到期;另外,商业票据并未实现标准化,不同发行人发行的商业票据在期限、面额和利率上都会有不同,交易并不方便。尽管如此,依然会有投资者因为需要实现流动性,而将未到期的商业票据通过交易市场进行转让,这些投资者包括发行市场中持有商业票据的各类主体。商业票据的证券经纪商会买入投资者持有的尚未到期的商业票据,发行人也会买入自己发行的未到期的商业票据。

(三) 我国的商业票据市场

长期以来,我国习惯于将企业签发的、主要用于结算的票据称为商业票据,将这一票据签发和流通的市场视为票据市场。实际上,这种票据属于汇票,与国际金融市场通常所指的、与具体商品交易无关、为融资而发行的商业本票有很大区别,并不是真正意义的商业票据。

我国企业在银行间债券市场发行的期限在1年和1年以内的短期融资券和部分金融机构发行的短期金融债券具备商业票据的基本特征,可以看作是我国的商业票据。

我国的商业票据市场从20世纪80年代开始起步,但在开始的十多年时间内,发展一直很缓慢。从1988—1997年的10年间一共只发行1 125亿元,从90年代中期以后呈逐年下降趋势,而且二级市场也很不发达。2005年5月,中国人民银行发布《短期融资券管理办法》和配套的相关文件,允许符合条件的企业在银行间债券市场向合格机构投资者发行短期融资券。自此,我国短期融资券市场进入快速发展阶段,发行规模逐年上升。2005年,我国企业共发行短期融资券1 424亿元;2006年发行242期,发行额2 919.5亿元;2007年249家企业发行短融券263期,发行额3 349.1亿元。2008年4月,中国人民银行发布《银行间债券市场非金融企业债务融资工具管理办法》,并对《短期融资券管理办法》终止执行。文件中所指非金融企业债务融资工具,被市场称为中期票据,是指具有法人资格的非金融企业在银行间债券市场发行的、约定在一定期限内还本付息的有价证券。根据相关规定,企业发行债务融资工具应在中国银行间市场交易商协会注册,由在中国境内注册且具备债务评级资质的评级机构进行信用评级,由金融机构承销,在中央国债登记结算公司登记、托管、结算,全国银行间同业拆借中心为债务融资工具在银行间债券市场的交易提供服务。自此,我国商业票据市场的品种从短融券扩大至中期票据。

我国短融券和中期票据的主管部门是中国人民银行,管理制度是备案制。由主承销商承担融资主体的资质判断职能,主管部门仅需履行程序性审查职责,使发行准备时间大为缩短,增强了融资的时效性。市场化发行方式及无须担保降低了发行成本,提高了主管部门的管理效率。

短融券和中期票据的发行主体没有性质和类型的限制,由市场选择且不要求担保。从已发行的企业来看,性质和地域范围分布较广,上市公司、民营企业都有,但以国家支柱产业所属企业为主,行业主要分布于电信服务、石油化工、电力、高速公路、消费品等;地域范围覆盖全国近三十个省市,但以北京、江苏、广东、山东等总部经济地区为主。

短融券的期限有3个月、6个月、9个月、1年,1年的发行量最大,中期票据的期限是3~5年。

发行方式有贴现发行和面值发行两种,短融券以贴现方式发行较普遍,中期票据以面值发行为主。主承销商以大中型商业银行为主。发行定价中,信用利差明显。市场发行利率与发行主体的信用等级之间存在明显的相关性,定价日趋市场化。

发行对象是在银行间债券市场的机构投资者,证券投资基金、保险公司、证券公司等非银行金融机构是主要的投资主体。流通场所在银行间债券市场,发行完毕隔日即可上市。二级市场交易非常活跃,而且交易量随着发行量的增加呈明显的快速增长态势。

二、银行承兑汇票市场

银行承兑汇票市场是以银行承兑汇票作为交易对象所形成的市场。国际与国内贸易的发展是产生银行承兑汇票的重要条件,同时,银行承兑汇票的产生大大便利了国际与国内的贸易。发展至今,银行承兑汇票市场已成为世界各国货币市场体系中的重要组成部分。

(一)银行承兑汇票概述

1. 汇票和承兑的概念

汇票是出票人签发,委托付款人在见票时或指定日期,无条件支付一定金额给收款人或持票人的票据。按出票人的不同,可分为银行汇票和商业汇票。按期限不同,可分为即期汇票和远期汇票,远期汇票必须经过付款人承兑。

承兑是指汇票付款人承诺在票据到期日支付汇票金额的票据行为。在商品交易活动中,售货人为向购货人收取货款而签发汇票,当由付款人在该汇票上注明"承兑"字样并签章后,该汇票就成为承兑汇票。汇票一经承兑,承兑人即为汇票的主债务人,到期必须无条件支付。如果承兑人是企业,该汇票就称为商业承兑汇票;若承兑人是商业银行,就称其为银行承兑汇票。

银行一旦作出"承兑"的承诺,即表明该银行已成为这笔商品交易所产生的债务关系的最终付款人,实际上是承兑银行将自己的信用借给了商品的买方,因此,买方必须向承兑银行支付一定的手续费。银行承兑汇票是以银行信用支持的商业汇票,是一种流动性很强的短期金融工具。

2. 银行承兑汇票的产生

银行承兑汇票是一种历史悠久的货币市场工具,是在国际贸易的基础上产生和发展的,同时也普遍使用于国内贸易。

在国际贸易中,银行承兑汇票对降低不同国家之间商品交易的过多不确定因素发挥很大作用,从而大大便利了国际间的贸易往来。国际贸易中的交易双方由于空间距离的原因,交易畅通所需要的信用很难得到保证,一方面是出口商担心进口商不付款,另一方面则是进口商担心出口商不发货。对于这两方面问题的解决,可以依靠银行承兑汇票与国际贸易中经常使用的信用证。具体地,进口商先要求本国银行开具信用证,并交给出口商,作为进口商信用的保证。收到信用证的出口商就可以开始发货,并同时将发货证明凭单和开具的汇票一起交给信用证开证行,若是即期付款的交易,开证行见票即付款;若是远期付款的交易,开证行在汇票上注明"承兑"字样,并签章,这样银行承兑汇票就产生了。

国内贸易涉及银行承兑汇票的整个流程可简单地描述如下:交易中的售货人在交货同时向购货人签发汇票,在收到售货人的发货证明和汇票后,为购货人提供信用的商业银行就在此汇票上注明"承兑"字样并签章,随后银行再将该承兑汇票交给售货人。售货人最终将银行承兑汇票持有到期,或是提前到任何商业银行贴现,或是直接到银行承兑汇票二级市场上出售,取决于售货人的需要。

3. 银行承兑汇票的特点

与货币的其他金融工具相比,银行承兑汇票以它独特的特点受到借款企业、承兑银行和投资者的欢迎。

(1) 借款企业。签发汇票并要求银行承兑的企业是实际借款人。对借款企业而言,银行承兑汇票不仅能解决贸易往来中的信用保证问题,而且利用银行承兑汇票融资比银行贷款的利息成本和非利息成本低。利用银行承兑汇票又比发行商业票据有利,因为商业票据是无担保的债务工具,通常只有规模大、信誉好的企业才能成功发行商业票据。而银行承兑对企业的资信要求较低,不少不具备发行商业票据的中小企业可借助银行承兑汇票解决短期资金困难。即使是有条件发行商业票据的大企业考虑到银行承兑汇票的融资成本比商业票据低,对以真实商品交易为基础的融资需求也会选银行承兑汇票。

(2) 承兑银行。首先,银行承兑汇票以真实的商品交易为基础,风险较低,银行以承兑行为对借款企业提供信用支持,不必动用自己的资金即可赚取手续费,增加非利息收入,丰富了投资组合。其次,承兑银行可以通过承兑汇票提高信用能力。一般,各国银行监管机构对商业银行对单一客户提供信用都有最高限额的规定,通过创造、贴现或出售承兑汇票,承兑银行对单一客户提供的信用规模可有所提高。再次,银行承兑汇票有发达的二级市场,持有承兑汇票的银行可以在汇票到期前在二级市场贴现或转让,保证了银行资产的流动性。最后,出售合格的银行承兑汇票不需缴存款准备金,任何银行承兑汇票均不用缴纳存款保险费,银行的资金成本比吸收存款低。

(3) 投资者。对银行承兑汇票的投资者而言,首先,安全性高。不管是因商品交易而持有银行承兑汇票,还是通过二级市场投资而持有银行承兑汇票,银行承兑汇票的最终付款来源都有承兑银行和购货人的双重保证,加上承兑银行的信用与资金实力都足以保证付款,所以,银行承兑汇票持有人收不到付款的可能性很小。其次,流动性强。银行承兑汇票的流动性可以通过多种途径实现,可将银行承兑汇票贴现、转贴现和再贴现,或者将银行承兑汇票在二级市场上出售。银行通过贴现业务可以赚取贴息,二级市场上的投资者对于这种短期投资工具十分欢迎,所以,银行承兑汇票的流动性很容易实现。再次,收益性好。银行承兑汇票是一种收益有保证的投资工具,银行通过贴现和转贴现都可以获得一定的贴息,而二级市场的投资者也可以通过买卖的价差,或持有到期的收入与买入成本之间的差价获得收益。

(二) 银行承兑汇票市场的运行

1. 银行承兑汇票的期限

银行承兑汇票属于短期金融工具,在未承兑之前,作为商业信用的一种形式,它的付款期一般都低于一年,通常以整月为主。经过银行作出"承兑"承诺后,该汇票就成了银行承兑汇票,但其付款期限依然不变。具体地,最常见期限有30天、60天和90天,略长的还有180天和270天,平均期限为90天。总的来说,银行承兑汇票的期限短,违约风险小,因此是一种十分安全的短期金融工具。

2. 银行承兑汇票的一级市场

银行承兑汇票市场由一级市场(发行市场)和二级市场(交易市场)组成。在发行市场,产生银行承兑汇票的整个过程是由出票和承兑两个环节构成,两者缺一不可。

出票,是售货人为向购货人收取货款而出具汇票的行为。售货人作为出票人,一方面,要按照法定格式做成票据;另一方面,要将所出的汇票交到购货者手上。

承兑,是在购货者接到汇票后,将该汇票交由自己的委托银行,由银行通过在汇票上注明"承兑"字样,并签章,从而完成承兑确认,并产生了银行承兑汇票的环节。银行一旦作出了承兑的承诺,就自然成为此笔款项的主债务人。

在银行承兑汇票的发行市场,参与者有以下两种:

一是产生汇票的交易双方。主要是商业性企业,作为售货人,同时又是出票人,通过出票再经过承兑承诺就可以对售货货款提供保证;作为购货人,在委托银行作出承兑承诺前已经收到了售货人发出货物的证明,因此,担心售货人不发货的顾虑也基本消失。

二是作出承兑承诺的金融机构。在美国和日本以及其他很多国家,汇票通常是由银行承兑,而在英国则由专门的票据承兑所进行票据承兑。金融机构的承兑行为是将自己的信用借给购货人,通过承兑行为,承兑银行可以获得一定的手续费。

3. 银行承兑汇票的二级市场

银行承兑汇票被创造后,承兑银行可以自己持有作为投资,也可以将银行承兑汇票作为交易对象进入二级市场流通转让。银行承兑汇票的交易既包括简单的买卖转让,也包括对银行承兑汇票进行贴现、转贴现和再贴现。如果出售转让,银行可以利用自己的销售渠道直接销售,也可以借助货币市场交易商销售给投资者。如果进行贴现、转贴现和再贴现,则在具体交易行为之前,银行承兑汇票必须经过背书程序。背书是以将票据权利转让给他人为目的的票据行为。背书的最终结果是被背书人获得汇票的相应权利。背书之后,若持有汇票的人最终没有收到上述购货人的付款,汇票持有人依然可以向背书人追索款项。在完成背书这一程序后,不同背书人对银行承兑汇票可分别进行贴现、转贴现或再贴现。

贴现是汇票持有人为取得现款,将未到期的银行承兑汇票到银行或其他可贴现机构折价转让的票据转让行为,而折价带来的成本即是汇票持有人支付给银行或其他贴现机构的贴息。汇票持有人在将银行承兑汇票背书后,就可通过贴现提前收回款项,银行或其他贴现机构也可以获得贴息作为办理贴现业务带来的收益。当银行承兑汇票到期时,银行或其他贴现机构可以向票据的付款人按票面额索回款项。如果付款人不能付款,银行或其他贴现机构还可向背书人,即贴现人追索款项。

转贴现是办理贴现业务的银行或其他贴现机构将其贴现收进的未到期票据,再向其他的银行或贴现机构进行贴现的票据转让行为,这也是金融机构之间的一种资金融通行为。转贴现一方面,可以解决提供贴现的银行或其他贴现机构短期资金不足的问题;另一方面,也可以使其他有闲置资金的银行或贴现机构获得一定收益。

再贴现是持有未到期票据的商业银行或其他贴现机构将票据转让给中央银行的行为,它也是中央银行和商业银行与其他贴现机构之间进行资金融通的一种形式。商业银行或其他贴现机构进行再贴现,主要是希望从中央银行融入资金,以解决临时资金的不足;而中央银行作为货币政策的制定与实施者,通常将再贴现作为实施货币政策的工具。通过对再贴现率的调整,中央银行可以有效控制商业银行和其他贴现机构的票据再贴现,从而控制了它们以再贴现方式的融资行为,进而控制了货币供应量,以实现货币政策目标。

在银行承兑汇票二级市场,参与者的范围比发行市场更为广泛,包括了个人、企业、商业银行、保险公司、信托公司、货币市场基金、养老基金等金融机构以及中央银行。个人和企业通常只能参与银行承兑汇票的直接买卖,或者贴现活动。商业银行等金融机构,则可以参加银行承兑汇票的直接买卖、贴现、转贴现和再贴现等所有活动。中央银行通常只担当"最终贷款人"的角色,因此只参加银行承兑汇票的再贴现活动。

4. 银行承兑汇票的成本

借款企业利用银行承兑汇票的成本,是支付给承兑银行的承兑费和手续费。投资于银行承兑汇票所发生的成本,可分为以下两种:一是银行承兑汇票持有人一直将汇票持有到期,此时,该银行承兑汇票给持有人带来的主要是机会成本;二是银行承兑汇票持有人在汇票到期前就将其转让,由于银行承兑汇票没有票面利率,转让人通常都是贴现转让,此时的成本主要是贴现转让所付的贴息,若是向银行或其他可贴现机构进行贴现,成本除了贴息外,还有少量手续费支出。

一般情况下,银行承兑汇票的成本比银行贷款低。传统的银行贷款,除要求借款者支付一定的贷款利息外,还会强制借款人在其银行账户中保持一定的最低补偿性存款余额,且这部分存款不支付利息,由这两部分构成的成本一般比银行承兑汇票的成本高。

银行承兑汇票与一般的商业票据相比有一定的成本优势,能够享受较低利息与非利息成本。发行商业票据的都是具有较高信誉的大企业,一般企业发行商业票据融资则由于违约风险较大以及审核评级程序,而要支付比大企业高得多的利息成本与手续费等非利息成本。而通过银行承兑汇票进行融资,则由于银行都要求购货人保留一部分存款余额从而降低违约风险,因此一方面比较容易实现融资,另一方面银行承兑汇票成本要低一些。

(三) 我国的银行承兑汇票市场

新中国的票据业务起步于20世纪70年代末。1979年以前,国家对商业信用实行强化管理,禁止和控制商业信用。改革开放以后,对商业信用开始实行有计划、有控制的开放政策。1979年,中国人民银行允许部分企业签发商业承兑票据。1981年,上海率先开办银行承兑汇票的承兑和贴现业务,之后,人民银行在重庆、河北、沈阳扩大票据业务试点。1984年人民银行正式发布《商业汇票承兑、贴现暂行办法》,鼓励商业银行开展银行承兑汇票业务。1986年4月,人民银行决定正式在全国开展银行承兑汇票再贴现业务,引导银行承兑汇票业务的开展。1995年《中华人民共和国票据法》正式颁布实施,对有效规范票据行为、推动票据市场的建设和发展起了推动作用。1998年3月,人民银行开始单独公布再贴现率,把再贴现率定位于央行的基准利率之一,改变其从属于中央银行贷款利率的历史。同年12月,人民银行对贴现利率机制改革,贴现利率在再贴现利率基础上按照不超过同期贷款利率加点生成,转贴现利率由交易双方自主商定。2000年,人民银行批准工商银行在上海成立我国第一家票据专营机构。2003年5月,在全国银行间同业拆借中心建立"中国票据报价系统",即中国票据网,为金融机构之间的票据转贴现和回购业务提供报价、报价查询等信息服务。

2000年到2007年是我国票据市场的快速发展时期,商业票据签发承兑量由7 445亿元增加到58 700亿元,金融机构办理的票据贴现量由6 447亿元增加到101 100亿元,分别增长7.88倍和15.68倍。

我国票据市场在发展过程中呈现出以下特征。首先,票据业务已成为企业重要的融资渠道,票据的融资功能逐渐显现。1994年至2007年,全国商业汇票累计签发27.6万亿元,累计贴现40.19万亿元,与1994年相比全国年度票据签发量与贴现量分别增长91.72倍和215.11倍,其中2007年的贴现交易量是承兑发行量的1.72倍,达历史高点。票据业务对一些信誉较好的企业缓解资金紧张发挥了重要作用。随着银行承兑汇票更多地进入银行体系,银行承兑汇票已成为企业与银行、银行与银行之间的融资工具,票据的功能已从单纯的支付结算工具逐渐转变为短期融资工具。

其次,市场主体不断增加,市场地位逐渐提高。部分优质企业、商业银行、票据经营机构、中小商业银行、农村金融机构和外资银行都积极参与票据市场,市场主体迅速增加又提高了二级市场的流动性,票据周转次数加快,吸引了更多资金进入市场,还推出了一些创新品种,如买方付息票据贴现业务、信用证项下银行承兑汇票贴现业务等。2007年,我国票据市场交易额为15.98亿元,占货币市场交易总额的19.48%。票据市场作为与实体经济联系最紧密的货币市场的子市场,已成为货币市场的重要组成部分,向实体经济传达央行货币政策意图的作用越来越明显。

再次,票据业务不断趋于专业化、电子化。继工商银行之后,又有3家商业银行总行和15家分行在上海开设票据中心,专营机构的出现促进了票据业务的发展。2003年,在全国银行间市场推出的全国统一网络化票据市场服务平台,标志着我国票据市场电子化开始起步。与此同时,人民银行出台一系列业务规则和措施,进一步推动票据市场的规范化发展。

三、大额可转让定期存单市场

(一) 大额可转让定期存单概述

1. 大额可转让定期存单的概念与产生背景

大额可转让定期存单,简称CDs,是商业银行发行的、有固定面额和约定期限,并可转让流通的存款凭证。

大额可转让定期存单,首创于美国,它是美国银行业为逃避金融法规约束而产生的金融创新工具。20世纪60年代,美国的金融市场活跃,金融工具种类繁多,同期的市场利率不断上升,美国联邦储备委员会实施的Q条例规定商业银行活期存款无利息,定期存款也有一定的利率上限,这样的规定使得商业银行存款资金来源受限,而货币市场的金融工具则由于灵活的利率受到拥有闲置资金的投资者的欢迎。商业银行为了防止银行存款外流和增加资金来源,需要通过金融创新以绕过Q条例的限制。美国花旗银行首先推出大额可转让存单,这种金融工具在传统的银行存款的基础上,赋予它可上市流通转让的优势,有效地解决了银行存款流动性差的问题,因而一经推出就受到货币市场投资者的欢迎,无论从数量还是品种上,大额可转让存单市场都迅速发展起来。特别是20世纪70年代开始,随着Q条例利率上限的放宽,大额可转让存单市场的发展表现为:数量上,从1960年的不到10亿美元增至1978年的820亿美元;种类上,在原来单一的国内可转让存单的基础上,又创新出了欧洲美元CDs、扬基CDs和储蓄机构CDs三种。近年来,又出现了更多的创新,如特大额可转让存单、分期付款大额可转让存单、熊市和牛市可转让存单、利率上调大额可转让存单和外国指数大额可转让存单。通过发行大额可转让定期存单,银行获得稳定的资金来源,增强了贷款能力,增加了一种负债管理工具,也使投资者多了一种投资工具。

2. 大额可转让存单的特点

大额可转让存单是在原有银行定期存款的基础上所作的金融创新,同传统的定期存款相比,大额定期可转让存单主要有以下几点不同:

(1) 定期存单记名且不可以转让,不能在特定市场上流通;大额可转让定期存单则是不记名且可以转让,有专门的大额可转让定期存单二级市场可以进行流通转让。

(2) 定期存款金额往往根据存款人意愿决定,数额有大有小,并不固定;大额可转让定期存单则一般面额固定且都比较大。在美国,最低面额是10万美元,较普通的面值都是100万美元或更高;在香港,最低面额是10万港币。

(3) 定期存款可以提前领取本金和利息,只是所得利息要低于按原来的固定利率计算的利息;大额可转让定期存单不可以在到期前领取本息,投资者若想提前兑现,可以在大额可转让定期存单的二级市场上转让。

(4) 定期存款通常按照期限长短有固定利率;大额可转让定期存单利率则是既有固定的,也有浮动的,并且比同期限的定期存款利率高,在转让时,转让价格还要根据当时的市场利率进行计算。

(二) 大额可转让定期存单市场的运行

1. 大额可转让定期存单的面额和期限

大额可转让定期存单的面额固定。在美国,面额最低的为10万美元,但一般均为100万美元甚至更高;在英国,面额最低的是5万英镑,最常见的是50万英镑和500万英镑。大面额可转让定期存单的期限一般为30天、60天、90天,最短的为7天,最长的可达5~7年。

2. 大额可转让定期存单的发行

大额可转让存单市场可分为发行市场(一级市场)与流通转让市场(二级市场)。

在发行市场,大额可转让存单的发行方式有两种:直接发行,即发行人自己发行大额可转让存单,并将其直接销售出去;间接发行,即发行人委托中介机构负责发行过程中各类事项的策划,并最终实现成功发行。对于美国的大银行来说,它们在全国各地都有自己的分支机构,因此它们通常采取直接发行的方式,以节约成本费用;其他规模较小的银行,只能通过委托承销商代为办理发行,同时也须向承销商支付一笔费用。

发行市场的主要参与者是发行人、投资者和中介机构。成为大额可转让存单发行人的一般是各种规模的商业银行。比如在美国,不管是国内的大商业银行,还是那些中小银行,都可以发行大额可转让存单,而且不少中小银行还会委托大银行作为其发行代理人,因为这样可以借用大银行的信誉使得发行成功。

发行市场上的投资者包括企业、金融机构、外国政府及个人。企业往往是大额可转让存单的最大买主,而大额可转让存单之所以吸引企业进行投资,是因为大额可转让存单作为定期存款的创新工具,在期限设计及流通转让功能上都比定期存款更具灵活性。这一方面可以为企业短期闲置资金提供安全、稳定的投资收益;另一方面也可以使企业将自己资金的固定预付期同大额可转让存单的到期日相联系,即使有差异,企业仍可以通过二级市场实现提前兑现,从而将本金与获得的利息用于到期时的支付。金融机构和政府也是大面额可转让定期存单的重要投资者,但是发行银行本身不能投资于自己发行的大额可转让存单,只能投资于其他银行发行的大额可转让定期存单。货币市场基金、保险公司、信托公司、养老基金等也是大额可转让存单的投资者,其中,货币市场基金所占市场份额最为显著。本国政府一般不投资本国银行发行的大额可转让存单,参与投资的一般都是外国政府。发行市场上还存在个人投资者,由于大额可转让存单的面值都很大,直接对其进行投资的个人即使有,数量也很少,通常情况下,个人都是通过购买货币市场基金来实现对大额可转让存单的间接投资。发行市场上的中介机构一般都由投资银行来承担,它们负责承销大额可转让存单,并通过向发行人收取一定的费用作为承销收益。

3. 大额可转让定期存单的流通

大额可转让存单流通转让市场是为了给持有大额可转让存单的投资者提供一个可实现存单流通性的场所。通过流通转让,投资者可以将未到期的大额可转让存单兑现。该市场上的参与者包括,在发行市场买入大额可转让存单的各类投资者,另外还有新加入流通转让市场的投资者,他们未在发行市场买入存单,而是通过二级市场的交易持有存单。

4. 大额可转让定期存单的风险

大额可转让定期存单的风险主要有信用风险和市场风险。信用风险指发行存单的银行在存单到期时,无法偿付本息所带来的风险。在美国,一般会员商业银行都必须在联邦存款保险公司投保,但是美国规定每户存款享受的最高保险额只有 10 万美元,大额可转让存单的面额很多都大于 10 万美元,因此,对于无法参加联邦存款保险公司投保的部分,资金依然有到期时发行银行无法偿付的可能。信用风险的大小主要与发行银行的信誉有关,一般情况下,大银行的信誉要比中小银行的信誉高,所以投资于大银行发行的大额可转让存单所面临的信用风险相对较小。具体地,投资者可以根据信用评级机构对发行银行的信用评级结果来判断所面临的信用风险的大小。

市场风险是指当存单持有者急需资金时,存单却不能在大额可转让存单的二级市场上立即出售变现或不能以合理的价格出售的风险。美国有较发达的大额可转让存单二级市场,尽管存在市场风险,但并不十分明显。

5. 大额可转让定期存单的收益

大额可转让存单的收益主要有以下几种情形:

(1) 一级市场买入并持有到期。这一情形下,投资者的收益主要是利息收入,类似于传统的定期存款,只是利息要比传统的定期存款高。

(2) 从二级市场买入并持有到期。这一情形下,投资者的收益由两部分构成,一部分是存单离到期余下时间的利息收入,另一部分是投资者的买入价与存单面额之间的差价。

(3) 一级市场买入,又在二级市场卖出。这一情形下,投资者的收益就是该种存单二级市场的卖出价格与一级市场买入价格的差额。

(4) 二级市场买入,又在二级市场卖出。这一情形下,投资者的收益就是二级市场上该种存单卖出价格与买入价格的差额。

总的来说,大额可转让存单的收益与发行银行的信用评级、存单的期限及存单的供求量3个因素有关,且与大额可转让存单的风险成正相关的关系。与同期国库券相比,大额可转让存单的收益要高些,原因是:首先国库券是中央政府发行的,信用风险相对存单要低;其次国库券具有免税条件,投资者对其需求旺盛,这样借款人的实际付出成本就可以低些;最后国库券的二级市场比存单的二级市场更加发达,因此国库券的市场风险相对于存单要小。

(三) 我国的大额可转让定期存单市场

我国的大额可转让定期存单产生于20世纪80年代。1986年,中国交通银行首次发行大额可转让定期存单,此后,其他商业银行也先后发行大额可转让定期存单,成为当时我国商业银行一项重要的金融创新业务。1989年,中国人民银行下发了《大额可转让定期存单管理办法》和配套文件,规范了市场行为,在一定程度上促进了市场的发展。1990年5月,中国人民银行对大面额可转让定期存单的利率上限加以限制,再加上二级市场发展严重滞后,使这种金融工具的优势无法体现。此后,我国大额可转让定期存单市场逐渐萎缩,到90年代末期,已基本消失。

四、货币市场基金市场

(一) 货币市场基金概述

1. 货币市场基金的概念

货币市场基金是以货币市场工具为投资对象的投资基金。它将募集的资金投资于1年以内的货币市场工具,包括银行短期存款、短期政府债券、商业票据、银行承兑汇票、回购协议等,再将赚取的收益按一定的期限及持有的份额进行分配。货币市场基金既是货币市场的重要投资主体,又是一种投资工具,它是适合中小投资者间接进入货币市场的理想工具。

2. 货币市场基金的产生和发展

货币市场基金是20世纪70年代出现的新型投资工具,最早出现于1971年。它的出现有以下背景和动因:首先,70—80年代美国政府出台了规定银行存款利率最高限制的Q项条例,银行存款对投资者的吸引力下降。为规避利率限制,货币市场基金应运而生;其次,美国自20世纪70年代以来开始利率自由化进程,伴随市场利率波动幅度加大,各类货币市场工具,如商业票据、市政债券等相继出现并呈增长态势,货币市场的发展为货币市场基金的出现提供了必要条件;再次,货币市场基金的投资者可以获取货币市场组合的收益,由货币市场基金所筹集的资金不作为存款,无须缴纳存款准备金,因此该收益通常高于活期存款利率,又具有活期存款的流动性,因此受不能直接投资于货币市场工具的机构和公众的欢迎,投资的需求是货币市场基金产生发展的重要条件。

由于货币市场基金出现的初始动因是规避利率管制,因此它的发展与市场利率变动相关,只有当市场利率高于管制利率时,货币市场基金的发展才有内在动力。1977年以前,美国的市场利率与Q项条例规定的利率上限差距不大,货币市场基金的优势无法体现,货币市场基金的规模扩大有限。20世纪80—90年代,随着通货膨胀率和市场利率的上升,货币市场基金发展迅猛。尽管1982年前后银行和储蓄机构开发了同样可以规避利率管制的超级可转让支付命令存款账户和货币市场存款账户,使货币市场基金受到一定冲击,但并不能取代货币市场基金专家理财和组合投资的优势。在80年代后期和整个90年代,货币市场基金又进入高速发展期。2000年以后,货币市场基金曾面临大额赎回,但货币市场基金在发达国家所有基金中所占比例仍然位居首位。

3. 货币市场基金的特点

(1) 货币市场基金的投资对象限于货币市场工具。作为投资基金,货币市场基金的性质与证券投资基金一样,都是基于信托原则而建立的间接投资工具,反映"受人之托,代人理财"的金融信托关系,投资者、管理人、托管人的关系也与证券投资基金一样,不同之处在于货币市场基金的投资对象限于货币市场工具或剩余期限在1年以内的债务工具。

(2) 货币市场基金的收益稳定。货币市场基金的投资对象期限短、流动性强、风险较小,尽管没有大额的资本利得,但收益相对稳定,适合于风险承受能力低、偏好流动性的稳健型机构投资者和小额投资者做短期投资。由于货币市场基金的长期收益率较低,一般并不适合做长期投资。

(3) 货币市场基金的流动性较强。货币市场基金采取开放式基金的组织形式,投资者可以在任何交易日申购和赎回;货币市场基金还允许基金持有人在持有金额限额内签发支票变现,如同活期存款;投资者亦可以利用投资收益再投资,自动增加基金份额,给投资者提供便利。

(4) 货币市场基金的风险较小。一方面,货币市场基金以组合投资的方式投资于流动性强、风险小的货币市场工具;另一方面,货币市场基金不同于存款,不用缴纳存款准备金,也不享受存款保险,管理成本较低。

(5) 货币市场基金的净值固定不变,通常等于基金份额面值。基金的收益用于再投资,投资收益不断积累,投资者所拥有的基金份额不断增加。

(二) 货币市场基金的运行

1. 货币市场基金投资组合与流动性管理

(1) 货币市场基金所构建的资产组合平均期限较短,通常在3~6个月之间。在资产组合中,一般会持有一定比例的现金型资产和必要的短期政府债券。这是因为短期政府债券有发达的二级市场,能满足货币市场基金对安全性、收益性和流动性的要求,已成为仅次于现金的准现金类资产。

(2) 货币市场基金一般不会进行频繁的交易,避免交易佣金成本过高,影响投资收益。货币市场基金调整资产结构的依据主要是即期利率与远期利率的关系。在预期利率下降的环境中,资产组合中期限较长的投资工具所占的比重越大,投资收益越高,此时,应增加期限相对较长的投资工具;反之,则应增加期限相对较短的投资工具。

(3) 货币市场基金满足投资者赎回所需现金流的通常做法是,先用新申购基金的资金支付,再用资产组合中到期投资工具的现金流支付,如果以上两项不足以应付赎回对现金的需要,则出售一部分证券变现。由于货币市场基金持有的投资工具期限均很短,因此出售证券引起的证券价格波动小,产生的资本损失也小。

(4) 通常,货币市场基金在发起设立协议中明确若干限定性条款。对投资对象的限定主要包括不得投资于股票、可转换债券、期货、期权、不动产等,对投资行为的限定主要是不得做卖空交易、不得作为证券承销商、投资于某一单项证券不得超过基金总资产的若干比例等。

2. 货币市场基金的发行与交易

货币市场基金的组织形式是开放型基金,它的发行、交易方式与开放型基金相同(请参照本教材第五章相关内容)。货币市场基金的发行方式有公募和私募两种。基金发行可采取发行人直接向社会公众募集、由证券公司或投资银行承销、通过银行等金融机构分销等办法。货币市场基金初次认购按面值进行,一般不收或收取少量认购手续费。

货币市场基金的交易在投资者与基金管理人之间以申购与赎回的方式进行。申购是指基金募集期结束后,投资者向基金管理人提出申请购买基金的行为;赎回是指基金封闭期结束后,投资者要求基金管理人赎回其持有基金份额的行为。投资者申购时以现金方式按金额申请,赎回时以份额申请。对货币市场基金的盈余分配,投资者可以在转换为新的基金份额和领取现金两种形式中选择。如果事先未与基金管理人约定,一般自动转为增加基金份额。货币市场基金份额的净值等于每份基金面值。

3. 货币市场基金的风险

尽管货币市场基金的风险很小,但仍然会面临利率风险、通货膨胀风险、信用风险和流动性风险等。具体而言,货币市场基金面临的风险有:

(1) 基金投资组合策略风险,即基金投资组合策略不当带来的风险。对货币市场基金而言,组合平均剩余期限是反映组合风险的重要指标。基金资产组合的平均剩余期限越长,基金收益的利率敏感性越高,即利率风险越大,但收益率也可能较高。货币市场基金可以投资于剩余期限 1 年以内的长期债券,这类债券尤其是长期的浮动利率债券,在收益率、流动性、信用风险、利率风险等方面与短期债券、固定利率债券有很大区别,在判断基金组合剩余期限时要关注浮动利率债券在组合中的比重。此外,如果基金管理人对利率走势的预期与实际情况相去甚远,也会带来基金投资的损失。

(2) 财务杠杆风险。货币市场基金可以参加同业拆借、回购交易,这意味着可以通过融资方式放大交易规模。通常,货币市场基金运用财务杠杆的程度越高,其潜在的收益可能越高,但风险也越大。

(3) 巨额赎回风险。一旦市场变化,投资者集中赎回,且发生连锁反应,货币市场基金将陷入被动局面。

(三) 我国的货币市场基金

我国的货币市场基金是随着开放式基金的诞生而出现的。2003 年 12 月,华安基金管理公司推出了我国第一只准货币市场基金。到2009年3月,我国货币市场基金已发展为53只。

(1) 根据中国证监会发布的《货币市场基金管理暂行办法》和其他有关规定,目前我国货币市场基金可以投资的金融工具有:① 现金;② 1年以内(含1年)的银行定期存款、大额存单;③ 剩余期限在397天以内(含397天)的债券;④ 期限在1年以内(含1年)的债券回购;⑤ 期限在1年以内(含1年)的中央银行票据;⑥ 剩余期限在397天以内(含397天)的资产支持证券;⑦ 中国证监会、中国人民银行认可的其他具有良好流动性的货币市场工具。

(2) 同时规定,货币市场基金不得投资于以下金融工具:① 股票;② 可转换债券;③ 剩余期限超过397天的债券;④ 信用等级在AAA级以下的企业债券;⑤ 国内信用评级机构评定的A-1级或相当于A-1级的短期信用级别及该标准以下的短期融资券;⑥ 流通受限的证券;⑦ 中国证监会、中国人民银行禁止投资的其他金融工具。

本 章 小 结

货币市场是短期资金融通形成的市场,它是一个无形的市场,交易规模大,而且货币市场工具流动性强、风险小和收益低。货币市场的参与者众多,为短期资金的余缺双方提供了一个资金融通的渠道和手段,从而使短期资金缺乏者获得所需资金,短期资金盈余者获得收益。现代货币市场起始于19世纪的英国,随着经济的发展,货币市场也在不断地发展与创新。

货币市场利率在金融市场利率体系中具有基础作用。决定利率的理论有古典利率理论、流动性偏好利率理论、可贷资金理论、基于$IS—LM$模型的利率理论等。货币市场与利率市场化关系密切。利率市场化包括合理的利率水平、利率风险结构和利率期限结构。金融市场的基准利率出自货币市场。发达的货币市场是实现利率市场化的必要条件。

在现代中央银行间接调控体系中,发达、完善的货币市场是货币政策顺利实施、有效传导、及时检验政策效应的市场基础。

同业拆借市场是由各类商业性金融机构相互间进行短期资金借贷活动而形成的市场。同业拆借市场的参与者主要有银行、非银行金融机构和交易中介机构。同业拆借市场的拆借利率是同业拆借资金的价格,目前国际货币市场上有代表性的同业拆借利率是联邦基金利率、伦敦同业拆借利率、新加坡同业拆借利率和香港同业拆借利率。

回购协议市场是通过回购协议来进行短期货币资金借贷所形成的市场。回购协议是证券资产的卖方在卖出一定数量的证券资产时,同买方签订的在未来某一特定日期按照约定价格购回所卖证券资产的协议。回购协议市场的参与者主要有商业银行、非银行金融机构、企业、政府和中央银行。以所质押的债券所有权是否由正回购方转移给逆回购方进行区分,回购交易有封闭式回购和开放式回购两种。

短期政府债券市场是发行和流通短期政府债券形成的市场。短期政府债券是政府作为债务人,承诺一年内债务到期时偿还本息的有价凭证。由于政府是发行人,因此短期政府债券具有违约风险小、流通性强、面额小和利息免税的特点。短期政府债券市场由发行市场和流通市场组成,发行市场上的发行人是中央政府,发行方式是贴现发行,发行定价主要是采取公开招标的方式,有缴款期招标、价格招标、收益率招标、荷兰式招标和美式招标之分。短期政府债券的流通市场相对于其他货币市场短期金融工具的二级市场要活跃很多,参与者包括了中央银行和各类投资者。

商业票据市场是由商业票据这一短期融资工具发行和交易形成的市场。商业票据一般都是信用评级很高的大公司发行,由于具有一定投资价值,因此发行市场投资者十分踊跃,且大都持有到期,导致商业票据的流通市场与发行市场相比不甚活跃。

银行承兑汇票市场是以银行承兑汇票作为交易对象形成的市场,有发行市场和流通市场之分。银行承兑汇票由于有银行作为付款担保,因此具有安全性高、流动性强和收益性好的特点。银行承兑汇票发行市场主要由出票和承兑两个环节构成,流通市场除了简单的买卖转让关系,还包括对银行承兑汇票进行贴现、转贴现和再贴现的交易方式。

大额可转让定期存单市场是大额可转让存单发行和交易形成的市场。大额可转让定期存单,是商业银行发行的有固定面额,可转让流通的存款凭证。大额可转让定期存单市场由发行市场和流通市场组成,发行市场上的发行人是各种规模的商业银行,发行方式有直接发行和间接发行,流通市场主要为持有者在存单到期前兑现提供场所。

货币市场基金是以货币市场工具为投资对象的投资基金。货币市场基金的特点是投资对象限于货币市场工具、收益稳定、流动性强、风险小、净值等于基金份额面值。货币市场基金的组合资产平均期限较短、注重流动性管理,发行与交易和开放式基金相同。投资于货币市场基金须关注投资组合策略风险、财务杠杆风险、巨额赎回风险等。

重 要 概 念

货币市场 利率市场化 利率风险结构 基准利率 Libor Shibor 同业拆借 拆借利率 回购协议 正回购 逆回购 信用风险 清算风险 商业票据 信用评级 汇票 承兑 贴现 转贴现 再贴现 大额可转让定期存单 短期政府债券 贴现收益率 等价收益率 有效年收益率 货币市场基金

练 习 题

一、判断题

1. 货币市场是一个无形的市场,其效率可以通过广度、深度和弹性这三个指标进行衡量。

2. 商业银行参与同业拆借市场既可以作为资金的供给者,也可以作为资金的需求者,决定其最终参与身份的是商业银行的法定存款准备金状况。

3. 同业拆借市场利率在交易双方直接进行交易的情况下,可以通过协商的方式决定。

4. 回购协议中的资金需求方就是融出证券的一方,也是回购协议到期时必须支付一定货币将证券购回的一方。

5. 封闭式回购由于所质押证券被专门的机构冻结,因此不可能有违约的风险。

6. 对于商业票据的发行人来说,商业票据的利息成本就是商业票据的面值同票面利率的乘积。

7. 办理贴现业务的银行或其他贴现机构将其贴现收进的未到期票据,再向其他的银行或贴现机构进行贴现的票据转让行为是再贴现。

8. 货币市场基金的性质是基于信托原则而建立的金融信托关系。

9. 当市场对于债券的需求强烈时,美式收益率招标所确定的票面利率会相对高些。

10. 短期政府债券能够成为中央银行公开市场操作的工具,主要是因为短期政府债券信用风险小、价格变动的利率弹性小、发行量大、品种多,且是商业银行超额准备的主要资产。

二、单项选择题

1. 以下不属于货币市场范畴的是_____。
   A 同业拆借市场   B 股票市场
   C 短期政府债券市场   D 大额可转让存单市场

2. 货币市场的交易活跃程度是用_____指标来衡量的。
   A 广度   B 深度
   C 弹性   D 宽度

3. 以下不参与同业拆借市场的机构是_____。
   A 商业银行   B 证券公司
   C 信托公司   D 中央银行

4. 以下关于回购协议市场中的回购交易,说法正确的是_____。
   A 回购协议市场中签订的回购协议是有一定的市场价格的
   B 回购协议中的正回购方在回购协议到期时,有权放弃购回所抵押的证券
   C 回购协议中的逆回购方在回购协议到期时,有权不回收所融得的证券
   D 回购协议中的双方必须在回购协议到期时,按照协议中规定的条件执行交易

5. 正回购方所质押证券的所有权真正让渡给逆回购方的回购协议属于_____。
   A 正回购   B 逆回购
   C 封闭式回购   D 开放式回购

6. 以下不可能成为商业票据发行者的是_____。
   A 金融公司   B 金融控股子公司
   C 大型企业   D 地方政府

7. 以下关于银行承兑汇票转贴现和再贴现的区别,正确的是_____。
   A 贴现前的汇票持有人不同 B 贴现后的汇票持有人不同
   C 贴现的目的不同   D 贴现的时间不同

8. 当存单持有者急需资金时,存单却不能在大额可转让存单的二级市场上立即出

售变现或不能以合理的价格出售,从而给持有者带来的风险属于_____。
A 利率风险　　　　　　　　　B 信用风险
C 市场风险　　　　　　　　　D 购买力风险

9. 以下可以称作短期政府债券的是_____。
A 国库券　　　　　　　　　　B 公债
C 5年期国债　　　　　　　　 D 央行票据

10. 贴现债券通常采用的招标竞争标的是_____。
A 缴款期　　　　　　　　　　B 票面利率
C 收益率　　　　　　　　　　D 价格

三、多项选择题

1. 货币市场利率之所以具有市场化利率的特征,因为_____。
A 货币市场的参与者众多　　　B 货币市场的交易频繁
C 货币市场的交易量人　　　　D 货币市场的监管严格

2. 以下关于同业拆借市场的说法,正确的是_____。
A 同业拆借市场中的拆借双方形成短期资金的借贷关系
B 同业拆借市场中的参与者主要是金融机构
C 同业拆借市场形成的利率实际就是金融机构借入短期资金的价格
D 同业拆借市场中的金融机构和中介机构管理要求是一致的

3. 下面各项与正回购方所代表的意思一致的是_____。
A 资金需求方　　　　　　　　B 资金供给方
C 融出证券方　　　　　　　　D 融入证券方

4. 关于开放式回购,以下说法正确的是_____。
A 回购所质押的证券由专门的机构予以冻结,不得进行流通
B 回购所质押的证券可以由逆回购方进行处置
C 开放式回购引入了卖空机制
D 开放式回购相对于封闭式回购,所产生的风险更多

5. 以下关于商业票据的说法,正确的是_____。
A 商业票据采取贴现方式发行
B 商业票据的面额一般都很大
C 商业票据属于标准化了的短期票据
D 商业票据的利息成本指票据的票面利率与面值的乘积
E 商业票据的发行者信用评级越高,发行成本就越低

6. 银行承兑汇票二级市场流通交易的方式有_____。
A 直接买卖交易　　　　　　　B 贴现
C 转贴现　　　　　　　　　　D 再贴现

7. 与传统的定期存单相比,大额可转让定期存单所不同的是_____。
A 大额可转让定期存单可以在自己的二级市场实现流通转让

B 大额可转让定期存单的面额一般都是固定的
C 大额可转让定期存单不可以在到期前领取本息
D 大额可转让定期存单利率既有固定利率,也有浮动利率

8. 短期政府债券一般具有的特征有_____。
A 流通性强　　　　　　　　B 面额较小
C 违约风险小　　　　　　　D 利息免税

9. 关于荷兰式招标,以下说法正确的是_____。
A 又称作单一价格招标
B 最终每家中标商的认购价格是相同的
C 当市场对于债券的需求不大时,可考虑采用荷兰式招标
D 全体中标商的最后中标价格是以发行人按募满发行额时的最低中标价格确定的

10. 以下货币市场金融工具通常采取贴现方式发行的是_____。
A 银行承兑汇票　　　　　　B 商业票据
C 短期政府债券　　　　　　D 大额可转让定期存单

参 考 答 案

一、1. 是　2. 非　3. 是　4. 是　5. 非　6. 非　7. 非　8. 是　9. 非　10. 是
二、1. B　2. B　3. D　4. D　5. D　6. D　7. B　8. C　9. A　10. D
三、1. ABC　2. ABC　3. AC　4. BCD　5. ABD　6. ABCD　7. ABCD
8. ABCD　9. ABD　10. BC

第三章 债券市场

> **提　要**
>
> 　　债券是按法定程序发行，并按事先约定的方式支付利息和偿还本金的债务凭证。债券属于固定收益证券，有着固定收益证券的特征，其理论价格是其预期现金流量的贴现。债券是政府和公司企业筹措资金的重要手段，不同发行主体的债券的信用风险不同。债券市场是金融市场的重要组成部分，发挥着重要的融资、资源配置，以及形成金融市场基准利率的功能。债券市场由发行市场和流通市场构成。

第一节　债券市场概述

一、债券的定义

　　债券是按照法定程序发行的、要求发行人(也称债务人或借款人)按约定的时间和方式向债权人支付利息和偿还本金的一种债务凭证。广义的债券应包含短、中、长期债券，短期债券属于货币市场工具，中长期债券属于资本市场工具。如果不作特别说明，本章所指的债券为中长期债券，债券市场亦指中长期债券市场。债券包含以下四层意思：① 债券发行人(借款人)是资金的借入者；② 债券投资者是资金的供给者；③ 发行人需要按约定的条件还本付息；④ 债券投资者与发行者之间是一种债权债务关系，债券发行人即债务人，投资者(或债券持有人)即债权人，债券是债的证明书，具有法律效力。债券对资金借贷双方权责关系的约定有：借贷货币资金的数额、借贷的时间、借贷期间的资金成本或应有补偿。

二、债券票面的基本要素

　　债券票面的基本要素主要有票面价值、票面利率、偿还期限，以及债券发行者名称。

(一) 债券的票面价值

　　票面价值又包括两个内容：

　　(1) 票面价值的币种，即以何种货币作为债券价值的计量标准。币种的选择主要依其发行的对象和发行人的需要来确定。若是对国内市场发行，债券的币种就是本国货币；若在国际金融市场筹资，一般以债券发行地国家或国际通用货币，如美元、欧元等币种作为计量标准。

　　(2) 债券的票面金额。票面金额大小的不同，对于债券的发行成本和持有者的分布具有不同的影响。票面额较小，小额投资者也可购买，持有者分布面广，但债券印刷成本及发行工作量大,可能增加发行费用;票面金额过大,则购买者仅为少数大投资者,一旦这些投资者认购积极性不高,可能导致发行失败。

(二)债券的偿还期限

债券的偿还期限,即从债券发行日起至偿清本息之日为止的时间。对于债券发行者来说,必须根据不同条件确定债券的期限。首先,发行人要考虑资金使用目的和周转期的长短,保证在完成筹资目的的同时有能力在规定的时间内偿还债务。其次,要考虑未来市场利率的发展趋势。一般情况下,市场利率呈下降趋势,多发行短期债券;反之,则应发行长期债券。这样既可避免利率风险,又可减少因市场利率上升引起的筹资成本增加。再次,要考虑流通市场的发达程度。流通市场发达,则债券变现能力强,购买长期债券的投资者多,发行长期债券容易取得成功。

(三)债券的票面利率

债券的票面利率是指债券的利息与债券票面价值的比率。例如,某种债券票面利率为10%,即表示认购票面价值为100元债券,每年可得到10元利息。债券的票面利率主要受基准利率、发行者资信、偿还期限、利息计算方式和资本市场资金的供求情况等影响。

(四)债券发行者名称

债券发行者,即该债券的债务主体。债券发行者必须具备公开发行债券的法定条件,并对债券到期的还本付息承担法律责任。

三、债券的特征

债券作为一种金融工具,有以下特征。

1. 偿还性

偿还性是指债券有规定的偿还期限,债务人必须按期向债权人支付利息和偿还本金。

债券的偿还性使得资金筹措者不能无限期地占用债券投资者的资金,换言之,他们之间的借贷经济关系将随偿还期结束、还本付息手续完毕而消失。这一特征与股票的永久性有很大的区别。在历史上,债券的偿还性也有例外,英国就曾发行过无期公债或永久性公债,这种公债无固定的偿还期,持券者不能要求政府清偿,只能按期取息。

2. 收益性

收益性是指债券能为投资者带来一定的收入。这种收入表现为三种形式:
(1) 债券投资者能定期取得的利息收入;
(2) 投资者可以通过在二级市场买卖债券,而获取买卖差价;
(3) 再投资收益,即持有债券期间所获利息做再投资的利息收入。

债券的二级市场价格随着市场利率的变化而发生变化。当市场利率下跌时,债券的价格上涨;反之,当市场利率上升时,债券的价格则下跌,两者呈反向变化关系。投资者根据债券市场价格的变化,在价格较低时买进,价格较高时卖出,就可获得买卖差价。再投资收益受以周期性利息收入做再投资时市场利率的影响。

3. 流动性

债券流动性指债券能够以其理论值或接近于理论值的价格出售的难易程度。当债券持有人急需资金时,可在市场上售出取得现金以收回投资。不同的债券在不同的情况下,流动性的强弱是各不相同的。如果证券市场较为发达、债券发行人的资信较高,或债券期限较短、投资者购买踊跃,则该种债券的流动性就强;反之,该种债券流动性就弱。一般高流动性的债券收益性较低,两者成反向关系。

4. 安全性

债券与股票等其他有价证券相比,投资风险低、安全性较高,主要原因是:

(1) 债券的发行要经过有关部门的严格审查,一般只有信誉较高的筹资人才能获准发行债券,因此债券到期的还本付息有较为可靠的保证。

(2) 债券票面利率固定,二级市场价格也较为稳定,可以避免因市场价格剧烈波动而遭受严重损失。

(3) 债券流动性较强,当投资者急需资金时,可在二级市场卖出以收回投资。

(4) 在企业破产时,债券持有者享有优先于股票持有者对企业剩余资产的索取权。

四、债券的种类

债券的种类众多,可以从不同的角度进行分类。

(一) 按发行主体分类

1. 政府债券

政府债券的发行主体是政府,包括中央政府、政府机构和地方政府。由中央政府以财政部的名义发行的债券是国家债券,简称国债,是国家信用的主要形式。根据募集资金的使用方向,可将国债分为赤字国债、建设国债、战争国债和特种国债。国债以一国政府的信用作保证,中央政府既有征税权,又有货币发行权,因此国债享有最高的信用度,一般没有信用风险,被称为"金边债券"。国债一般可享受税收优惠,其利息收入可免交所得税。

地方政府债券是以地方政府为发债主体的债券。地方政府通过发行债券募集资金,用于当地经济发展和公共设施建设。地方政府债券的信用度仅次于国债,一般也享有免税待遇。

2. 公司债券

是由公司按照法定程序发行,约定在一定期限还本付息的有价证券。公司债券的发行主体是股份公司,但有些国家也允许非股份制的企业发行债券。公司发行债券的目的主要是为了经营的需要。由于公司的情况千差万别,有些经营有方、实力雄厚、信誉高,也有一些经营较差,可能处于倒闭的边缘,因此公司债券的风险比政府债券和金融债券要大一些。公司债券有中长期的,也有短期的,视公司的需要而定。

3. 金融债券

金融债券的发行主体是银行或非银行金融机构。金融债券是金融机构补充附属资本的主要渠道,是较为理想的筹集长期资金的工具。与公司债券相比,金融债券的发行条件较为宽松。公司债券的发行额通常有一定限制,金融债券的发行额一般可达资本金和准备金的 20 至 30 倍,规模相当可观。金融债券的发行一般采取直接公募方式,即使认购额达不到预计的发行额度,也不会影响发行的正常进行。金融机构的资信度高,易为社会公众接受,因而不仅具有较高的安全性和收益性,也具有广泛的流动性。欧美等西方国家的金融机构一般都是股份公司,习惯上,将金融机构发行的债券归类于公司债券。我国和日本则将金融机构发行的债券定义为金融债券,突出金融机构发行主体的地位。

(二)按债券的利率是否固定分类

1. 固定利率债券

指在偿还期内利率固定不变的债券。在偿还期内,无论市场利率如何变化,债券持有人只能按债券票面载明利率获取债息。在偿还期内,当市场利率高于票面利率时,债券持有人就要承担收益率相对较低的风险;当市场利率低于票面利率时,债券持有人可以获得由于市场利率下降带来的额外收益。

2. 浮动利率债券

指利率可以定期变动的债券。这种债券的利率按预先确定的基准利率予以定期调整,一般高于基准利率一定百分点。当市场利率上升时,债券的利率也相应上浮;反之,当市场利率下降时,债券利率就相应下调。这样,浮动利率债券就可以避开因市场利率波动而产生的风险。

(三)按利息的支付方式分类

1. 附息债券

是指在券面上附有各项息票的中长期债券。息票上标明利息额、支付利息的期限和债券号码等内容。通常息票以 6 个月为一期。付息日凭息票领取本期利息。中长期国债及公司债券大多为附息票债券。

2. 一次还本付息债券

又称累息债券。它规定票面利率,但不设息票,不分期付息,也不计复利,只是在到期时将本金和多期利息一并支付给投资者。我国发行的中期国债多为累息债券。

3. 贴现债券

也叫贴水债券。是券面上不附息票,发行时按规定的折扣率(贴现率),以低于债券面值的价格发行,到期时按债券面值兑付而不另付利息,其发行价与面值的差额即为当付的利息。短期国债的发行常采用贴现方式。

4. 零息债券

是指在存续期内不支付利息,发行价格是债券面值按票面利率折现后的现值,到期按票面额还本付息的债券。投资者以低于面值的价格购买,收益是债券面值与购买价格的差额。由于零息债券的期限一般大于 1 年,因此实际上是一种以复利方式计息的债券。零息债券与贴现债券的区别在于,贴现债券期限通常短于 1 年,发行价格是债券面值扣除贴息后的差额;零息债券的期限一般长于 1 年,发行价格是债券面值按票面利率折现后的现值。零息债券于 20 世纪 80 年代初首次在美国债券市场上出现。

(四)按有无担保分类

根据债券有无实际担保,可分为信用债券和担保债券。

1. 信用债券

也称无担保债券,仅凭发行人的信用而发行,没有特定的物品做担保。一般国债、金融债券、信用良好的公司发行的公司债券,大多为信用债券。

2. 担保债券

是指以抵押财产为担保而发行的债券。按担保品不同,分抵押债券、质押债券和保证债券。抵押债券以不动产作为担保,质押债券以动产或权利作担保,保证债券以第三人作为担保。一般公司债券大多为担保债券。

(五) 按内含选择权分类

根据债券是否内含选择权,可分成可赎回债券、偿还基金债券、可转换债券和附认股权证的债券、可交换债券,这些选择权不同程度地会影响债券的定价。

1. 可赎回债券

是指公司债券附加提前赎回和以新偿旧条款,允许发行公司选择于到期日之前购回全部或部分债券。当市场利率下降时,发行公司可以赎回债券,转而以较低利率发行新债筹资。

2. 偿还基金债券

是指要求发行公司每年从盈利中提存一定比例存入信托基金,定期偿还本金,即从债券持有人手中购回一定数量的债券。这种债券与可赎回债券相反,其选择权在债券持有人一方。

3. 可转换债券

是指由公司发行的、投资者在一定时期内可选择一定条件转换成公司股票的公司债券,通常称作可转换债券或可转债。这种债券兼具债权和股权双重属性。大部分可转换债券都是没有抵押的低等级债券,并且是风险较大的小型公司所发行的。这类公司筹措债务资本的能力较低,使用可转换债券的方式将增强对投资者的吸引力。

4. 附认股权证的债券

是指公司发行的附有认购该公司股票权利的债券。附认股权证债券允许债券持有人按债券发行时规定的条件购买发行人的普通股票,另外,这种认股权证可以转让。

5. 可交换债券

是指允许债券持有人可以按约定条件,交换一定数量与债券发行公司不同的其他公司的普通股票的债券。

(六) 按债券面值货币和市场所在地分类

1. 国内债券

是指发行人在本国境内发行,以本国货币为面值的债券。

2. 国际债券

是指发行人在国外市场发行,且不以发行人所在国货币为面值的债券。国际债券又可分为以下两种:

(1) 外国债券。是指发行人在外国证券市场发行的、以市场所在国货币为面值的债券。例如,外国发行人在美国发行的美元债券,又称"扬基债券";在日本发行的日元债券,又称"武士债券";在中国发行的人民币债券,又称"熊猫债券"等。

(2) 欧洲债券。是指发行人在外国证券市场发行的、以市场所在国以外的第三国货币为面值的债券,又称境外债券、欧洲债券。欧洲债券起源于欧洲,但现在它的市场所在地早已不限于欧洲。

五、我国债券的种类

自1981年财政部恢复发行国库券以来,我国债券品种逐渐增加。按发行主体不同,可分为国债、地方政府债券、中央银行票据、金融债、企业(公司债)、资产支持证券等类型。

(一)国债

国债是由财政部发行的、具有免税特征的债券。国债既是中央政府行使社会发展和经济建设职能、平衡预算收支的手段,也是财政政策工具之一。我国国债的期限通常在1年以上,以中长期为主。国债的形式有记账式、凭证式、电子式三种。

1. 记账式国债

是由财政部通过无纸化方式发行的、以计算机记账方式记录债权,并可以上市交易的债券。记账式国债的发行,可分为银行间债券市场发行上市、证券交易所市场发行上市和同时在银行间债券市场及证券交易所市场发行上市三种情况。银行间债券市场主要面向银行和非银行金融机构等机构投资者,个人和一般的机构投资者主要通过交易所市场投资于记账式国债。

2. 凭证式储蓄国债

是由财政部发行的、有固定利率,并通过纸质媒介记录债权债务关系的国债。发行凭证式国债不印制纸值的实物债券,而是采用填制"中华人民共和国凭证式国债收款凭证"的方式通过部分商业银行柜台,面向城乡居民个人和机构投资者发行,是一种不可流通转让、到期由财政部还本付息的储蓄性国债。

3. 电子式储蓄国债

是由财政部面向境内中国公民储蓄类资金发行的、以电子方式记录债权的不可流通的国债。电子式储蓄国债通过部分商业银行柜台,以实名制方式向个人投资者销售,有固定利率固定期限和固定利率变动期限两种,付息方式分为利随本清和定期付息两种。

除了以上普通国债以外,为实现特定的政策目标,我国财政部还发行过多种其他类型的国债,近十年主要有:1998年,为拨补四大国有商业银行资本金而发行的2 700亿元特别国债;1998—2005年,为实施积极财政政策而发行的近万亿元长期建设国债;2007年,为组建国家外汇投资公司而发行的1.55万亿元特别国债;2009年,发行了2 000亿元地方政府债券。

(二)中央银行票据

中央银行票据简称央票,是我国中央银行为调节基础货币而在银行间债券市场向金融机构发行的票据,是货币政策日常操作的重要工具。央行票据正式作为货币政策的日常工具始于2003年,初始的目的是为了增加公开市场业务操作工具,当时央票的期限在3个月至1年之间。随着央行货币政策调整的需要,中央银行增加了1年以上、

3年(含3年)以下的央票发行。目前,央票规定于每周二和周四发行,每周发行量自100~2 000亿元不等,视中央银行调整货币供应量的需要。央票的发行不仅增加了银行间债券市场的交易品种,更为重要的是为中央银行调节金融机构的流动性、对冲外汇占款、引导市场利率变动提供了重要的政策工具。

(三) 金融债券

金融债券是由金融机构发行的债券,是我国债券市场上仅次于央票和国债的第三大券种,主要在银行间债券市场发行并交易,主要有以下几种。

1. 政策性金融债券

是由3家政策性银行,即国家开发银行、中国进出口银行、中国农业发展银行为发债主体的债券,是政策性银行筹措资金的主要渠道。政策性金融债券由于发行量大、信用等级高、定价的市场化程度高、创新品种丰富,而成为银行间债券市场最活跃的品种。

2. 商业银行债券

以商业银行为发债主体的金融债券,由普通金融债券、商业银行次级债券和混合资本债券。商业银行次级债是指商业银行发行的、本金和利息的清偿顺序列于商业银行其他负债之后,先于商业银行股权资本的债券。混合资本债是指商业银行为补充附属资本而发行的、清偿顺序位于股权资本之前,但列于一般债务和次级债务之后的债券。我国的商业银行混合资本债券期限在15年以上,发行之日起10年内不可赎回。

除此以外,我国的金融债券还有证券公司债、证券公司短期融资券、保险公司次级债券等。以上金融债券均在银行间债券市场发行,并上市交易。

(四) 企业(公司)债券

我国的企业债券是指在我国境内具有法人资格的企业,在境内依照法定程序发行、约定在一定期限内还本付息的有价证券。但是,金融债券和外币债券除外。企业债券由1993年国务院发布的《企业债券管理条例》规范,由国家发改委会同中国人民银行、财政部、中国证监会拟定全国企业债券发行的年度规模和各项指标,经国务院批准后下达执行。企业债券的发行主体有企业、企业集团、财务公司,以大型国有企业为主;品种有企业债、企业短期融资券和中期票据;期限从3个月到30年不等,其中中长期债券主要用于国家重点建设项目,如铁路、电力、石油、石化等;计息方式有固定利率、浮动利率。企业债券在银行间债券市场、证券交易所市场和银行柜台市场均有发行和交易。

我国的公司债券是指公司依照法定程序发行、约定在1年以上期限内还本付息的有价证券。公司债券的发行人是依照《公司法》,在中国境内设立的有限责任公司和股份有限公司。发行公司债券应符合《公司法》、《证券法》和《公司债券发行试点办法》规定的条件,经中国证监会核准。我国公司债券于2007年试点发行。

(五) 资产支持证券

资产支持证券是以证券形式出售信贷资产的结构性融资方式。它的出现一方面解决了银行业短存、长贷及资产负债期限结构不匹配的问题,另一方面为市场提供标准化的信用产品满足了不同的投资需求。我国公开发行的资产支持证券始于2005年,当年国家开发银行在银行间债券市场发行近100亿元信贷支持证券和中国建设银行在银行间市场发行30亿元个人住房抵押贷款支持证券,并取得成功。之后,资产管理公司、信托投资公司相继推出资产证券化产品。

六、债券市场的功能

债券市场是发行、交易债券的场所,是金融市场的重要组成部分,在社会经济中占有着重要的地位。纵观世界各个成熟的金融市场,无不有一个发达的债券市场,且具有以下几个重要的功能。

1. 融资功能

债券市场作为金融市场的一个重要组成部分,具有调剂闲散资金、为资金不足者筹集资金的功能。与股票市场一样,债券市场为资金需求者提供了一个直接融资的渠道。我国政府和企业通过发行债券,为弥补财政赤字和支持国家重点建设项目筹集了大量资金。

2. 资金流动导向功能

效益好的企业发行的债券通常较受投资者的欢迎,因而发行利率低、筹资成本小;相反,效益差的企业所发行的债券风险相对较大,受投资者欢迎的程度较低,筹资成本较大。因此,通过债券市场,资金得以向优势企业集中,从而有利于资源的优化配置。

3. 宏观调控功能

政府通过债券市场发行国债,国债不仅是弥补财政赤字和筹集建设资金的手段,也是政府实施财政政策的重要手段。国债是对国民收入的再分配,反映了社会资源的重新配置,通过国债发行加大政府投资,不仅能带动民间投资、促进经济增长,还能调整经济结构、提高经济效益。债券市场为中央银行宏观调控提供良好的市场基础和操作平台,促进货币政策有效实施。

4. 为其他金融工具提供定价基准的功能

在金融市场上,国债利率被视为无风险利率,是其他金融工具和金融衍生工具定价的基准。发达的债券市场能形成较完整的债券收益率曲线,为发行市场债券价格的确定和流通市场交易报价提供了参考依据,对其他金融工具、利率衍生品的定价及通货膨胀合理预期的形成具有重要意义。

5. 防范金融风险功能

一个较为完备的债券市场可以有效地降低一国金融系统的风险。一方面,债券市场是公开的市场,发行人发行债券不仅获得中长期资金来源,并且在股东之外又增加了债权人的约束,有利于促使发行人稳健经营;另一方面,发行人通过债券市场筹集资金,可以减少对银行贷款的依赖,分散金融风险,在金融风险爆发时减少对银行系统的直接冲击。

第二节 债券市场的运行

一、债券发行市场

(一)债券发行目的

债券发行是发行人以筹措资金为目的,依照法律规定的程序向投资人要约发行一定债权和兑付条件债券的法律行为。发行债券的主体不同,目的也不一样。一般来说,政府发行债券,是为了弥补财政赤字、扩大政府投资、解决临时资金需要;企业发行债券,有筹集资金、灵活运用资金、降低资金成本、维持对企业的控制权等目的;金融机构发行债券,是为了负债来源多样化、获得长期资金来源和扩大资产业务。

1. 政府发行债券的目的

(1) 弥补财政赤字。政府发行债券的主要目的是为了弥补财政赤字,并且发行政府债券也是弥补财政赤字的基本手段。与增加税收、通货膨胀的财政赤字弥补方式相比,发行政府债券是用国家信用重新配置社会资源,因而有明显的优越性。增加税收通常会抑制投资,通货膨胀则通常会对经济产生较大的扰动。

(2) 扩大政府公共投资。政府的职能有多种,它在社会经济中往往要承担一些大型基础性项目的投资,如修建铁路和公路,这些项目耗资十分巨大,在私人投资和消费不足的情况下,常由政府通过举借债务筹集专项资金来建设。在经济增长乏力的情况下,政府会实行积极的财政政策,增加公共投资额,以求拉动经济增长,在财政收入有限的情况下,需要发行政府债券满足资金需要。

(3) 解决临时性资金需要。政府的开支在一年中是比较均匀的,但由于税收的季节性特征,收入往往在后期才能取得,有时出现先支后收的情况,需要发行国债筹集短期资金,以应付短期资金不足的局面。由于是国库临时性的资金需要,因此政府短期债券通常称为国库券。国库券期限可以很短,如3个月、6个月或12个月。

(4) 归还前期债务的本息。当债务规模较大、政府债务负担过重时,政府有可能通过发新债还旧债的办法来筹集资金,以偿还已到期的债务的本金和利息。

(5) 战争的需要。战争需要投入大量的人员和物资,参战国政府通常需要发行债券为庞大的战争经费进行融资。

2. 金融债券的发行目的

金融机构是经营货币资金的特殊企业,通过对负债与资产进行科学管理,以使负债与资产实现最佳组合,从而达到资金的流动性、安全性和收益性三者统一的目的。一般来说,发行金融债券有以下目的:

(1) 促使负债来源多样化,增强负债的稳定性。金融机构的负债有各种存款、向央行借款、发行金融债券等。存款资金来源众多,此存彼取,稳定性差,一旦发生挤兑现象,就有可能迫使金融机构破产。向央行借款一般也是应付临时性资金需求,并且受中央银行控制。金融债券有稳定的偿还期限,债权人一般无权要求债务人在到期日前偿还债务,因而可以为金融机构提供稳定的资金来源。

(2) 扩大资产业务。对于金融机构来说,发行金融债券是一种主动负债,不同于吸收存款这类被动负债业务。因此,金融机构可以根据开展资产业务的需要,灵活地发行金融债券进行融资,改变金融机构根据负债结构和规模确定资产结构和规模的传统业务特征。

3. 企业债券、公司债券的发行目的

(1) 筹集资金。筹集资金是企业发行债券的主要目的。当企业需要资金时,在向银行借款或发行股票筹资受到限制时,可以通过向社会发行债券来筹措资金。在发达国家,发行债券已成为企业向外部筹资的重要手段,甚至是主要手段。

(2) 灵活运用资金,维持企业的控制权。企业发行债券筹资,主动权完全掌握在自己手中,而贷款的期限和数量则需要谈判、协商才能确定,有时不能完全达到自己的要求。发行股票涉及企业股权的分配等实质问题,灵活性相对较差。企业可以使债券的发行量、期限与资金的需要量、使用时间一致,并可根据债券到期时是否仍需继续占用资金,连续发行新债。

(3) 调节负债规模,实现最佳的资本结构。按照现代公司财务理论,公司可以通过调节负债与资本的比例,降低公司的融资成本和代理成本,提高公司的价值。通过公司债券这一工具,可以有效地实现上述目的。

(二) 债券发行市场的要素

债券发行市场主要由发行人、投资者和承销商等中介人三部分构成。

1. 债券发行人

即筹资者,也就是债务人,包括国内外的政府和政府机构、大型公司企业及金融机构。

2. 债券投资者

即债权人,包括个人、公司企业、金融机构及政府机构,它们是债券市场上的资金供给者。

3. 承销商

是代理发行人办理债券的发行和销售业务的中介人,由他们负责把债券转售给投资者,通常由投资银行等担任。在债券发行量不大时,一家投资银行就可承销;但如果债券发行的数量和金额较大,一家投资银行单独难以承担承销任务,这时就可邀请其他投资银行参加,组成承销集团,按各家认购比例共同筹集资金包销,原来的这家投资银行则担任主承销商。

(三) 债券的发行条件

1. 债券发行的基本条件

(1) 面值。即债券的票面价值,包括面值的单位、数额和币种。面值有三个含义:一是付息债券偿还本金的依据;二是贴现国债到期偿还本息的金额;三是二手债券计算收益率的主要依据。

(2) 票面利率。即年利息额对票面金额的比率。大多数债券都是固定利率债券,在债券有效期限内不变。利率的确定应该根据市场情况及发展趋势全面考虑。

(3) 偿还期。从发行到偿还本金的期间称为偿还期。债券期限分为长期、中期和短期三种情况,通常短期为1年以内、中期为1~10年、长期为10年以上。

(4) 价格。债券的价格是债券价值的表现形式。附息债券发行价格可以分为三种情况:① 票面价发行,即以票面价格发行,又称平价发行;② 折价发行,以低于票面额的价格发行;③ 溢价发行,以高于票面额的价格发行。

贴现债券从票面金额中扣除贴现额后发行,属于折价发行。

2. 不同种类债券发行条件的差异

在同一市场条件下,发行人的信用度决定发行条件。信用度是通过信用等级来判断的,信用等级是表示债券发行主体信用程度的指标。对于公司债券的评级有6个基准:资本、净资产、净资产倍率、自有资本比率、股息实绩、使用总资本的企业盈利等,以此评出信用等级。

为了防止发行人因举债过多影响其财务的健全性、安全性,防止债权人蒙受意外损失,各国对债券发行人都有一定的条件规定。

(1) 国债、金融债。由于国债和金融债的资信较好,一般无违约风险,所以,对国债和金融债的发行限制较少。

(2) 公司债。各国对公司债的发行条件规定较为具体,一般有:① 无担保公司债的发行总额不得超过公司现有全部资产减去全部负债及无形资产余额的二分之一;② 无论有无担保,公司债的发行总额都不得超过公司现有全部资产减去全部负债及无形资产后的余额;③ 对于以前发行的公司债或其他债务,曾有违约或迟延支付本息情况的公司,事情虽已了结,也不得发行无担保公司债,如果违约或不履约事实仍在继续之中,则既不能发行无担保公司债,也不能发行担保公司债;④ 无论发行何种债券,发行人都必须有足够的偿债能力及偿债措施。

(四) 债券发行方式

债券的发行方式分为直接发行和间接发行两种。

1. 直接发行

是发行人自己完成发行程序进行募集的方式。直接发行又可以分为直接募集和出售发行两种情况:① 直接募集是发行人不通过中介机构,自己承担发行事务的方式;② 出售发行是预先不规定发行数额,由发行人在确定的时间内向公众或特定的投资者出售债券,该期限内出售的债券总额即为发行总额。

2. 间接发行

是发行人通过中介机构处理债券发行事务的方式。现代债券发行,特别是国债发行大部分是采取间接发行的方式。主要有承购包销、招标发行等方式。

(1) 承购包销。是由若干家银行、证券公司等组成承销团包销全部债券,再由承销团成员利用自己的销售网络将债券分销给公众投资者的发行方式。发行人和承销团之间的权利义务关系由承销合同确定,一旦债券由承销团承销,债券发行即告结束,如果分销不出去,由承销团的成员自己认购。德国、日本一直采取集团认购的方式发行国债。

(2) 招标发行。是债券发行者通过招标的方法,决定债券投资者和债券发行条件的发行方式。根据标的物不同,招标发行可分为价格招标、收益率招标和缴款期招标;根据中标规则不同,可分为荷兰式招标(单一价格中标)和美式招标(多种价格中标)。荷兰式招标是按招标人所报买价(收益率)从高(低)到低(高)的顺序排序,直至满足预定发行额为止,所有中标者以满足发行额的最低价格(最高收益率)中标;美国式招标的过程与荷兰式相似,但是投标人在中标后,分别以各自出价认购债券。两者的区别在于:荷兰式招标是所有中标人以单一价格认购,美国式招标是中标人以多种价格认购。招标发行是公开进行的,属于公募性质,故亦称"公募招标"。

(五) 债券的信用评级

信用评级是指信用评级机构对于公开发行的债券,按照其偿还能力的大小对其信用质量进行级别的评定,以供投资者参考。进行债券信用评级的最主要原因,是方便投资者进行债券投资决策。投资者购买债券是要承担一定风险的,如果发行者到期不能偿还本息,投资者就会蒙受损失。发行者不能偿还本息是投资债券的最大风险,称为信用风险。对广大投资者尤其是中小投资者来说,由于受到时间、知识和信息的限制,无法对众多债券进行分析和选择,因此需要专业机构对准备发行的债券还本付息的可靠程度,进行客观、公正和权威的评定,以方便投资者决策。债券信用评级的另一个重要原因,是减少信誉高的发行人的筹资成本。一般说来,资信等级越高的债券,越容易得到投资者的信任,能够以较低的利率出售;而资信等级低的债券,风险较大,只能以较高的利率发行。

目前,国际上公认的最具权威性的信用评级机构,主要有美国标准·普尔公司和穆迪投资服务公司。上述两家公司负责评级的债券很广泛,包括地方政府债券、公司债券、外国债券等。由于它们占有详尽的资料,采用先进科学的分析技术,又有丰富的实践经验和大量专门人才,因此它们所做出的信用评级具有很高的权威性。标准·普尔公司信用等级标准从高到低可划分为:AAA级、AA级、A级、BBB级、BB级、B级、CCC级、CC级、C级和D级。穆迪投资服务公司信用等级标准从高到低可划分为:Aaa级、Aa级、A级、Baa级、Ba级、B级、Caa级、Ca级和C级。两家机构信用等级划分大同小异。前4个级别债券信誉高、风险小,是"投资级债券",第五级开始的债券信誉渐次降低,是"投机级债券"。

标准·普尔公司和穆迪投资服务公司都是独立的私人企业,不受政府控制,也独立于证券交易所和证券公司。它们所做出的信用评级不具有向投资者推荐这些债券的含义,只是供投资者决策时参考。因此,它们对投资者负有道义上的义务,但并不承担任何法律上的责任。

二、债券流通市场

(一)债券流通市场结构

从各国情况来看,债券转让市场主要有两种形式:一种是证券交易所交易,也称场内交易;一种是柜台交易,也称场外交易。

1. 场内交易

证券交易所是专门进行证券买卖的场所。在证券交易所内买卖债券所形成的市场,是场内交易市场。债券在交易所上市交易,要符合一定的条件和规定,并经过严格的审核。交易所作为债券交易的组织者,本身不参加债券的买卖和价格的决定,只是为债券买卖双方创造条件、提供服务,并进行监管。

2. 柜台交易

有大量债券因不符合证券交易所的上市条件或其他原因而没有上市交易,为了实现其流动性,满足买卖双方的需求,形成了场外交易市场。许多证券经营机构都设有专门的证券柜台,通过柜台进行债券买卖。在柜台交易中,证券经营机构既是交易的组织者,又是交易的参与者。此外,场外交易还包括银行间交易市场,以及一些机构投资者通过电话、电脑等通讯手段形成的市场。

(二) 债券交易方式

目前,世界各国常用的交易方式有:现货交易、期货交易、期权交易、信用交易、回购协议交易等。

1. 现货交易

现货交易是交易双方在成交后立即交割,或在极短的期限内完成交割的交易方式。通常为 T+1 至 T+3,即在交易达成之后的 1 到 3 个工作日内进行交割。

2. 期货交易

债券期货交易源自商品期货交易,是为了规避债券价格波动风险的一项金融创新。市场利率与债券价格存在着反向变动关系,利率水平上升,债券价格下降;利率水平下降,债券价格上升。正是由于利率与债券价格存在这种关系,使得投资者的债券价格面临波动风险。债券的期货交易是指交易双方在成交后,按照期货合约约定的条件远期交割的交易方式,从而使债券持有人可以锁定未来的收益。

3. 期权交易

期权交易又称选择权交易,也是规避债券价格波动风险的一项金融创新。交易者在给付一定的期权费后,取得一种可按约定价格在规定期限内买进或卖出一定数量的金融资产或商品的权利,买卖这一权利的交易即为期权交易。

4. 信用交易

信用交易又称融资融券交易,是指交易者凭自己的信誉,通过交纳一定数额的保证金取得经纪人信用进行债券买卖的交易方式。信用交易可分为保证金买空和保证金卖空两种:① 保证金买空,是指当某种证券行市看涨时,交易者通过交纳一定数额的保证金,由经纪人垫款代其购入证券的交易方式;② 保证金卖空,是指当某种证券行市看跌时,交易者通过交纳一定数额的保证金,向经纪人融券向市场抛售的交易方式。

5. 回购协议交易

回购协议交易是在卖出(或买入)债券的时候,事先约定到一定期间后按规定的价格再买回(或卖出)同一品种的债券。其实质与同业拆借一样,是一种短期资金的借贷交易,债券在此充当质押物。债券的回购交易又可以分为质押式回购和买断式回购。质押式回购又称封闭式回购,买断式回购又称开放式回购,它们之间的主要区别在于标的券的所有权归属不同。在质押式回购中,融券方(逆回购方)不拥有标的债券的所有权,在回购期内,融券方无权对标的债券进行处置;而在买断式回购中,标的债券的所有权发生了转移,融券方在回购期内拥有标的券种的所有权,可以对标的债券进行处置,只要到期时有足够的同种债券返售给正回购方即可。

(三) 债券报价方式

为交易方便,债券交易的报价通常采取面值百分数方式。以面值出售的债券报价 100,以折价出售的债券报价小于 100,以溢价出售的债券报价大于 100。

1. 全价交易和净价交易

根据报价中是否含应计利息,债券交易可以分为全价交易和净价交易。

全价交易是指将应计利息包含在债券报价中的报价方式。其中,应计利息包括附息债券从前一付息起息日至交割日所含的利息金额。

净价交易是指在债券买卖时以不含应计利息的价格报价,并成交的报价方式。即将债券的报价与应计利息分离,价格只反映本金市值的变化,利息按票面利率以天计算,债券持有人享有持有期的利息收入。在净价交易方式下,债券以净价报价、以全价交割,即净价加上应计利息才是实际交割价(全价)。

我国银行间债券市场和交易所债券市场实行净价交易。

2. 应计利息

当投资者买入处于两次息票支付之间的债券时,必须补偿给债券卖方从过去一次息票支付到债券交割日之间的息票利息。买方支付给卖方的该息票利息金额称为应计利息。

我国市场计算应计利息的公式是

$$应计利息 = 债券票面利息 \div 365 天 \times 已计利息天数$$

式中,已计利息天数是从前一付息日到交割日,但不包含交割日的天数。

三、我国的债券市场

从1981年财政部恢复发行国库券以来,经过30年的发展,中国债券市场已形成银行间债券市场为主、证券交易所市场为辅、商业银行柜台市场为补充的多层次债券市场体系。

银行间债券市场成立于1997年,目前已成为我国债券市场的主体。债券存量和交易量约占整个债券市场的90%,属于批发市场。银行间债券市场呈现以下特征:首先,债券发行和交易品种以最初的国债和政策性金融债,发展到目前以国债、央票和政策性金融债为主体,以商业银行普通金融债、次级债、混合资本债、企业债、短期融资券、中期票据、资产支持证券、国际金融机构债券为辅的多品种并存的市场;发行主体从最初的财政部、3家政策性银行发展到中央银行、商业银行、企业,甚至国际金融机构;计价货币从人民币扩展到美元。其次,市场参与主体从最初的16家商业银行扩大到2008年末的8 084家交易结算机构,包括中央银行、财政部、政策性银行、国有商业银行、股份制商业银行、城市商业银行、农村合作银行、农信社、保险公司、证券公司、基金公司、信托公司、财务公司等各类金融机构。由于以金融机构为主,因而交易量大、定价能力强,属大宗交易市场。再次,债券品种和交易方式不断创新。在银行间市场上,不断推出创新品种,如有本息分离债、二次滚动招标债、基于Shibor基准浮动利率债、利率可掉换债、投资人选择权债、发行人选择权债等。第四,市场化程度高。银行间市场的债券发行利率和二级市场买卖价格都由市场决定,实行双边询价、逐笔结算。市场组成了由52家中国人民银行公开市场一级交易商为核心成员的各类债券承销商,还有16家做市商承担双边报价功能,债券交易实现无纸化,统一了托管系统和交易平台,提高了市场的流动性。

证券交易所市场是中国债券的重要组成部分,属于集中撮合交易的零售市场,实行净价交易,拥有除商业银行以外的几乎所有类型的机构投资者和个人投资者,上市交易的债券有国债、企业债、公司债、可转债和可分离债,交易方式有现券交易、质押式回购和买断式回购交易。2007年7月,上海证券交易所推出"固定收益证券综合电子平台",

以新系统重新组织交易所债券市场。固定收益平台交易的固定收益证券,包括国债、公司债券、企业债券、分离交易的可转换公司债券中的公司债券等;市场参与者主要是保险公司、投资基金等机构投资者;市场实行做市商制度和询价制度,有十多家一级交易商对关键期限的国债做市,即进行连续双边报价。固定收益平台建立了适合机构参与的固定收益市场,提高了债券交易的效率和市场流动性,为固定收益产品提供了高效、低成本的批发交易平台。

商业银行柜台市场属于零售市场,主要面向个人投资者,主要发行与托管记账式国债和电子式储蓄国债。由于这两种债券不能流通转让,因此银行柜台市场只有发行功能,基本不具备流通功能。

另外,我国债券市场也尝试对外开放,不仅有国际开发机构在国内市场发行人民币债券,还有政策性银行在国内发行美元债券,境内机构在香港发行人民币债券等。我国债券市场的外延在逐渐扩大。

第三节 债券投资的收益与风险

一、债券投资收益

(一) 债券投资收益的构成

投资者放弃当前的货币财富,购买债券是为了获取未来的收益,这一收益由三部分组成。

1. 发行人定期支付的利息

这是债券投资收入最基本的组成部分。对于固定利率债券来说,这部分收入是事先确定的,是稳定可靠的。

2. 资本利得

即债券期满或被赎回或被出售时与买入时的价差。资本利得可能为正值,也可能为负值。

3. 定期所获现金流量再投资的利息收入

对于附息债券而言,利息再投资的收入是构成债券收益的重要组成部分。例如,面值为1 000元、期限为15年、票面利率为7%、半年支付一次利息、以769.4元折价发行的债券,到期收益率为10%,假定年再投资收益率也是10%或半年期再投资收益率为5%,利用年金公式我们可以计算,即

$$票面利息 + 利息之利息 = C\left[\frac{(1+r)^n - 1}{r}\right] = 35\left[\frac{(1+0.05)^{30} - 1}{0.05}\right]$$
$$= 2325.36$$

$$总的票面利息 = nC = 30 \times 35 = 1050$$

则利息的利息即

$$再投资收益 = 2325.36 - 1050 = 1275.36$$

我们可以分析这三种收益的大小：利息收益1 050元,资本利得230.60元(1000－769.40),再投资收益为1 275.36元,总收益2 555.96元(1050+230.60+1275.36),再投资收益占债券总收益的近一半。但这种计算结果是假定了再投资收益率不变的情况下得出的,如果投资者在持有期内,由于利率下降造成再投资收益率的下降,投资者将面临再投资收益的损失,这就是再投资风险。

(二) 债券投资收益率的衡量

债券收益率是衡量债券投资收益常用的指标。债券收益率是债券收益与投入本金的比率,通常用年率表示。债券的投资收益不同于债券利息,债券利息仅指债券票面利率与债券面值的乘积,它只是债券投资收益的一个组成部分。除了债券利息以外,债券的投资收益还包括价差和利息再投资所得的利息收入。即使是同一种债券,投资者因购买的时点及持有期限的差异,收益也不尽相同。我们可以用认购者收益率、持有期收益率和最终收益率三种指标来衡量。

认购者收益率又称认购者到期收益率,是指投资者在债券发行时购入,并一直持有至偿还期满的收益率,由债券偿还期限、票面利率、偿还损益及发行价格决定。其中偿还损益即资本利得,是面额与发行价之间的差额。当债券采取溢价发行时,发行价高于面额称为偿还差损;反之,则称为偿还差益。由于债券到期按面额偿还,损益的存在改变了投资的实际收益,进而影响着认购者收益率水平的高低。持有期收益率是投资者将未到期债券在二级市场上出售,其持有期间的实际收益与购买价格的比率,由票面利息、资本损益、持有期限及购买价格决定。最终收益率是投资人在二级市场购入债券,并将其一直持有至偿还期满偿还时的实际收益与购买价之比,由票面利息、资本损益、残存期限及购买价决定。

此外,不同的利息支付方式又导致债券的实际收益构成有所不同,进而影响上述三种收益率指标的计算。为简便起见,下面以单利计息为例,介绍不同付息情况下债券收益率的计算方法。

1. 贴现债券的收益率

(1) 认购者收益率,即等价收益率。投资者在发行时购买贴现债券,并持有到偿还期满所取得的实际收益为预扣利息,即面额与发行价的差额。对贴现债券而言,等价收益率比贴现收益率更能反映投资收益的真实水平,更具有应用价值。认购者收益率的计算公式为

$$认购者收益率 = \frac{(面额 - 发行价格) \div 偿还期限(年)}{发行价格} \times 100\%$$

例如,某政府债券面额为1 000,期限为90天,采用贴现方式发行,发行价为980元,则该债券的认购者收益率为

$$\frac{(1000 - 980)}{980} \times \frac{365}{90} \times 100\% = 8.28\%$$

(2) 持有期收益率。投资者在偿还期满前,卖出贴现债券收回投资所取得的实际收益为资本损益,即出售价与购买价的差额。其持有期收益率的计算公式为

$$持有期收益率 = \frac{(出售价 - 购买价) \div 持有期限(年)}{购买价} \times 100\%$$

假如,上例中的债券在发行 30 天后,持有者就以 988 元的价格在市场上出售了,则持有者的收益率为

$$\frac{(988 - 980)}{980} \times \frac{365}{30} \times 100\% = 9.93\%$$

(3) 贴现债券的最终收益率。计算公式与持有期收益率类似,只需用残存期限代替持有期限即可。

2. 息票债券的收益率

(1) 认购者收益率。投资者以发行价购入息票债券并持有偿还期满,其实际收益由票面利息和偿还损益构成。认购者收益率的计算公式为

$$认购者收益率 = \frac{年票面利息 + (面额 - 发行价格) \div 偿还期限(年)}{发行价格} \times 100\%$$

例如,面额为 1 000 元的息票债券,票面利息为 10%,期限为 3 年,以 1 050 元溢价发行,则该债券的认购者的收益率为

$$\frac{1000 \times 10\% + (1000 - 1050) \div 3}{1050} \times 100\% = 7.94\%$$

(2) 持有期收益率。投资者在一级或二级市场买入的息票债券持有至出售之日,持有期实际收益为票面利息和价差收益两部分。持有期收益率计算公式为

$$持有期收益率 = \frac{年票面利息 + (出售价格 - 购买价格) \div 持有期限(年)}{购买价格} \times 100\%$$

假如上述债券投资者在持有一年后,以 1 100 元卖出,则其持有期收益率为

$$\frac{1000 \times 10\% + (1100 - 1050) \div 1}{1050} \times 100\% = 14.29\%$$

(3) 最终收益率。其计算公式与认购者收益率的计算类似,只需用购买价格代替发行价格,残存期限代替偿还期限即可。其计算公式为

$$最终收益率 = \frac{年票面利息 + (面额 - 购买价格) \div 残存期限(年)}{购买价格} \times 100\%$$

3. 一次还本付息债券的收益率

一次还本付息债券到期一次偿还本利,利随本清。

(1) 认购者收益率。其计算公式为

$$认购者收益率 = \frac{(到期本息和 - 购买价格) \div 偿还期限(年)}{发行价格} \times 100\%$$

$$到期本息和 = 本金 \times (1 + 票面利率 \times 偿还期限)$$

(2) 持有期收益率。一次还本付息债券偿还期满前不付利息,在二级市场出售债券的价格中,既包括投资者在持有期间的利息收益,又包括价差收益。其计算公式为

$$持有期收益率 = \frac{(卖出价 - 购买价) \div 持有期限(年)}{购买价} \times 100\%$$

例如,投资者王先生以 1 020 元的发行价购入某债券,面额为 1 000 元,期限为 3 年,票面利率 10%,到期一次还本付息,持有一年后,以 1 100 元的价格卖出给李先生(此时债券尚未付息),该投资者的持有期收益率为

$$\frac{(1100 - 1020) \div 1}{1020} \times 100\% = 7.84\%$$

(3) 最终收益率。一次还本付息债券最终收益率的计算公式为

$$最终收益率 = \frac{(到期本息和 - 购买价格) \div 残存期限(年)}{购买价格} \times 100\%$$

例如,若李先生从王先生那里买入债券后(此时债券尚未付息),一直持有到期偿还期满,则其最终收益率为

$$\frac{[1000 \times (1 + 3 \times 10\%) - 1100] \div 2}{1100} \times 100\% = 9.1\%$$

二、债券投资风险

债券可能使投资者面临以下一种或多种风险。

(一) 利率风险

利率风险是固定收益证券,特别是债券的主要风险。债券价格与利率成反向变化,即利率升高,债券价格下降;利率下降,债券价格上升。当市场利率提高时,投资者持有的债券价格将下降;当市场利率下降时,投资者拟买入债券的价格将上涨。

(二) 再投资风险

投资者在持有债券期间的利息收入一般会用于再投资,再投资获得的收益也称作利息的利息,这一收益取决于再投资时的利率水平。若市场利率下降,投资者的利息收入用来再投资的收益就会减少,因市场利率变化而引起再投资收益的不确定性被称为再投资风险。债券持有期越长,即期现金流量越大的债券的再投资风险越大。需要指出的是,利率风险和再投资风险有着此消彼长的关系,因为利率风险是利率上升导致的债券价格下降的风险,再投资风险则是利率下降所带来的利息再投资收益下降的风险。以这种此消彼长关系为基础的投资者可以制定免疫投资策略,锁定自己的收益。

(三) 违约风险

违约风险又称信用风险,当债券发行者发生财务危机,没有能力履行付息和还本义务时给投资者带来的风险。一般来说,中央政府债券几乎没有信用风险,因为即便政府无力还债,也可动用货币发行权,通过增发货币来偿还债务,但是这会带来货币供给量增加、物价上涨,干扰正常的经济秩序,投资者将会面临另外一种风险——通货膨胀风

险。对于其他发行者,投资者需审慎评估信用风险,公开发行的债券要进行信用评级,投资者回避信用风险的最好办法是参考债券评级的结果。

(四)通货膨胀风险

通货膨胀风险又称购买力风险,是指由通货膨胀所导致的债券实际收益率下降而形成的风险。通胀风险最大的是债券、优先股等固定收益证券,因为这类证券的现金流是确定的,不会随通货膨胀率的升高而增加。相对来说,浮动利率债券和普通股股票的通胀风险要低一些。

(五)流动性风险

流动性风险主要取决于债券能以其理论值或接近于理论值的价格出售的难易程度。若债券的二级市场不发达,交易量很小,则投资者在急需资金时可能无法顺利变现,或者要低价脱手,遭受资本损失,这就是流动性风险。对流动性风险进行测量的基本手段是交易商所报出的买价和卖价间的差额,价差越大,流动性风险越大。对于计划持有债券直至到期日的投资者来说,流动性风险是不重要的。

(六)赎回风险

许多债券契约允许发行人在到期日前全部或部分赎回已发行的债券,发行人通常保留此项权力,以便在市场利率下降到低于息票利率时能够提前赎回,再以较低利率筹得资本,此时投资者将面临赎回风险。

此外,如果投资于国际债券,还将面临汇率风险;如果投资于内含选择权的债券,还应关注因选择权价值变动带来的风险。

三、债券利率的期限结构

(一)有关利率的概念

1. 到期收益率(内在收益率)

到期收益率就是使现金流量现值等于债券价格的收益率。到期收益率计算所包含的概念具有显著的经济含义,被人们看作是最精确的利率指标,其公式(该公式也是债券的定价公式)为

$$P = \sum_{t=1}^{n} \frac{C}{(1+r)^t} + \frac{V}{(1+r)^n}$$

式中,P 表示价格;C 表示年利息;V 表示债券面值或到期价值;r 表示承诺的到期收益率;n 表示债券的年限。

需要指出,这里的到期收益率暗含了这样的假设,即投资者将收到的利息收入做再投资时的收益率不变,但实际上投资者在持有债券期间,市场利率可能会产生波动,投资者实际得到的收益率和初始的,即承诺的收益率会有变化,也就是投资者面临的再投资风险。

2. 即期利率

即期利率是某一给定时点上无息证券的到期收益率,它可以看作是联系于一个即期合约的利率。这样的合约一旦签订,资金立即从一方借入另一方。借款将在未来某

一特定时间连本带利全部还清。一般地，t 年期即期利率 S_t 是下面方程的解，即

$$P_t = \frac{V}{(1+S_t)^t}$$

式中，P_t 是 t 年期零息债券的当前市价，到期时价值为 V。

假设市场上较长期限债券的只有附息国债，即期利率则可以另一方式确定。1 年期即期利率一般是已知的，典型的情况是用 1 年期的无息国债计算 S_1。假设没有 2 年期的无息国债，只有 2 年期的附息债券可供投资，其当前市场价格为 P_2、到期价值为 M_2，从现在起的一年以后的利息支付为 C_1。在这种情形下，2 年期即期利率 S_2 是下列方程的解，即

$$P_2 = \frac{C_1}{(1+S_1)} + \frac{M_2}{(1+S_2)^2}$$

以此类推，我们可以得到 3 年期、4 年期的即期利率。

3. 远期利率

远期利率是指隐含在给定的即期利率中的、从未来某一时点到另一时点的利率。例如，1 年期债券即期利率为 7%、2 年期债券即期利率为 8%，那么第一年到第二年的远期利率 $f_{1,2}$ 应该满足的公式为

$$(1+0.07) \times (1+f_{1,2}) = (1+0.08)^2$$

更一般地，已知 $t-1$ 年和第 t 年的即期利率，则第 $t-1$ 年到第 t 年的远期利率 $f_{t-1,t}$ 应该满足的公式为

$$(1+S_{t-1})^{t-1}(1+f_{t-1,t}) = (1+S_t)^t$$

（二）利率期限结构

利率期限结构是指具有相同风险及流动性的债券，其收益率随到期日的时间长短而具有不同的关系。研究债券的利率期限结构是从债券的收益率期限结构入手的，投资者关心的并不是债券的票面利率而是实际得到的收益率，因而，收益率期限结构才是本质上的利率期限结构。分析利率期限结构，可以分析资金在不同市场间的流动趋势，对确定一组即期利率有重要帮助，而即期利率又是对固定收益证券估值的基础；分析利率期限结构，还有助于对未来利率变动进行预期。

1. 收益率曲线

将具有同样信用级别，而期限不同的债券收益率的关系用坐标图曲线来表述，便形成了收益率曲线。大部分投资者都是通过对国债市场上价格与期限的关系来构建收益率曲线的，因为国债是无风险资产，没有信用差别，而且国债市场交易量大、交易活跃，几乎不存在流动性的问题。收益率曲线按其形状不同可分为以下类型，如图 3—1 所示。

（1）正收益率曲线，又称为上升收益率曲线。表示在正常的情况下，短期债券的收益率低于长期债券，债券期限越长，收益率越高。债券的正收益率曲线是在整个经济运行正常、不存在通货膨胀压力和经济衰退危机的条件下出现的。

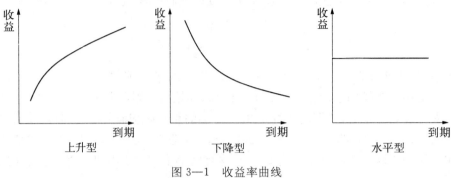

图 3—1 收益率曲线

（2）反收益率曲线，又称为下降收益率曲线。表示短期债券收益率较高，长期债券收益率较低。反收益率曲线通常发生在紧缩信贷、抽紧银根的时候，由于短期资金偏紧、供不应求，造成短期收益率急剧上升，抽紧银根又使人们对今后经济发展不很乐观，对长期资金需求下降，造成长期收益率下降。

（3）平收益率曲线。在正、反收益率曲线相互替代的变化过程中，会出现一种长、短期债券收益率接近相等的短暂过渡阶段，此时债券收益率曲线同坐标系中的横轴趋于平行。但是一般情况下，反收益率曲线不会仅仅因为资金供求关系影响而自动调整为正收益率曲线，在投资者对长期债券的信心和兴趣恢复以前，中央银行应采取有效的货币政策手段来消除利率的混乱，修正收益曲线。

国债收益率曲线的主要作用是为债券定价提供基准或为其他债务市场，如银行贷款、公司债券等提供基准收益率。从这个意义上说，更有意义的图形应该是纵坐标轴表示即期利率而不是到期收益率。一般地，任何债券都可视为一组零息债券的组合，这一组合的每一只零息债券的期限即为母债券票面利息的支付期间，本金期限即为到期日，债券价格应该等于所有零息债券的价值和。要确定每一零息债券的值，就有必要知道具有相同到期的零息国债的收益率，这一收益率被称为即期利率，描绘即期利率和期限关系的曲线就称为即期利率曲线。

2. 利率期限结构理论

对于收益率曲线的不同形态，主要有三种解释理论：

（1）期限结构预期说。这是一种最容易让人们接受，因而也是最为流行的利率期限结构理论。这种理论认为，利率的期限结构是由人们对未来市场利率变动的预期决定的。这一理论在推导过程中作出若干假设，其中最主要的有金融市场是完善和有效的、投资者以追求利润为目标、市场对未来的利率预期是一致的、不存在交易成本等。预期理论认为，市场一致的利率是名义利率，名义利率包括实际利率和通货膨胀率，由于实际利率和通货膨胀率都会变化，所以市场预期即期利率也会变化。当市场预期今后通货膨胀加速发展，则预期即期利率将会上升，就会得到正的收益率曲线；反之，当预期未来通货膨胀减缓，则未来即期利率也会下降，就会得到反收益率曲线。

（2）流动性偏好说。流动性偏好说认为，投资者的最初兴趣在于购买短期债券，即使一些投资者拥有较长的投资期限，他们仍然有一种偏好短期证券的倾向。这是因为，这些投资者认为他们可能比预料的更早地需要获得资金，同时认为如果他们投资较短期的证券,他们将面临较小的价格风险(利率风险),因为短期债券相对于长期债券的利率风险要小。投资者的流动性偏好造成对短期债券的过多需求,而使其价格上升、收益率下降。要想投资者接受长期债券,其收益必须比短期债券高,即加上一定的流动性补偿,期限越长,补偿越高,所以利率期限结构通常呈正收益曲线。但是,当在某个高利率时期所预测的未来即期利率将有较大下降,而且下降的幅度超过这种流动性补偿时,将会得到下降的利率期限结构;如果预期未来即期利率下降的幅度没有超过流动性补偿时,我们仍然得到上升的利率期限结构。流动性偏好理论认为,出现期限结构的上升情况要多于下降情况。从这个意义上说,流动性偏好理论经常被认为是对预期理论的修正,而不是替代。

(3)市场分割理论。期限结构的分割市场理论认为,市场是由具有不同投资要求的各种投资者所组成的,每种投资者都偏好或只能投资于某个特定品种的债券,从而使得各种期限债券的利率由该种债券的供求决定,而不受其他期限债券预期回报率的影响。造成市场分割的原因主要有:法律上的限制;缺乏能够进行未来债券的交易市场,以至其未来价格未能与现期价格相连接;缺乏在国内市场上销售的统一债务工具;债券风险的不确定性。在经济增长时期,由于对长期资金的大量需求,使长期利率提高,收益率曲线呈上升状态;而在经济低落时期,存货积压,企业对短期资金需求猛增,推动了短期利率上升,收益率曲线因此变得平缓。

第四节 债券的价格

一、债券的定价

任何金融资产的理论价格等于其预期现金流量的现值。由此,证券价格确定的条件是:预期现金流量的估计值;使证券所有现金流的现值等于证券市价的贴现率(必要的、合理的到期收益率)。债券预期现金流量一般是确定的,计算简单,但不同类型的债券的现金流量并不相同。附息债券的现金收入流量是由在到期日之前的周期息票利息支付和到期票面价值两项构成。无息票债券不进行任何的周期性息票支付,而是将到期价值和购买价格之差额作为投资者得到的利息,它的现金流量即为债券的面值或到期价值。必要的或合理的到期收益率,是指通过对市场上一些信用等级和偿还期限相同债券的收益率加以比较而确定的收益率。通常是以国债的收益率作为基准利率加上一定的风险升水,这一收益率是投资者在一定风险条件下对债券投资的期望收益率。

(一)债券定价公式

根据现值计算原理,我们可以得出不同计息方式和计息次数的债券定价公式。

1. 附息债券的定价公式

表示式为

$$P = \sum_{t=1}^{n} \frac{C}{(1+r)^t} + \frac{V}{(1+r)^n}$$

式中,P表示价格;C表示年利息;V表示债券面值或到期价值;r表示必要的到期收益率；n 表示债券的年限。

若是半年付一次息，附息债券的价格计算公式为

$$P = \sum_{t=1}^{2n} \frac{\frac{1}{2}C}{\left(1+\frac{r}{2}\right)^t} + \frac{V}{\left(1+\frac{r}{2}\right)^{2n}}$$

2. 无息票债券的定价公式

表示式为

$$P = \frac{V}{(1+r)^n}$$

3. 一次还本付息债券的定价公式

表示式为

$$P = \frac{V(1+in)}{(1+r)^n}$$

式中，i 表示债券的票面利率。

（二）马奇尔债券定价规律

从债券定价模型得知，引起债券市场价格不断波动的主要原因是到期收益率的变动。但是，当市场利率变动时，不同债券对市场利率变化的反应程度不尽相同。马奇尔（Burfan G. Malkiel）研究了债券价格波动的五条规律：

(1) 债券的市场价格与到期收益率呈反方向变动，债券到期收益率上升，价格下降；债券到期收益率下降，则价格上升。

(2) 当债券的到期收益率与息票利率不相等时，债券价格必然与债券面值不等，到期年限越长，两者差距越大。

(3) 如果债券的收益率在整个有效期内不变，则其折价或溢价减少的速度将随着到期日的临近而逐渐加快，直至到期日时债券价格等于面值。

(4) 债券收益率的下降会引起债券价格上升，且上升幅度要超过债券收益率以同样比率上升而引起的债券价格下跌的幅度。

(5) 如果债券的息票利率越高，则由其收益率变化引起的债券价格变化的百分比就越小。

对于债券分析人员来说，透彻地理解债券价格的上述特性是十分重要的，因为它们对预测债券价格如何随利率变动很有价值。

二、凸性与久期

（一）凸性

债券价格的凸性指的是债券价格与其收益率的关系。债券价格与其收益率呈反向变化关系，但这种关系并非是线性的，收益率的下降引起的债券价格上升的幅度超过收

益率同比例上升引起的债券价格下降的幅度。也就是说,债券价格波动五规律的第一和第四条规律,如图3—2所示。

(二) 久期

久期,又称持续期,指的是与某种债券相关的支付流的平均到期时间的测度。更具体地说,它是一个对所有剩余货币支付所需时间的加权平均数。计算公式为

$$D = \frac{\sum_{t=1}^{T} PV(C_t) \times t}{P_0}$$

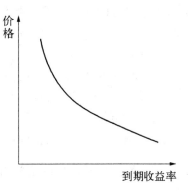

图3—2 债券价格—收益率曲线

式中,D 表示久期;$PV(C_t)$ 表示在时间 t 可收到的现金流的现值,计算时所用的贴现率为该债券的到期收益率;P_0 表示债券的当前市价;T 表示债券所剩下的时间期限。

例如,3年期债券,面值1 000元,票面利息10%,现行市场价格1 025.33元,因而其到期收益率为9%。则其久期为

$$D = \frac{1000 \times 10\% \times \frac{1}{1+0.09} \times 1 + 1000 \times 10\% \times \frac{1}{(1+0.09)^2} \times 2 + 1100 \times \frac{1}{(1+0.09)^3} \times 3}{1025.33}$$

$= 2.74$ 年

注意:零息债券的平均期限等于它所剩余的时间期限 T,因为该债券只有一次现金流,而债券有 $P_0 = PV(C_T)$,这样上面的公式可简化为

$$D = \frac{PV(C_T) \times T}{P_0} = T$$

久期的意义在于,一般来说,对于应计收益率的微小变动,久期可以较好地给出价格变动百分比的近似值。

注意:仅仅是近似值,而且是针对收益率的微小的变动而言。计算公式可表示为

$$\frac{\Delta P}{P} \cong -\frac{D}{1+y} \times \Delta y$$

(三) 凸性与久期的关系

凸性与久期的关系可以用图表示,如图3—3所示。

图中的切线是在收益率为 y^* 点时同债券价格—收益率曲线相切,这条切线标明了相对于每一利率(收益率)变动时的价格变动率,即公式 $\frac{\Delta P}{P} \cong -\frac{D}{1+y} \times \Delta y$ 的图形表示。当收益率由 y^* 变到 y^+,由久期得出的近似的价格变化到

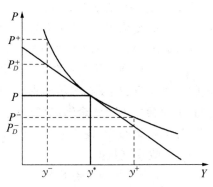

图3—3 凸性与久期的关系

P_D^-，实际的价格变化到 P^-；当收益率由 y^* 变化到 y^-，由久期得出的近似的价格变化到 P_D^+，实际的价格变化到 P^+。这就解释了久期只能给出价格变化的近似值的原因，这是由债券价格—收益率的凸性关系决定的。当收益率降低时，用久期估算的价格变动将小于实际的价格变动，从而低估了实际的价格变动；当收益率上升时，估算的价格变动将大于实际的价格变动，从而产生了一个低估的实际价格。但是，对于收益率的微小变化，切线和持续期对估算实际价格很有作用。然而，离初始收益率 y^* 越远，近似值的误差越大。显然，近似值的正确性取决于债券价格—收益率曲线的凸性。

三、影响债券价格的主要因素

债券的理论价格由债券的内在价值即现值所决定，但债券的市场价格又经常背离它的理论价格而不断变化。引起债券市场价格变动的主要因素有两个，一是市场利率，二是债券的供求关系。实际上影响债券价格变化的具体因素很多，因为一切影响市场利率和供求关系的因素，都会引起债券价格的变化。

1. 市场利率

债券的市场价格和市场利率呈反方向变动。若市场利率上升，超过债券票面利率，债券持有人将以较低价格出售债券，将资金转向其他收益率较高的金融资产，从而引起债券的需求减少、价格下降；反之，若市场利率下降，债券利率相对较高，则资金流向债券市场，引起债券价格上升。

2. 供求关系

供求关系是一切商品价格高低的直接原因，债券也不例外，债券的供给是指新债券的发行和已发债券的出售。如果新债券的发行数量适中，发行条件合适，则它可以被顺利吸收，不会对市场构成压力；反之，若发行量过大，发行条件不适当，则会给债券市场带来不利影响。老债券的出售和对债券的需求受投资者的投资意向影响，投资者通过对各种金融资产风险和收益的分析和比较而加以选择。当某种投资选择成为众多投资者的共识，并形成群体行为时，或者当法人投资者作出重大决策时，会在很大程度上影响债券行情。

3. 社会经济发展状况

债券价格会伴随社会经济发展的不同阶段而波动。在经济景气阶段，企业会增加投资，从而增加对资金的需求。企业首先会减少持有的国债、金融债券和其他公司债券，将它们转变为现金；其次会增加银行借款，或是发行新的企业债券。银行等金融机构也会因企业贷款增加而感到资金紧张，从而减少对证券的投资或发行金融债券，以筹措资金。因此，在经济发展阶段，对债券的需求减少、供应增加，这样必然使债券价格下降、收益率上升；相反在经济衰退阶段，对资金需求减少，企业和金融机构都会出现资金过剩，不仅会把闲置资金转向债券投资，而且会减少对债券筹资的需求，此时对债券的需求增加、供给减少，使债券价格上升、收益率下降。

4. 财政收支状况

财政收支状况对债券价格有重大影响。财政资金宽松，经常有剩余资金，会增加银行存款，并有可能买入一些金融债券和企业债券以提高资金效益，这样会增加对债券的需求,并推动债券价格上升;当财政资金紧张并有赤字时,财政会减少结余或减少各项支出,或发行政府债券以弥补财政赤字,这样会带来整个社会资金紧张,减少对债券的需求,并大量增加债券供应,从而促使债券价格下跌。

5. 货币政策

中央银行为实现货币政策目标而采取的政策手段,会对金融市场产生巨大影响,从而影响债券价格的变化。各国中央银行的政策手段,主要有存款准备金制度、再贴现政策、公开市场业务等。中央银行通过调整存款准备金比率直接调节银根的松紧,当提高存款准备金率时,资金会趋于偏紧,利率会上升,债券发行增加,对债券的需求下降,债券价格也会下降;反之,当中央银行降低存款准备金率时,债券价格会上升。中央银行提高再贴现率,会直接引起市场利率相应提高,债券价格会下降;反之,当再贴现率下降时,市场利率随之下降,债券价格上升。中央银行公开市场业务,会直接影响债券供求状况。为实施紧缩货币政策,中央银行会在金融市场上抛售债券,从而引起债券价格下跌;反之,为放松银根,中央银行会在金融市场上大量买入债券,从而引起债券价格上升。

6. 国际间利差和汇率变化

对于开放型的金融市场来说,本国货币与外国货币间的汇率变化,以及国内市场与国外市场利率的变化也是影响债券价格的重要因素。当本国货币有升值预期时,国外资金会流入本国市场,从而增加本币债券的需求;当本国货币有贬值预期时,国内资金又会转移国外,从而减少对本币债券的投资。同样,投资者也会对本国市场利率与外国市场利率加以比较,资金会流向利率高的国家和地区,导致国内债券市场供求的变化和价格变化。

本 章 小 结

债券是按法定程序发行,并要求发行人按规定时间和方式向债权人支付利息和偿还本金的一种债务凭证。

债券作为一种金融工具,具有收益性、流动性、安全性和偿还性的特征。

债券的种类众多,按发行主体分类,可分为政府债券、金融债券和公司债券;按债券利率是否固定分类,可分为固定利率债券和浮动利率债券;按利息支付方式分类,可分为附息债券、一次还本付息债券、贴现债券和零息债券;按有无担保分类,可分为信用债券和担保债券;按是否内含选择权分类,可分成可赎回债券、偿还基金债券、可转换债券、附认股权证的债券和可交换债券;按债券面值货币和市场所在地分类,可分为国内债券和国际债券。

我国的债券主要有国债、中央银行票据、金融债券、企业(公司)债券和资产支持证券。

债券市场是金融市场的重要组成部分,具有融资、资金流动导向、提供市场定价基准、宏观调控和防范金融风险的功能。

债券发行是发行人以筹措资金为目的,依法定程序向投资人要约发行一定债权和兑付条件的债券的法律行为。政府发行债券是为了弥补财政赤字、扩大政府投资、解决临时资金需要；企业发行债券的目的有筹集资金、灵活运用资金、维持对企业的控制权、调节负债规模、实现最佳的资本结构；金融机构发行债券的目的是为了负债来源多样化、获得长期资金来源和扩大资产业务。

债券发行市场主要由发行人、投资者和承销商等中介人三部分构成。

债券发行的基本条件有面值、利率、偿还期限和发行价格四个方面。不同种类债券的发行条件有所差异，发行人的信用度决定发行条件，信用度是通过信用等级来判断，信用等级是表示发行主体信用程度的指标。

债券的发行方式分为直接发行和间接发行两种。

债券流通的市场结构分为场内交易和柜台交易。场内交易在交易所集中交易；柜台交易是满足一些不能在交易所挂牌上市债券的流动性需求，由证券经营机构组织的债券买卖。

债券交易方式包括现货交易、期货交易、期权交易、信用交易、购回协议交易。

债券的报价方式有全价交易和净价交易。

我国的债券市场由银行间债券市场、证券交易所市场和商业银行柜台市场组成。

债券投资的收益由三部分组成：定期支付的利息、债券期满或被赎回或被出售时的资本利得和定期所获现金流量再投资的利息收入。

债券投资的风险包括：利率风险、再投资风险、违约风险、通货膨胀风险、流动性风险和赎回风险。

利率期限结构是指具有相同风险和流动性的债券，其收益率随到期日的时间长短而具有不同的关系。将具有同样信用级别，而期限不同的债券收益率的关系用坐标图曲线来表述，便形成了收益率曲线。收益率曲线有三种形式：上升型、下降型和水平型。对于收益率曲线的不同形态，主要有三种解释理论：期限结构预期说，该理论认为利率的期限结构是由人们对未来市场利率变动的预期决定的；流动性偏好说，它认为投资者更偏好短期债券，要让投资者接受长期债券，必须加上一定的流动性补偿；市场分割理论，它认为各种期限债券的收益率由该类债券的供求决定，不受其他期限债券的收益率的影响。

债券的价格等于其预期现金流量的现值。公式为

$$P = \sum_{t=1}^{n} \frac{C}{(1+r)^t} + \frac{V}{(1+r)^n}$$

债券价格与其收益率呈反向关系，但这种关系并非是线性的，收益率的下降引起的债券价格上升的幅度在量上要超过收益率同比例上升引起的债券价格下降的幅度，这种关系叫凸性。久期指的是与某种债券相关的支付流的平均到期时间的测度。引进久期的概念就是在收益率变动很小的情况下，可以用线性关系来表示债券的凸性关系，即对于收益收益率的微小变动，久期可以较好地给出价格变动的百分比的近似值，公式为

$$\frac{\Delta P}{P} \cong -\frac{D}{1+y} \times \Delta y$$

债券的理论价格由债券的内在价值决定,引起债券的市场价格经常背离它的理论价格的因素主要有两个:市场利率和债券的供求关系,一切影响市场利率和供求关系都会引起债券价格的变化。

重 要 概 念

债券　票面利率　偿还期限　流动性　现金流贴现　可赎回债券　可转换债券　附认股权证债券　可交换债券　荷兰式招标　美国式招标　场内交易　柜台交易　买断式回购　质押式回购　再投资风险　到期收益率　即期利率　远期利率　利率期限结构　凸性　久期

练 习 题

一、判断题

1. 债券价格是其预期现金流量的贴现,贴现率为债券的票面利率。
2. 对发行者来说,发行债券的偿还期限越长越好,这样可以更长地占用资金。
3. 债券的收益指的是债券的利息收入。
4. 一般说来,中央银行购入债券会带来利率的下降。
5. 债券的荷兰式招标发行,投标人在中标后,分别以各自出价认购债券。
6. 久期可以用线性关系来表示债券的凸形关系,对于收益率的变动,久期可以较好地给出价格变动的近似值。
7. 如果一种债券的收益率在整个有效期内不变,则其折价或溢价减少的速度随到期日的临近不变。
8. 债券的买断式回购中,债券的所有权没有发生变化,融券方在回购期内无权对标的债券进行处置。
9. 债券的利率期限结构是指各种不同期限债券收益率随到期日的长短而不同。
10. 政府采取发行债券融资,而不是直接向中央银行借款,可以完全避免通货膨胀风险。

二、单项选择题

1. 能为金融市场提供基准利率通常是_____。
   A　股票市场　　　　　　　　　　B　成熟的债券市场
   C　银行间同业拆借市场　　　　　D　货币市场
2. 债券票面价值的含义除了票面金额还包括_____。
   A　债券的偿还期限　　　　　　　B　债券的票面利率
   C　债券的票面币种　　　　　　　D　债券的发行者
3. 债券价格和市场利率的关系是_____。
   A　正向变化　　　　　　　　　　B　反向变化

  C 不确定   D 因宏观经济状况而定

  4. 按照期限结构预期说,如果市场预期今后通货膨胀减缓,那我们应该得到的收益率曲线是_____。

  A 正收益率曲线   B 负收益率曲线
  C 平收益率曲线   D 无法确定

  5. 按照利率期限结构的流动性偏好说,如果预期未来即期利率下降的幅度没有超过流动性补偿时,我们将得到_____的利率期限结构。

  A 上升   B 下降   C 水平   D 无法确定

  6. 确定证券价格的条件除了需要知道市场上必要的合理的到期收益率外,还需要知道_____。

  A 该证券的票面价值   B 该证券的票面利率
  C 该证券的到期期限   D 该证券的预期现金流量

  7. 影响债券最主要的两个因素,除了债券的供求外还有_____。

  A 汇率的变化   B 货币供给量
  C 财政收支状况   D 市场利率

  8. 如果市场利率偏高,中央银行想控制利率,一般进行的公开市场操作是_____。

  A 购买债券   B 出售债券
  C 不进行任何操作   D 放松再贴现贷款

  9. 下面资产中,通胀风险最大的资产是_____。

  A 股票   B 固定收益类证券
  C 房地产   D 汽车

  10. 下面证券中,流动性风险最小的是_____。

  A 商业票据   B 企业债券
  C 政府债券   D 企业股票

三、多项选择题

  1. 债券票面的基本要素主要包括_____。

  A 债券的票面价值   B 债券的偿还期限
  C 债券的票面利率   D 债券发行者名称

  2. 按发行主体来分,债券一般可分为_____。

  A 政府债券   B 企业债券
  C 金融债券   D 可赎回债券

  3. 债券市场除了它的融资功能外,还有_____功能。

  A 资源配置功能   B 宏观调控功能
  C 提供基准利率   D 防范金融风险

  4. 政府发行债券的通常原因是_____。

  A 弥补财政赤字   B 归还前期债务的本息

C 解决临时性资金需要　　　　　　D 扩大政府公共投资

5. 金融单位发行债券的一般目的是_____。

A 扩大资产业务

B 促使负债来源多样化,增强负债的稳定性

C 实行资产管理

D 实行负债管理

6. 企业发行债券的一般目的是_____。

A 扩大公司影响力

B 筹集资金

C 灵活运用资金,维持企业的控制权

D 调节负债规模,实现最佳的资本结构

7. 债券的发行价格一般有_____种情况。

A 平价发行　　　B 溢价发行　　　C 折价发行　　　D 市价发行

8. 根据标的物不同,招标发行可分为_____。

A 美国式招标　　　　　　　　　　B 收益率招标

C 缴款期招标　　　　　　　　　　D 价格招标

9. 通常收益率曲线的种类有_____。

A 正收益率曲线　　　　　　　　　B 负收益率曲线

C 水平收益率曲线　　　　　　　　D 波浪收益率曲线

10. 下列情况中,会影响债券价格的因素有_____。

A 市场利率发生变化　　　　　　　B 货币政策发生变化

C 汇率出现变化　　　　　　　　　D 宏观经济情况发生变化

参 考 答 案

一、1. 非　2. 非　3. 非　4. 是　5. 非　6. 非　7. 非　8. 非　9. 非　10. 非

二、1. B　2. C　3. B　4. B　5. A　6. D　7. D　8. A　9. B　10. C

三、1. ABCD　2. ABC　3. ABCD　4. ABCD　5. ABD　6. BCD　7. ABC　8. BCD　9. ABC　10. ABCD

第四章 股票市场

> **提 要**
>
> 股票是有价证券的主要形式,是证券市场上主要的交易品种。股票根据持有人享有的权益的区别、票面内容的区别、持有人性质的区别,以及上市地的区别可以分成不同的种类。
>
> 股票市场的运行主要是股票的发行,以及交易的制度性安排。在股票的发行中,涉及发行制度、发行方式、发行定价等;在股票的交易中,涉及股票交易所的制度,以及场外交易等。
>
> 股票的收益和风险是相伴的。股票的收益主要来源于公司的盈利分配和证券市场上的买卖差价;股票的风险主要涉及系统风险和非系统风险。股票的收益和风险都有各自的计量方法。
>
> 股票价格会受到各种因素的影响。股票价格指数是用来反映市场上总体价格变化和趋势的尺度。世界上各主要的股票价格指数各有不同的编制方法。

第一节 股票市场概述

一、股票的定义和性质

股票是有价证券的主要形式,是股份有限公司签发和证明股东按其所持股份享有权利和承担义务的凭证。

股份有限公司的全部资本被划分为等额的单位,称为"股份",每一股份都代表着所有者,即股东对公司财产占有一定的份额。将"股份"印制成一定的书面形式,记载表明其价值的事项及有关股权等条件的说明,就是传统的股票。随着电子技术的发展,现在的股票大多是一种电子符号,记录在证券登记结算公司的电子账簿中,而没有了实体的形式。股票和股份是形式和内容的关系,股票是形式,股份是内容。

股票就其性质来看,代表着股东对公司的所有权,是代表一定经济利益分配请求权的资本证券,是资本市场上流通的一种有价证券。

二、股票的特征

1. 永久的期限性

股票没有期限,没有约定的到期日。股东无权要求公司退还股本。股东要想收回投资,只能将股票转让给他人,但这种转让只改变公司资本的所有者,不涉及公司资本的增减。股份公司在破产清偿或因故解散的情况下,依照法定程序宣布结束的,不能理解为股票的到期,只能理解为对公司的清理。此时,股东所获得的清偿不一定等于其投入的本金。

2. 有限的责任性

股份有限公司的性质决定股东只负有限清偿责任,即股东仅以其所持股份为限对公司承担责任。当公司资不抵债时,股东除了认购的股金以外,无义务对公司所欠债务承担连带清偿责任。换句话说,股东的损失以购买公司股票的金额为限。这是股份有限公司能在社会公众中广泛募集资金的重要原因之一。

3. 有限的决策参与性

股票是公司所有权的证明,因此股东有权参与公司的决策。但是,在现实中,由于所有权和经营权的两权分离,股东通过股东大会选举董事会,再由董事会聘请总经理,董事会将管理公司日常经营的权利委托给总经理。只有在面临公司重大决策时,才由股东大会投票表决。因此,在现实中,股东拥有的参与权限于参加股东大会,听取董事会提出的工作报告和财务报告,并提出自己的意见和建议;投票选举公司董事或监事;投票参与公司重大经营决策等。同时,在一股一票的投票制度安排下,只有拥有一定数量股票的股东才能真正影响公司的经营决策。

4. 流通性

股票可以在流通市场上自由转让,可以在证券交易所或柜台市场上变现。股票的流通性弥补了股票期限上永久性的不足,这也是股份有限公司能在社会公众中广泛募集资金的一个重要原因。

5. 收益性

人们投资股票的根本目的是为了获利。股东的投资收益来自两个方面:一是公司派发的股息和红利;二是买卖股票获得的差价。

6. 风险性

股票投资是一项高风险的投资,通常用股票价格的波动性来衡量股票的风险性。投资者承担的风险分为系统风险和非系统风险两部分。市场利率变动、宏观经济状况、政治局势等引起的风险属于系统风险,公司盈利水平、经营状况等引起的风险属于非系统风险。

三、股票的分类

根据不同的分类方法,股票大致可以分为以下几种类型。

(一) 普通股票和优先股票

股票按照股东所享有的权益不同,可以分为普通股票和优先股票。

1. 普通股票

普通股票是股票中最普遍的一种形式,是股份公司最重要的股份,其持有人享有股东的基本权利和义务。普通股票的股利分配不固定,在对公司盈利和剩余资产的分配顺序上列在债权人和优先股票股东之后,所以普通股票是风险最大的股票。

普通股股东享有的主要权利有:

(1) 经营决策的参与权。普通股股东有权参加股东大会,听取董事会提交的工作报告和财务报告,并提出自己的意见和建议;有权选举公司董事和监事;有权对公司重大经营决策进行投票表决。普通股股东可以通过亲自参加股东大会实现其经营决策的参与权,也可以填写授权委托书,委托代理人行使其权利。

普通股股东的参与权主要通过投票表决来实现。绝大多数的股份公司采取"一股一票制",即普通股股东每持有一股便有一个投票权,所持股票数量越多,投票权越多。投票的方法有两种,一是多数投票制,二是累积投票制。

多数投票制,又称普通投票制、直接投票制。在选举董事会成员时,股东所拥有的投票权等于空缺董事的名额乘以股东拥有的普通股票数量。但是,对每一位空缺董事的投票数最多不超过股东拥有的普通股票的数量。例如,一位股东拥有普通股票100股,需要选举空缺董事3名,那么这位股东就拥有 $3\times100=300$ 个投票权,但是,对他所认为合适的每一位候选人最多只能投100票。由于每位董事候选人都必须得到选票总数的半数以上才能当选,因此,这种办法使少数派股东无法选举自己的候选人当选董事,而掌握大部分投票权的大股东可以垄断全部的董事会人选。

累积投票制,是针对多数投票制的弊端,为保障多数小股东的利益而采用的投票方法。在累积投票制下,每一个股东可以把投票权累积起来,集中投给一个候选人或分散投给多个候选人,只要他的投票数不超过其拥有的投票权总额即可。如上例,这位股东拥有300个投票权,可以全部投给一个候选人,也可以投给多个候选人,只要其投票数不超过300即可。

在累积投票制下,一个股东拥有多少普通股票才能保证他想要的候选人当选为董事?可以计算出结果的公式为

$$n = \left(\frac{ds}{D+1}\right) + 1$$

其中,n 为股东至少拥有的普通股票数量;d 为股东希望推选的董事名额;s 为公司普通股票的总量;D 为空缺的董事名额。

例如,公司发行的普通股票为1 000万股,空缺3名董事,一个股东要保证一名候选人当选,则其至少拥有的普通股票数量为

$$n = \left(\frac{1000 \times 1}{3+1}\right) + 1 = 251(万股)$$

(2) 公司盈余的分配权。普通股股东有权从公司的利润分配中得到股息。当公司有盈余时,按照收益分配顺序从净利润中提取法定公积金后,可供股东分配的利润先按事先约定的股息率给优先股股东分配股息,再可根据股东大会决议提取任意盈余公积金后,所剩下的部分,以股东大会的分配方案,按持股比例分配给普通股股东。最常见的股息种类是现金股息和股票股息。现金股息是以现金形式支付股息和红利;股票股息是股份公司以增发股票的方式支付的股息,并将支付的普通股股息转作股本。

(3) 剩余资产索取权。当公司破产或清算时,公司资产在满足了债权人的清偿权和优先股股东的索取权后还有剩余的,普通股股东有按持有股份的比例索取剩余资产的

权利。在一般情况下,一旦公司宣告破产清算,往往是资不抵债,在债权人和优先股票分配之后,已所剩无几,普通股股东也就所得甚微,甚至一无所得。

(4) 优先认股权。当公司增发普通股票时,现有普通股股东有权按低于市价的某个特定价格及其持股比例购买一定数量的新发行的股票,以维持其在公司的持股比例不变。因为增发新股对原股东所持股票市值进行了"稀释",公司为了弥补原股东的这一损失,把优先认股权价格定得较低,作为对原股东的补偿。原股东若不愿意购买新股,也可以以一定的价格出售转让优先认股权或是放弃该项权利。

2. 优先股票

优先股票是相对于普通股票而言的,指股东权利受到一定限制,但在公司盈余和剩余资产分配上享有优先权的股票。优先股票同样可以买卖和自由转让。优先股票有以下特征:

(1) 优先按规定方式领取股息。公司在支付普通股票股息之前,必须先按事先约定的方法计算优先股股息,并支付给优先股股东。通常,优先股票按固定的股息率乘以优先股票面额的方式计算股息,但也有一些优先股票的股息率并不固定,而是定期随一定基准浮动。无面额的优先股票股息常以固定金额表示。

(2) 优先按面额清偿。在公司破产或解散清算时,优先股票有权在偿还债务后,按照票面金额先于普通股票从清算资金中得到补偿。

(3) 限制参与经营决策。优先股股东一般没有投票权,从而不能参与公司的经营决策。只有在直接关系优先股股东利益的表决时,才能行使表决权,或是在对优先股股息积欠达到一定数额后,可以投票选举一定人数的董事。

(4) 一般不享有公司利润增长的收益。通常情况下,优先股股东只能按事先规定的方式领取股息,不能因为公司利润增长而增加股息收入。

(二) 记名股票和无记名股票

股票按照是否记载股东姓名,可以分为记名股票和无记名股票。

1. 记名股票

记名股票,是指在股票和股份公司股东名册上记载股东姓名的股票。

2. 无记名股票

无记名股票,是指在股票票面和股份公司股东名册上均不记载股东姓名的股票。

记名股票和无记名股票在股东权利的内容上没有差异,不同的只是记载方法、权力使用方法、对股东的通知方法等。一般说,无记名股票可以请求改换为记名股票,但记名股票不能改换为无记名股票,并可以用公司章程禁止转换。由于无记名股票有一定的弊端,因此有的国家不允许发行无记名股票。

(三) 有面额股票和无面额股票

按是否在股票面额上标明金额,可以分为有面额股票和无面额股票。

1. 有面额股票

有面额股票是指在股票票面上记载一定金额的股票。记载的票面金额叫票面价值。股票票面金额一般是用资本总额除以股份数求得,而实际上很多国家是通过法规直接予以规定,通常是以国家的主币为单位。大多数国家的股票都是有面额股票。

2. 无面额股票

无面额股票是指在股票票面上不记载股票面额,只注明它在公司总股本中所占比例的股票。无面额股票没有票面价值,但有账面价值,其价值反映在股票发行公司的账面上。对于发行公司来说,发行无面额股票既可在股票发行时灵活掌握发行价格,又便于今后对股票进行分割,以提高股票的流动性。

(四)实体股票和记账股票

按照是否有实物载体,可以分为实体股票和记账股票。

1. 实体股票

实体股票是指股份公司给股东发放纸制的票券,作为其持有股份的表现形式。

2. 记账股票

记账股票是指不发行股票实体,只作股东名册登记的股票。记账股票仅限于记名股票使用。

在现代证券市场上,多数交易所都借助大型计算机网络进行股份登记和股票交易,股票不再具有纸制票券的形式,而以电子符号的形式存在。

(五)我国的股票分类

1. 按投资主体的性质分类

根据有关法规,我国对股份公司的股份按投资主体不同分为以下几种:

(1)国家股票。国家股票是指有权代表国家投资的部门或机构,以国有资产向公司投资形成的股份,包括公司现有国有资产折算成的股份。在我国企业的股份制改造中,原来一些全民所有制企业改组为股份公司,从性质上讲,这些全民所有制企业的资产属于国家所有,因此在改组为股份公司时,折成国家股。另外,国家对新组建的股份公司进行投资,也构成了国家股。国家股由国务院授权的部门或机构持有,或根据国务院决定,由地方人民政府授权的部门或机构持有,并委派股权代表。

(2)法人股票。法人股票是指企业法人或具有法人资格的事业单位和社会团体,以其依法可支配的资产投入公司形成的股份。如果是具有法人资格的国有企业、事业及其他单位,以其依法占用的法人资产向独立于自己的股份公司出资形成或依法定程序取得的股份,可称为国有法人股,国有法人股属于国有股权。

(3)社会公众股票。社会公众股票是指社会公众(个人和机构),依法以其拥有的财产向可上市流通股权部分投资所形成的股份。

2. 按上市地点分类

按照上市地点不同,我国股票可以分为境内上市股票和境外上市股票。

(1)境内上市股票。境内上市股票是指在中国大陆挂牌上市的股票,即在中国的上海证券交易所和深圳证券交易所上市的股票,包括 A 股和 B 股两种。A 股的正式名称是人民币普通股票,是由我国境内的公司发行的,以人民币认购和交易的普通股票。B 股的正式名称是人民币特种股票,原来是指股份有限公司向境外(大陆以外)投资者募集,并在我国大陆挂牌上市的股票,所以又称境内上市外资股。B 股是以人民币标明面值,以外币认购和买卖的,在上海证券交易所以美元交易,在深圳证券交易所以港元交易。B 股的注册地和上市地都在中国大陆,投资者是境外(含香港、澳门和台湾地区)的机构或个人。自从2001年2月发布境内居民可投资B股的决定以后,境内的居民个人也可以从事B股的投资。

(2) 境外上市股票。境外上市股票是指中国大陆的股份有限公司,向境外投资者发行的、在境外证券市场挂牌上市的股票,通常是以上市地的英文首写字母表示。例如,在香港上市的股票称为H股,在纽约上市的股票称为N股,在新加坡上市的股票称为S股等。

值得注意的是,一家股份有限公司可以既在境内上市,也在境外上市。即既发行境内上市股票,又发行境外上市股票。

3. 按流通受限与否分类

由于历史原因,我国证券市场存在股权分置现象。股权分置是指A股市场上的上市公司股份按能否在证券交易所上市交易,被区分为非流通股和流通股两类。2005年5月,我国启动上市公司股权分置改革。股权分置改革是通过非流通股股东和流通股股东之间的利益平衡协商机制,消除A股市场股份转让制度性差异的过程,是为非流通股可上市交易作出的制度安排。到2007年末,沪深两市已完成或者进入股改程序的上市公司共1 298家,占应股改公司的98%,股权分置改革在两年内基本完成。

已完成股权分置改革的公司,按股份流通受限与否可分为以下类别:

(1) 有限售条件股票。指股份持有人依照法律、法规规定或按承诺有转让限制的股份。包括因股权分置改革暂时锁定的股份,内部职工股,董事、监事、高级管理人员持有的股份等。具体有:国家持股、国有法人持股、其他内资持股、外资持股。

(2) 无限售条件股票。指流通转让不受限制的股份。具体有:人民币普通股(A股)、境内上市外资股(B股)、境外上市外资股(H股等)、其他。

四、股票市场的概念和结构

股票市场是股票发行和流通的市场。

股票发行市场是通过发行新的股票筹集资本的市场,它一方面为资金的需求者提供筹资的渠道,另一方面为资金的供应者提供投资的渠道。股票发行市场又称为"一级市场"。

股票流通市场是已经发行的股票进行交易的市场,又称为"二级市场"。流通市场一方面为原投资者提供了随时变现的机会,另一方面为新的投资者提供了投资机会。

发行市场是流通市场的前提和基础,没有发行市场,就不存在流通市场。发行市场的规模决定了流通市场的规模,并在一定程度上影响流通市场上证券的交易价格。而流通市场又是发行市场得以更好发展的重要前提。通过流通市场,可以使股票具有流通性,保证投资者可以随时出售自己持有的股票,以达到变现和分散风险的目的。正是由于流通市场的存在,才能够吸引大量的投资者进入股票市场,这样又推动了股票发行市场的发展。股票发行市场和流通市场是相辅相成的。

股票市场按照市场的组织形式,可以分为交易所市场和场外市场;按照地域,又可以分为地方市场、区域市场、全国性市场和国际市场。

五、股票市场的功能

股票市场作为资本市场的重要组成部分,对国民经济的发展具有重要的作用,它具有以下几种功能。

1. 筹资和投资功能

股票市场是重要的筹集资金的渠道。股份有限公司可以通过在股票市场上发行股票,将社会上分散的闲置资金集中起来,形成巨额的、可以长期使用的资本。而投资者可以通过在股票市场购买股票实现投资的目的,从而分享经济增长和企业业绩增长带来的好处。

2. 优化资源配置功能

投资者通过及时披露的各种信息,投资于经营业绩好、管理高效的股份公司,推动其股票价格上扬,为上市公司利用股票市场进行资本扩张提供了良好的外部环境。而经营业绩不好、管理不佳的企业将会被投资者所抛弃,难以取得上市资格或继续筹集资金。实际上,这是利用市场的机制引导资金流向优质的企业,从而达到优化资源配置的作用。

3. 定价功能

股票市场通过市场竞价机制为公司的股票定价,而股票价格则反映公司的价值和未来的成长潜力。市场上,对股票的需求和供给共同决定了股票的交易价格。理论上,如果股票市场是有效的,股票的交易价格就是股票的内在价值,也代表市场对股票发行公司的价值判断。

4. 分散风险功能

在股票发行市场上,公司在筹集资金的同时也将公司的部分风险转移给了投资者;而在流通市场上,投资者可以根据自己的风险偏好选择不同的股票组合,通过投资组合来分散风险。

5. 完善公司治理功能

上市公司的股票价格往往可以反映公司的治理水平。在成熟的市场上,公司的管理层普遍注重自己公司的股票价格。这是因为,普通投资者可以采取"用脚投票"的方式,即在"二级市场"上抛售股票的方式否定管理层的业绩,而这种信号又会影响到管理层成员在经理人市场上的评价,进而影响到他们以后的职业前途。同时,因为管理问题而导致股票价格下跌的公司,又是其他公司兼并的对象,一旦被兼并,公司的管理层往往要被更换。基于以上的原因,管理层必须努力经营,实现公司价值的最大化或股东利益最大化的目标,时刻注意股票市场的反应。股票市场间接地发挥了监督公司管理层的作用。

六、我国的股票市场[①]

从 20 世纪 70 年代开始的改革开放政策,启动了中国经济体制从计划经济体制向市场经济体制的转型。在这一过程中,国有企业改革的逐步深化、民营经济的萌生成长、中国经济的持续发展都需要与之相适应的投融资机制,中国资本市场应运而生。改革开放 30 年来,中国资本市场(本章主要回顾股票市场)的发展,大致可以分为三个

---

① 中国证券监督管理委员会:《中国资本市场发展报告》,中国金融出版社,2008 年版。

阶段。

第一阶段：1978—1992年，新中国资本市场的萌生阶段

中国经济体制改革全面启动后，伴随着股份经济的发展，股票市场开始萌生。20世纪80年代初，一些小型国有和集体企业开始进行多样化的股份制尝试，最初的股票开始出现。80年代中期，北京、上海、广州等城市少数企业开始股份制试点，以后大型国有企业也开始股份制试点，半公开或公开发行股票，股票一级市场开始出现。但当时的股票具有一定的债券特征，发行对象多为内部职工和地方公众，发行方式多为自办发行，没有中介机构参与。

随着股票发行增多和投资者队伍日益壮大，股票流通的需求日益强烈，证券柜台交易开始陆续在全国各地出现，标志着股票二级市场雏形出现。1990年12月上海证券交易所和深圳证券交易所先后开业，1991年两家交易所开始发布综合股价指数。伴随着一、二级市场的初步形成，各地出现了证券经营机构。1991年8月，证券业的自律组织——中国证券业协会成立。

在股份制改革起步初期，股票发行缺乏全国统一的法律、法规，也缺乏统一的监管，并且以分隔的区域性市场为主。1992年初邓小平南巡讲话后，中国掀起了新一轮改革开放浪潮，并确立"建立社会主义市场经济体制"为改革目标，股份制成为国有企业改革的方向。1993年，股票发行试点正式由上海、深圳推广至全国，打开了股票市场进一步发展的空间。

第二阶段：1993—1998年，全国性资本市场的形成和初步发展阶段

1992年10月，国务院证券管理委员会（简称国务院证券委）和中国证监会成立，标志着中国资本市场开始逐步纳入全国统一监管框架，全国性市场开始形成，并逐步发展。1998年4月，国务院证券委撤销，中国证监会成为全国证券期货市场的监管部门。

全国统一监管体制建立后，推动了一系列证券期货市场法规和规章的建设，重要的法律、法规有《公司法》、《股票发行与交易管理暂行条例》、《禁止证券欺诈行为暂行办法》、《关于严禁操纵证券市场行为的通知》等。证券法规和规章的颁布实施使资本市场的发展走上规范化道路，为市场制度的进一步完善奠定了基础。

这一阶段，股票发行采取额度指标管理的审批制度，即将额度指标下达到省级政府或行业主管部门，由其在指标限度内推荐企业，再由中国证监会审批。股票发行相继采用了无限量发售认购证、与储蓄存单挂钩、上网定价等方式向公众公开发行。股票发行价格基本上根据每股税后利润和相对固定的市盈率确定。

这一阶段，沪深证券交易所逐步采用无纸化交易平台和无纸化存托管制度，以及高度自动化的电子运行系统，按照时间优先、价格优先的原则，实行集中竞价交易、电脑配对、集中过户，在市场透明度和信息披露方面明显提高，交易成本和风险大为降低。随着全国性证券市场的发展，证券中介机构数量增多、规模扩大。1992年10月，华夏、南方、国泰3家全国性证券公司成立，其他证券服务机构也不断发展。

与此同时，中国股票市场开启对外开放的大门。在20世纪90年代外汇短缺和外汇管制的背景下，为了吸引国际资本，1991年底推出人民币特种股票（B股）试点。1993年起，境内企业开始试点在香港上市，以后逐渐到纽约、伦敦、新加坡发行上市。B股市

场和海外上市在一定程度上解决了企业生产资金的短缺问题,也促进了中国股票市场按国际惯例运作和对外开放。

第三阶段:1999年以后,资本市场的进一步规范和发展阶段

1999年实施的《证券法》,是中国第一部调整证券发行与交易的法律。2006年修订后的《证券法》和《公司法》同时实施,随后,有关部门对相关法规、规章和规范性文件进行了梳理和修订。同时进一步完善了证券期货监管体制,集中力量查办了"琼民源"、"银广夏"、"中科创业"、"德隆"、"科龙"、"南方证券"等大案要案,标志着股票市场的规范化程度进一步提高。

随着股票市场法规体系和会计准则日益完善,上市公司数量快速增长,证券交易所和登记结算体系效率得以提高,二级市场日趋活跃,股票市场得到较快发展。但是,在股票市场发展过程中,遗留的制度性缺陷和结构性矛盾逐渐显现,从2001年开始市场步入连续4年的调整阶段。为了积极推进资本市场改革开放和稳定发展,国务院于2004年1月发布了《关于推进资本市场改革开放和稳定发展的若干意见》,此后,中国资本市场进行了一系列改革,完善了各项基础性制度,主要有:实施股权分置改革、提高上市公司质量、对证券公司综合治理、大力发展机构投资者、改革发行制度等。

这一期间,管理层注重发展多层次市场体系和多样化产品。在沪深交易所运行取得经验的基础上,深交所于2001年开始探索建立创业板,并于2005年5月先行设立中小企业板。2001年,中国证券业协会设立了代办股份转让系统,承担了原STAQ系统、NET系统、沪深交易所退市公司和非上市股份制公司的股票流通转让。在此阶段,还陆续推出了可转换公司债券、银行信贷资产证券化产品、住房抵押贷款证券化产品、集合收益计划产品、权证等新品种,丰富了交易品种。

自从2001年12月中国加入世界贸易组织后,中国资本市场对外开放步伐明显加快。截至2006年底,中国已经全面履行了加入世贸组织时有关证券市场的承诺。2002年,中国发布《外资参股证券公司设立规则》和《外资参股基金管理公司设立规则》。在人民币资本项下未实现完全自由兑换的情况下,于2002年12月允许经批准的境外机构投资者投资于中国证券市场的QFII制度。2006年5月,实施允许经批准的境内机构投资者投资于境外证券市场的QDII制度。同时,继续推进大型国有企业集团重组境外上市,允许符合条件的外商投资股份公司在中国境内上市和外资战略投资于已完成股改的境内上市公司。对外开放推进了中国资本市场的市场化、国际化进程,促进了市场的成熟和发展壮大。

第二节 股票市场的运行

股票市场按照功能划分,可以分为股票发行市场和股票流通市场。股票市场的运行就是对股票发行和流通的制度性安排。

一、股票发行市场

股票发行市场是通过发行新股票筹集资本的市场,是股份公司筹集资金,将社会上

分散的资金转化为公司资本的场所。

（一）股票发行制度

股票市场的发行制度可以分为注册制和核准制两大类。

1. 注册制

注册制是指发行人在准备发行股票时，必须将依法公开的各种资料完全、准确地向证券主管机关呈报，并申请注册。证券主管机关只对申报资料的全面性、真实性、准确性和及时性作形式审查。如果申报资料没有包含任何不真实的信息，且证券主管机关对申报资料没有异议，则经过一定的法定期限，申请自动生效。一旦申请生效，发行人就有权发行股票，其发行无须再由证券主管机关批准。

2. 核准制

核准制是指发行人在准备发行股票时，不仅要充分公开企业的真实情况，而且必须符合有关法律和证券管理机关规定的必备条件，证券管理机关有权否定不符合条件的股票发行申请。在核准制下，证券管理机关不仅要进行注册制下所要求的形式审查，而且要对发行人的经营业绩、发展前景、发行数量和发行价格等条件进行实质审核，并由此作出发行人是否符合发行实质条件的判断，最终决定是否准予发行。

从以上两种发行制度的不同可以看出，在注册制下，证券主管机关只对发行人申报材料的真实性负责，不对发行人的业绩前景作出实质性的判断，将判断权交给投资人，由投资人决定是否购买发行人发行的股票。而在核准制下，证券主管机关必须对发行人的业绩前景作出实质性的判断，实际上是在投资人之前对发行人进行提前的判断。一般采取注册制的国家多是证券市场历史较长、证券市场较为规范、投资者较为理性的国家，如美国。而证券市场历史较短、各种制度欠完善、投资者不够成熟的国家，则多采用核准制。

中国的股票发行实行核准制。发行申请需由保荐人推荐和辅导、发行审核委员会审核、中国证监会核准。在核准制下，证券发行审核委员会依法独立地审核股票发行申请，中国证监会根据发审委的审核意见，依法作出核准或不予核准的决定。保荐人有义务确保发行人符合发行上市的条件，并且在发行以后的一段时间内还负有督导发行人规范运作与信守承诺的义务。这一制度的安排，形成了市场各参与主体各司其职、各尽所能、各负其责、各担风险的责权关系。

（二）股票发行的类型

1. 初次发行

初次发行是指公司首次在发行市场上发行股票。初次发行一般都是发行人在满足必须具备的条件，并经证券主管部门审核批准或注册后，通过证券承销机构面向社会公众公开发行股票。通过初次发行，发行人不仅募集到了所需资金，而且完成了股份有限公司的设立或转制。

2. 增资发行

增资发行是指股份公司上市以后，为达到增加资本金的目的而发行股票的行为。公司增资的方式有：向社会公众发行股份、向现有股东配售股份、向特定对象发行股份、公司债转换为公司股份等。

(1) 向现有的股东配售股份,又称为配股。是指公司以一定的价格,按照股东所持股份的一定比例向现有股东出售股票。现有股东购买新发行的股份不能超过规定的数额,现有股东也有权放弃新股的购买。

(2) 向社会公众发行股票,又称增发。是指公司以一定的价格,向社会公众出售股票。投资者可以按照一定的程序申请购买股票,公司按照增发的数量和合格的申请数量,以及一定的规则确定可以购买股票的投资者和他们所能购买的股票数量。

(3) 非公开发行,也称定向发行。指股份公司向特定对象发行股票的增资方式。认购者可以按规定的时间和价格认购一定数量的股票,公司也可以对认购者的持股期间有所限制。这种增资方式会直接影响原股东的利益,须经股东大会特别批准。

(4) 可转债转换。公司如果发行了可转换债券,当转债持有人行使转换权利时,公司应按照可转换的股票数量向债券持有人支付股票,同时收回债券。通过这一过程,公司的负债减少了,同时增加了公司的股本。

(三) 股票的发行方式

按照发行对象的不同,可以分为公募发行和私募发行两种方式;按照是否有中介机构的介入,又可以分为直接发行和间接发行两种方式。

1. 按照发行对象分类

(1) 公募发行。公募发行是指向不特定的社会公众发行股票。在公募发行的情况下,任何合法的投资者都可以认购拟发行的股票。采用公募发行的优点是:可以扩大股票的发行量,筹资潜力大;可以申请在证券交易所上市,增加股票的流动性和公司的知名度;无须提供优厚的条件,发行人具有较大的经营管理独立性。其缺点是:发行程序比较复杂,发行费用高;需要向社会公开大量公司信息。

(2) 私募发行。私募发行是指向特定的少数投资者发行股票。私募发行的对象有两类:一类是公司的控股股东、实际控制人及其控制的企业或发行人的员工;一类是投资银行、投资基金、社会保险基金、保险公司、商业银行等大型金融机构,以及与发行人有密切往来关系的企业机构投资者。私募发行的手续简单,可以节省发行费用和发行时间;无须向社会公众公布公司信息,有利于投资策略的保密。其缺点是:投资者数量有限,证券流通性较差;公司必须向投资者提供高于市场平均水平的优厚条件;发行公司的经营管理易于受到干扰。

公募发行和私募发行各有优劣。公募发行是股票发行中最常见、最基本的发行方式。而在成熟的证券市场上,随着大量机构投资者的出现,私募发行也呈逐年增长的趋势。

2. 按照有无发行中介分类

(1) 直接发行。直接发行是指发行人直接向投资者发行股票的方式。这种方式可以节省向发行中介支付的手续费,但是如果发行额较大,由于缺乏专门的业务知识和广泛的发行网点,发行人要承担较大的发行失败的风险。这种发行方式只适用于向既定的发行对象发行,或发行人知名度高,发行数量较少,风险较低的股票。

(2) 间接发行。间接发行是指发行人委托证券公司等证券中介机构代理发行股票的方式。根据受托机构对发行责任的不同,可以分为承购包销发行、代销发行和余额包销发行。

1) 承购包销发行,是指受托的中介机构(承销商)以低于发行定价的价格将发行人拟发行的股票全部买进,再转卖给投资者。承销商承担股票无法销售完毕的风险,相应地获得股票销售的差价。

2) 代销发行,是指承销商许诺尽可能多地销售股票,但不保证能够完成预定的销售额。销售期满,将销售的金额和未销售完的股票全部交给发行人,承销商只获得中介费用,不承担股票无法销售完的风险。

3) 余额包销发行,是指承销商先履行代销的职责,如果销售期满,尚有未销售完的股票,承销商按照低于发行价的价格全部买进。

3. 我国现行的股票发行方式

我国的股票发行主要采取公开发行并上市方式,同时也允许上市公司在符合相关规定的条件下向特定对象非公开发行股票。根据规定,我国股份公司首次公开发行股票和上市后向社会公开募集股份,采取对机构投资者网下配售和公众投资者上网发行相结合的发行方式。

(1) 网下配售。根据规定,符合中国证监会规定条件的特定机构投资者(询价对象)及其管理的证券投资产品(股票配售对象)可以参与网下配售。询价对象可自主决定是否参与股票发行的初步询价,发行人及其主承销商应当向参与网下配售的询价对象配售股票。询价对象应承诺获得网下配售的股票持有期限不少于 3 个月。首次公开发行股票数量在 4 亿股以上的,可以向战略投资者配售股票。战略投资者是与发行人业务联系紧密,且愿长期持有发行公司股票的机构投资者。战略投资者应当承诺获得配售的股票持有期限不少于 12 个月。

(2) 网上发行。发行人及其主承销商应在网下配售的同时,对公众投资者进行网上发行。上网公开发行方式是指利用证券交易所的交易系统,主承销商在证券交易所开设股票发行专户作为卖方,投资者在指定时间内按现行委托买入股票的方式进行申购的发行方式。

(四) 股票发行价格

1. 股票发行价格类型

股票的发行价格是指新发行股票有偿发售时,投资者实际支付的价格。股票发行价格一般有以下几种:

(1) 平价发行。又称面额发行,是以股票面额为发行价格发行股票。由于股票上市后的价格往往高于面额,以面额发行可以使认购者得到溢价收益,因此投资者愿意认购。平价发行的方式较为简单,但缺点是发行人筹集的资金量较少,多在证券市场不发达的国家和地区实行。

(2) 溢价发行。是以高于股票面额的价格发行,高于面额的部分称为发行溢价,记入股份公司的资本公积金。溢价发行可以使发行人筹集到较多的资金。

(3) 折价发行。是指按照股票面额打一定的折扣作为股票的发行价格。这种方式很少使用,我国《公司法》规定股票发行价格不得低于股票面额。

2. 股票发行定价的方式

股票发行定价的方式是指决定股票发行价格的制度安排,主要有议价法、拟价法、竞价法、定价法等。

(1) 协商定价。在溢价发行股票的方式下,发行人和主承销商协商议定承销的价格和公开发行的价格,并报证券监管部门批准,承销价格和发行价格的差额就是承销商的报酬;也可以仅协商议定公开发行价格,并报证券监管部门批准,承销商按发行总额的一定比例收取承销费用。

(2) 一般询价方式。在对一般投资者上网发行和对机构投资者配售相结合的发行方式下,发行人和主承销商事先确定发行量和发行底价,通过向机构投资者询价,并根据机构投资者的申购情况确定最终发行价格,以同一价格向机构投资者配售和对一般公众投资者上网发行。

(3) 累计投标询价方式。这是根据不同价格下,投资者的认购意愿确定发行价格的定价方式。具体做法是:主承销商确定并公布发行价格区间,投资者在此区间内按照不同的发行价格申报认购数量,通过累计计算,主承销商得出不同价格的累积申购量,并根据超额认购倍数确定发行价格。

我国现行的做法是,首次公开发行股票以向询价对象询价方式确定股票发行价格。询价对象是符合条件的基金管理公司、证券公司、保险机构投资者、信托投资公司、财务公司、合格的境外机构投资者(QFII)等。询价分为初步询价和累计投标询价两个阶段。通过初步询价确定发行价格区间和发行市盈率区间,根据累计投标询价结果,确定发行价格和发行市盈率。

3. 股票发行定价方法

无论采取哪种定价方式,发行人和承销商都要事先商定一个发行价格区间。通常有以下几种估算方法:

(1) 市盈率法。市盈率是指股票的二级市场价格与每股净利润的比率,计算公式为

$$市盈率 = 股票市场价格 / 每股净利润$$

在市盈率法下,新发行股票的定价为

$$新股发行价格 = 经过调整后的预测每股净利润 \times 发行市盈率$$

发行市盈率一般是根据二级市场上同类公司的平均市盈率、发行人经营情况和成长性综合确定。

在市盈率法下,发行人和主承销商需要确定预测的净利润和发行市盈率两个因素。

(2) 可比公司竞价法。是主承销商通过对可比较的或具有代表性的同行业公司的股票发行价格和它们的二级市场表现进行分析比较,然后以此为依据估算发行价格的定价方法。

(3) 市价折扣法。是指发行公司和主承销商采用该股票一定时点上或时段内二级市场的价格的一定折扣,作为发行底价或发行价格区间的端点。这种方法只适合增资发行方式。

(4) 贴现现金流量法。是通过预测公司将来的现金流量,按照一定的贴现率计算公司的现值,从而确定股票发行价格的定价方法。这种方法需要预测公司未来的现金流量,在理论上是最好的方法,但在现实中要准确预测公司未来的现金流量是不可能的,

所以很难用此确定股票的发行价,更多的是以此为一个辅助指标,和别的方法结合使用。

二、股票流通市场

股票的流通市场又称为"二级市场"、交易市场,是指对已公开发行的股票进行买卖、转让、流通的市场。股票流通市场的存在保证了股票的流动性,为投资者提供了投资和变现的途径,保证了股票发行市场的正常运行。

股票流通市场按照组织程度不同,分为证券交易所和场外交易市场。与主板市场相对应的二板市场是20世纪股票流通市场的重要创新之一。

(一) 证券交易所

证券交易所是依据国家有关法律,经证券管理部门批准设立的证券集中交易的高度组织化的市场,是"二级市场"的主体,也是整个证券市场的核心。

证券交易所本身并不参与证券的买卖,只提供交易场所和服务,同时还兼有监管证券交易的职能。

1. 证券交易所的组织形式

(1) 公司制证券交易所。它是以股份有限公司形式设立的,并以营利为目的的法人团体,一般是由银行、证券公司、信托机构,以及各类民营公司共同出资建立。公司制的证券交易所本身的股票也可以流通转让。但任何成员公司的股东、高级职员、雇员都不能担任证券交易所高级职员,以保证交易的公正性。

(2) 会员制证券交易所。它是由会员自愿组成的、不以营利为目的的法人团体,一般由证券公司、投资银行等证券商组成。会员大会是权力机构,决定交易所的基本经营方针。理事会为执行机构。会员制证券交易所规定,只有会员才能进入交易大厅进行证券交易,其他人要买卖证券交易所上市的证券,必须委托会员进行。我国上海和深圳的证券交易所均实行会员制。

2. 证券交易所的上市制度

股票的上市就是证券交易所接纳某种股票在证券交易所市场上挂牌交易。股票上市以后可以扩大公司的知名度,有利于推动上市公司建立完善的治理结构,有利于公司进一步融资。对投资者来说,股票上市使得股票的买卖方便快捷,成交价格也较为合理,行情和公司信息也较易获得。

申请上市的股票必须满足证券交易所规定的一些条件,方可挂牌上市。各国对股票上市的条件和具体标准各有不同,即使是同一个国家,不同的证券交易所的上市标准也不尽相同。但是上市的标准一般包括以下几点:① 股票发行要达到一定的规模;② 满足股票持有分布的要求,私募股票通常因无法满足这个标准而不能上市;③ 发行人的经营状况良好等。

股票上市以后,如果不能满足证券交易所关于股票上市的条件时,它的上市资格可以被取消。交易所停止股票的上市交易,称为终止上市或摘牌。

3. 证券交易所的交易制度

股票在证券交易所内的交易又称为场内交易,投资者必须委托有入市资格的证券经纪商在交易所内代为买卖股票。为了保证股票交易的公开、公平、公正,高效有序地进行,证券交易所制定了交易原则和交易规则。

(1) 交易原则。证券交易必须遵循价格优先和时间优先原则:

1) 价格优先原则,是指价格最高的买方报价与价格最低的卖方报价优先于其他一切报价而成交。

2) 时间优先原则,是指在买入或卖出的报价相同时,在时间序列上,按报价先后顺序依次成交。先后顺序按证券交易所主机接受申报的时间确定。

此外,如交易所内有经纪商兼自营商的,应该遵循客户优先的原则。即应该优先执行客户的委托指令,再进行自营交易。

(2) 交易规则。交易规则保证了股票交易高效、有序地进行。证券交易所的主要交易规则有:

1) 交易时间。交易所有严格的交易时间,在规定的时间内开始和结束集中交易活动。各国证券交易所根据本国工作日和工作时间确定交易时间。有的交易所开前后两市,午前营业时间为前市,午后营业为后市,有的交易所则只开一市。我国的上海和深圳证券交易所都是开两市。

2) 交易单位。交易所规定每次申报和成交的交易数量单位,一个交易单位称为"一手",委托买卖的数量通常为一手或一手的整数倍,数量不足一手的股票称为零股。我国上海和深圳证券交易所规定股票每 100 股为一手,零股可以一次性卖出,但不得买入。

3) 价位。交易所规定每次报价的价格最小变动单位。各证券交易所规定的价位不尽相同,我国上海证券交易所规定,A 股的价位为 0.01 人民币,B 股的价位为 0.001 美元;深圳证券交易所规定,A 股的价位为 0.01 人民币,B 股的价位为 0.01 港元。

4) 报价方式。传统的股票交易采用口头报价并辅以手势,现代证券交易所多采用电脑报价方式。

5) 价格决定方式。除了美国纽约证券交易所以外,大部分证券交易所都是指令驱动市场,即经纪人根据投资者的委托指令在证券交易所按连续、公开竞价方式形成证券价格,当买卖双方在价格上一致时,便立即成交,并形成成交价格。按照价格的形成在时间上是否连续,又可以分为集合竞价和连续竞价方式。

我国的上海和深圳证券交易所,采取开盘价由集合竞价产生,交易日其他价格由连续竞价方式产生的制度,集合竞价过程中没有成交的委托,自动进入连续竞价过程。

在集合竞价方式下,证券交易所的电脑主机将一定时间内收到的所有交易委托集中起来,进行一次性的撮合处理,在有效价格范围内选取使所有有效委托产生最大成交量的价位为成交价。所有高于此价格的买方报价和低于此价格的卖方报价都以此价格成交,该成交价即为开盘价。集合竞价中未能成交的委托,自动进入连续竞价。

在连续竞价方式下,证券交易所的电脑主机在交易时间内,对委托报价按照价格优先、时间优先的原则排序。当新进入一笔买进委托时,若委托买价大于等于已有的委托卖价,则按委托卖价成交;当新进入一笔卖出委托时,若委托卖价小于等于已有的委托买价,则按委托买价成交。若新进入的一笔委托无法成交时,则继续按照价格优先、时间优先的原则排序等待。这样循环往复,直至收市。各个证券交易所对股票收盘价的规定有所不同。我国上海证券交易所的收盘价为当日该证券的最后一笔交易前1分钟所有交易的成交量加权平均价(含最后一笔交易)。深圳证券交易所以集合竞价方式产生收盘价。

6) 涨跌幅限制制度。涨跌幅限制制度,即涨跌停板制度,是指规定一种股价或整个股价指数在每个交易日上涨和下跌最大限度的制度安排,目的在于防止股价的暴涨暴跌,保护投资者的利益。各个交易所可以根据情况制定涨跌幅限制,我国上海和深圳证券交易所规定,在交易所交易的股票(除了ST类)除首日上市以外,在一个交易日内,每只股票的交易价格在上一个交易日收盘价的上下10%浮动。ST类股票的交易价格在上一个交易日收盘价的上下5%浮动。

7) 交易委托种类。证券交易委托是投资者通知经纪人进行证券买卖的指令,其主要种类有市价委托和限价委托。市价委托是指委托人自己不确定价格,而委托经纪人按市场上最有利的价格买卖证券。限价委托是指委托人给定一个价格限制,经纪人按照规定价格或更有利的价格进行证券买卖。具体说,对于买进委托,成交价不能高于限定价格;对于卖出委托,成交价不能低于限定价格。

8) 大宗交易。在证券交易所进行的证券单笔买卖达到交易所规定的最低限额,可以采用大宗交易方式。我国大宗交易由买卖双方采用议价协商的方式确定成交价,并经证券交易所确认后成交。大宗交易的成交价格不作为该证券当日的收盘价,也不纳入指数计算,不计入当日行情,成交量在收盘后计入该证券的成交总量。我国规定,大宗交易在收盘后半小时内进行,成交价格由买卖双方在当日涨跌幅价格限制范围内或在当日竞价时间内已成交的最高和最低成交价格之间。

9) 结算。股票买卖成交以后,就进入清算和交割的结算阶段。证券结算包括清算和交割交收两个步骤。清算是指对证券和资金的应收、应付净额进行处理和计算的过程;交割交收是指根据清算结果对相应的资金、证券收付的过程,其中,证券的收付称为交割,资金的收付称为交收。证券结算采取分级结算制度,即分为证券登记结算机构与证券公司之间的一级结算和证券公司与客户之间的二级结算。前者采用净额清算制;后者根据交易所的规定不同,在成交以后若干天内结算,成为 $T+n$ 制,n 代表了成交以后多少天内可以结算完毕,有 $T+0$、$T+1$、$T+2$ 等。

(二) 场外交易市场

场外交易市场是相对证券交易所市场而言的,凡是在证券交易所以外的股票交易活动都可以称为场外交易。由于这种交易方式最早是在证券公司的柜台上进行的,因而也称为柜台市场。场外交易市场有以下的特征:

(1) 场外交易市场是一个分散的、没有固定交易场所的无形市场。它由许多各自独立的证券公司分别交易,而且主要依靠电话和计算机网络联系成交。

(2) 场外交易市场是一个以交易未能在证券交易所上市的股票、定期还本付息的债券和开放型基金为主的市场。

(3) 场外交易市场是一个交易商报价驱动的市场。在场外交易市场上,采用证券公司与客户直接进行交易的方式,由证券公司同时报出同种证券的买价和卖价,并根据投资人是否接受而加以调整。

(4) 场外交易市场是一个管理较为宽松的市场。场外市场分散,没有统一的章程,不易管理和监督,其交易效率也不及交易所市场。

场外交易市场为已发行而未能上市的证券提供了流通转让的机会,是证券交易所市场的必要补充,是二级市场的重要组成部分。

(三) 二板市场

二板市场的正式名称为"第二交易系统",也有人称为创业板市场,是与现有的股票交易所市场,即主板市场相对应的概念。例如,美国的 NASDAQ 市场、伦敦 AIM 市场、欧洲 EASDAQ 市场、欧洲 EUROUM 市场、新加坡 SESDAQ 市场、台湾的 OTC 市场、吉隆坡 KLSE 市场、中国香港的创业板市场等,其中尤以美国的 NASDAQ 市场运行最成功。二板市场有以下特点。

1. 上市标准低

由于二板市场多是面向新兴的中小企业和高科技企业,因此其上市的规模和盈利条件都较低,大多数对盈利没有要求。

2. 报价驱动市场

报价驱动市场又称为做市商制度,是指做市商同时报出同一种股票的买卖价格,投资者可以直接与做市商进行交易,做市商负责维持股票的买卖,并且随时调整价格。二板市场多采用做市商制度,做市商是承担某一只或某几只股票买进和卖出的独立交易商。他们一方面为投资者报价,直接与投资者交易;一方面接受客户的限价委托,代为完成交易。

3. 电子化交易

二板市场多采用高效率的电脑交易系统,无需交易场地。二板市场为极具发展潜力的中小企业提供了融资支持、为风险投资的退出提供了渠道。二板市场作为 20 世纪流通市场的一项创新,大大地丰富了资本市场,进一步完善了资本市场体系。

最为成功的二板市场是美国的 NASDAQ 市场。但很多二板市场的企业规模较小,市场价格难以确定,投资风险较大,交易较清淡。而且,上市的企业多为新兴公司,缺乏长期的业绩历史,上市限制较少又使得二板市场风险较大。欧洲、日本、韩国、中国香港的二板市场都不甚成功,其中的经验和教训值得我们借鉴。

(四) 中小企业板块

我国为发展中小企业,为其提供重要的融资渠道,特意在深圳交易所设立了中小企业板块。我国的中小企业板块不是独立的二板市场,而是深圳证券交易所市场的一部分。在中小企业板块上市的公司,主要是主业突出、具有成长性和科技含量的中小企业。中小企业板块运行所遵循的法律、法规和部门规章与主板市场相同,发行上市条件和信息披露要求也与主板相同。中小企业板块与主板市场也有所不同,它有独立的运行系统、监察系统、股票代码和股票指数。

我国还设有代办股份转让系统,即三板市场。这是为非上市股份有限公司和退市公司提供股份转让服务的平台。

第三节 股票投资的收益与风险

人们投资股票的目的是为了获得收益。股票的投资是当期发生的,而收益却是将来发生,在当期无法确定的。股票收益的不确定性即为股票的投资风险。收益和风险是并存的,通常收益越高,风险越大。投资者在进行股票投资时,只能在收益和风险之间加以权衡,即在风险相同的股票中选择收益较高的,或在收益相同的股票中选择风险较小的。

一、股票投资收益

股票的投资收益是指投资者从买入股票开始到出售股票为止整个持有期的收入,它由股息收入、资本利得和公积金转增股本的收益组成。

(一) 股息收入

股息是指股东在持有股票期间从发行公司分取的盈利。股息的来源是公司的税后净利润,优先股股东按照事先规定的方式优先分得股息,而普通股股东则根据公司的分配政策,在优先股股东之后获得股息。

常见的股息形式有以下两种:

(1) 现金股息。现金股息是指以货币形式派发的股息和红利,是最普通、最基本的股息形式。

(2) 股票股息。股票股息是指以股票的方式派发的股息,公司通常用新增发的股票或一部分库存股票作为股息派发给股东。

两者的区别在于,现金股息将未分配利润直接分配给股东。股票股息的来源是未分配利润,公司将未分配利润转化为股本,即减少未分配利润,增加股本。通过分配,投资者持有股票增加,股票市值也可能上升。现金股息会减少公司的资金,而股票股息只是调整了资本的结构。投资者要实现现金收入,须将分得的股票股息出售变现,收益的多少受股票市场价格的影响。

(二) 资本利得

股票具有流通性,股票的持有者可以在股票流通市场将股票转让给他人,从而获得现金收入。投资者买入股票和卖出股票的差价收入就是资本利得或称资本损益。当股票的卖出价高于买入价时,为资本收益;当股票的卖出价低于买入价时,为资本损失。资本利得主要受到股票市场价格变动的影响,与公司的经营业绩、宏观经济运行态势、投资者的预期和心态、市场的供求关系等都有很大的关系。

(三) 公积金转增股本收益

公积金转增股本是指公司将提取的公积金在法律规定范围之内转为股本,按股东的持股比例派送红股或增加每股面值。公积金转增股本以后,股票的交易价格会有所变化,投资者持有的股票的总市值也有可能发生变化。当持有的股票总市值高于原来股票的总市值时,投资者就获得了公积金转增股本的收益。投资者要实现现金收益,需将转增股份变现。

(四) 股票的收益率及其计算

衡量股票投资收益水平的指标,主要有股利收益率、持有期收益率和股份变动后持有期收益率等。

1. 股利收益率

股利收益率又称获利率,是指股份公司以现金形式派发的股息与股票买入价的比率。用公式表示为

$$股利收益率 = \frac{D}{P_0} \times 100\%$$

式中,D 为现金股息;P_0 为股票买入价。

[例 4.1] 某投资者以 10 元 1 股的价格买入 X 公司股票,持有一年分得现金股息 1 元,则

$$股利收益率 = 1 \div 10 \times 100\% = 10\%$$

2. 持有期收益率

持有期收益率,是指投资者持有股票期间的股息收入与资本利得之和占股票买入价格的比率。由于持有期收益率没有考虑时间的长短,因此在与其他投资收益率作比较时,应该将其年利率化。用公式表示为

$$持有期收益率 = \frac{D + (P_1 - P_0)}{P_0} \times 100\%$$

式中,D 为现金股息;P_0 为股票买入价;P_1 为股票卖出价。

[例 4.2] 假设[例 4.1]中的投资者在分得现金股息 3 个月后,将股票以 11 元的价格出售,则

$$持有期投资收益率 = \frac{1 + (11 - 10)}{10} \times 100\% = 20\%$$

3. 股份变动后持有期收益率

投资者在买入股票后,有时会发生该股份公司进行股票分割、送股、配股、增发等导致股份变动的情况,股份变动会影响股票的市场价格和投资者持有的股票数量,因此有必要在股份变动以后作相应的调整,以计算股份变动后的持有期收益率。用公式表示为

$$股份变动后持有期收益率 = \frac{Z_A + D_A}{P_A} \times 100\%$$

式中,D_A 为调整后的现金股息;P_A 为调整后的购买价格;Z_A 为调整后的资本利得。

[例 4.3] 在[例 4.1]中,投资者买入股票并分得现金股息以后,X 公司以 1∶2 的比例拆股。拆股决定公布以后,X 公司股票的市场价格上涨到 12 元 1 股,拆股后的市价为 6 元 1 股,若投资者此时出售股票,则应该对持有期收益率进行调整为

$$\text{股份变动后持有期收益率} = \frac{(6-5)+0.5}{5} \times 100\% = 30\%$$

(五) 股票组合收益率

当投资者购买多种股票构成股票投资组合时,就应该计算股票的组合收益率。股票的组合收益率就是组合中各种股票收益的加权平均收益率。其计算公式为

$$R_P = \sum_{i=1}^{n} r_i w_i$$

式中,R_P 为股票投资组合的收益率;r_i 为各种股票的收益率;w_i 为各种股票价值占投资组合总价值的比重;n 为股票投资组合中股票的种类。

[例 4.4] 某投资者持有 A,B,C,D 4 种股票,组成一个投资组合,这 4 种股票价值占投资组合总价值的比率分别为 10%,20%,30%,40%,它们的收益率分别为 8%,9%,10%,11%。则该组合的收益率为

$$R_P = 0.1 \times 8\% + 0.2 \times 9\% + 0.3 \times 10\% + 0.4 \times 11\% = 10\%$$

二、股票投资风险

股票投资是高风险投资,股票投资风险是股票投资收益的不确定性。在股票投资过程中,投入的本金是一定的,而收益的获得却是发生在未来,其数额是不确定的。在持有股票的期间,投资人必须承担收益变动的风险。

与股票投资相关的所有风险统称为总风险,总风险可以分为系统风险和非系统风险两大类。

(一) 系统风险

系统风险是指由于某种全局性的因素引起的股票投资收益可能的变动,这种因素对市场上所有的股票收益都产生影响。在现实中,所有发行股票的公司都会受到一些共同因素的影响,这些因素包括社会、政治、经济等各个方面的变动。由于这些因素来自公司外部,是公司无法控制和回避的,因此又称为不可回避风险。这些因素会对公司产生不同程度的影响,投资者不能通过组合投资而分散,因此也可以称为不可分散风险。系统风险主要包括政策风险、市场风险、利率风险和购买力风险四种。

1. 政策风险

政策风险是指政府有关股票市场的政策发生重大的变化或是有重要的法规、举措出台,引起股票市场的波动,从而给投资者带来的风险。

股票市场作为资本市场的主要组成部分,对一国的金融秩序有着重要的影响,各国政府无不对本国的股票市场加强管理。政府会综合运用法律手段、经济手段和必要的行政管理手段引导股票市场健康、有序的发展。而这些手段的运用往往会对整个股票市场造成广泛的影响。一般说来,股票市场法律制度健全的国家,市场运行按照完善的法规、制度进行,市场发展较为健康,政府较少运用政策手段干预市场,因此投资的政策风险较小;而股票市场法律制度还不够完善的国家,政府会更多地运用政策手段干预市场,投资的政策风险就较大。一旦出现政策风险,市场上几乎所有股票都会受到影响,

因此属于系统风险。

2. 市场风险

市场风险是指由于股票市场的长期趋势发生了改变而引起的风险。这种长期趋势可以通过对股票价格指数或股价平均数来分析。

股票市场变动受到多种因素的影响,但是决定性的因素是宏观经济的变化。宏观经济的变化体现了一个国家或地区总体经济运行周期的变化,往往会影响整个国家或地区的各个行业和企业。所有股票都会受到宏观经济变化的影响,但是,股票的价格变动并不一定与宏观经济的变化同步,往往存在提前效应。通常,在宏观经济刚出现衰退迹象的时候,股价指数就已经开始下跌;股价指数通常又能领先于宏观经济走出低谷。造成这一现象的部分原因是存在投资者的心理预期。

市场风险是无法回避的,投资者无法通过组合投资的方法回避市场风险,可以做到的是判断大的行情趋势,并且顺势而为。

3. 利率风险

利率风险是指市场利率变动引起股票投资收益变动的可能性。市场利率与股票价格呈反方向变动,即利率提高,股票价格水平下跌;利率下降,股票价格水平上升。无论是利率管制还是利率开放,一国或地区的中央银行都将利率政策作为重要的货币政策工具。同时,在利率开放的国家和地区,市场利率又会随金融市场的资金供求关系而变动。而利率的变化会影响公司的融资成本,进而影响其利润,最终影响股票价格。利率变化也会改变投资者对投资工具的选择,影响股票市场的供求关系和股票价格。利率风险是各个公司无法回避的,也是系统风险之一。

4. 购买力风险

购买力风险又称为通货膨胀风险,是由于通货膨胀、货币贬值给投资者带来的实际收益水平下降的风险。在通货膨胀情况下,物价普遍上涨,企业生产经营的外部条件恶化,股票市场也会受到影响,因此购买力风险也是难以回避的。在通货膨胀下,股票的价格也会上涨,投资者的货币收益会增加,但股票价格的上涨一般没有通货膨胀率高,而实际收益率=名义收益率-通货膨胀率,这时投资者的实际收益率是下降的。在恶性通货膨胀下,整个经济活动都受到影响,股票市场的价格水平也会下降。

(二) 非系统风险

非系统风险是指只对某个行业或某个公司的股票产生影响的风险。它通常是由某种局部的、特殊的因素引起的,只对个别或少数股票的收益产生影响,而不会对整个股票市场的价格产生影响。由于非系统风险可以通过多样化的组合投资加以分散,因此又称为可分散风险。股票的非系统风险包括经营风险、财务风险和信用风险等。

1. 经营风险

经营风险是指由于公司经营状况变化,引起盈利水平改变,从而产生投资者收益率下降的可能。经营风险可能是由公司经营决策失误、管理混乱导致的,也有可能是由公司以外的客观因素引起的,如政府产业政策的调整、市场情况发生变化等,但经营风险主要是来自公司内部的决策失误或管理不善。股票的收益取决于公司的盈利情况,经营风险会导致公司盈利的下降,从而对股票的收益造成影响。

2. 财务风险

财务风险是指公司财务结构不合理、融资不当,而导致投资者收益下降的风险。公司往往是负债经营,通过负债可以提高财务杠杆率。当公司的收益率高于负债利息率时,可以提高股东的投资收益率;但当公司的负债决策失误,即公司的收益率低于负债利息率时,公司股东的收益率就会降低。严重时,公司会因为负债无法偿还导致财务危机,甚至破产,公司的股东就可能血本无归。

3. 信用风险

信用风险是指公司发行的证券到期无法还本付息,而使投资者遭受损失的风险。股票没有还本的要求,普通股票也没有固定股息,但是同样有信用风险。不仅优先股票的股息有可能缓付、少付,甚至不付,而且在公司不能按期偿还债务时,公司的股票价格会大幅度下跌,如果公司资不抵债,公司的股票将一文不值。

(三)股票投资风险的衡量

1. 单一股票风险的计算

股票投资的风险是股票投资收益的不确定性,对股票投资风险的计量是计算股票投资收益变动的范围和程度。在概率论中,随机变量的离散程度可以用随机变量的方差和标准差来表示,一般用股票收益的方差和标准差衡量股票的投资风险。股票的未来收益率是一个离散的随机变量,未来的收益率有一定的概率分布,可以根据收益率的概率分布计算出股票的预期收益率,又可以根据股票的预期收益率和概率分布计算出股票收益率的方差和标准差。

股票的预期收益率计算公式为

$$ER = \sum_{i=1}^{n} P_i R_i$$

式中,ER 为股票的预期收益率;R_i 为股票在第 i 种情况下的收益率;P_i 为发生第 i 种情况的可能性。

[例 4.5] 某公司收益上升、持平、下降的可能性分别为 20%,50%,30%,相对应的股票收益率分别为 15%,12%,10%。则该公司股票的预期收益率为

$$ER = 0.2 \times 15\% + 0.5 \times 12\% + 0.3 \times 10\% = 12\%$$

股票收益率方差和标准差的计算公式为

$$V = \sum_{i=1}^{n} P_i (R_i - ER)^2$$
$$\sigma = \sqrt{V}$$

式中,V 为股票收益率的方差;σ 为股票收益率的标准差。

[例 4.6] 上例中股票的方差为

$$V = \sum_{i=1}^{3} P_i (R_i - ER)^2 = 3$$

标准差为

$$\sigma = \sqrt{V} = 1.732\%$$

2. 股票组合风险的计算

当投资者投资多种股票时,股票组合的收益率是各种股票收益率的加权平均数,而股票组合的风险计算则需要考虑各种股票收益率之间的关系。有的股票收益率之间呈现正的相关关系,即两种股票收益率上升和下降是同向的;有的股票收益率之间呈现负的相关关系,即两种股票收益率的变化方向是相反的。同时,相关的程度也不一样,有的相关程度大,有的相关程度小。这种股票收益率之间的相关关系可以用协方差表示。投资组合风险的计算公式为

$$\sigma_p^2 = \sum_{i=1}^{n} \sum_{j=1}^{n} X_i X_j Cov_{ij}$$

式中,σ_p^2 为股票组合收益率的方差;X_i 为股票 i 在组合中的投资比重;X_j 为股票 j 在组合中的投资比重;Cov_{ij} 为股票 i 与股票 j 的协方差;n 为股票组合中的股票种类。

[**例 4.7**] 一个股票组合中有 A,B 两种股票,在组合中的比例分别为 40%,60%。$Cov(A,B) = -0.1$,A,B 两种股票的收益率方差分别为 0.4,0.5,则股票组合收益率的方差为

$$\begin{aligned}\sigma_p^2 &= 0.4 \times 0.4 \times 0.4 + 0.4 \times 0.6 \times (-0.1) + 0.6 \times 0.4 \times \\ &\quad (-0.1) + 0.6 \times 0.6 \times 0.5 \\ &= 0.196\end{aligned}$$

3. 系统风险的计算

方差和标准差是计算单一股票或股票组合总风险的指标。总风险可以分解为系统风险和非系统风险,由于非系统风险可以通过组合投资加以分散,市场不对非系统风险提供补偿,因此系统风险的计量十分重要。

系统风险一般用 β 值衡量。β 值是用以衡量一种股票的收益率随整个股票市场收益率变动反应程度的相对指标。为计算简便,可以用某一综合股价指数收益率代表整个市场的收益率。因为综合股价指数包含大多数有代表性的上市股票,甚至包含了所有的上市股票,它的非系统风险趋向于零,只剩下系统风险。因此,根据综合股价指数收益率计算的某一股票的 β 值,可以作为衡量该股票系统风险的指标。计算公式为

$$\beta_i = \frac{Cov_{r_i r_m}}{\sigma_m^2}$$

式中,r_i 表示股票 i 的收益率;r_m 表示综合股价指数的收益率;$Cov_{r_i r_m}$ 表示 r_i 与 r_m 的协方差;σ_m^2 表示综合股价指数的方差。

β 大于 1 时,表示该股票的系统风险大于股票市场平均水平;小于 1 时,表示该股票的系统风险小于股票市场平均水平;等于 1 时,表示与股票市场平均风险相同。

股票组合的 β 值等于组合中各股票 β 值的加权平均数。用公式表示为

$$\beta_p = \sum_{i=1}^{n} w_i \beta_i$$

式中，β_p 为股票组合的 β 值；β_i 为各股票的 β 值；w_i 为各股票的市值占投资组合总市值的比重；n 为投资组合中股票的种类数。

三、股票投资收益与风险的关系

在股票投资中，收益和风险是共存的，收益以风险为代价，风险用收益来补偿。收益与风险的基本关系是：收益与风险相对应。也就是说，风险较大的股票，投资者要求的收益率也较高；风险较小的股票，投资者要求的收益率也较低。但是，决不能盲目地认为风险越大，收益率就一定越高。风险与收益率的基本关系只是解释了风险与收益的内在本质关系，即：预期收益率＝无风险利率＋风险补偿。其中的风险补偿只是对单个证券或组合证券系统风险的补偿。也就是说，投资中含有的系统风险越大，应该得到的风险补偿就越大，而其含有的非系统风险则不会获得补偿。在资本资产定价模型（CAPM）中，预期收益率表示为

$$R_i = R_f + \beta(R_m - R_f)$$

式中，R_i 为股票的预期收益率；R_f 为无风险利率；R_m 为市场收益率；β 为股票的 beta 值。

现实中没有真正的无风险利率，一般用短期国库券的利率代替。股票的 β 值反映股票的系统风险程度，是指股票收益率的变动相对于市场收益率变动的程度。

CAPM 模型反映了股票投资收益与风险的关系，但是否能够准确地衡量股票的预期收益率，在理论上还有争论。

以上是从单个股票，或者股票组合的角度讨论了股票的收益和风险。而股票的收益和风险最终都将由股票的价格来反映，整个股票市场的收益和风险是由股票价格指数反映的。

第四节 股票的价格与价格指数

股票价格是投资者最为关心的指标，因为股票的投资收益直接取决于股票价格，所有关于公司的有利和不利因素都将反映在股票价格上。股票价格受到多种因素的影响，经常处于波动之中。股票价格指数是反映股票市场价格平均水平和变动趋势的指标，是对整个股票市场行情的一种反映。

一、股票的理论价格

（一）股票定价的原理

股票是一种有价证券，其价格应该由其价值决定，但是股票本身并没有价值，它只是一种纸制的凭证或电子符号。股票是所有权凭证，它可以给股东带来股息收入。正是这种未来的现金流使得股票有了价格，理论上，股票价格应该是其未来各期现金流的

现值之和。也就是说,将投资者未来可以得到的现金按照一定的折现率进行折现后,就可以得出股票的理论价格。

(二) 股票定价模型

股票定价最常用的方法是收入资本化定价方法。即将投资者预期的未来各期的现金收入进行贴现,并将现值加总,进而得出股票的内在价值。

用公式表示,股票的内在价值(V)等于各期预期现金流量的现值和,即

$$V = \frac{D_1}{(1+r)} + \frac{D_2}{(1+r)^2} + \frac{D_3}{(1+r)^3} + \cdots = \sum_{t=1}^{\infty} \frac{D_t}{(1+r)^t}$$

式中,D_t 表示在时间 t 时股票的预期现金流量;r 表示与一定风险相对应的贴现率,可以理解为必要的收益率。

由于股票的现金流量主要是预期的未来股息收入,因此用收入资本化定价方法决定的股票内在价值的模型,被称为股利贴现模型。为股票定价的关键在于预测未来的股利收入,由于股票没有固定期限,这就意味着必须预测无限时期的股利收入。为了简便计算,人们根据预期股利的变化,设计了不同的股票定价模型,最常见的是零增长模型。

股票投资的现金流量分为两部分,一部分是各期分得的现金股利,另一部分是出售股票的价格。零增长模型假设未来的股利按固定的数量支付,股利增长率为零。用公式表示为

$$P = \frac{D_1}{(1+r)} + \frac{D_2}{(1+r)^2} + \cdots + \frac{D_n}{(1+r)^n} + \frac{P_n}{(1+r)^n}$$

式中,P 表示股票现在的理论价格,即内在价值;D 表示每股现金股利;r 表示贴现率;P_n 表示股票的出售价格;n 表示持有股票的年限。因为

$$P_n = \frac{D_{n+1}}{(1+r)^{n+1}} + \frac{D_{n+2}}{(1+r)^{n+2}} + \cdots + \frac{D_\infty}{(1+r)^\infty}$$

$$D_1 = D_2 = \cdots = D_\infty$$

所以,零增长模型可以转化为

$$P = \frac{D}{r}$$

式中,D 表示每期不变的现金股利收入。

在零增长模型中,股票的理论价格取决于每股现金股利和贴现率。现金股利越高,股票的理论价格越高;现金股利越低,股票的理论价格也越低。贴现率,即必要的收益率越高,股票理论价格越低;贴现率越低,股票理论价格越高。

二、影响股票价格的因素

股票的市场价格总是在不断地波动之中,引起股票价格变动的直接原因是供求关系的变化,在供求关系的背后还有一系列更深层的原因。公司本身的经营情况、重要的

决策,以及涉及公司的重大事件等构成了影响公司股票价格的微观因素。而经济周期的变动、宏观经济政策的选择、市场的总体情况、重大的政治经济事件等对公司股票价格的影响,则是宏观因素。

(一) 微观因素

影响公司股票价格的微观因素很多,其主要方面有以下几种。

1. 盈利状况

判断一个公司经营状况好坏,最重要的是看公司的盈利状况。公司的盈利状况包括两个方面,一是利润总额,二是利润率。通常需要将这两者结合起来,才能比较准确地判断公司的盈利状况。一个公司同时具有较高的利润总额和利润率时,一方面表明其经营业绩较好,拥有较多的可供分配的资金,派发股息的可能性大;另一方面表明管理效率较高,未来的业绩增长较有保障。这将会增强投资者的信心,会增加对公司股票的需求,从而提升股票价格。反之,如果公司的盈利状况不佳,投资者就会失去投资信心,减少对公司股票的需求,从而使股票价格下跌。值得注意的是,公司的盈利状况一般只有在披露财务报告时,投资者才能了解,而股票价格的变动往往在财务报告发布之前就发生了。这主要是投资者对公司财务信息进行了提前预期。

2. 公司的派息政策

公司的派息政策会直接影响股票价格。股息与股票的价格成正比,通常股息高,股价涨;股息低,股价跌。股息来自公司的税后盈利,不仅取决于盈利水平,还取决于公司的派息政策。公司会根据企业的情况采取不同的派息政策,有时为了将来的发展,会将当年的盈余留在企业用于扩大再生产而不派发给股东,股东当年的收入会减少,但将来的收入将增加;有时公司因没有好的投资项目,就会将盈余派发给股东。此外,公司对股息的派发方式(如派发现金股息,还是派送股票股息或是在送股的同时再派发现金股息)也会影响股票的价格。实际上,每年在公司公布分配方案到除息、除权前后,通常是股价波动最大的阶段。

3. 增资和减资

公司通过增发股票增加资本金,往往会在二级市场上引起股票价格的大幅度波动。这是因为公司增发股票,虽然增加了公司可供支配的资金,但是资金必须投入到项目中,并产生较高的效益以后,公司的价值才会增加,在这之前公司的每股收益会摊薄。如果将来公司使用增量资金取得的收益较好的话,公司的价值会提升,每股价值高于增发前每股价值时,股票价格就会超过增发前的价格。如果公司通过回购的方式减资的话,短时期内,由于股票的数量减少,股票的价格会上升;但从长期看,由于公司的资金减少,投资受到限制,将来公司的增长可能会减缓,股票的价格有可能下跌。

4. 公司管理层的变动

公司管理层的变动会影响公司的经营管理,影响公司的管理效率和生产效率。管理层可以视为公司的无形资产,它的好坏直接影响公司的效益。因此,公司管理层的变动会引起投资者的猜测,从而引起股票价格的波动。

5. 公司兼并与重组

公司有可能被别的公司收购兼并,在当市场上有人要购并公司时,往往会造成公司股票价格大幅度上涨,这是因为有人在市场上大量买进被收购公司的股票。公司也有可能兼并其他的公司,这时收购方的股票价格也会波动,但兼并对收购方是否有利,决定了收购方股票价格的变动方向。

公司的重组也会影响公司股票的价格,具体变动取决于重组能否给公司带来实际的和长远的利益。

(二) 宏观因素

1. 宏观经济

宏观经济状况是股票市场的背景,也是影响股票价格的重要因素。其对股票价格的影响是广泛和深远的。

(1) 经济增长。一个国家或地区的经济能否持续稳定地保持一定的发展速度,是影响股票价格能否稳定上升的重要因素。一个国家或地区的经济发展状况,主要用国民生产总值的增长来衡量。当国民生产总值能够保持一定的增长速度时,说明经济运行良好,一般来说大多数企业经营状况也较好,它们的股票价格会上升;反之,股票价格会下降。股票价格与经济增长之间的关系是一种长期关系,并非股票价格在经济增长期间就不会下跌。

(2) 经济周期。经济发展是有周期规律的。当经济处于高速发展阶段,大多数的行业和公司发展较好,投资者对公司的信心较强,公司股票的价格提升得就较快;当经济处于低迷阶段,大多数的行业和公司发展不好,利润及利润率下降较多,投资者对投资失去兴趣,抛售股票离开市场,造成公司股票价格下跌。值得注意的是,周期与股票价格的变动并不一定同步,股票价格往往先于经济周期变动。这主要是投资者进行了预期,对经济的周期变化作了事先的反应。

2. 经济政策

一国或地区的经济政策会直接影响所在国家或地区,甚至地区以外的经济状况。通常的经济政策包括货币政策、财政政策、就业政策、产业政策、对外贸易政策、汇率政策等。这些政策都会直接影响一国或地区的经济状况,而公司的业绩直接受经济政策和经济状况的影响,股票的价格自然会有所表现。

3. 通货膨胀

通货膨胀对股票价格的影响较为复杂,它既有可能刺激股票价格上涨,也有可能促使股票价格下跌。在通货膨胀初期,公司会因为产品价格的上涨而增加利润,从而增加可以分派的股息,刺激股票价格上涨。而其他固定收益证券因为通货膨胀,而使实际收益率下降,投资者为了保值,会购买股票,股价也会上涨。但是当通货膨胀严重时,公司会因为成本上升,使其利润下降,并引起股票价格下降。若通货膨胀到了恶性的程度,社会经济秩序混乱,使公司无法正常经营,股票价格将急剧下跌。

(三) 政治因素

政治因素会对股票价格产生很大影响,而且往往是难以预料的。战争、突发的政治事件会造成未来极大的不确定性,往往导致股票价格的长期低迷。重要的政策、法规,特别是针对股票市场政策、法规的制定和发布也会造成股票价格的大幅度变动。

(四) 心理因素

投资者的预期是影响股票价格的重要因素。投资者的从众心理和羊群效应有时会引起股票价格的非正常性波动。如果投资者都对股市抱乐观的态度,会有意无意地夸大有利因素和一些朦胧利好,而忽视不利的因素,这时股票价格就会上涨。相反,当投资者对市场充满着悲观情绪时,利好消息也不被注意,而利空消息则有可能被夸大,此时股票价格会持续下跌。

(五)违法投机因素

股市中有些人利用资金和信息的优势,通过内幕交易、操纵股票价格,从中牟利。内幕交易、操纵股票价格在各国普遍被禁止,是一种违法的行为。

(六)制度因素

股票发行制度和交易制度对股票价格有明显的影响。例如,有的证券交易所制定了股票价格的涨跌幅限制,股票在单个交易日只能在一定的范围内浮动。

三、股价平均数和股价指数

股价平均数和股价指数是衡量股票市场总体价格水平及其变动趋势的尺度,也是反映一个国家或地区政治、经济发展状况的灵敏信号。

(一)股票价格平均数

股价平均数采用价格平均法,用来度量所有样本股经过调整以后的平均价格水平,可以分为简单算术股价平均数、加权股价平均数和修正股价平均数。

1. 简单算术股价平均数

简单算术股价平均数是用样本股票每日的收盘价格之和除以样本数。其公式为

$$\overline{P} = \frac{\sum_{i=1}^{n} P_i}{n}$$

式中,$\overline{P}$ 为平均股票价格;P_i 为各样本股票的收盘价格;n 为样本股票个数。

简单算术股价平均数的优点是计算简便,但没有考虑样本股票的拆股、送配股等股份变动和样本股票更换时对股价平均数的影响,也没有考虑发行量或成交量对股价平均数的影响。为了克服它的缺点,可以通过加权股价平均数和修正股价平均数来弥补。

2. 加权股价平均数

加权股价平均数是将各样本股票的发行量或成交量作为权数计算的股价平均数。其计算公式为

$$\overline{P} = \frac{\sum_{i=1}^{n} P_i W_i}{\sum_{i=1}^{n} W_i}$$

式中,W_i 为各样本股的发行量或成交量。

计算加权平均数时,可作为权数的变量通常有两种,一是成交量,二是发行量。

(1)以样本股成交量为权数的加权平均股价可以表示为

$$\text{加权平均股价} = \frac{\text{样本股成交总额}}{\text{同期样本股成交总量}}$$

(2) 以样本股发行量为权数的加权平均股价可以表示为

$$\text{加权平均股价} = \frac{\text{样本股市价总额}}{\text{同期样本股发行总量}}$$

3. 修正股价平均数

当发生拆股、增资配股、送股时,应该对原股价平均数进行修正,使其具有连续性和可比性。修正股价平均数最主要的方法是修正除数法。

修正除数法是在简单算术平均数法的基础上,当股票发生拆股、送股、增资配股等股份变动时,通过变动除数,使股价平均数不受影响。其计算公式为

$$\text{新除数} = \text{股份变动后的总价格} \div \text{股份变动前的平均数}$$
$$\text{修正股价平均数} = \text{股份变动后的总价格} \div \text{新除数}$$

[例 4.8] 有 A,B,C 3 种股票,市价分别为 20 元,15 元,10 元,它们的算术平均股价为

$$\overline{P} = (20 + 15 + 10) \div 3 = 15 \text{ 元}$$

假定 A 种股票被分割成 4 股,每股价格 5 元,在分割日,按前一天 3 种股票的收盘价计算新除数,则

$$\text{新除数} = (5 + 15 + 10) \div 15 = 2$$

如果在分割日,股票市场看涨,A 股票收盘价格为每股 6 元,B 股票为每股 18 元,C 股票为每股 12 元,计算当日这 3 种股票的修正算术平均股价为

$$\text{修正股价平均数} = (6 + 18 + 12) \div 2 = 18 \text{ 元}$$

如果除数不进行调整,则当日这 3 种股票价格的算术平均数为 12 元,显然没有反映股票价格上升的真实情况。

道琼斯股价平均数采用修正除数法来计算股价平均数,每当股票分割或发放股票股息、增资配股股数超过原股份 10% 时,对除数作相应修正。

(二) 股票价格指数

股票价格指数用以反映股票市场价格的相对水平。为编制股价指数,通常先选择样本股票并确定一个基期,将基期股价或市值作为基期值(通常定为 1 000 点、100 点、50 点、10 点等),并据此计算以后各期股价或市值的指数值。最常见的股票价格指数的计算方法是加权股价指数。

加权股价指数是以样本股票发行量或成交量为权数加以计算,又可以分为基期加权和计算期加权两种方法。

1. 基期加权股价指数

又称拉斯贝尔加权指数(Lsapeyre Index),采用基期发行量或成交量为权数,计算公式为

$$股价指数 = \frac{\sum_{i=1}^{n} P_{1i}Q_{0i}}{\sum_{i=1}^{n} P_{0i}Q_{0i}} \times 基期值$$

式中，Q_{0i} 为第 i 种股票基期发行量或成交量。

2. 计算期加权股价指数

又称派许加权指数(Paasche Index)，采用计算期发行量或成交量作为权数。其适用性较强，使用较广泛，很多著名的股价指数，如标准普尔指数等，都使用这一方法。计算公式为

$$股价指数 = \frac{\sum_{i=1}^{n} P_{1i}Q_{1i}}{\sum_{i=1}^{n} P_{0i}Q_{1i}} \times 基期值$$

式中，Q_{1i} 为第 i 种股票计算期发行量或成交量。

(三) 国际主要的股票价格指数

1. 道琼斯股价平均数

道琼斯股价平均数，习惯称为道琼斯指数，是世界上最早和最有影响的股票价格平均数，它由美国报业集团及道琼斯公司编制，并在《华尔街日报》上公布。最早由查尔斯·亨利·道和爱德华·琼斯于 1884 年 7 月 3 日发表，当时根据 11 种有代表性的美国股票价格计算出股票价格平均数。现在人们所说的道琼斯指数，实际上是 5 组平均数：① 道琼斯工业股票价格平均数。该平均数根据 30 种主要工商业公司股票编制，通常人们说的道琼斯指数就是指该股价平均数。② 道琼斯运输业股票价格平均数。是根据 20 家具有代表性的运输业公司股票价格编制的。③ 道琼斯公用事业股票价格平均数。是根据 15 家最大的公用事业股票价格编制的。④ 道琼斯 65 综合股票价格平均数。它是工业、运输业、公用事业股价平均数的综合指数，更能反映股票市场变化趋势。⑤ 道琼斯公正市价指数。该指数于 1988 年 10 月首次发表，以 700 种不同规模或实力的公司股票作为编制对象。

道琼斯股价平均数以 1928 年 10 月 1 日为基期，基期平均数为 100，其编制方法原来为简单算术平均法，由于这一方法不足，从 1928 年起，采用除数修正法，使其平均数能连续、真实地反映股价变动状况。

2. 标准普尔股票价格指数

标准普尔公司是美国最大的证券研究机构，于 1923 年开始编制和发布标准普尔股票价格指数。该指数最初的样本股票为 233 种，到 1957 年样本股票增加到 500 种，指数种类增加到 95 种。但最著名的是以下 4 组：工业、运输业、公共事业和 500 种股票综合指数，即标准普尔 500 种股票价格指数或简称为标准普尔 500。

标准普尔指数采用以样本股发行量为权数的计算期加权综合指数法，并以 1941—1943 年为基期，设基期的平均值为 10，每小时计算一次。

3. NASDAQ 指数

NASDAQ(National Association of Securities Dealers Automated Quotations)中文全称是全美证券交易商自动报价系统,于 1971 年正式启用,是最成功的二板市场。NASDAQ 市场设立了 13 种指数,其中 NASDAQ 综合指数是反映在 NASDAQ 上市的所有美国公司和非美国公司普通股票市值的指标,是 NASDAQ 主要市场指数。该指数按每个公司的市场价格来设权数,基准点为 100,于 1971 年 2 月 5 日发布。

4. 金融时报指数

金融时报指数是英国最具权威性的股价指数,由《金融时报》和伦敦证券交易所共同拥有的富时集团编制和发布。这一指数包括三种:一是工业股票指数,又称 30 种股票指数,以 1935 年 7 月 1 日为基期,基数为 100;二是 100 种股票交易指数,又称"FT-100 指数",该指数自 1984 年 1 月 3 日编制并公布,基数为 1 000;三是综合精算股票指数,该指数从伦敦股票市场精选了 700 种股票作为样本加以计算,自 1962 年 4 月 10 日起编制和公布,并令这一天为基期,基数为 100。

5. 日经 225 股价指数

它是日本经济新闻社编制的,用以反映日本股票市场价格变动的股价指数。该指数从 1950 年 9 月开始编制。现在日经指数分为两组:一是日经 225 种股价指数,以在东京证券交易所第一市场上市的 225 种股票为样本,样本原则上不变,以 1950 年算出的平均股价 176.21 日元为基数。由于该指数从 1950 年起连续编制,具有较好的可比性,成为反映和分析日本股票市场价格长期变动趋势最常用和可靠的指标。二是日经 500 种股价指数,该指数从 1982 年 1 月 4 日起开始编制,样本扩大到 500 种。该指数的采样不固定,每年根据各公司前 3 个结算年度的经营状况、股票成交量、成交金额、市价总额等情况对样本股票进行更换。

(四)我国主要的股票价格指数

1. 沪深 300 指数

沪深 300 指数由中证指数有限公司编制和发布。以沪深两市上市交易时间超过 1 个季度(流通市值排名前 30 位除外),非 ST、*ST 股票,非暂停上市股票,公司经营状况良好,最近一年无重大违法、违规事件,财务报告无重大问题的股票为成分股选择空间,根据股票最近一年的日均总市值、日均流通市值、日均流通股份数、日均成交金额和日均成交股份数等指标选取排名靠前的 300 只股票为成分股票。沪深 300 指数以调整股本为权重,采用派许加权综合价格指数公式计算,指数基日为 2004 年 12 月 31 日,基点为 1 000 点,指数成分股每半年调整一次。

中证指数公司还编制、发布了中证 100、中证 200、中证 500、中证 700、中证 800 规模指数和沪深 300 行业指数和沪深 300 风格指数等。

2. 上海证券交易所的指数

(1) 上证综合指数,是上海证券交易所编制的,以上海证券交易所挂牌上市的全部股票为计算范围,以发行量为权数的加权综合股价指数。上证综合指数综合反映了上交所全部 A 股、B 股上市股票的股价走势,该指数自 1991 年 7 月 15 日起开始实时发布,基期为 1990 年 12 月 19 日,基点为 100。1992 年 2 月 21 日第一只 B 股上市后,增设了上证 A 股指数和 B 股指数,分别反映全部 A 股和全部 B 股的股价走势。1993 年 6 月 1 日起,上海证券交易所又正式发布了上证分类指数,包括工业类指数、商业类指数、房地产类指数、公用事业类指数和综合类指数。

(2) 上证成分股指数,简称 180 指数,是对原上证 30 指数进行调整和更名产生的指数。其样本股共 180 种,选择样本股的标准是遵循规模(总市值、流通市值)、流通性(成交金额、换手率)、行业代表性 3 项指标。上证成分股指数依据样本稳定性和动态跟踪的原则,每半年调整一次成分股,每次调整比例一般不超过 10%,特殊情况下也可能对样本股进行临时调整。

上证成分股指数采用派许加权综合价格指数公式计算,以样本股的调整股本数为权重,并采用流通股本占总股本比例分级靠档加权计算方法。当样本股名单发生变化、样本股的股本结构发生变化,或股价出现非交易因素的变动时,采用"除数修正法"修正原固定除数,以维护指数的连续性。上证 180 指数是 1996 年 7 月 1 日起正式发布的上证 30 指数的延续,从 2002 年 7 月 1 日起正式发布,基数为 2002 年 6 月 28 日上证 30 指数的收盘点数 3 299.05 点。

3. 深圳证券交易所的指数

(1) 深证成分股指数,由深圳证券交易所编制,通过对所有在深圳证券交易所上市的公司进行考察,按一定标准选出 52 家(其中 A 股 40 家,B 股 12 家)有代表性的上市公司作为成分股,以成分股的可流通股数为权数,采用加权平均法编制而成。深圳证券交易所分别公布深证成分指数、成分 A 股指数和成分 B 股指数。成分股指数以 1994 年 7 月 20 日为基期,基期指数为 1 000 点。

(2) 深证 100 指数,其样本股的选择依据主要是上市公司的流通市值和股票成交金额,从在深交所上市的股票中选取 100 只 A 股作为成分股,以成分股的可流通 A 股数为权数,采用派许加权法编制。深证 100 指数以 2002 年 12 月 31 日为基准日,基准指数定为 1 000 点,每半年调整一次成分股。

4. 恒生指数

恒生指数是由香港恒生银行于 1969 年 11 月 24 日起编制的,反映了香港股票市场行情变动的指数。它挑选了 33 种有代表性的上市股票为成分股,用加权平均法计算。恒生指数成分股并不固定,其最初以 1964 年 7 月 31 日为基期,基数为 100,后来因为恒生指数按行业增设了 4 个分类指数,将基期改为 1984 年 1 月 13 日,并将该日收市指数的 975.47 点定为新基期指数。2006 年,将 H 股纳入恒生指数成分股。到 2007 年 3 月,中国建设银行、中国石化、中国银行、中国工商银行、中国人寿保险公司纳入恒生指数,恒生指数成分股增加至 38 只。

恒生指数经 2001 年 10 月 3 日调整后,推出新的两大恒生指数系列:一是恒生指数系列,包括恒生金融指数、恒生地产指数、恒生公用事业指数和恒生工商业指数;二是恒生综合指数系列,包括恒生香港综合指数(恒生香港大型股指数、恒生香港中型股指数、恒生香港小型股指数)和恒生中国内地综合股指数(恒生中国企业指数〈H 股指数〉、恒生中资企业指数〈红筹股指数〉)。

本章小结

股票是有价证券的一种主要形式,是股份有限公司签发和证明股东按其所持股份享有权利和承担义务的凭证。股票就其性质来看,代表着股东对公司的所有权,是代表一定经济利益分配请求权的资本证券,是资本市场上流通的一种有价证券。股票具有永久的期限性、有限的责任性、有限的决策参与性、流通性、收益性、风险性等特点。

股票按照股东所享有的权益不同,可以分为普通股票和优先股票;按照是否记载股东姓名,可以分为记名股票和不记名股票;按是否在股票面额上标明金额,可以分为有面额股票和无面额股票;按照是否有实物载体,可以分为实体股票和记账股票。我国股票根据有关法规对股份公司的股份按投资主体不同分为国家股票、法人股票、社会公众股票;按照上市地点不同,可以分为境内上市股票和境外上市股票;按流通交限与否,可以分为有限售条件的股票和无限售条件的股票。

股票市场作为资本市场的重要组成部分,具有筹资和投资、优化资源配置、定价、分散风险、监督公司管理层等作用。

股票市场的运行是对股票发行和流通的制度性安排。股票市场的发行制度可以分为注册制和核准制两大类。股票发行的类型包括初次发行和增资发行。股票的发行方式按照发行对象的不同,可以分为公募发行和私募发行;按照有无发行中介,可以分为直接发行和间接发行。

股票发行价格类型包括平价发行、溢价发行和折价发行三类。发行定价的方式包括协商定价、一般询价方式和累计投标询价方式等。发行定价方法包括市盈率法、可比公司竞价法、市价折扣法和贴现金流量法等。

股票的流通市场又称为"二级市场"、交易市场,是指对股票进行买卖、转让、流通的市场。按照组织程度不同,分为证券交易所和场外交易市场。证券交易所是最重要的股票交易市场,本身并不参与证券的买卖,只提供交易场所和服务,同时还兼有监管证券交易的职能。证券交易所按照组织形式的不同,可以分为公司制证券交易所和会员制证券交易所两类。为了保证股票交易的公开、公平、公正,高效有序地进行,证券交易所制定了交易原则和交易规则。凡是在证券交易所以外的股票交易活动都可以称为场外交易,也称为柜台市场。场外交易市场是一个无形的交易市场,通过通讯网络实现交易。二板市场也称为创业板市场,是与现有的股票交易所市场,即主板市场相对应的概念,具有上市标准低、报价驱动和电子化交易的特点。

股票的投资收益由股息收入、资本利得和公积金转增股本的收益组成。股息是指股东在持有股票期间从发行公司分取的盈利,最常见的是现金股息和股票股息两种。投资者买入股票和卖出股票的差价收入就是资本利得或称资本损益。公积金转增股本是指公司将提取的公积金在法律规定范围之内转为股本,按股东的持股比例派送红股或增加每股面值。

衡量股票投资收益水平的指标主要有股利收益率、持有期收益率和股份变动后持有期收益率。股票的组合收益率是各种股票收益的加权平均收益率。

与股票投资相关的所有风险统称为总风险,总风险可以分为系统风险和非系统风险两大类。系统风险是指由于某种全局性的因素引起的股票投资收益可能的变动,这种因素对市场上所有的股票收益都产生影响。主要包括政策风险、市场风险、利率风险和购买力风险。非系统风险是指只对某个行业或某个公司的股票产生影响的风险。股票的非系统风险包括经营风险、财务风险和信用风险等。股票投资的风险是股票投资收益的不确定性,对股票投资风险的计量是计算股票投资收益变动的范围和程度,一般用股票收益的方差和标准差衡量股票的投资风险,用 β 值衡量系统风险。

股票定价最常用的方法是收入资本化定价方法,即将投资者预期的未来各期的现金收入进行贴现,进而得出股票的内在价值。影响公司股票价格的微观因素包括公司的盈利状况、派息政策、增资和减资、管理层的变动和兼并与重组等。宏观因素包括宏观经济状况、经济政策和通货膨胀等。还有政治因素、心理因素、违法投机因素、制度因素等也会影响股票的价格。

股价平均数和股价指数是衡量股票市场总体价格水平及其变动趋势的尺度。股票价格平均数,包括简单算术股价平均数、加权股价平均数和修正股价平均数。股票价格指数用以反映股票市场价格的相对水平,最常见的股票价格指数的计算方法是加权股价指数,包括基期加权股价指数和计算期加权股价指数两种。国际主要的股票价格指数,包括道琼斯股价平均数、标准普尔股票价格指数、NASDAQ 指数、金融时报指数和日经 225 股价指数等。我国主要的股票价格指数,包括沪深 300 指数、上证综合指数、上证成分股指数、深证成分股指数、深证 100 指数和恒生指数等。

重 要 概 念

股票　普通股票　优先股票　记名股票　有面额股票　国家股票　法人股票　社会公众股票　境内上市股票　境外上市股票　多数投票制　累积投票制　优先认购权　注册制　核准制　初次发行　增资发行　公募发行　私募发行　直接发行　间接发行　承购包销发行　余额包销发行　平价发行　溢价发行　折价发行　协商定价　一般询价　累计投标询价　市盈率　证券交易所　公司制证券交易所　会员制证券交易所　股票上市　价格优先　时间优先　价位　指令驱动市场　报价驱动市场　市价委托　限价委托　大宗交易　清算　场外交易市场　二板市场　现金股息　股票股息　资本利得　股利收益率　持有期收益率　股份变动后持有期收益率　股票投资组合收益率　系统风险　非系统风险　股利贴现模型　零增长模型　股价平均数　股价指数　加权股价指数　基期加权股价指数　计算期加权股价指数

练　习　题

一、判断题

1. 股票和股份是形式和内容的关系,股票是形式,股份是内容。
2. 股东有权参与公司的决策,所以可以参与公司的经营。

3. 中国大陆的股份有限公司在香港联交所挂牌上市的股票,是境内上市股票。
4. 私募发行是指向特定的少数投资者发行股票,为了防止侵犯公众的利益,必须向社会公众公布公司信息。
5. 股利收益率又称获利率,是指股份公司以现金形式派发的股息与股票市场价的比率。
6. 市场风险是无法回避的,投资者无法通过组合投资的方法回避市场风险。
7. 在兼并与重组过程中,收购方的股票价格与被收购方的股票价格同时上升。
8. 经济周期会影响到股票价格,两者的变动趋势一致。
9. 股价平均数和股价指数是衡量股票市场总体价格水平及其变动趋势的尺度,也是反映一个国家或地区政治、经济发展状况的灵敏信号。
10. 拉斯贝尔加权指数采用计算期发行量或成交量作为权数。

二、单项选择题

1. 以下不是股票的基本特征的是_____。
   A 收益性　　　B 风险性　　　C 流通性　　　D 期限性
2. 一般来说,与优先股票相比,普通股票的风险_____。
   A 较大　　　　B 较小　　　　C 相同　　　　D 不能确定
3. 以下不属于境外上市股票的是_____。
   A B股　　　　B H股　　　　C S股　　　　D N股
4. 我国目前发行股票时,不允许_____。
   A 平价发行　　　　　　　　　B 溢价发行
   C 折价发行　　　　　　　　　D 以上皆不对
5. 以下不属于二板市场的是_____。
   A 美国的NASDAQ市场　　　　B 欧洲EASDAQ市场
   C 中国香港的创业板市场　　　D 深圳的中小企业板块
6. 计算股利收益率,不需要的参数是_____。
   A 现金股息　　　　　　　　　B 股票买入价
   C 股票卖出价　　　　　　　　D 以上皆不对
7. 股票价格与市场利率的关系是_____。
   A 市场利率上升,股票价格也上升　B 市场利率上升,股票价格下跌
   C 两者没有关系　　　　　　　　　D 两者没有固定的变化关系
8. 在资本资产定价模型中(CAPM),β大于1表示_____。
   A 此股票的风险小于市场风险　　　B 此股票的风险大于市场风险
   C 此股票的风险与市场风险相同　　D 此股票的风险为零
9. 以下不是影响股票价格的微观因素的是_____。
   A 盈利状况　　　　　　　　　B 派息政策
   C 增资和减资　　　　　　　　D 通货膨胀
10. 以下股票价格指数不是用加权法计算的是_____。

A 琼斯股价平均数　　　　　　　B 标准普尔股票价格指数
C NASDAQ 指数　　　　　　　　D 上证成分指数

三、多项选择题

1. 以下属于优先股票特征的是_____。
   A 优先按规定方式领取股息　　　B 限制参与经营决策
   C 享有公司利润增长的收益　　　D 优先按面额清偿
   E 提前赎回

2. 我国股票根据有关法规,对股份公司的股份按投资主体不同可分为_____。
   A 国家股票　　　　　　　　　　B 法人股票
   C 社会公众股票　　　　　　　　D 记名股票
   E 不记名股票

3. 以下属于二板市场特点的是_____。
   A 上市标准低　　　　　　　　　B 电子化交易
   C 报价驱动市场　　　　　　　　D 做市商制度
   E 指令驱动市场

4. 以下属于股票发行定价方法的是_____。
   A 贴现现金流量法　　　　　　　B 市价折扣法
   C 可比公司竞价法　　　　　　　D 市盈率法
   E 协商定价法

5. 股票的投资收益来源于_____。
   A 股息红利　　　　　　　　　　B 资本利得
   C 公积金转增股本的收益　　　　D 利息

6. 影响股份变动后持有期收益率的因素有_____。
   A 现金股息　　　　　　　　　　B 股票买入价
   C 股票拆分　　　　　　　　　　D 股票卖出价

7. 股票投资的系统风险包括_____。
   A 利率风险　　　　　　　　　　B 通胀风险
   C 市场风险　　　　　　　　　　D 财务风险
   E 信用风险

8. 以下属于非系统风险的是_____。
   A 经营风险　　　　　　　　　　B 购买力风险
   C 市场风险　　　　　　　　　　D 财务风险
   E 信用风险

9. 股票价格受以下_____因素影响。
   A 盈利状况　　　　　　　　　　B 派息政策
   C 心理因素　　　　　　　　　　D 制度因素
   E 通货膨胀

10. 以下说法正确的是_____。

A 拉斯贝尔加权指数采用基期发行量或成交量为权数

B 拉斯贝尔加权指数采用计算期发行量或成交量作为权数

C 派许加权指数采用计算期发行量或成交量作为权数

D 派许加权指数采用基期发行量或成交量为权数

E 以上皆对

参 考 答 案

一、1. 是 2. 非 3. 非 4. 非 5. 非 6. 是 7. 非 8. 非 9. 是 10. 非

二、1. D 2. A 3. A 4. C 5. D 6. C 7. B 8. B 9. D 10. A

三、1. ABD 2. ABC 3. ABCD 4. ABCD 5. ABC 6. ABCD 7. ABC 8. ADE 9. ABCDE 10. AC

第五章 基金市场

> **提　　要**
>
> 　　证券投资基金是一种利益共享、风险共担的集合投资方式,它独特的性质和特征使它在资本市场中发挥着重要的作用。证券投资基金按基金组织形式、基金规模的可变性、基金募集方式、基金投资目标、基金投资对象,以及资金来源和投向的不同,有不同的分类方式。
>
> 　　基金市场的运作分为基金发行和基金交易两个阶段。封闭式基金和开放式基金的发行和交易过程存在着诸多不同。基金持有人、基金管理人和基金托管人是基金合同中最重要的三方当事人。
>
> 　　证券投资基金经过科学的投资决策程序和目标明确的投资实践,将取得的投资收益,在扣除相应的费用后,分配给基金持有人。基金份额的资产净值是基金价格的基石。一个完整的基金绩效评价体系将全面衡量基金经营业绩的好坏。

第一节　基金市场概述

一、证券投资基金的概念

(一) 证券投资基金的定义

证券投资基金是指通过发售基金份额,将众多投资者分散的资金集中起来,形成独立财产,由基金托管人托管,由基金管理人分散投资于股票、债券或其他金融资产,并将投资收益分配给基金份额持有人的集合投资方式。

世界各国和地区对证券投资基金的称谓有所不同。在美国,证券投资基金被称为"共同基金(mutual fund)"或"投资公司(investment company)";在英国和中国香港,被称为"单位信托基金(unit trust)";在欧洲一些国家,被称为"集合投资基金"或"集合投资计划(collective investment scheme)";在日本、韩国和我国台湾,则被称为"证券投资信托基金(securities investment trust)"。

(二) 证券投资基金的诞生和发展

证券投资基金起源于英国。1868 年,英国批准成立了"国外及殖民地政府信托"。它由投资者出资,专门的管理人负责资产运作,管理人的义务和投资者的权利均在信托契约中载明。这是世界上第一家真正意义上的证券投资基金。随后的几十年间,英国的证券投资基金渐渐增至 100 家左右。1899 年英国《公司法》颁布后,英国的证券投资基金逐步由信托契约形式转变为股份有限公司形式。

证券投资基金虽然诞生于英国,但却在美国得到了更大的发展。成立于1924年的"马萨诸塞投资信托基金",被认为是现代开放式基金的雏形。20世纪30到40年代时期,美国先后出台了《证券法》、《证券交易法》、《投资公司法》和《投资顾问法》等,进一步规范了基金市场的运作。第二次世界大战后,美国一跃成为世界头号经济强国,其共同基金业也在良好的经济形势下得到了巨大的发展。这主要体现在两点上:一是规模的不断增加。仅1950年到1960年的10年间,美国共同基金的资产规模就从25亿美元增至170亿美元;进入20世纪80年代后,其规模增加的势头更快;1999年底,美国共同基金的资产规模达到了6.8万亿美元。二是品种的不断创新。20世纪60年代以前,美国的共同基金以股票基金为主;20世纪60年代后期,美国开始出现债券基金;1971年,货币市场基金(money market mutual fund)在美国诞生,它兼具流动性和收益性,迅速得到了投资者的青睐,并且打通了美国的货币市场和资本市场,推动了银行业和证券业的融合。

与此同时,世界其他国家和地区的证券投资基金业也在不断进行着扩张和创新。其中,发展较快的有日本、德国、加拿大,以及我国的台湾和香港地区等。进入21世纪以后,全球的证券投资基金业继续稳步发展。根据美国投资公司协会统计,截至2004年末,全球共同基金的数量有55 528只,资产规模达到16.15万亿美元。

(三) 我国证券投资基金的产生发展

我国的证券投资基金起源于20世纪80年代。随着证券市场的起步,证券投资基金也开始了探索与实践。我国证券投资基金的发展历程,大致经过三个阶段。

1. 1991—1997年:探索起步阶段

尽管20世纪80年代在中国境外就出现了若干由外国基金管理机构单独设立和国内机构联合设立、投资于中国境内企业的"中国概念基金",但中国境内的证券投资基金产生于20世纪90年代。1991年7月,全国第一家国内证券投资基金珠信基金宣告成立,与同年10月发行的武汉证券投资基金、深圳南山风险投资基金成为第一批投资基金。1992年11月,经中国人民银行总行批准,淄博乡镇企业投资基金设立,并在上海证券交易所挂牌交易,成为我国首只在证券交易所上市交易的基金。1994年,我国经济进入治理整顿阶段,基金市场的发展也陷入停滞状态。据不完全统计,至1997年末,我国共设立各类基金75只,全部为封闭式基金,通常称为"老基金",募集资金58亿元。这一阶段,基金的规模小、运作不规范、缺乏流动性,相关的法律、法规尚不健全,总体上发展缓慢。

2. 1997—2002年:规范发展阶段

1997年11月,《证券投资基金管理暂行办法》发布,明确了我国基金以证券投资基金为主导方向,基金市场步入规范发展时期。1998年,新成立的南方基金管理公司和国泰基金管理公司分别发起设立两只封闭式基金"基金开元"和"基金金泰",证券投资基金试点拉开序幕。1999年,我国对原有投资基金进行了清理和规范,经过一系列的基金合并和资产重组,完成了基金的扩募和续期,实现了新老基金的历史过渡。这一阶段基金市场以封闭式基金为绝对主导,并在1998—1999年迎来封闭式基金发展的黄金时代。截至2002年8月,已募集成立并挂牌上市的封闭式基金共54只,募集资金807亿元。但封闭式基金上市即跌破发行价的问题凸显,高折价问题使封闭式基金发展陷入停滞状态,连续5年没有发行新的封闭式基金。2007年7月,封闭式基金引入结构化产品,推出两只创新性封闭式基金,探索封闭式基金新的发展道路。

3. 2002年以后:创新发展阶段

2000年10月,中国证监会发布《开放式基金试点办法》。2001年9月,我国第一只开放式基金华安创新基金正式设立,标志着我国基金市场实现了从封闭式基金为主向开放式基金主导的跨越。2002年以来,伴随着不断创新,我国基金市场进入快速发展阶段,先后推出了债券型基金、指数基金、系列基金、货币市场基金、ETF、LOF、红利基金、QDII基金、生命周期基金、基金的基金(FOF)、社会责任基金等新品种。我国基金市场开始了资产规模和产品结构全方位的快速发展,证券投资基金已成为我国证券市场重要的机构投资主体,起着越来越重要的作用。截至2008年底,我国的基金数量已达439只,基金份额25 739.72亿份,基金资产净值19 388.67亿元。

与此同时,我国基金市场对外开放也有序进行。2002年7月,中国证监会发布《外资参股基金公司设立规则》,适时引入外资参股国内基金管理公司,从2002年诞生第一家中外合资基金管理公司,到2007年末,59家基金管理公司有28家是合资公司。2005年,批准商业银行设立基金管理公司,首批试点即成立了工银瑞信、交银施罗德、建信等合资基金管理公司。2007年6月,又批准符合条件的基金管理公司、证券管理公司在境内募集资金进行境外投资管理。除证券公司、基金管理公司外,商业银行、保险机构投资者也可以开发代客境外理财产品。这类经批准在境内募集资金进行境外证券投资的机构被称为:"合格的境内机构投资者",简称QDII,它们发行的产品即QDII基金。QDII基金是在我国人民币尚未实现自由兑换、资本项目尚未开放的情况下,有限度地允许境内投资者投资于境外证券市场的一项过渡性的制度安排。

二、证券投资基金的性质

证券投资基金是一种金融工具,同时又是证券市场的机构投资者,可以说,它集投资主体、投资客体和金融中介于一身。证券投资基金的性质主要有以下两点。

1. 证券投资基金体现了一种信托关系,属于金融信托

证券投资基金是基于信托关系而成立的。信托关系是一种特殊的委托—代理关系。基金管理人和基金托管人作为代理人,为委托人——基金持有人利益的最大化而运作和保管基金资产。

2. 证券投资基金是一种间接投资工具

基金份额是一种金融工具。一般说来,证券投资基金所筹集到的资金,不直接用于实体经济,而是投向有价证券,基金投资者则以购买基金份额的方式间接进行证券投资。因此,相对于股票和债券这些直接投资工具而言,证券投资基金是间接投资工具。

三、证券投资基金的特征

尽管世界各国和地区对证券投资基金的称谓不同,但是它们具有一些共同的特点,

主要有以下几点。

1. 集合投资,体现规模优势

证券投资基金将众多投资者的小额资金集中起来,表现出集合投资的特点。单个投资者由于资金规模较小,因此在投资时往往交易量较小,导致较高的交易成本。而证券投资基金可以发挥资金的规模优势,显著地降低了交易成本,从而使中小投资者也能实现与机构投资者类似的规模收益。

2. 组合投资,分散非系统风险

现代证券投资理论表明,单个证券的风险包括系统风险和非系统风险,不同证券的非系统风险不尽相同,如果能构造一个充分分散化的证券组合,那么组合中各证券的非系统风险就可以相互抵消,从而使证券组合的总风险大大低于单个证券的风险。中小投资者如果要投资多种证券,或者会被资金规模所限,或者会有高额的交易成本。证券投资基金则可以同时投资于数十种,甚至上百种证券,使基金所持有的证券组合的非系统风险充分分散。中小投资者若投资于证券投资基金,就相当于用少量的资金购买了一篮子证券,从而能降低投资的非系统风险。

3. 专家管理,服务专业化

证券投资基金由专业的基金管理人进行投资管理。基金管理人比一般的中小投资者在信息、经验、时间、研究能力和投资技巧等方面更具有优势,同时,证券投资基金从发行、交易、申购赎回到收益分配和再投资都有专门的机构负责办理,因此,基金投资者能享受到专业化的投资管理和服务所带来的好处。

4. 监管严格,信息披露透明

证券投资基金拥有较大的资金量,其交易行为会对市场产生一定的影响,因此各国的法律、法规都对基金业实行严格的监管。基金发起人、管理人、托管人的资格和职责,基金的投资对象和数量,基金的交易行为都有一定的限制。同时,关于证券投资基金的多种信息都会被要求进行及时规范的披露,从而有效地保护了基金持有人的利益。

5. 资产管理和财产保管相分离

证券投资基金的管理人只负责基金的投资运作,并不处理基金财产的保管。基金财产则由独立于基金管理人的基金托管人负责保管。资产管理和财产保管相分离,使基金管理人和基金托管人能相互监督、相互制衡,从而减少损害基金持有人利益的行为。

四、证券投资基金的作用

证券投资基金的上述性质和特征,使基金在资本市场中发挥重要的作用。

1. 证券投资基金成为中小投资者和资本市场的金融媒介

中小投资者由于资金规模小,交易成本高,信息、时间不充裕,通常只能投资于少量证券,而且很难取得较好的投资收益,同时还要承受较大的非系统风险。而证券投资基金汇集了众多中小投资者的资金,由专业的管理机构进行组合投资,其交易的品种可以多达上百种,从而拓宽了中小投资者参与资本市场的渠道,成为中小投资者和资本市场之间一种高效的媒介。

2. 证券投资基金有利于证券市场的稳定和发展

(1) 证券投资基金的投资和管理由专业的基金管理人实施,他们在进行证券选择时会进行深入的投资分析,他们较高的研究水平会促进信息的有效传播,从而使证券的错误定价大大减少,提高了市场的效率。

(2) 证券投资基金的发展有助于抑制市场的过度投机。证券投资基金作为机构投资者,投资行为比较理性和成熟。证券投资基金的发展可以有效地改善以个人投资者为主的投资者结构,抑制由于个人投资者的盲目行为带来的市场异常波动。同时,证券投资基金投资理念的示范效应在一定程度上能教育个人投资者树立理性的投资观念,从而促进市场的稳定。

(3) 证券投资基金由于持有上市公司的股权比例比一般的个人投资者要大很多,因此可以对上市公司起到一定的监督作用,促进上市公司改善治理结构、提高经营业绩,减少侵害投资者利益的行为。

(4) 证券投资基金在发展的过程中,为了拓展投资对象,不断对资本市场的制度和产品创新提出要求,从而提高了资本市场的广度和深度。

3. 证券投资基金间接推动了社会经济的增长

证券投资基金将筹集到的中小投资者的资金汇集起来投资于证券市场,间接地为企业的直接融资提供了资金来源,从而将储蓄资金转化为生产资金,通过有效的资源配置,促进产业结构的优化,推动社会经济的稳步增长。

4. 证券投资基金的发展推动了资本市场的国际化

在金融全球化的浪潮中,一国的资本市场已经不可能完全封闭。然而对于一些国家和地区,特别是一些新兴市场而言,如何开放资本市场是个关系到国家金融安全的问题。如果直接让境外投资者进入新兴资本市场,缺乏完善制度的新兴市场就会蕴含巨大的风险。另一方面,如果让新兴市场的投资者直接投资于境外成熟的资本市场,他们不成熟的投资理念和对交易制度和产品的不熟悉使得他们不具备防范风险的能力,从而可能遭受巨额损失。在条件不成熟的情况下,不管是直接"请进来",还是"走出去"都可能使新兴资本市场的国际化遭受重大挫折。如果新兴市场国家和地区通过有限制地在境外发售基金份额,然后投资于境内市场,既可以起到吸引外资的作用,又限制了境外资金的投机行为。同样,在境内发行证券投资基金,由专业的管理人员投资于境外成熟市场,个人投资者就能够分享境外市场的收益,同时又不会承担过大的风险。因此,以证券投资基金的形式逐步加强境内与境外市场的资本流动,是新兴资本市场国际化的必要步骤。

五、证券投资基金的分类

证券投资基金按不同的分类标准有不同的分类方法。

(一) 根据组织形式的不同,分为契约型基金和公司型基金

契约型基金是基于一定的信托契约进行代理投资的组织形式,通过基金投资者和基金管理人、基金托管人签订基金契约而设立的。基金契约是一种信托合同,基金投资者作为委托人,将自有资金委托基金管理人进行投资运作,委托基金托管人保管基金财产。基金管理人和基金托管人依据基金契约进行运作,基金投资者依据基金契约分享投资收益。

公司型基金是依据公司法和基金公司章程,通过向基金投资人募集基金股份而设立的。在公司型基金中,投资者是基金公司的股东,享有股东权,按所持基金股份分享投资收益,并承担有限责任。公司型基金在形式上类似于一般的股份公司,只是它通常不像普通的股份公司一样直接经营和管理资产,而是委托基金管理公司作为专业机构来经营和管理基金资产。

契约型基金和公司型基金的主要区别在以下几方面。

1. 基金资产的性质不同

契约型基金不具备法人资格,基金的资产是通过发行基金份额,而筹集起来的信托财产;而公司型基金具备法人资格,基金的资产是通过发行基金股份而筹集起来的,是公司的权益资本。公司型基金在必要时可向银行借款或发行债券融资,契约性基金的外部融资受到较大限制。

2. 投资者的地位不同

契约型基金的投资者是基金契约的委托人和受益人,但是对基金资产没有直接的管理权;公司型基金的投资者是基金公司的股东,可以通过股东大会实现对基金资产管理事务的决策。因此一般而言,公司型基金的投资者比契约型基金的投资者享有更大的权力。

3. 基金运作的依据不同

契约型基金依据基金契约进行运作,公司型基金依据《公司法》和基金公司的章程进行运作。

4. 基金的期限不同

一般来说,契约型基金的期限由基金契约所约定;而公司型基金作为一个法人,只要持续经营下去,就没有到期日。

契约型基金和公司型基金的区别并不代表它们之间孰优孰劣,事实上,契约型基金和公司型基金在世界许多国家和地区的市场上是并存的,只是相对数量不同而已。美国的共同基金大多是公司型的,而我国到2009年底为止所设立的证券投资基金都是契约型基金。

(二)根据基金运作方式不同,分为封闭式基金和开放式基金

封闭式基金是指经核准的基金份额总额在基金合同期限内固定不变,基金份额可以在依法设立的证券交易场所交易,但基金份额持有人不得申请赎回的基金运作方式。

开放式基金是指基金份额总额不固定,基金份额可以在基金合同约定的时间和场所申购或赎回的基金运作方式。

封闭式基金和开放式基金在运作中,存在着很多区别。

1. 存续期不同

封闭式基金有一定的存续期,也称为封闭期;而开放式基金一般没有期限限制,如果没有特殊情况,可以一直运作下去。《中华人民共和国证券投资基金法》规定,封闭式基金在存续期结束后,可以进行展期、扩募或转换为开放式基金。目前,我国的封闭式基金的存续期大多在 15 年左右。

2. 规模不同

封闭式基金一经募集成立,其规模在存续期内一般不能改变;而开放式基金则没有规模的限制,投资者可以通过一定的程序随时进行申购和赎回,基金规模也因此发生变动。目前,我国的封闭式基金的规模在 5 亿份到 30 亿份之间,而开放式基金的规模差异很大。

3. 交易方式和场所不同

封闭式基金募集完成后,在证券交易所挂牌交易,投资者只能按市场价格进行买卖,交易通过经纪人在投资者之间完成;开放式基金的投资人按照基金合同的规定,在特定的时间和场所向基金管理人或基金的代理销售机构进行申购和赎回,交易在投资者和基金管理人之间完成。目前在我国,除了上市型开放式基金(LOF)以外,开放式基金一般不在证券交易所交易,投资者除了可以到基金管理人设立的直销中心买卖开放式基金以外,还可以通过基金管理人委托的证券公司、商业银行等代销机构进行开放式基金的申购和赎回。

4. 基金价格的形成方式不同

封闭式基金的交易价格除了受基金净值的影响外,还受到二级市场供求关系的影响。当二级市场上供不应求时,封闭式基金的价格有可能超过其份额净值,出现溢价交易的现象;相反,若二级市场上供过于求,封闭式基金的价格就有可能低于其份额净值,出现折价交易的现象。开放式基金由于不在证券交易所交易,其买卖价格直接以基金份额净值为基础,不存在溢价或折价。我国在封闭式基金的初创期,绝大多数的基金是溢价交易的。近年来,封闭式基金的溢价逐步消失,并转为折价交易,最近一两年封闭式基金的折价率有不断攀升之势。

5. 信息披露要求不同

为满足投资者申购和赎回的需要,开放式基金必须每个开放日公布基金份额净值;而封闭式基金只需每周公布一次基金份额净值。

6. 基金的激励约束机制和基金的投资策略不同

封闭式基金由于基金规模固定,即使其投资业绩较好也不能吸引新资金的流入,从而为基金管理人增加管理费收入;另一方面,如果基金的投资业绩不尽如人意,投资者也不能通过赎回基金份额使基金规模下降,从而减少基金管理人的管理费收入。与此不同的是,开放式基金的业绩表现决定了申购和赎回的份额,特别是当基金业绩不理想时,基金经理可能会面临着巨额赎回的压力,因此,相对于封闭式基金而言,开放式基金的激励约束机制更有效。

但也正是这种激励约束机制使得开放式基金和封闭式基金的投资策略会有所不同。资产的流动性和收益性往往是成反比的。开放式基金因为面临随时可能的赎回,因此必须保留一定的现金,并持有一些流动性好的证券以应付赎回;同时,由于随时有不可预知的申购资金流入,因此开放式基金资产的收益性会受到一定的不利影响。相对而言,封闭式基金规模固定,基金管理人没有赎回压力,因此可以投资于一些流动性差,但收益性高的资产,从而提高基金的长期业绩。

(三) 根据募集方式的不同,分为公募基金和私募基金

公募基金,是指面向社会公开发售基金份额的基金;私募基金,则是指采取非公开方式向特定投资者发行的基金。

公募基金和私募基金的区别主要有:

(1) 公募基金募集的对象通常是不固定的;而私募基金募集的对象通常是特定的,并受严格限制。

(2) 公募基金的最小投资金额要求较低,而且投资者众多;而私募基金要求比较高的最低投资金额,同时投资者人数不会很多,一般达到设定的上限就会停止募集。

(3) 公募基金的运作必须严格遵循法律和相关法规的规定,并受到监管部门的严格监管,必须按规定披露相关信息,因此一般投向中低风险的产品;而私募基金受到的管制较少,不需要公开披露信息,往往会投向衍生金融工具等高风险产品。

截至目前,我国并没有为私募基金的合规性立法,但是私募基金却广泛存在着。

(四) 根据投资目标的不同,分为收入型基金、成长型基金和平衡型基金

收入型基金是以获取最大的当期收入为目标的基金,特点是风险较小,但长期成长的潜力也较小。收入型基金主要投向政府债券、公司债券和高比例分红的大盘蓝筹股。

成长型基金是以追求资本的长期增值为目标的基金,特点是能获取较大的收益,但风险较大。成长型基金主要投向新兴行业中有成长潜力的中小企业。成长型基金还可以进一步分为积极成长型基金和稳健成长型基金等。

平衡型基金则介于收入型基金和成长型基金两者之间,既注重当期收入,又追求资本的长期增值,收益和风险都适中。

(五) 根据投资对象的不同,分为股票型基金、债券型基金、混合基金和货币市场基金等

股票型基金是指以股票为主要投资对象的基金。根据投资股票的不同特性,股票型基金还可以作进一步细分。例如,根据其所投资股票平均市值的大小不同,可以将股票型基金细分为大盘基金、中盘基金和小盘基金。

债券型基金是指主要以各种债券为投资对象的基金。根据投资债券类型的不同,还可以细分为国债基金、公司债基金和可转换债券基金等。

混合基金是指同时投资于股票和债券的基金。根据股票和债券在混合基金中比例的不同,这类基金还可以进一步细分为偏股型基金、偏债型基金和配置型基金。

货币市场基金是指投资于货币市场中高流动性证券的基金,这些证券包括国库券、大额可转让定期存单、商业票据、承兑汇票、银行同业拆借、回购协议等。货币市场基金的最大特点是投资收益自动转成新的基金份额。

除此之外,还有投资于贵金属及与贵金属相关的有价证券的贵金属基金,投资于期货、期权等衍生证券的衍生产品基金等。

(六) 根据资金来源或资金投向的地域不同,分为国内基金、国际基金、离岸基金和海外基金

国内基金是指仅投资于国内有价证券,且投资者多为本国居民的投资基金。

国际基金是指在境内发行基金份额筹集资金,然后投资于境外某一特定国家或地

区资本市场的投资基金。国际基金可以为本国投资者带来更多的投资机会和在更大范围内分散风险。国际基金还可分为区域基金和环球基金。

区域基金是把资金分散投资于某一地区各个不同国家资本市场的投资基金。

环球基金也称全球基金,它不限定国家和地区,将资金分散投资于全世界各主要资本市场,从而最大限度地分散了风险。

离岸基金是从境外募集资金,并投资于境外金融市场的基金。离岸基金的注册登记一般在素有"避税天堂"之称的离岸金融中心,因为这些国家和地区对个人投资的所得都不征税。

海外基金是从境外募集资金投资于国内金融市场的基金。海外基金是资本市场没有对外开放,或实行外汇管制的发展中国家利用外资的一种方式。

(七) 其他特殊类型的基金

1. 对冲基金

对冲基金(hedge fund)的本义是指利用各种衍生工具,对所持资产组合进行套期保值,从而有效控制风险的基金。但是近年来,"对冲基金"名称的适用范围已大为扩大。如今,对冲基金泛指以追求最大绝对收益为目标的基金。它们采取各种策略,也许有时并不进行套期保值。大部分对冲基金采取合伙制、有限责任公司或是离岸公司的形式。一般来说,采用合伙制的对冲基金不受监管部门的管制,但与此同时风险也很大。因此,合伙制的对冲基金与私募基金相仿,会限定投资者人数,规定最低投资限额,并且不允许做广告宣传。

2. 指数基金

指数基金设立的动机是源于资本市场的有效性,是一种被动投资型的基金。如果基金管理人相信市场是有效的,那么任何试图战胜市场而获取超额收益的行为都是徒劳的。因此,选择某一市场指数作为特定的基准指数,构造一个投资组合,以该指数中各成分证券的相对权重作为投资组合中各证券的相对权重,就能复制基准指数的收益。只要指数成分证券不发生频繁变动,基金管理人就无需花大量精力来调整投资组合。对于投资者而言,指数基金除了能获得与基准指数大致相当的收益之外,另一重要优势就是管理费用低廉。

3. 伞形基金

伞形基金又被称为伞形结构基金、系列基金,是指多个基金共用一个基金合同,子基金独立运作、子基金之间可以进行相互转换的一种基金结构形式。通常,各子基金投资对象或投资风格有较大差异,子基金之间相互转换的费用比较低廉。这两个设计特点是为了使基金投资人在赎回某一子基金时,可方便地转换为另一风格的子基金,因而仍将资金留在该伞形基金内。举例来说,假设某伞形基金下设股票型基金和债券型基金,某一投资者持有股票型基金。如果投资者预期股市将下跌而债市将上升,他势必会选择赎回股票型基金而申购债券型基金。如果转换费用低于其他债券基金的申购费用,该投资者就会将股票型基金转换成该伞形基金下的债券型基金,从而使现金继续留在该伞形基金中。伞形基金并不是某一具体的基金,而是允许投资者在同一基金管理人管理的系列子基金间转换的基金运营方式,这一特点给开放式基金的流动性风险管理带来了极大的好处。

4. 基金中的基金

基金中的基金是指以其他证券投资基金为投资对象的基金。基金中的基金风险较小,收益较低,费用较高。《中华人民共和国证券投资基金法》规定,基金之间不得互相投资,因此我国没有正式意义上的基金中的基金。但一些金融机构推出的以证券投资基金为投资对象的理财产品,其性质类似基金中的基金。

5. 保本基金

保本基金是指通过投资组合保险技术,保证基金投资人在投资到期日能收回全部或大部分本金,并可能有超额收益的证券投资基金。

保本基金为了能实现收回本金的目标,通常会将大部分资金投资于到期日与基金投资到期日一致的债券。同时,为了使收益水平提高,保本基金将剩余资金投资于股票等风险资产。在股票预期收益变化的情况下,保本基金会主动调整资产中债券和股票的比例,从而确保到期收回本金。

保本基金主要适合比较谨慎、稳健的投资者。在股票市场整体走弱时,保本基金比较受欢迎。

6. 专门基金

专门基金不是一个独立的基金类别,它是从股票型或债券型基金中发展起来的、投资于特定行业或特定证券的基金。比如,投资于高新技术行业的高新技术股票基金、投资于小流通市值股票的小盘股基金、投资于可转换债券的可转换债券基金等,都属于专门基金。专门基金一般风险较大,但通常也能带来高额的收益,它的业绩往往受到经济周期中各行业兴衰的影响,比较适合激进的投资者。2003年以来,我国的开放式基金中出现了不少有特色的专门基金:有投资于消费品行业的消费品基金,有投资于基础设施行业的基础行业基金,有投资于中小市值股票的小盘股基金,有投资于可转换债券的可转换债券基金等。

7. 交易所交易基金

(1) 交易所交易基金的定义及发展。从广义上说,交易所交易基金(exchange traded funds,以下简称ETF)包括所有在有组织的证券交易所交易的基金,但通常所说的ETF专指可以在证券交易所上市交易的开放式基金。ETF以复制和追踪某一市场指数(主要是股票指数)为目标,通过充分分散化的投资策略降低非系统风险,通过消极管理的方式最大限度地降低交易成本,以取得市场平均收益水平。

现存最早的ETF是美国证券交易所(AMEX)于1993年推出的标准普尔存托凭证(SPDRs)。根据摩根斯坦利的研究报告,截至2004年6月30日,全球交易所交易基金已达304家,在全球27家交易所上市交易,管理的资产规模超过2 464亿美元。在亚洲地区,自1999年香港推出盈富基金以来,新加坡、日本、台湾等地的交易所也纷纷推出了交易所交易基金产品。我国第一只ETF是2004年底设立的上证50ETF。

(2) 交易所交易基金的运作。

1) 交易所交易基金的设立。ETF一般由证券交易所或大型基金管理公司、证券公司发起设立。其设立步骤是:首先,投资人向ETF的发起人交付一定金额的股票篮子。

该股票篮子中各股票的权重与基准指数中各成分股票的权重完全一致。然后,ETF 的发起人将众多投资者交付的股票篮子汇合在一起,将其交付给银行、信托投资公司等机构托管,从而形成信托资产。最后,ETF 的发起人以此为实物担保向投资人发行 ETF。每一份 ETF 都代表了成分指数中每一种股票的特定数量,这样就相当于将整个股票篮子进行了分割。

2) 交易所交易基金的交易。ETF 的最特别之处就在于它的双重交易机制——一级市场的交易和二级市场的交易。

ETF 的一级市场交易是指 ETF 的申购和赎回。投资者在进行申购和赎回时,使用和得到的是一篮子股票。与 ETF 设立时一样,这一股票篮子中的股票品种和各股票的权重与基准指数中各成分股的权重相一致。具体地说,投资者申购 ETF 时,先要到股票市场上去购买一篮子股票交给发起人,发起人根据股票篮子的市值和 ETF 的实时净值,将相应数量的 ETF 份额交给投资者。投资者赎回 ETF 时,将一定份额的 ETF 交给发起人,换回一篮子成分股。这样的申购、赎回机制,使得 ETF 的管理人不必为应付投资者的赎回而保留大量现金。由于买卖一篮子股票会使交易成本大大上升,因此 ETF 的申购、赎回的最低份额必须达到一个相当大的数目。ETF 的一级市场交易主要由机构投资者参与。

ETF 的二级市场交易是指 ETF 在证券交易所挂牌上市。投资者可以通过经纪人在证券交易所内购买和出售 ETF 份额。为了能吸引更多中小投资者参与交易,机构投资者一般会将通过一级市场上申购的 ETF 份额进行分拆。因此,ETF 的二级市场的最低交易份额数要比一级市场小得多。

从 ETF 的双重交易机制可以看出,ETF 的一级市场交易是在投资者和基金管理公司间进行的,而其二级市场交易则在投资者之间进行。

3) 交易所交易基金的套利。由于 ETF 的双重交易机制,因此当 ETF 的二级市场交易价格与其份额净值不一致时,投资者可以通过套利赚取利润。

试举例说明 ETF 的套利过程。假设在某一时点上,ETF 份额的净值为 1.35 元,其二级市场价格是 1.40 元,即 ETF 溢价交易。又假设 ETF 在一级市场的最低申购、赎回份额为 100 万份,并且不考虑交易成本。套利者可以进行如下操作:首先在股票市场上买入价值为 135 万元的一篮子成分股票,接着用这一股票篮子在一级市场上以 1.35 元的净值申购 ETF,共得到 100 万份。然后将这 100 万份 ETF 在二级市场上以 1.40 元的价格卖出,得到 140 万元,扣除 135 万元的初始投资成本,获取套利利润 5 万元。可见,ETF 溢价交易时,可以通过上述步骤进行套利;反之,当 ETF 折价交易时,可在二级市场上以市价购入 ETF 份额,到一级市场以净值赎回,换成一篮子股票,并将股票出售,同样可以获得套利利润。

正是由于这种套利机制的存在,一般来说,ETF 的二级市场交易价格与其净值的偏离不会太大。

ETF 的交易机制使 ETF 集传统的封闭式基金和开放式基金之所长,并且具有流动性好、管理费用低、价格与净值偏离小等优点。它是 20 世纪 90 年代以来全球金融市场中最重要的创新之一。

8. 上市型开放式基金

(1) 上市型开放式基金的定义。上市型开放式基金(listed open-end fund,以下简称 LOF)并不是一种新的基金,而是指发行结束后,既可以在一级市场办理日常的申购和赎回,又可以在证券交易所进行实时交易,还可以在一、二级市场上进行套利的开放式基金。只是由于申购和赎回是在指定网点进行,因而需要办理基金份额的转托管手续。LOF 是我国借鉴 ETF 的运作机制的独创产品。

从 LOF 的定义可以看出,它与 ETF 在很大程度上是类似的。比如,都是同时在一级市场上申购、赎回和在二级市场上交易;都可以利用基金份额净值与市场价格的差异进行套利等。但是,它与 ETF 还是存在着不少区别。

(2) ETF 与 LOF 的区别。

1) ETF 是一种产品创新,是一种可上市交易的新型指数基金;而 LOF 的新意则在于开放式基金交易方式的创新,它并不完全是一种新的产品。

2) ETF 的一级市场交易是以一篮子股票进行申购和赎回;而 LOF 在一级市场上和开放式基金一样,以现金申购和赎回。

3) 虽然 LOF 与 ETF 都有套利机会,但套利机制并不相同。LOF 在二级市场的交易和一级市场的申购、赎回之间还存在着一个转托管的问题,由于转托管需要一定的时间,因此套利机会更难把握。

4) 所有投资者都可参加 LOF 的一、二级市场套利;但 ETF 一级市场的最低申购、赎回数量很大,中小投资者基本上无法参与套利。

5) LOF 有 ETF 所不具备的优势:由于 LOF 提供的是一个交易平台,而不完全是单一的产品,因此任何基金都可以利用这一平台发行、交易。

6) ETF 主要是基于某一指数的被动性投资基金产品;而 LOF 虽然也采取了开放式基金在交易所上市的方式,但它不仅可用于被动性投资的基金产品,也可用于主动性投资的基金,即不一定是指数基金。

2004 年 8 月,深圳证券交易所推出了我国第一只 LOF。它的出现为封闭式基金和开放式基金之间搭建了桥梁,并提供了良好的技术平台。更重要的是,如果实施顺利的话,还可以为封闭式基金转为开放式基金提供可行的解决方式。

第二节 基金市场运行

证券投资基金的运作及基金市场的运行,可分为发行和交易两个阶段。

一、证券投资基金的发行

由于封闭式基金和开放式基金交易机制不同,因此,它们的发售和认购的途径也不相同。

(一) 封闭式基金的发售和认购

封闭式基金的发售由基金管理人办理,基金管理人会选择证券公司组成承销团代理基金发售。基金发售一般通过证券交易所的网络系统,以及网下配售进行。投资者可以委托经纪人认购封闭式基金份额。封闭式基金的发售价格一般为面值加上发售费用。如果基金的份额面值为1元,发售费用为0.01元,则投资者认购每一份额基金的所需资金是1.01元。

(二) 开放式基金的发售和认购

1. 开放式基金的发售

开放式基金一般不在证券交易所上市,它的发售通常由基金管理公司负责办理。基金管理公司可以委托商业银行、证券公司、证券投资咨询机构、专业基金销售机构等机构,代理开放式基金份额的发售。

2. 开放式基金的认购

(1) 开放式基金认购的一般原则。投资者一般通过基金管理公司的直销中心、商业银行,以及证券公司进行开放式基金的认购。投资者进行基金的认购时,需分别开立基金账户和资金账户。基金账户用于记录基金持有人的基金份额及其变动情况,资金账户则用于投资者认购、申购、赎回基金份额,以及基金分红时的资金结算。

开放式基金的认购采取金额认购的方式,即投资者在认购基金时,不是按认购份数而是按认购金额申请。开放式基金一般会规定一个最低的认购金额和追加认购金额。

认购开放式基金,需要缴纳一定的认购费。认购费的支付分两种模式,即前端收费模式和后端收费模式。前者是指在认购基金时必须支付认购费用;后者是指在认购基金时无须支付任何费用,到赎回时才支付认购费用。后端收费模式旨在鼓励投资者认购基金并长期持有,而且认购费率通常随着投资者赎回时间的推后而递减。

不同种类开放式基金的认购费率不完全相同。一般而言,基金的认购费率随着基金风险的增加而增加。货币市场基金一般不设认购费用,债券型基金的认购费率一般低于1%,股票型基金的认购费率最高,一般可达1.5%。另外,开放式基金的认购费率会随着认购金额的增加而递减。

(2) 开放式基金认购费用的确定和认购份额的计算。在前端收费的模式下,开放式基金认购费用的确定和认购份额的计算有两种方法:金额费率法和净额费率法。

金额费率法是按认购金额的一定比例计算认购费用。认购金额扣除认购费用后得到净认购金额,净认购金额除以基金份额面值就得到了投资者认购的份额数。用公式表示为

$$认购费用 = 认购金额 \times 认购费率$$

$$净认购金额 = 认购金额 - 认购费用$$

$$认购份数 = 净认购金额 \div 基金份额面值$$

有些时候,为鼓励基金投资者在基金发售时就购买基金,一些基金会将投资者的认购金额在募集期内产生的利息折算成基金份额,记入投资者的认购份数中,并且这些份数是不收认购费用的。此时,认购份数将调整为

$$认购份数 = (净认购金额 + 募集期利息) \div 基金份额面值$$

[**例 5.1**] 某基金的认购费率为1.5%,基金份额面值为1元。某投资者以50 000

元认购该基金。假设这笔资金在募集期内产生的利息为 77 元。如果采用金额费率法，则该投资者合计认购的基金份额数为

$$认购费用 = 50000 \times 1.5\% = 750 \text{ 元}$$

$$净认购金额 = 50000 - 750 = 49250 \text{ 元}$$

$$认购份数 = (49250 + 77) \div 1 = 49327 \text{ 份}$$

净额费率法是按净认购金额的一定比例计算认购费用的。其计算公式为

$$净认购金额 = 认购金额 \div (1 + 认购费率)$$

$$认购费用 = 净认购金额 \times 认购费率$$

$$认购份数 = 净认购金额 \div 基金份额面值$$

同样，如果考虑募集期利息，认购份数调整为

$$认购份数 = (净认购金额 + 募集期利息) \div 基金份额面值$$

[**例 5.2**] 某基金的认购费率为 1.5%，基金份额面值为 1 元。某投资者以 50 000 元认购该基金。假设这笔资金在募集期内产生的利息为 77 元。如果采用净额费率法，则该投资者合计认购的基金份额数为

$$净认购金额 = 50000 \div (1 + 1.5\%) = 49261.08 \text{ 元}$$

$$认购费用 = 49261.08 \times 1.5\% = 738.92 \text{ 元}$$

$$认购份数 = (49261.08 + 77) \div 1 = 49338.08 \approx 49338 \text{ 份}$$

比较上述两个例子，净额费率法使投资者可以多认购 11 份基金份额。我国大多数基金在认购时，采用金额费率法。

二、证券投资基金的交易

（一）封闭式基金的交易

封闭式基金募集完毕后，如果满足一定条件，就可以在证券交易所挂牌上市交易。这些条件包括：基金的封闭期达到一定的年限，基金的募集资金额达到一定数量，基金份额的持有人达到一定数目等。

与进行股票交易类似，投资者要进行封闭式基金的交易，必须开立证券账户或是基金账户，同时必须有资金账户。封闭式基金的交易规则和在交易所挂牌的股票基本类似，只是不需要缴纳印花税，并且佣金和过户费也比买卖股票低。另外，股票的交易委托和封闭式基金的交易委托均为交易所规定的最小交易单位的整数倍。

由于封闭式基金的绝对价格一般较低，因此基金交易的最小变动价位对它的流动性有重要影响。比如，当基金价格在 1 元左右时，若最小变动价位为 0.01 元，那么当投资者的买入委托以揭示的卖出价成交，或是卖出委托以揭示的买入价成交时，投资者将承担额外的成本。例如，当揭示的买入价为 1.02 元，卖出价为 1.03 元时，投资者只能

以1.03元买入,以1.02元卖出,相当于损失了约1%。因此,封闭式基金的最小变动价位一般要比0.01元小。我国自2003年3月起规定,封闭式基金交易的最小变动价位为0.001元。

封闭式基金的二级市场价格经常偏离其份额净值,用折价率可以反映这种偏离程度。折价率的计算公式为

$$折价率 = \frac{基金市场价格 - 基金份额净值}{基金份额净值} \times 100\%$$

当折价率为正值时,表明封闭式基金的市场价格高于其份额净值,基金为溢价交易;当折价率为负值时,表明封闭式基金的市场价格低于其份额净值,基金为折价交易。

为了反映封闭式基金的整体表现情况,我国沪深证券交易所都制定了以基金份额为权数的基金指数。

(二) 开放式基金的申购和赎回

封闭式基金的交易在基金投资者之间进行;而开放式基金的申购和赎回,则在基金投资者和基金管理人之间进行。

1. 开放式基金申购和赎回的定义和基本规则

开放式基金的申购是指在基金募集期结束后,申请购买基金份额的行为;开放式基金的赎回是指基金持有人要求基金管理人购回其持有基金份额的行为。开放式基金的申购和赎回会相应增加和减少基金的总份额。

开放式基金在成立后的一段时间内,由于要将募集资金用于购买证券,因此可以规定一个封闭期,在封闭期内只接受申购申请,不接受赎回申请。

与开放式基金的认购一样,投资者进行开放式基金的申购或赎回,可以通过基金管理公司的直销中心或其代理机构完成。开放式基金的申购和赎回办理的时间,一般与证券交易所开市的时间一致。

开放式基金的申购以金额申请,即投资者申报申购的金额而非份数;开放式基金的赎回以份额申请,即投资者申报赎回的份数而非金额。一般来说,开放式基金会规定一个最小的申购金额和赎回份额。

开放式基金的申购也存在着前端收费和后端收费两种模式,不同的收费模式会导致申购份额的差异。和认购时一样,开放式基金的申购和赎回费率一般随着基金风险的增加而增加,赎回费率随着投资者持有时间的增加而减少。另外,开放式基金的申购费率一般随申购金额的增加而减少。

2. "已知价"和"未知价"

投资者在进行开放式基金的申购和赎回时,其申购、赎回价格的确定一般分为"已知价"法和"未知价"法两种。

"已知价"是指开放式基金申购日或赎回日前一日的份额净值。"未知价"是指申购或赎回当日证券市场收盘后开放式基金的份额净值。采用"已知价"还是"未知价"来确定申购和赎回的价格,将对投资者的收益产生很大影响。如果使用"已知价",则投资者就有可能取得几乎无风险的利润。以股票型基金为例,如果当天股市大幅上扬,到收市

前仍高出前一天收盘指数不少,投资者预期剩余时间内不会大幅下跌,那么就可以以"已知价"进行申购。由于当天股市大幅上涨,基金的净值也大幅上涨,投资者就取得了账面盈利。当然,如果股市大幅下跌,投资者也不得不承受账面损失。显然,使用"已知价"的原则是不合理的。因此,开放式基金的申购和赎回通常使用"未知价"的原则,即投资者在申购和赎回时并不知道成交的价格,只有到当天市场收盘后才能确切知道申购和赎回的价格。

3. 开放式基金申购份额和赎回金额的确定

(1) 开放式基金申购份额的确定。与开放式基金的认购一样,开放式基金申购份额的确定也分金额费率法和净额费率法两种。

在金额费率法下,基金申购费用和申购份额的计算公式为

$$申购费用 = 申购金额 \times 申购费率$$

$$净申购金额 = 申购金额 - 申购费用$$

$$申购份数 = 净申购金额 \div 当日收盘后基金份额净值$$

[例 5.3] 2004 年 9 月 16 日,某投资者以 100 000 元申购 ABC 基金。该基金的申购费率为 2%,当日证券市场收盘后 ABC 基金的份额净值为 1.148 7 元。如果采用金额费率法,则该投资者的申购费用和申购份数为

$$申购费用 = 100000 \times 2\% = 2000 \text{ 元}$$

$$净申购金额 = 100000 - 2000 = 98000 \text{ 元}$$

$$申购份数 = 98000 \div 1.1487 = 85313.83 \approx 85314 \text{ 份}$$

在净额费率法下,基金申购费用和申购份额的计算公式为

$$净申购金额 = 申购金额 \div (1 + 申购费率)$$

$$申购费用 = 净申购金额 \times 申购费率$$

$$申购份数 = 净申购金额 \div 当日收盘后基金份额净值$$

[例 5.4] 2004 年 9 月 16 日,某投资者以 100 000 元申购 ABC 基金。该基金的申购费率为 2%,当日证券市场收盘后 ABC 基金的份额净值为 1.148 7 元。如果采用净额费率法,则计算该投资者的申购费用和申购份数为

$$净申购金额 = 100000 \div (1 + 2\%) = 98039.21 \text{ 元}$$

$$申购费用 = 98039.21 \times 2\% = 1960.78 \text{ 元}$$

$$申购份数 = 98039.21 \div 1.1487 = 85347.97 \approx 85348 \text{ 份}$$

比较上述两个例子,净额费率法使投资者可以多申购 34 份基金份额。我国大多数基金在申购时,采用金额费率法。

(2) 开放式基金赎回金额的确定。开放式基金持有人赎回基金时,采用的是申报赎回份额的方法。赎回份额与当日证券市场收盘后基金份额净值的乘积为赎回金额。投

资者赎回基金所得到的净支付为赎回金额减去赎回费用。计算公式为

$$赎回金额 = 赎回份额 \times 当日收盘后基金份额净值$$

$$赎回费用 = 赎回金额 \times 赎回费率$$

$$赎回所得净支付 = 赎回金额 - 赎回费用$$

实行后端收费模式的基金，还应扣除后端认购费或申购费，才是投资者最终得到的赎回金额。即

$$赎回所得净支付 = 赎回金额 - 赎回费用 - 后端收费金额$$

[例 5.5] 2004 年 10 月 14 日，某投资者申请赎回 ABC 基金 10 000 份。该基金的赎回费率随持有时间的增加而递减。在赎回当日，该投资者所适用的赎回费率为 2%，当日证券市场收盘后 ABC 基金的份额净值为 0.960 8 元。则该投资者赎回所得到的净支付为

$$赎回金额 = 10000 \times 0.9608 = 9608 \; 元$$

$$赎回费用 = 9608 \times 2\% = 192.16 \; 元$$

$$赎回所得净支付 = 9608 - 192.16 = 9415.84 \; 元$$

4. 开放式基金的巨额赎回

开放式基金的巨额赎回，是指单个开放日净赎回申请超过上一日基金总份额的 10% 的情况。巨额赎回将使基金管理人面临巨大的流动性风险，因为基金管理人必须以大量卖出基金资产的办法来获取现金以应付赎回。如果基金资产的流动性不好，基金管理人只能以低于市价的价格卖出基金资产，从而导致基金净值的下跌，有可能引发更大规模的巨额赎回，甚至引起恶性循环。

基金管理人处理巨额赎回时有两种办法：接受全部赎回申请或接受部分赎回申请，并对剩余份额延期处理。基金管理人可以在发生巨额赎回申请的当日，接受不低于上一日基金总份额 10% 的赎回申请，对其余份额延期办理。当日受理的赎回份额按每个投资者的申请份额占总申请份额的比例进行分摊，其余的份额转入下一日办理，直到全部处理完毕。当开放式基金连续两天发生巨额赎回时，基金管理人可以暂停接受赎回申请。

三、证券投资基金的当事人

证券投资基金的当事人是指参与证券投资基金运作过程中所有相关的主体。由于公司型基金和契约型基金的运作方式不完全一样，因此公司型基金和契约型基金的当事人并不完全一样。公司型基金的当事人，有基金股东、董事会、基金管理人和基金托管人；契约型基金的当事人，有基金持有人、基金管理人和基金托管人。下文基于契约型基金加以阐述。

（一）证券投资基金的持有人

证券投资基金的持有人是指基金份额的持有者，即基金的投资人。基金持有人是

基金合同的委托人,是基金资产的实际所有者。基金的一切投资活动都是为了增加投资者的收益,一切风险管理都是围绕保护投资者利益来考虑的。因此,持有人是基金一切活动的中心。

1. 基金持有人的权利和义务

各国有关基金的法律、法规都明确规定了基金持有人的权利,各基金在基金合同和招募说明书中对基金持有人的权利会作更为详细的说明。一般而言,这些权利包括:财产收益的分配权、基金份额的赎回和转换权、基金份额持有人大会的召开权和表决权、基金信息的知情权,以及对基金管理人、基金托管人的诉讼权等。

基金持有人获得这些权利,必须以承担相应的义务为前提。法律、法规,以及基金合同、基金招募说明书同样也载明了基金持有人必须履行的义务。这些义务一般包括:缴纳相应的各项费用和承担基金投资的亏损等。证券投资基金是一种利益共享、风险共担的投资工具,因此投资人在获取分享基金收益这一权利的同时,必然要履行承担基金投资损失的义务。

2. 基金份额持有人大会

在公司型基金中,基金持有人通过股东大会行使自己的权利;而在契约型基金中,基金持有人行使权利则通过基金份额持有人大会。基金份额持有人大会是契约型基金的最高权力机构。

基金份额持有人大会审议有关基金的重大事项,如基金合同的提前终止,基金扩募或展期,基金运作方式的转换,基金合同修改,基金管理人、基金托管人的更换等。一般而言,这些事项只有经出席大会的基金份额持有人所持表决权的半数以上同意才能通过。对于一些直接影响基金持有人利益的重大事项,其通过所需要的表决权同意比例会更高。

基金份额持有人大会一般由基金管理人或基金托管人召集。基金份额持有人在上述两者都不召集的情况下,也可以自行召集大会。

(二) 证券投资基金的管理人

证券投资基金的管理人,是指负责基金发起设立与经营管理、谋求基金持有人利益最大化的专业性金融机构。在契约型基金中,基金管理人由依法设立的基金管理公司担任。基金管理公司通常由证券公司、信托投资公司或其他机构等发起成立,具有独立法人地位。基金管理人作为受托人,必须为受益人利益的最大化而努力,因此不得在处理业务时考虑自己的利益或为第三方谋利。

由于基金管理人要管理众多中小投资者的财产,为了保护基金持有人的利益,各国的法律、法规都对基金管理人的任职资格、职责和禁止行为作了明确的规定。

法律、法规对基金管理人任职资格的要求主要有:注册资本的限制、从业人员的素质要求,以及完善的内部稽核与风险控制制度等。之所以要强调基金管理人的内部稽核与风险控制制度,是因为基金业绩的好坏、基金持有人利益是否能得到保障,在很大程度上依赖于基金管理人的职业道德和风险控制水平。一个内部管理混乱、风险控制能力差的基金管理人,其管理的基金将不可能取得良好的业绩,同时也无法保障基金持有人的利益。

基金管理人的基本职责是：负责基金的设立募集，依照基金合同的规定制定基金资产投资策略，组织专业投资经理具体选择投资对象和投资时机，运用基金资产进行证券投资。为了辅助这一基本职责，基金管理人还必须履行相关的基金营销、基金申购赎回、基金收益分配和基金信息披露等职责。同时，为了保障基金持有人的利益，基金管理人必须严格限定自己的行为，不能用基金财产为除基金份额持有人以外的个人或机构牟利。

当然，基金管理人的任职资格不是一成不变的。如果现任的基金管理人不符合继续担任基金管理人的条件，其任职资格将终止。例如，破产或被基金持有人大会解聘，都会导致基金管理人的退任。

（三）证券投资基金的托管人

基金托管人，又称基金保管人，是基金资产的保管人和名义持有人。依据基金运行中"管理与保管分开"的原则，基金托管人是对基金管理人进行监督，并负责保管基金资产的金融机构，是基金持有人权益的代表。

早期的证券投资基金没有托管人，基金管理人除了发起和管理基金外，还承担保管基金财产的职责。这种集管理与保管职责于一身的制度使得基金管理人有机可乘，可以将基金资产挪作他用，极大地损害了基金持有人的利益。为此，美国于1940年出台了《投资公司法》，规定投资公司（即基金公司）应将基金的证券、资产及现金存放于托管公司，托管公司应为基金设立独立账户，分别管理，定期检查。自此以后，各国的法律、法规都要求基金管理公司将基金财产交给特定的托管机构进行保管，并对基金管理人的投资操作进行监督。

基金托管人的作用决定了它对所托管的基金承担着重要的法律及经济责任，因此，有必要对托管人的资格作出明确规定。概括地说，基金托管人应该是完全独立于基金管理人、具有一定的经济实力、实收资本达到相当规模、具有行业信誉的金融机构，一般为商业银行、投资银行和保险公司。

基金托管人最基本的职责是安全保管基金财产和监督基金管理人的投资运作。同时，基金托管人还承担着清算交割，复核审查基金管理人提交的基金资产净值、基金价格及各种基金报告等职责。

与基金管理人一样，基金托管人的任职资格不是一成不变的，如果基金托管人不符合继续担任的条件，其任职资格将终止。

（四）证券投资基金当事人之间的关系

契约型基金按信托原理设立，构成信托法律关系的当事人主要有委托人、受托人和受益人。在契约型基金中，基金持有人是信托契约的委托人和受益人，基金管理人、基金托管人是信托契约的共同受托人。基金的财产作为信托财产，具有独立性。

1. 基金持有人和基金管理人之间的关系

基金持有人和基金管理人的关系是委托人和受托人的关系，同时基金持有人又是基金合同的受益人。基金管理人按照法律、法规及基金合同的约定履行受托责任，负责基金的投资运作和日常管理，为基金份额持有人谋取利益。基金管理人在履行基金合同时，应当诚实守信、勤勉尽职。

2. 基金持有人和基金托管人之间的关系

基金持有人和基金托管人的关系也是委托人和受托人的关系。基金托管人必须对基金持有人负责,审慎地监督基金管理人的行为,并负责保管好基金的财产,从而保障基金持有人的利益。基金托管人在履行基金合同时,也应诚实守信、勤勉尽职。

3. 基金管理人和基金托管人之间的关系

基金管理人和托管人虽然是基金合同的共同受托人,但是它们的职责是有区别的。基金管理人负责基金资产的投资运作,基金托管人负责基金资产的保管。基金管理人和基金托管人在履行基金合同时必须相互监督,任何一方违规时对方都应及时制止,在制止无效时应请求更换对方。如果双方的共同行为损害了基金持有人的利益,双方各自应当承担相应责任。这种相互监督、相互制衡的机制,可以最大限度地保障基金财产的安全,保障基金持有人的利益。为了保障这种机制的发挥,基金管理人和基金托管人不能为同一人,双方在人事、财务、法律上应当相互独立,也不能相互出资或相互持股。

证券投资基金三方当事人的关系,如图5—1所示。

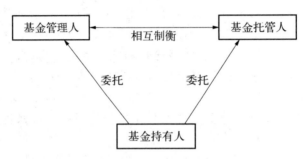

图5—1 证券投资基金当事人的关系

第三节 基金的投资、收益与评价

一、证券投资基金的投资

证券投资基金募集完成后,就面临着如何进行证券投资的问题。每一只证券投资基金都有自己特定的投资理念和投资目标,从而吸引不同的投资者。但是法律、法规一般会对证券投资基金所能投资的品种作出限制,因此证券投资基金必须在限定的投资范围内优化自己的目标。为实现高效、有序的投资,一个科学的投资决策程序对于基金来说是必不可少的。风险的识别和监控也是证券投资基金必须解决的重要问题。

(一)证券投资基金的投资目标

证券投资基金投资的第一步是制定投资目标。没有明确的投资目标,基金就会盲目投资,从而损害基金持有人的利益。证券投资基金的投资目标,可以分为总体目标和具体目标。总体目标也称基金的总体投资原则,其表述一般比较简单,如为投资者减少和分散投资风险、确保基金资产的安全、谋求基金长期稳定的投资收益等。

证券投资基金的具体投资目标则依基金风格的不同而不同。例如,收入型基金的目标是获取最大的当期收入,成长型基金的目标是追求资本的长期增值,平衡型基金的目标则是两者兼顾。

证券投资基金具体目标的不同,决定了其投资对象和投资策略的不同。

(二)证券投资基金的投资范围和投资限制

顾名思义,证券投资基金应当将基金资产投资于有价证券。各国的法律、法规都明确指出了证券投资基金的投资范围,主要包括：上市和未上市的股票、认股权证、国债、地方债、公司债、可转换债券等。同时,为了保持资产的流动性及应付投资者赎回的需要,证券投资基金还可以将一部分资金存入银行,或是购买货币市场上的短期金融工具。目前,我国的证券投资基金的投资范围为：国内依法公开发行上市的股票、国债、企业债券、公司债券、金融债券、货币市场工具、权证、资产支持证券等。

由于证券投资基金所拥有的资金量大,其投资行为对市场有显著的影响,为了引导基金分散投资、降低风险,避免基金操纵市场或是联合其他机构损害中小投资者的利益,法律、法规一般会对证券投资基金的投资行为和投资数量等作出一定的限制。

对基金投资行为的限制,主要侧重于基金与基金管理人、基金托管人的关联交易行为,一般包括：不能承销证券,不能向他人贷款或提供担保,不能从事承担无限责任的投资,不能从事内幕交易、操纵证券价格及其他不正当的证券交易活动,不能买卖与基金管理人、基金托管人有利益关系的证券,以及基金之间不能互相投资等。这些限制旨在防止基金凭借其强大的资金实力和与基金管理人、基金托管人的特殊关系,而损害基金持有人的利益。

由于证券投资基金所拥有的资金量较大,如果某一只基金购买了公司相当大比例的股份,无论是公司的股价,还是公司本身的治理都会受到很大的影响,因此法律、法规一般会限定证券投资基金的投资数量,即单个基金对某一证券的最高投资比例和同一基金管理公司旗下所有基金对某一证券的最高投资比例。另外,由于证券投资基金采用组合投资的方法,为防止单个证券的表现对基金的业绩影响过大,法律、法规一般都规定了单个证券在基金净资产中的比例限制。

我国对于证券投资基金投资数量的规定是：一只基金持有一家上市公司的股票,其市值不得超过基金资产净值的10%;同一基金管理人管理的全部基金持有一家公司发行的证券,不得超过该证券的10%;基金财产参与股票发行申购,单只基金所申报的金额不得超过该基金的总资产,单只基金所申报的股票数量不得超过拟发行股票公司本次发行股票的总量。

(三)基金管理公司的投资决策程序

由于证券投资基金运作的资金量大,必须采取组合投资的方式,因此它的投资过程必须经过科学的决策。盲目投资和随意决策将使基金面临很大的风险,并严重损害基金持有人的利益。

一般来说,基金管理公司内部都会设立一个投资决策委员会,领导投资决策程序的运行。除了投资决策委员会以外,在进行决策和投资的过程中,通常涉及基金管理公司内部的各个部门。一个科学的决策和投资程序一般由下列步骤构成：

(1)研究部、投资部和金融工程部通过自身研究或参考外部研究机构的报告,提交宏观经济分析、行业分析、公司分析、市场分析和数据模拟等报告,以供投资决策委员会进行参考。

(2) 投资决策委员会定期召开决策会议,对提交的报告进行分析,制定投资策略,并提出资产配置的指导性意见。

(3) 基金的投资部门根据投资决策委员会的建议,参考研究报告,筛选出备选证券池,拟定资产组合,并确定买卖时机。

(4) 基金交易员根据投资部门的指令,在适当的时机和价格附近买卖证券,并根据投资方案的变化不断调整证券组合。

(5) 基金管理公司内部设立的风险控制委员会根据市场变化,监控基金在投资过程中的实时风险,并提出必要的建议和警示。

需要注意的是,以上步骤并不完全是逐一顺次进行,有时各步骤之间存在着交叉运行和反馈机制。比如,基金的投资部门在构建投资组合的过程中,需要及时向投资决策委员会报告实施情况,向风险管理委员会报告风险情况;基金交易员在交易过程中对市场出现的异常状况,需要及时向投资部门和风险控制委员会进行反馈。因此,基金管理公司的投资决策和实施过程需要公司各部门的互相配合,是一个不可分割的有机整体。

(四) 证券投资基金面临的风险

任何投资都会面临一定的风险。证券投资基金面临的风险包括:

(1) 市场风险。基金投资于证券市场,而证券市场的价格受多种因素的影响,经常处于波动之中,从而使基金的净值和收益受到影响。

(2) 管理风险。管理风险也称操作风险,主要是指由于基金管理人和基金托管人内部控制机制的不完善,导致基金在投资时发生操作上的失误乃至违规,造成基金投资的损失。

(3) 技术风险。技术风险主要来源于交易系统、通讯系统的故障。当技术风险发生时,可能导致投资者的交易指令不能及时提交、开放式基金投资者的申购或赎回无法及时完成、基金净值的揭示不能正常进行等不良后果。

(4) 流动性风险。流动性风险也称巨额赎回风险,这是开放式基金特有的风险。当市场出现大幅下跌时,投资者预见到基金净值的下降,可能会要求赎回基金份额。如果基金没有足够的现金,只能通过抛售所持证券来满足投资者的赎回,这样势必使市场抛压增大、继续下跌,从而导致更大规模的赎回。一旦陷入这种市场下跌-赎回-市场继续下跌-更大规模赎回……的恶性循环,基金份额就会急剧下降,严重的还会导致基金被迫清盘。

证券投资基金所面临的各种风险是交织在一起、互为因果的。市场风险可能导致流动性风险,流动性风险反过来又会加剧市场风险,因此,证券投资基金的风险管理是一项复杂的系统工程。

二、证券投资基金的收益、费用和分配

证券投资基金在投资过程中产生的收益在扣除相应的费用后,要将收益分配给基金持有人。

(一) 证券投资基金的收益

证券投资基金的收益是指基金在运作过程中,所产生的超过本金部分的价值。证

券投资基金收益的主要来源是基金投资所得的股息、利息收入、证券买卖的资本利得、其他收入等。

1. 股息收入

股息是指上市公司税后利润中,派发给普通股股东的投资回报。基金购买上市公司的普通股后,便获得了股息分配权。股息包括现金股息和股票股息两种。前者使基金的现金持有量增加,后者则增加了基金持有该股票的股份数。股息是股票型基金收益来源的重要组成部分。

2. 利息收入

利息收入是指基金投资于各种债券,而定期取得的利息收入、资产支持证券利息收入、货币市场工具利息收入、存款利息收入等。利息收入是债券型基金和货币市场基金收益来源的重要组成部分。

3. 资本利得

狭义的证券资本利得是证券投资基金通过在较低价位买入证券,并在较高价位卖出获得的收益。广义的资本利得包括已实现的资本利得和未实现的资本利得两类。已实现的资本利得就是狭义的资本利得;未实现的资本利得俗称账面"浮盈",是指基金所持证券的市场价高于成本的部分。未实现的资本利得也能使基金持有人受益。因为未实现的资本利得增加了基金的资产净值,使得持有人赎回时适用的赎回价高于其申购价。这部分因基金资产价值变动而产生的利得或损失,作为公允价值变动损益记入当期损益。证券资本利得是所有基金收益来源的重要组成部分。

4. 其他收入

其他收入包括手续费返还、替代损益等除上述收入以外的各项收入。

(二) 证券投资基金的费用

证券投资基金的费用包括基金持有人的费用和基金运作费用两大类。基金持有人的费用是指基金持有人在投资于证券投资基金时所支出的费用,包括封闭式基金的佣金,开放式基金的认购费、申购费和赎回费等。基金运作费用是指证券投资基金在运作的过程中所支付一系列的费用,包括基金管理费、基金托管费,以及其他一些费用。

1. 基金管理费

基金管理费是指从基金资产中提取的、支付给基金管理人的费用,即管理人为管理和操作基金而收取的费用。基金管理费通常按照前一个估值日基金净资产的一定比率(年率)逐日计提,累计至每月月底,按月支付。除了这种固定管理费率的模式外,有的基金会按固定费率加业绩提成的方式收取管理费。业绩提成是指与基金业绩挂钩的支付给基金管理人的费用。基金管理费费率的大小通常与基金规模成反比,与风险成正比。基金规模越大,风险越小,管理费率就越低;反之,则越高。不同国家及不同种类的基金,管理费率不完全相同。在美国,各种基金的年管理费率通常在基金资产净值的1%左右。在各种基金中,货币市场基金的年管理费率为最低,约为基金资产净值的0.25%~1%;其次为债券基金,约为0.5%~1.5%;股票基金居中,约为1%~1.5%;认股权证基金约为1.5%~2.5%。我国的封闭式基金都为股票型基金,管理费率均为1.5%;开放式基金中,股票型基金的管理费率通常为1%~1.5%,债券型基金的管理费率一般低于1%。基金管理费率由基金管理人确定。基金管理费通常从基金的红利、利息收益中,或从基金资产中扣除,不另外向投资者收取。

2. 基金托管费

基金托管费是指基金托管人因为保管和处置基金资产,而向基金收取的费用。与基金管理费一样,托管费通常按照前一个估值日基金净资产的一定比率(年率)逐日计提,累计至每月月底,按月支付。基金托管费率与基金规模、基金类型有一定关系。通常基金规模越大,托管费率越低;基金的风险越大,托管费率越高。我国封闭式基金的托管费率为0.25%;开放式基金的托管费率一般也不高于0.25%。基金托管费率由基金管理人和基金托管人协商确定。

3. 其他费用

证券投资基金的费用还包括基金买卖证券支付的印花税、佣金、过户费等交易费用,以及基金在运作过程中支付的审计费、律师费、封闭式基金的上市年费、信息披露费、分红手续费、持有人大会费用、开户费等。

(三)证券投资基金的收益分配

证券投资基金的收益分配关系到基金投资者的利益和继续持有基金的信心,也关系到基金规模的稳定性。证券投资基金的收益扣除按照法律、法规规定可以在基金收益中扣除的费用后的余额,构成了基金净收益。基金净收益是基金收益分配的基础。

为了保障基金持有人的利益,各国的法律、法规及基金合同都对基金的收益分配作了明确的规定。其中包括:收益分配的来源,收益分配的比例,收益分配的频率,收益分配的方式,等等。

证券投资基金收益分配的来源是基金净收益。如果基金净收益为负,即发生亏损,一般不得进行分配。如果基金以前年度有亏损,则基金当年的净收益应当在弥补以前年度的亏损后再进行分配。

证券投资基金收益分配的比例是指基金净收益中,有多少可用于对基金持有人的分配。由于证券投资基金不像生产性企业一样需要将收益留存,进行扩大再生产,因此法律、法规规定基金收益分配的比例一般超过基金净收益90%。例如,美国规定基金必须将净收益的95%以上用于分配;我国封闭式基金的分配每年不得少于一次,年度分配比例为基金年度已实现收益的90%。

证券投资基金收益分配的频率是指基金在一段时间内(如一年)分配次数的多少,以及相邻两次分配间隔时间的长度。各个国家和地区对基金收益分配频率的规定各不相同。一般而言,货币市场基金一个月分配一次,债券型基金每季度分配一次,股票型基金则每半年或一年分配一次。基金收益的分配并不是越频繁越好。因为如果基金采取现金分配,分配前有可能需要大规模地卖出证券,从而会对证券市场产生压力,因此频繁地现金分配可能加剧证券市场的波动。

证券投资基金的分配方式是指基金采取何种形式进行分配。证券投资基金收益分配可以采取现金分红、分配基金份额和分红再投资三种形式。现金分红是最普遍的分配方式,即证券投资基金将现金直接汇入基金持有人的账户;分配基金份额是指将用于分配的净收益按一定的价格折算成新的基金份额分配给投资者,类似于股票的送红股,从而使基金保留现金,扩大基金的规模;分红再投资是指证券投资基金既不分配现金,也不分配基金份额,而是直接将净收益用于投资,即相当于没有发生分配。不过,在这种方式下,基金的净资产会增加,投资者间接获得了收益。

各国法律、法规一般规定了基金应当采取的收益分配方式。基金在招募说明书和基金合同中,一般还会给予投资者不同收益分配方式的选择权。

货币市场基金一般采取分配基金份额的方式,即随着货币市场基金不断取得收益,基金持有人所拥有的基金份额也不断增加,而基金的份额净值维持不变。举例说明如下:假设某投资者以 1.00 元的份额净值申购了 1 000 份货币市场基金 M,一年后该基金实现了 3% 的收益。如果基金将这些收益全部用于分配,并且不考虑相应费用,那么投资者将多得到 30 份基金 M,共计持有 1 030 份基金 M,而基金 M 的份额净值仍为 1.00 元。

根据有关规定,我国的封闭式基金一般采用现金方式分配;开放式基金应当采用现金方式,但基金持有人可事先选择将分配的现金按约定转为基金份额;货币市场基金的收益分配方式为红利再投资,并应当每日进行收益分配。

(四)证券投资基金的净值

证券投资基金的净值,即净资产是指证券投资基金的总资产扣除总负债后的价值,即基金的权益。证券投资基金的总资产是指基金所拥有的各类证券的价值、银行存款本息、基金应收的申购基金款,以及其他投资所形成的价值总和。基金总负债是指基金应付的管理费、托管费等应付费用和其他负债。证券投资基金的份额资产净值是指某一时点上每份基金份额实际代表的价值,即

$$基金份额资产净值 = \frac{基金总资产 - 基金总负债}{基金份额总数}$$

例如,设某一时点上基金 ABC 的总资产为 30 亿元,基金总负债为 10 亿元,ABC 基金共发行在外 16 亿份,则基金 ABC 的份额资产净值为

$$\frac{30 亿元 - 10 亿元}{16 亿份} = 1.25 元$$

基金份额资产净值是衡量基金经营业绩的主要指标,也是基金份额交易价格的内在价值和计算依据。开放式基金份额的申购或赎回价格直接按基金份额资产净值计价;封闭式基金在交易所挂牌上市,其二级市场价格会偏离份额净值,形成溢价或折价交易,但体现其内在价值的还是基金份额净值。

三、证券投资基金的绩效评价

证券投资基金作为一种投资工具,其收益和风险水平与金融市场中其他金融工具的收益风险水平是否有差异,证券投资基金的收益能否战胜市场指数,不同类型的证券投资基金或是同一类型证券投资基金中的不同基金的收益风险水平是否有差异,证券投资基金有没有选择市场时机的能力、选择行业的能力、选择个股的能力,证券投资基金的投资是否表现出不同的风格,以上这些问题都是证券投资基金绩效评价所要解决

的问题。

证券投资基金的绩效评价是一项系统工程。从完整的意义上说,基金的绩效评价应该包括基金业绩持续性的检验、各种基金绩效指标的计算和各指标一致性的检验三个步骤。

(一)证券投资基金绩效评价的步骤

1. 基金业绩持续性的检验

基金业绩的持续性是指同一个基金在不同时间段内业绩表现的一致性。基金业绩的持续性分为绝对持续性和相对持续性。绝对持续性表现为以前能取得超额收益的基金,在当期仍能取得超额收益;相对持续性则表现为同一个基金样本中,以前业绩排序靠前的基金,在当期业绩排序仍靠前。基金业绩持续性的检验是证券投资基金绩效评价的前提。因为如果基金的业绩不具备持续性,那么以前绩效好的基金未必今后绩效就好,基金的绩效评价对预测未来绩效和指导投资就毫无意义,甚至可以说基金绩效评价就没有必要了。

2. 基金绩效指标的计算

基金绩效指标的计算是基于现代证券投资理论,计算出代表基金绩效的一些数量指标。这些指标的绝对大小一般反映了基金绩效与业绩基准绩效的关系,其相对大小则反映了基金之间的优劣。

3. 基金绩效指标一致性的检验

基金绩效评价的最后一步是检验绩效指标之间的一致性。不同的绩效指标会对同一个基金给出不同意义的数据,这给比较基金绩效和业绩基准绩效带来了困难。更重要的是,在对多个基金的绩效进行排序时,不同的绩效指标给出的排序结果并不完全一致,甚至大相径庭。因此,证券投资基金绩效评价工作的最后步骤必须要综合考虑各绩效指标之间的一致性和差异性。

(二)证券投资基金绩效评价的三大传统指标

评价某一基金的绩效,必须有业绩基准作为参照物。业绩基准是指度量基金绩效的相对指标,一般为某一有代表性的证券组合或市场指数。单独看一个基金绝对收益的大小是没有意义的。例如,一个基金实现30%的年收益率,在整个市场仅实现10%年收益率的情况下,代表了相当好的绩效,但是如果整个市场实现了50%的年收益率,该基金的表现就不尽如人意了。又如,如果基金和业绩基准取得一样的收益,但基金的风险大于业绩基准的风险,就不能认为该基金的表现与业绩基准相同。因此,选择合适的业绩基准,准确度量其收益和风险,是计算基金绩效指标的首要环节。

传统的三大基金绩效评价指标的思路就是:通过计算基金的收益、风险与业绩基准的收益、风险来考查基金是否获取了超额收益,是否将风险控制在一定范围内。这些指标对基金所构建投资组合的风险类别和风险水平的假设不尽相同,因此存在着不同的形式。

1. 传统的基金绩效评价指标

(1) 特雷诺比率(Treynor Ratio),是由J·特雷诺于1965年提出的、衡量基金绩效的一种指标。它以证券市场线为基础、以基金投资组合的β系数为风险衡量的尺度,其

计算公式为

$$T_i = \frac{\overline{R_i} - \overline{R_f}}{\beta_i}$$

式中,T_i 为基金 i 的特雷诺比率;$\overline{R_i}$ 为基金 i 在样本期内的平均收益率;$\overline{R_f}$ 为样本期内的平均无风险收益率;β_i 为样本期内基金 i 的 β 系数。

投资组合的收益与无风险收益之差可以看作是风险溢价,组合的 β 系数体现了它的系统风险。特雷诺比率等于基金投资组合的风险溢价与组合系统风险的比值,表示基金单位系统风险的报酬。特雷诺比率为正数并越高,表明基金单位系统风险获得的报酬越高。一个基金的特雷诺比率若高于业绩基准的特雷诺比率,说明它的绩效好于业绩基准;反之,若一个基金的特雷诺比率低于业绩基准的特雷诺比率,则说明它的绩效不及业绩基准。

[**例 5.6**] 有 A,B,C,D 4 只证券投资基金,它们过去 5 年平均净值增长率和平均 β 系数如表 5—1 所示。

表 5—1　4 只证券投资基金的净值增长率和 β 系数

	A	B	C	D
净值增长率(%)	16	12	22	9
β 系数	1.33	1.17	1.46	0.98

已知过去 5 年无风险利率的平均值为 5.2%,试按各基金的特雷诺比率对它们的绩效进行排序。

解　根据公式 $T_i = \dfrac{\overline{R_i} - \overline{R_f}}{\beta_i}$,则

A 基金的特雷诺比率为 $T_A = \dfrac{16\% - 5.2\%}{1.33} = 0.0812$

B 基金的特雷诺比率为 $T_B = \dfrac{12\% - 5.2\%}{1.17} = 0.0581$

C 基金的特雷诺比率为 $T_C = \dfrac{22\% - 5.2\%}{1.46} = 0.1151$

D 基金的特雷诺比率为 $T_D = \dfrac{9\% - 5.2\%}{0.98} = 0.0388$

按特雷诺比率从高到低排列依次为 C,A,B,D,即绩效最好的为 C 基金,然后依次为 A,B,D。

(2) 夏普比率(Sharpe Ratio),是由 1990 年诺贝尔经济学奖获得者威廉·夏普于 1966 年提出的、衡量基金绩效的一种指标。它以资本市场线为基础,以基金投资组合的标准差为风险衡量的尺度,其计算公式为

$$S_i = \frac{\overline{R_i} - \overline{R_f}}{\sigma_i}$$

式中,S_i 为基金 i 的夏普比率;$\overline{R_i}$ 为基金 i 在样本期内的平均收益率;$\overline{R_f}$ 为样本期内的平均无风险收益率;σ_i 为样本期内基金 i 收益率的标准差。

投资组合的标准差体现了它的总风险。夏普比率等于基金投资组合的风险溢价与组合总风险的比值,表示基金单位总风险的报酬。夏普比率为正数并越高,表明基金单位总风险获得的报酬越高。一个基金的夏普比率若高于业绩基准的夏普比率,则说明它的绩效好于业绩基准;反之,若一个基金的夏普比率低于业绩基准的夏普比率,则说明它的绩效不及业绩基准。

[例 5.7] 有 A,B,C,D 4 只证券投资基金,它们过去 5 年平均净值增长率和净值波动的平均标准差如表 5—2 所示。

表 5—2 4 只证券投资基金的净值增长率和标准差

	A	B	C	D
净值增长率(%)	17	13	20	11
标准差(%)	21	18	25	9

已知过去 5 年无风险利率的平均值为 6%,试按各基金的夏普比率对它们的绩效进行排序。

解 根据公式 $S_i = \dfrac{\overline{R_i} - \overline{R_f}}{\sigma_i}$,则

A 基金的夏普比率为 $S_A = \dfrac{17\% - 6\%}{21\%} = 0.5238$

B 基金的夏普比率为 $S_B = \dfrac{13\% - 6\%}{18\%} = 0.3889$

C 基金的夏普比率为 $S_C = \dfrac{20\% - 6\%}{25\%} = 0.5600$

D 基金的夏普比率为 $S_D = \dfrac{11\% - 6\%}{9\%} = 0.5556$

按夏普比率从高到低排列依次为 C,D,A,B,即绩效最好的为 C 基金,然后依次为 D,A,B。

(3) 詹森(Jensen)测度,是由 C·M·詹森于 1968 年根据资本资产定价模型和证券市场线提出的,可以通过下面的回归方程得到,即

$$R_i - R_f = \alpha_i + \beta_i(R_m - R_f) + \varepsilon_i$$

式中,R_i 为基金 i 的收益率;R_m 为市场证券组合的收益率;R_f 为无风险收益率;β_i

为基金 i 的 β 系数；ε_i 为随机误差项；α_i 为回归方程的截距，即基金的詹森测度。

因此，基金的詹森测度 J_i 可以写成

$$J_i = \overline{R_i} - [\overline{R_f} + (\overline{R_m} - \overline{R_f})\beta_i]$$

式中，J_i 为基金 i 的詹森测度；$\overline{R_i}$ 为基金 i 在样本期内的平均收益率；$\overline{R_f}$ 为样本期内的平均无风险收益率；$\overline{R_m}$ 为样本期内的市场组合的平均收益率；β_i 为样本期内基金 i 的 β 系数。

基金的詹森测度表示基金的实际收益与按资本资产定价模型得出的理论预期收益之差。詹森测度的优点在于可以非常方便地进行显著性检验，因此成为学术界最为常用和推崇的基金绩效评价指标。

[例 5.8] 有 A,B,C,D 4 只证券投资基金，它们过去 5 年平均净值增长率和平均 β 系数如表 5—3 所示。

表 5—3　4 只证券投资基金的净增长率和 β 系数

	A	B	C	D
净值增长率(%)	16	12	22	9
β 系数	1.33	1.17	1.46	0.98

已知过去 5 年市场的平均收益率为 6.6%，无风险利率的平均值为 5.2%，试按各基金的詹森测度对它们的绩效进行排序，并比较该排序与[例 5.6]中的排序是否一致。

解　根据公式 $J_i = \overline{R_i} - [\overline{R_f} + (\overline{R_m} - \overline{R_f})\beta_i]$，则

A 基金的詹森测度为 $J_A = 16\% - [5.2\% + (6.6\% - 5.2\%) \times 1.33] = 0.0894$

B 基金的詹森测度为 $J_B = 12\% - [5.2\% + (6.6\% - 5.2\%) \times 1.17] = 0.0516$

C 基金的詹森测度为 $J_C = 22\% - [5.2\% + (6.6\% - 5.2\%) \times 1.46] = 0.1476$

D 基金的詹森测度为 $J_D = 9\% - [5.2\% + (6.6\% - 5.2\%) \times 0.98] = 0.0243$

按詹森测度数从高到低排列依次为 C,A,B,D，即绩效最好的为 C 基金，然后依次为 A,B,D。

该排序与[例 5.6]中按基金的特雷诺比率排序是一致的。

2. 传统绩效评价指标的比较

特雷诺比率、夏普比率和詹森测度作为传统的三种基金绩效评价指标，在实践中得到了广泛的应用。然而由于三种指标适用的假设前提不一样，在对同一组基金的绩效进行排序时，按三种指标分别得到的结果可能不完全一致。究其原因，主要是因为三种指标对基金承担风险的假设不完全相同。夏普比率假设基金的风险包含系统风险和非系统风险；而特雷诺比率和詹森测度假设基金的投资组合已经消除了非系统风险，只含有系统风险。如果基金已经完全分散了非系统风险，则夏普比率和特雷诺比率的评价结果是一致的。因此，夏普比率一般适用于投资组合不是很分散的基金，特雷诺比率和

詹森测度比较适用于投资组合接近于市场组合的基金。

3. 传统绩效评价指标的缺陷

三种传统的绩效评价指标都有一定的合理性，但也存在着一些不足，主要表现在：

(1) 经济意义不够直观、明确。夏普比率和特雷诺比率在数值上难以进行直观的经济解释，特别是当基金的平均收益低于无风险收益时，夏普比率和特雷诺比率为负值，在基金风险溢价相同时，基金的风险越大，基金的夏普比率和特雷诺比率反而越大，这很难进行合理的解释。

(2) 需要满足很多假设，但这些假设在实际中很难成立。比如，詹森测度以资本资产定价模型为基础，但是资本资产定价模型有诸多假设，这些假设在现实中难以满足。

(3) 不能直接反映基金经理的选股能力和择时能力。这三种指标只是笼统地将基金的绩效与业绩基准进行比较，却并没有分析基金在选股和择时方面的差异，即没有分析不同绩效的形成原因。

(4) 难以给出基金的总体评价。三种传统的基金绩效评价指标从各自不同的角度对基金风险调整收益进行评价，评价的结果并不完全相同，有时甚至差别很大。人们很难在其基础上，将这些评价结果很好地结合起来，给出对基金的总体评价。同时，基金的绩效还应该综合考虑其费率、流动性等，传统指标显得不够全面。

本 章 小 结

证券投资基金是指通过发售基金份额，将众多投资者分散的资金集中起来，形成独立财产，由基金托管人托管，由基金管理人分散投资于股票、债券或其他金融资产，并将投资收益分配给基金份额持有人的集合投资方式。证券投资基金的性质主要有：体现了一种信托关系，是一种受益凭证，是一种间接投资工具。证券投资基金的特征有：集合投资，体现规模优势；组合投资，分散非系统风险；专家管理，服务专业化；监管严格，信息披露透明；资产管理和财产保管相分离。证券投资基金的作用有：成为中小投资者和资本市场的金融媒介；有利于证券市场的稳定和发展；间接推动了社会经济的增长；其发展推动了资本市场的国际化。

证券投资基金根据组织形式的不同，可以分为契约型基金和公司型基金；根据基金运作方式不同，可以分为封闭式基金和开放式基金；根据募集方式的不同，可以分为公募基金和私募基金；根据投资目标的不同，可分为收入型基金、成长型基金和平衡型基金；根据投资对象的不同，可以分为股票型基金、债券型基金、混合基金和货币市场基金；根据资金来源或资金投向的地域不同，可以分为国内基金、国际基金、离岸基金和海外基金。

其他特殊类型的基金包括对冲基金、指数基金、伞形基金、基金中的基金、保本基金、专门基金、交易所交易基金(ETF)、上市型开放式基金等。ETF是近年来金融市场最重要的创新，其特征有：双重交易机制、套利机制和复制指数等。

证券投资基金市场的运行，分为基金发行和基金交易两个阶段。基金的发行要经过申请、核准、发售、备案和公告4个步骤。封闭式基金的发售一般通过证券交易所的网络系统,以及网下配售进行。开放式基金的认购一般在基金管理公司的直销中心、商业银行以及证券公司进行。开放式基金的认购采取金额认购的方式,并需缴纳认购费。开放式基金认购费用的确定和认购份额的计算分金额费率法和净额费率法两种。

封闭式基金在证券交易所交易,其交易特征与股票交易相类似。开放式基金的申购和赎回在基金投资者和基金管理人之间进行。开放式基金的申购以金额申请,赎回以份额申请。开放式基金的申购和赎回分别需缴纳申购费和赎回费。开放式基金的申购价和赎回价适用的是"未知价",即当日证券市场收盘后开放式基金的份额净值。开放式基金申购份额的确定也分金额费率法和净额费率法两种。开放式基金投资者赎回基金所得到的净支付为赎回金额减去赎回费用。开放式基金面临巨额赎回时,基金管理人可以延期办理或暂停赎回。

契约型基金的当事人有基金持有人、基金管理人和基金托管人。基金合同载明了三方当事人各自的权利和职责。基金份额持有人大会是契约型基金的最高权力机构。基金持有人和基金管理人、基金持有人和基金托管人的关系都是委托人和受托人的关系。基金管理人和基金托管人是相互监督、相互制衡的关系。

证券投资基金投资的投资目标分为总体目标和具体目标。法律、法规一般会对证券投资基金的投资行为和投资数量等作出一定的限制。基金管理公司中的投资决策委员会领导投资决策程序的运行。证券投资基金面临的风险包括市场风险、管理风险、技术风险和流动性风险。

证券投资基金的收益包括股息、利息、资本利得、其他收入等。证券投资基金的费用包括基金持有人的费用和基金运作费用。基金运作费用包括基金管理费、基金托管费,以及其他一些费用。基金净收益是基金分配收益的基础。基金收益分配可以采取现金分红、分配基金份额和分红再投资三种形式,其中货币市场基金收益分配采取分配基金份额的方式。证券投资基金的净值是指证券投资基金的总资产扣除其总负债后的基金权益。基金份额资产净值是衡量基金经营业绩的主要指标,也是基金份额交易价格的内在价值和计算依据。

证券投资基金的绩效评价包括基金业绩持续性的检验、各种基金绩效指标的计算和各指标一致性的检验三个步骤。评价某一基金的绩效,必须有一个业绩基准作为参照物。传统的三大基金绩效评价指标是特雷诺比率、夏普比率和詹森测度,它们在实践中得到了广泛的应用,但是也存在着一定的缺陷。

重 要 概 念

证券投资基金 契约型基金 公司型基金 封闭式基金 开放式基金 公募基金 私募基金 收入型基金 成长型基金 平衡型基金 股票型基金 债券型基金 混合基金 货币市场基金 国内基金 国家基金 区域基金 国际基金 对冲基金 指数基金 伞形基金 基金中的基金 保本基金 专门基金 交易所交易基金 上市型开放式基金 基金合同 基金招募说明书 认购费 前端收费模式 后端收费模式 金额费率法 净额费率法 折价率 "已知价" "未知价" 申购费 巨额赎回 基金

持有人　基金份额持有人大会　基金管理人　基金托管人　市场风险　管理风险　技术风险　流动性风险　基金管理费　基金托管费　基金净收益　分红再投资　基金净值　基金份额资产净值　业绩基准　特雷诺比率　夏普比率　詹森测度

练 习 题

一、判断题

1. 证券投资基金是基于信托关系而成立的,是一种直接投资工具。
2. 公司型基金是依据公司法和基金公司章程,通过向基金投资人募集基金股份而设立的。
3. 伞形基金是指以其他证券投资基金为投资对象的基金。
4. ETF一般由证券交易所或大型基金管理公司、证券公司发起设立。
5. 基金招募说明书是基金的自我介绍,它的作用是向投资者提供基金的详情,以便投资者作出是否投资该基金的决策。
6. 某封闭式基金的份额净值为0.91元,其市场价格为0.88元,则该基金溢价交易。
7. 开放式基金的申购以金额申请,赎回以份额申请。
8. 基金持有人和基金托管人的关系是委托人和受托人的关系。
9. 货币市场基金一般采取现金分红的方式进行收益分配。
10. 如果基金的业绩不具备持续性,那么基金的绩效评价对未来绩效的预测是完全准确的。

二、单项选择题

1. 证券投资基金诞生于_____。
   A 美国　　　　B 英国　　　　C 德国　　　　D 意大利
2. 根据组织形式的不同,证券投资基金可分为_____。
   A 公司型基金和契约型基金　　　B 封闭式基金和开放式基金
   C 公募基金和私募基金　　　　　D 股票型基金和债券型基金
3. 以追求资本的长期增值为目标的证券投资基金是_____。
   A 收入型基金　　　　　　　　　B 平衡型基金
   C 成长型基金　　　　　　　　　D 配置型基金
4. _____设立的动机是源于资本市场的有效性。
   A 保本基金　　B 对冲基金　　C 基金中的基金　　D 指数基金
5. 开放式基金的认购费率一般随基金风险的增加而_____,随认购金额的增加而_____。
   A 增加,增加　　　　　　　　　B 增加,减少
   C 减少,增加　　　　　　　　　D 减少,减少
6. 开放式基金申购和赎回时所适用的价格是_____。

A 当日证券市场收盘后开放式基金的份额净值
B 当日证券市场开盘时开放式基金的份额净值
C 上一个交易日收盘后开放式基金的份额净值
D 上一个交易日开盘时开放式基金的份额净值

7. 下列中,不属于证券投资基金的当事人的是_____。
A 基金持有人　　　　　　　　B 基金管理人
C 基金托管人　　　　　　　　D 证券交易所

8. 开放式基金特有的风险是_____。
A 巨额赎回风险　B 市场风险　　C 管理风险　　D 技术风险

9. 下列中,管理费最低的基金是_____。
A 股票型基金　　　　　　　　B 债券型基金
C 货币市场基金　　　　　　　D 衍生工具基金

10. 假设某基金在过去 5 年内的年平均收益率为 15%,市场组合的年平均收益率为 10%,无风险收益率为 5%,该基金的贝塔系数为 2,则该基金的特雷诺比率为_____。
A 0.025　　　　B 0.05　　　　C －0.05　　　D －0.025

三、多项选择题

1. 证券投资基金的性质包括_____。
A 证券投资基金体现了一种信托关系
B 证券投资基金是一种受益凭证
C 证券投资基金是一种直接投资工具
D 证券投资基金是一种间接投资工具

2. 开放式基金和封闭式基金的区别有_____。
A 开放式基金规模固定,封闭式基金规模不固定
B 开放式基金是公司型基金,封闭式基金是契约型基金
C 开放式基金一般没有存续期,封闭式基金有一定的存续期
D 开放式基金一般不在证券交易所交易,封闭式基金在证券交易所交易

3. 伞形基金的特点有_____。
A 伞形基金各子基金之间可以相互转换
B 伞形基金各子基金之间相互转换的费用较高
C 伞形基金各子基金的运作一般是独立的
D 伞形基金各子基金的投资对象一般有较大差异

4. 假设某一时刻 ETF 的份额净值为 1.17 元,其二级市场的价格为 1.20 元,ETF 在二级市场的最小申购赎回份额为 100 万份,则一个完整的套利过程由_____构成。
A 在 ETF 的二级市场上以 1.20 元卖出 100 万份 ETF
B 在股票市场上买入价值为 117 万元的一篮子 ETF 成分股票
C 以 1.17 元申购 100 万份 ETF

D 以 1.20 元申购 100 万份 ETF

5. 下列有关开放式基金申购的说法正确的有_____。

A 开放式基金的申购需要缴纳申购费

B 股票型基金的申购费率一般高于债券型基金的申购费率

C 开放式基金的申购以金额申请

D 开放式基金申购时所适用的价格为前一日的基金份额净值

6. 下列关于基金份额持有人大会的说法不正确的有_____。

A 基金份额持有人大会是公司型基金的最高权力机构

B 基金份额持有人大会负责审议有关基金的重大事项

C 基金份额持有人所审议的事项一般只有经出席大会的基金份额持有人所持表决权的半数以上同意才能通过

D 基金份额持有人大会一般由基金份额持有人召集

7. 证券投资基金的收益来源有_____。

A 股票红利　　　B 债券利息　　　C 资本利得　　　D 存款利息

8. 下表中,4 只基金其份额净值从高到低排列依次为_____。

	A	B	C	D
基金总资产(亿元)	20	25	18	45
基金总负债(亿元)	5	4	2	15
基金发行在外份数(亿份)	20	14	10	12

9. 基金绩效评价的传统三大指标是_____。

A 夏普比率　　　B 特雷诺比率　　　C 詹森测度　　　D 贝塔系数

10. 下列关于夏普比率和特雷诺比率的说法正确的有_____。

A 夏普比率假设基金的风险包含系统风险和非系统风险

B 特雷诺比率假设基金的风险只包含非系统风险

C 夏普比率一般适用于投资组合不是很分散的基金

D 对同一组基金,夏普比率和特雷诺比率给出的绩效排序是完全一致的

参 考 答 案

一、1. 非　2. 是　3. 非　4. 是　5. 是　6. 非　7. 是　8. 是　9. 非　10. 非

二、1. B　2. A　3. C　4. D　5. B　6. A　7. D　8. A　9. C　10. B

三、1. ABD　2. CD　3. ACD　4. ABC　5. ABC　6. AD　7. ABCD　8. DCBA　9. ABC　10. AC

第六章 外汇市场

> **提 要**
>
> 在当代世界经济中,商品、劳务和资本跨国界流动的规模与范围日益扩大,外汇市场随之形成了一个24小时连续运作的全球统一市场,其交易规模大大超过了债券、黄金等其他市场。外汇市场的类型多种多样,可以根据不同的标准进行分类,如根据交易参与者和交易量不同,可将外汇市场分为零售市场和批发市场等。商业银行、客户、外汇经纪人和中央银行通过外汇买卖,一方面实现了购买力与资本在国际间的转移,另一方面也一定程度地规避了汇率风险,有利于促进国际贸易与投资的良性发展。
>
> 外汇市场的交易标的即静态意义上的外汇,而动态的外汇是指不同货币间的兑换行为。两种货币间的折算比率称为汇率,有直接与间接两种标价方法,同样可以根据不同标准对其进行分类。作为影响一国宏观经济的重要变量,在汇率决定方面,学者们先后提出了国际借贷说、购买力平价说、利率平价说、汇率超调模型和资产市场说等理论。影响汇率的因素很多,主要包括一国的国际收支状况、通货膨胀率、利率水平、财政与货币政策,以及市场心理预期等。外汇市场上常见的交易方式有即期交易、远期交易、掉期交易、期权交易与期货交易几种。市场参与者可以利用这些工具实现套期保值或投机获利的目的。而以投机获利为目的的外汇交易,又分为两种:套汇交易和套利交易。

第一节 外汇市场概述

一、外汇市场的定义

外汇市场是专门进行外汇买卖、调节外汇供求关系的市场。作为世界上交易规模最大的市场,现代外汇市场是国际金融市场的基础。与一般的商品市场不同,它并不具有有形的交易场所,而是一个由现代通讯设施与通讯服务连接起来的、无形的世界性网络系统。世界各地的交易商们(银行、外汇经纪商等)通过计算机网络、电话、电报、电传等方式进行外汇的报价、询价、买进、卖出、交割与清算,将分散在各地的外汇交易活动联结成了一个24小时连续运转的相对统一市场。

二、外汇市场的特点

1. 24小时连续运作的全球性大市场

目前，世界上大约有三十多个主要外汇市场，它们遍布于世界各大洲的不同国家和地区。其中，交易规模和国际影响较大的有伦敦、东京、纽约、法兰克福、新加坡、香港等地的外汇市场。由于这些外汇交易中心的地理位置不同，属于不同的时区，当一个市场闭市时，另一个市场却仍在交易，这样就形成了一个全天24小时连续运作的全球统一外汇市场。例如，格林尼治时间上午，法兰克福和伦敦外汇市场分别开市，当它们在下午闭市时，纽约、芝加哥、旧金山市场又相继开始营业。到它们闭市时，悉尼外汇市场和亚洲的东京、香港、新加坡等市场却仍在运转。可以说，不管投资者身在何处，都可以在任何时间在某个市场上进行外汇的买卖。

表6—1 世界主要外汇市场交易时间（格林尼治时间）

地 区	城 市	开市时间(GMT)	闭市时间(GMT)
澳 洲	悉 尼	11:00	19:00
亚 洲	东 京	12:00	20:00
	香 港	13:00	21:00
欧 洲	法兰克福	8:00	16:00
	巴 黎	8:00	16:00
	伦 敦	9:00	17:00
北美洲	纽 约	12:00	20:00

2. 汇率波动剧烈

20世纪70年代初布雷顿森林体系崩溃后，西方国家普遍实行浮动汇率制，外汇汇率直接受到市场供求关系的影响，使得汇率波动愈加频繁。尤其是20世纪80年代以来，世界经济发展不平衡加剧，各国开始意识到资本输出、输入和外汇交易有利于促进本国经济的发展，纷纷放宽了对国际资本流动的限制，再加上外汇投机交易的推波助澜，使汇率变动更加动荡不稳。汇率剧烈波动给各国的外经贸活动带来了巨大的汇率风险，加剧了贸易和投资收益的不确定性。

3. 各个外汇市场汇率趋向一致

20世纪70年代以后，以计算机、新材料的研究与应用为代表的新科技革命进一步发展，电话、电报、传真、电子邮件等现代通讯手段将各个金融中心连接成了一个统一的网络系统。位于不同国家或地区的外汇交易参与者利用这些通讯网络，可以及时、方便地了解到各地的行情变化，迅速对其作出反应。

目前，国际金融交易中最重要的电讯网络是环球银行金融电信协会(SWIFT)。这是一家成立于1977年5月的非营利性组织，它通过国际信息网络将会员国的信息处理终端联系在一起，从而在各国银行之间迅捷地完成外汇的存贷业务。借助该网络，上亿元的资金可以在数秒钟内从一个账户拨到另一个账户、从一个国家拨转到另一个国家。

例如,在某一时点上纽约外汇市场上 1 英镑兑换 1.508 0 美元,而在东京市场上 1 英镑兑换 1.507 7 美元,交易者可以在计算机网络上及时获得这一信息,并通过 SWIFT 在东京市场低价买入英镑,同时将其在纽约市场高价卖出获取无风险收益。这样,东京市场上对英镑的需求会增加,而纽约外汇市场上英镑的供给在增加。只要有足够多的套汇交易者采取相同行动,东京市场上的英镑价格会上升,纽约市场上的英镑价格则会下降,直至两者相等,套汇机会消失。这样,在交易者的套汇活动推动下,一个市场汇率的涨落会立即引起其他市场汇率的变化,各个市场的汇率差异越来越小,传统的在不同市场之间低买高卖某种外汇而获利的套汇活动大大减少,各个外汇市场的汇率趋向一致。

4. 外汇交易方式多样

目前,外汇交易范围不断扩大,各国普遍实行了不同程度的浮动汇率制,使汇率变动变得愈加剧烈。在包括即期交易、远期交易、期货交易和期权交易在内的传统外汇交易基础上,为了减少汇率风险,市场上出现了不少新的衍生交易工具,如利率掉期、货币互换、债券回购交易等。外汇交易工具和交易方式的不断涌现,使外汇市场上的交易活动也越来越复杂化了。

三、外汇市场的层次与分类

(一) 外汇市场层次

外汇市场按其结构可分为三个层次。

1. 银行与客户之间的外汇交易市场

即外汇零售市场。在零售市场上,交易往往是通过银行柜台(over the counter)进行的,银行挂出不同外汇的买卖牌价,满足客户的需要。银行是外汇市场的做市商,在外汇的供求者之间扮演着中间人的角色。

2. 银行间外汇市场

即外汇批发市场。该市场的交易主体为商业银行、外汇经纪公司等金融机构,交易金额巨大。外汇批发市场是外汇市场的主体,也是金融机构间轧平外汇头寸的重要场所。

3. 银行与中央银行间的外汇市场

国际短期资金的大量流动往往会导致外汇供求失衡,从而引起汇率的暴涨或暴跌。为稳定汇率,中央银行将在外汇市场上抛出或买进汇价过分涨跌的货币进行干预。

(二) 外汇市场分类

根据不同的标准,外汇市场有多种分类方法。

1. 开放式交易市场与定点式交易市场

根据有无固定场所,可将外汇市场分为开放式交易市场和定点式交易市场。开放式交易市场是指没有固定交易场所和交易时间的外汇市场,又称无形市场。交易者之间通过电报、电话、传真、计算机网络等通讯手段互通信息,他们在自己的计算机终端上就能了解到市场上的报价行情,从而形成了一个抽象的外汇市场。目前,这个无形市场已经实现了全天 24 小时连续运转,伦敦、纽约、东京、苏黎世等主要外汇市场都属于此类。

定点式交易市场是指在固定的交易场所、交易时间进行外汇买卖的市场,又称有形市场。欧洲大陆上的许多外汇市场都曾属于此类,其中包括巴黎、法兰克福、阿姆斯特丹、布鲁塞尔等地的外汇交易市场。

2. 外汇零售市场与批发市场

根据交易参与者和交易量不同,可将外汇市场分为零售市场和批发市场。外汇零售市场是指银行与客户之间的外汇交易市场。银行通过不断地买入和卖出外汇满足不同客户的需求,并赚取差价,实际上起到了交易媒介的作用。外汇批发市场是指银行等机构之间进行外汇交易的市场。外汇批发市场上的交易金额一般较大,是最主要的外汇交易市场。

3. 国内市场与国际市场

根据市场范围不同,可将外汇市场分为国内外汇市场与国际外汇市场。国内外汇市场是指局限在一国领土范围以内的外汇交易,必须遵循本国外汇管理机构制定的相关规定。国际外汇市场则是相对于国内市场而言的,指的是一国领土范围以外的外汇交易,可能还会涉及资金的跨国界流动。目前在中国国内市场只能进行实盘交易,汇率的波动不会对投资者的资金账户产生太大影响。然而国际市场上的外汇交易通常采取保证金交易方式,即投资者只需交纳 0.5% 至 20% 的保证金即可进行外汇交易,资金的杠杆作用非常明显,汇率的细微变化都将对投资者资金账户造成巨大影响,风险很高。

4. 官方市场与自由市场

根据外汇管制程度不同,可将外汇市场分为官方市场和自由市场。在实行外汇管制的国家,外汇市场有官方市场与自由市场之分。官方市场一般由央行制定固定汇率,外汇买卖必须按照外汇管制法规通过银行进行。例如,在比利时的官方外汇市场上,金额超过一千万比利时法郎的交易必须得到有关机构的许可。自由市场即所谓的"黑市",汇率可以根据市场供求自由浮动,不受政府外汇管制的影响。

四、外汇市场的参与者

(一) 商业银行

商业银行是外汇交易市场的中心,是最重要的外汇交易者。很多商业银行都承办了外汇存贷、汇兑、贴现等业务,而目前所有规模较大的外汇买卖一般都是由银行完成的。参与外汇交易的商业银行,在一些实行外汇管制的国家中又称外汇指定银行 (authorized banks),是由中央银行或货币当局指定或授权经营外汇业务的银行。在美国,所有银行都有权经营外汇业务。

商业银行在外汇市场上主要进行两方面的交易活动。一方面,它们可以接受客户(主要是进出口商)的委托,办理进出口结汇业务,充当外汇买卖的中介,在市场上进行外汇交易。例如,美国某进口商从本国某商业银行买入英镑以支付货款,这笔交易具体过程如下:首先该银行借记进口商在本行的美元存款账户,并通知国外往来行借记自己的英镑存款账户、贷记出口方银行的英镑账户;然后出口方银行再贷记出口商的英镑存款账户。另一方面,商业银行还可以通过自己的账户直接进行买卖。它们这样做主要出于两个目的:轧平头寸避免汇率风险和投机获利。外汇头寸 (foreign exchange position)是指商业银行持有的各种外币账户的余额状况。在日常的外汇买卖中介活动中,往往出现这样的情况:某些币种的买入额大于售出额(资产大于负债),即"多头寸(long position)";而另一些币种的买入额则小于售出额(资产小于负债),即"空头寸(short position)"。这时,一旦多头币种的汇率下跌或空头币种汇率升高,银行就会承受很大的损失。为了避免汇率变动风险,银行需要在同业市场上进行交易,及时轧平(square)头寸,抛出多头、补进空头。此外,银行进行同业间外汇交易也可能出于投机目的。如果银行预期汇率将向某一方向变化,可以特意制造并暴露(expose)头寸以期获利,但这时银行将承担较大的汇率风险。

(二) 客户

客户是指通过银行和外汇经纪人进行外汇买卖活动的机构或个人。这一类市场参与者主要由三部分构成。

(1) 个人,包括跨境旅游者、汇出或收入侨汇者、出国留学生和个人外汇投资者等。

(2) 公司,包括从事国际贸易的进出口商、跨国公司等。它们参与外汇交易的主要目的是:为了贸易、投资等经济活动能够顺利进行,为了套期保值、规避外汇风险,为了获得汇率变动带来的收益,等等。

(3) 其他金融机构,包括养老基金、社保基金在内的各种金融机构。它们参与外汇交易的主要目的是投资、套汇、投机、保值等。

(三) 外汇经纪人

外汇经纪人(brokers)是指专门从事撮合成交或代理客户买卖外汇,并从中赚取手续费或佣金(commission)的人。银行同业间市场上的外汇交易,主要是通过外汇经纪人完成的。他们根据自己对市场上供求状况的了解,在外汇的买者与卖者之间作为中介积极撮合,并根据交易金额收取一定的佣金。尽管经纪人的佣金比率一般较低,但银行间外汇批发交易金额很大,经纪人的收益相当可观。外汇经纪人并不需要持有相应的外币存货,也不参与外汇交易,更不用承担汇率变动的风险。外汇市场上的买者和卖者通过经纪人进行交易的好处之一是可以匿名买卖,而且由于外汇经纪人与多家银行联系较紧密、熟悉市场行情,能以最快速度撮合交易和最大限度降低交易成本,帮助客户增加收益或减少损失,提高外汇交易的效率。

(四) 中央银行及管理外汇的政府机构

各国中央银行作为本国货币政策的制定者和实施者,参与外汇市场的主要目的是为了稳定市场,将汇率控制在某一期望水平或幅度内。一般而言,中央银行负责管理一国的官方外汇储备。当本国货币汇率剧烈波动时,中央银行为稳定汇率,可调节国内货币供应量,实现预期的货币政策目标,并利用外汇储备进行外汇买卖,从而实现对市场的干预。当前,世界各国之间的经济联系日益紧密,外汇市场上的日交易金额已达数万亿美元,任何一国单独的外汇干预显得愈加力不从心,因此几个国家的中央银行往往采取联合干预活动。一般情况下,中央银行在外汇市场上的交易金额并不很大,然而对市场走势的影响却意义非凡。因为对于外汇市场的其他参与者而言,一国中央银行的一举一动都体现着政府宏观经济政策调控的动向,是预期汇率变化的重要基础。

中央银行通过买入和卖出外汇,而对外汇市场进行干预。通常,当本国货币贬值过度时,央行在市场上买入本币、卖出外币,从而增加外汇供给和对本币的需求,抑制市场对本币贬值的预期;当本国货币过度升值时,中央银行的行为与此相反,从而增加本币供给和对外汇的需求,抑制市场对本国货币升值的预期。

五、外汇市场的功能

外汇市场作为目前世界上规模最大、营业时间最长的国际性市场,它的存在与发展对各国经济发展、国际经济交往具有十分重要的意义。外汇市场的作用或功能主要表现在以下两个方面。

1. 实现购买力与资本在国际间的转移,使各国之间的政治、经济、文化往来得以顺利进行

目前,不同国家或地区之间的各种经济联系和交往日趋密切,在经济交往中往往会产生各种债权债务关系,并涉及不同币种的支付和交换。例如,一位美国进口商从英国购买了一批玩具,他支付的货款可能以美元或英镑的形式计值。如果要求以英镑付款而该进口商只有美元存款,那么他就必须首先在外汇市场上卖出美元、买入英镑,然后才能完成进口货款的支付。资本的国际转移同样离不开外汇市场的参与。假如没有外汇市场,国际借贷和跨国投资便无法顺利进行,因为它是联结各国信贷市场和资本市场的纽带。比如说,一家法国公司准备在日本建厂,在投入资金之前它必须考虑到法郎与日元之间的兑换比价(即汇率),然后通过外汇市场将以法郎计值的资本转换成日元存款,最后才能顺利地在日本开始修建工厂。由此可见,外汇市场的存在与发展是开展对外贸易、实现资本跨境流动的必要条件。

2. 提供多种外汇交易方式,在此基础上还出现了多种金融衍生工具,有利于减少汇率变动带来的风险,促进了国际贸易和国际投资活动的良性发展

在国际经济交往中,各方往往都承担着较大的汇率风险。例如,外币汇率下跌时,以外币计值的资产将相对于本币价值贬值;而当外币汇率上扬时,以外币计值的负债则恰恰相反,将相对于本币价值升值,从而加重了债务人的偿还负担。这时,债权人或债务人可以充分利用外汇市场所提供的多种交易工具,如远期外汇交易、外汇期货交易、外汇期权交易等,有效地减少或避免汇率风险。正如前面提到的,商业银行在日常与客户的外汇买卖中,往往不会出现购买额与销售额恰好相等的平衡状况,而常常是处于外汇多头或空头状态,一旦该币种汇率剧烈波动,银行将面临巨大的汇率风险。这就需要它们在外汇市场上进行头寸的抛补,以实现外汇账户的平衡。

六、世界主要外汇市场

外汇市场是世界上规模最大的市场。据估计,全世界日外汇交易额在1990年仅有6 500亿美元[1],到1992年就上涨到了1万亿美元左右[2]。根据国际清算银行2003年的统计数据,这一数额已逾两万亿美元,是美国股票与债券市场总和的3倍多。世界上

---

[1] 数据引自:A. C. Shapiro(1992),*Multinational Financial Management*,4th edition,p36.

[2] 数据引自:Krugman(1994),International Economics,*Theory and Policy*,3rd edition,p340.

主要的外汇交易市场有以下几种。

(一) 伦敦外汇市场

伦敦外汇市场是全球历史最为悠久、交易量最大的外汇市场。据英格兰银行1995年对伦敦外汇市场进行的一项调查显示,当年英国外汇交易额是美国的两倍以上[1],是世界第一大外汇市场。伦敦外汇市场是一个无形的市场,通过电话或电报完成交易。它现由两百多家外汇指定银行组成,银行之间的交易均通过外汇经纪人进行。市场交易时间从9:00开始至17:00左右结束(格林尼治时间,相当于北京时间17:00至次日1:00)。交易货币几乎包括所有的可兑换货币,其中规模最大的是英镑对美元的交易,其次是英镑对德国马克(欧元)、瑞士法郎、法国法郎及日元的交易。

早在第一次大战之前,伦敦外汇市场便已初具规模。英国的外汇指定银行则出现在二战后,当时英国政府实行了严格的外汇管制,外币交易只能由英格兰银行指定的一些银行代其按官价进行买卖。1979年10月,英国全面取消了外汇管制,这对伦敦乃至世界金融市场都产生了重大影响,伦敦外汇市场迅速蓬勃发展起来。

伦敦外汇市场的一个突出特点在于其独特的地理位置,它所在的时区位于东京和纽约之间,连接着亚洲和北美市场。东京接近收市时伦敦正好开市,而其收市时纽约市场即将开市,所以它一天24小时都能和这两个主要市场进行交易,伦敦成为世界上最大的外汇交易中心也就不足为奇了。

(二) 纽约外汇市场

纽约外汇市场是当前与伦敦外汇市场并驾齐驱的外汇市场,也是美国最大的外汇市场,它是在二战之后才逐渐发展起来的。美国政府从未实行过外汇管制,也没有所谓的外汇指定银行,几乎所有商业银行和其他金融机构都有资格经营外汇业务。因此,纽约外汇市场的参与者主要是各大商业银行、外国银行的分支机构和外汇经纪商。市场9:00开市至16:00闭市(当地时间,相当于北京时间22:00至次日5:00)。在纽约外汇市场上,交易的货币按比重依次为美元、德国马克(欧元)、英镑、瑞士法郎、加拿大元、日元和法国法郎等。

由于美元是当今世界上最主要的国际货币,各个国家和地区发生的美元交易最终都要通过美国(主要是纽约)的商业银行办理收付、结算。目前,世界上90%以上的美元收付是通过纽约的"银行间清算系统"进行的。因此,纽约外汇市场在作为美国国内外汇交易中心的同时,又是世界美元交易的清算中心。

(三) 东京外汇市场

1964年,日本加入国际货币基金组织,允许日元自由兑换之后,东京外汇市场才逐步发展起来。自从20世纪80年代以来,随着日本在世界上经济地位的上升,该市场的交易规模也迅速扩大,东京目前已成为世界最大的外汇市场之一。

与伦敦外汇市场相同,东京外汇市场也是一个无形市场,交易者通过电话、电报等现代化通讯设施进行交易。市场参加者主要包括外汇专业银行、外汇指定银行、外汇经纪人、日本银行,以及非银行客户。交易时间从9:00开始至15:30结束(当地时间,相

---

[1] 引自:"英格兰银行对伦敦外汇市场交易的调查",《国际金融导刊》,1996(2),第35—38页。

当于北京时间 8:00 至 14:30),中间有一个半小时的休市时间。该市场地区性较强,交易币种也比较单一,主要是日元兑美元和欧元的交易。据日本银行发表的对东京外汇市场交易额的调查显示,2004 年 4 月东京外汇市场平均每天交易额为 1 989 亿美元,仅次于伦敦和纽约外汇市场,日元对美元、欧元的交易额占全部交易额的 80% 以上。

伦敦、纽约和东京是目前世界上最大的 3 个外汇交易中心。其他主要外汇市场还包括:欧洲地区的法兰克福、巴黎、苏黎世,美洲的洛杉矶,澳洲的悉尼,亚洲的新加坡和香港等。亚洲地区除东京以外的汇市发展速度很快,最引人注目的当属新加坡和香港,它们都是在 20 世纪 70 年代以后才发展起来的。新加坡地处欧亚非的交通枢纽,在时区上连接了香港、东京、悉尼、伦敦、苏黎世、法兰克福、纽约等多个重要的外汇市场,一天 24 小时都可以同世界各地区进行外汇交易。香港外汇市场在 1973 年香港取消外汇管制后得到了长足发展,外资和国外金融机构大量涌入,外汇市场越来越活跃,使其逐渐发展成为一个国际性的外汇市场。

第二节 外汇和汇率

一、外汇

(一) 外汇的定义

外汇的含义有动态和静态之分。动态意义上的外汇是指人们通过外汇银行等金融机构将一种货币兑换成另一种货币,对国际间债权债务关系进行结算的行为。外汇的静态含义又有广义和狭义之分。外汇(foreign exchange)从狭义上来说,是以外币表示的、用于国际结算的信用凭证或支付手段。国际货币基金组织(IMF)曾对外汇的定义作过如下阐述:外汇是货币行政当局(中央银行、货币机构、外汇平准基金组织及财政部),以银行存款、财政部库存、长短期政府债券等形式所保有的、在国际收支逆差时可以使用的债权。由此可见,存放于本国境内的外币现钞不属于外汇,因为只有将其存于国外银行账户中方能用于国际间的结算与支付。广义上的静态外汇是指一切以外币表示的金融资产,包括可自由兑换的外币现钞。我国外汇管理部门在 1997 年 1 月 20 日发布的《中华人民共和国外汇管理条例(修改版)》中规定,外汇是指:① 外国货币,包括钞票、铸币等;② 外币支付凭证,包括票据、银行存款凭证、邮政储蓄凭证等;③ 外币有价证券,包括政府债券、公司债券、股票等;④ 特别提款权、欧洲货币单位;⑤ 其他外汇资产。可见,这里的外汇指的是广义的外汇。

(二) 外汇的三要素

外汇的概念包含三个要素:

(1) 外汇必须是以外国货币表示的国外金融资产,任何以本币表示的信用凭证、有价证券不能称其为外汇。例如,某日本商人所持有的美元存款对日本而言是一种外汇资产,但是如果该存款由美国人持有则不能将其视为外汇。

(2) 外汇必须是能在国外得到偿付的货币债权。

(3) 外汇必须是可以自由兑换的货币,如美元、英镑、日元、欧元、港元等。以不可兑换的货币表示的支付手段,不能作为外汇。例如,有些国家货币当局限制本国货币与外币之间的自由兑换,以该货币表示的各种支付手段就不能被其他国家视为外汇。

二、汇率

(一) 定义

在国内市场上购买商品时,买主支付本国货币而卖主也乐意接受本国货币。但是在国际市场上则不然,买主持有的未必是卖主所在国使用的货币,因此出口商可能要求进口商将该国货币兑换成出口国货币进行支付,这种兑换比率即汇率。汇率(exchange rate)又称汇价、外汇牌价或外汇行市,它是一种货币用另一种货币单位表示的价格,是指一种货币折算成另一种货币的比率。由于不同国家使用的货币不同,当两国之间进行商品或劳务交换时,就需要将以本币表示的商品或劳务价格按照当时的汇率折算成外币的价值,否则国际交换就无法进行。例如,某日本进口商从美国购买了一批货物,总价值1万美元,而当时的汇率为1美元=117.50日元,那么这批货物的日元价值就是117.5万日元。

(二) 汇率的标价

在一般商品市场上,商品的标价比较容易理解,如可以直接说1千克玉米价格为若干美元,然而外汇市场上的标价方式要复杂得多。由于本外币可以互相表示,因此外汇汇率具有双向表示的特点。据此可将标价法看作两类:直接标价法与间接标价法。

1. 直接标价法(direct quotation)

即是用本币对外币进行标价,是指以一定单位(1 10 010 000 等)的外国货币作为标准,来计算折合成多少单位的本国货币。例如,2008年12月30日我国公布的外汇牌价中间价,100美元可兑换683.53元的人民币,即为直接标价法。在直接标价法下,外币的数额固定不变,而本币的数额会随两国货币相对价值的变化而变化。汇率上升说明一定数额的外币能兑换到较多的本币,本币相对于外币贬值;汇率下降则恰好相反,说明一定数额的外币能兑换到较少的本币,本币相对于外币升值。如果美元隔天的比价变为100美元能兑换683.46元了,说明美元贬值,人民币升值了。目前,绝大多数国家使用的都是直接标价法。

2. 间接标价法(indirect quotation)

即是用外币对本币进行标价,是指以一定单位的本国货币作为标准,来计算折合成多少单位的外国货币。例如,2005年1月27日欧洲外汇市场英镑兑美元的汇率为1英镑折合1.8825美元,即为间接标价法。在间接标价法下,本币的数额固定不变,而外币的数额会随两国货币相对价值的变化而变化。汇率上升说明一定数额的本币能兑换到较多的外币,本币相对于外币升值;汇率下降则恰好相反,说明一定数额的本币能兑换到较少的外币,本币相对于外币贬值。假如英镑兑美元的汇率从1英镑=1.8825美元变化到1英镑=1.8820美元,说明英镑兑美元的汇率下降,英镑贬值了。

目前,世界上使用间接标价法的国家和地区主要是美国、英国和欧盟。英国是发展最早的资本主义国家,英镑曾经在国际贸易结算中处于核心地位。因此,伦敦外汇市场上长期使用的是间接标价法。第二次世界大战之后,随着英镑地位的下降,美元逐渐取而代之成为最主要的国际结算和国际储备货币。为了便于以美元计价结算,也为了使纽约外汇市场和伦敦外汇市场两大外汇市场能够更好地相互衔接,从 1978 年 9 月 1 日开始,纽约外汇市场在对英国和爱尔兰继续使用直接标价法的同时,对其他货币采用了间接标价法。

直接标价法与间接标价法表示的都是本币与外币之间的关系,在某些外汇市场上,本币以外的其他货币之间的比价一般采用美元标价法。美元标价法是指以作为关键货币(key currency)的一定量的美元为标准,用其他货币给美元标价。汇率越高说明一定单位的美元可兑换到的其他货币越多,美元相对于其他货币的价值就越高;汇率越低说明一定单位的美元可兑换到的其他货币越少,美元相对于其他货币的价值就越低。美元标价法顺应了二战后美元国际地位上升的潮流,更好地满足了全球化外汇交易发展的需要。

(三) 汇率的种类

按照不同的标准,可以对汇率作以下分类。

1. 根据汇率制定方法的不同分

根据汇率制定方法的不同可分为基础汇率和套算汇率。

基础汇率(basic exchange rate)是指一国以一种在本国对外经济活动中使用最频繁的货币(往往是关键货币,如美元)作为标准,然后制定出的本币与其之间的汇率。与本币有关的外国货币往往种类繁多,要制定出本国货币与所有外币之间的兑换比率几乎是不可能的,因此只能选定一种关键货币作为本国汇率的制定标准,在此基础上套算本币与其他货币的汇率。而一旦制定出基础汇率,本币与其他货币之间的兑换便大大简便了。目前,许多国家都以本币对美元的汇率作为基础汇率。根据前一日银行间外汇市场上形成的加权平均价,中国人民银行公布当日主要交易货币(美元、日元、港币、欧元和英镑)对人民币交易的基准汇率,然后在此基础上计算其他套算汇率。

套算汇率(cross exchange rate)又称交叉汇率,是指根据基础汇率,以及关键货币与其他外国货币之间的汇率,套算出的本币与非关键货币的汇率。如果以本币对美元的汇率作为基础汇率,那么本币与美元以外的外国货币的汇率即为套算汇率。例如,已知某交易日人民币兑美元的基础汇率为 100 美元=827.00 元人民币,美元兑日元的汇率为 1 美元=106.874 0 日元,那么当天的人民币与日元之间的套算汇率为 100 000 日元=7 738.08 元。具体套算过程为

$$100 \text{ 美元} = 827.00 \text{ 元} = 10687.40 \text{ 日元}$$

$$100000 \text{ 日元} = 827.00/10687.40 \times 100000 = 7738.08 \text{ 元}$$

目前,大多数国家外汇市场上公布的汇率都是各国货币与美元之间的汇率,美元以外货币之间的汇率都需要通过美元汇率套算出来。

2. 从银行买卖外汇的角度分

从银行买卖外汇的角度可分为买入汇率和卖出汇率。

买入汇率(buying rate)又称买入价,是指银行买入外汇所使用的汇率。卖出汇率(selling rate)又称卖出价,是指银行卖出外汇时所使用的汇率。银行的卖出汇率一般略

高于买入汇率,两者间的价差(spread)是银行经营外汇业务的汇差收益,用于弥补银行的业务成本和所承担的汇率风险,这一差额一般为 0.1%。

需要注意的是,买入价与卖出价是针对银行,而不是与银行交易的个人或机构而言的。在外汇市场上一般会同时列出两个汇率,前一个数字较小而后一个数字较大。在直接标价法下,前一个汇率表示买入价,后一个汇率表示卖出价,买入价低于卖出价。例如,某交易日法兰克福外汇市场上美元兑欧元的汇率为 1 美元等于 1.147 4~1.148 4 欧元,即银行买入 1 美元愿付 1.147 4 欧元,卖出 1 美元要求客户支付 1.148 4 欧元。在间接标价法下则正好相反,前一个较低的汇率表示卖出价,后一个较高的汇率表示买入价,买入价高于卖出价。例如,某交易日伦敦外汇市场上英镑兑美元的汇率为 1 英镑等于 1.303 9~1.304 9 美元,即银行愿意付出 1.303 9 美元换回 1 英镑,而付出 1 英镑必须收回 1.304 9 美元。

银行公布的买入汇率和卖出汇率又有现钞买入、卖出汇率和现汇买入、卖出汇率之分。在直接标价法下,现钞买入汇率通常低于现汇买入汇率,而现钞卖出汇率则与现汇卖出汇率一致。这是因为外汇现钞不能直接用于国际结算,银行持有外币现钞有一定的成本和汇率风险。

除买入汇率和卖出汇率以外,还有中间汇率(middle rate)。中间汇率是买入汇率和卖出汇率的平均价。其计算公式为

$$中间汇率 = (买入汇率 + 卖出汇率)/ 2$$

为了简便起见,各种媒体在报道外汇行情时使用的都是中间汇率。

3. 根据外汇交易的交割时间长短分

根据外汇交易的交割时间长短不同可分为即期汇率与远期汇率。

外汇交易的交割是指双方根据合同规定履行各自义务,由买主支付本币,卖主支付外汇的行为。一般说来,交割时间不同所使用的汇率也不相同。

(1) 即期汇率(spot rate)又称现汇汇率,是指外汇交易双方达成买卖协议,约定在两个营业日内完成外汇交割时所用的汇率,即外汇现货市场上形成的汇率。即期汇率由交易者达成协议时,两种货币的供求关系情况所决定。在外汇市场上挂牌的汇率,除特别标明远期汇率以外,一般指即期汇率。

(2) 远期汇率(forward rate)又称期汇汇率,是指外汇交易双方达成买卖协议,约定在未来一定时期进行实物交割时所使用的汇率,即外汇期货市场上形成的汇率。它未必等于远期外汇交易中所使用的汇率。后者由外汇买卖双方协商决定。远期汇率虽然是未来交割时使用的汇率,然而却并非未来交割日的即期汇率,它只是外汇市场上交易者对交割日即期汇率的普遍预期。

远期汇率是外汇买卖双方以即期汇率为基础制定的,它与即期汇率一般存在差价:如果远期汇率比即期汇率高,该差价就称为"升水(premium)";如果远期汇率比即期汇率低,这一差价则称为"贴水(discount)";如果远期汇率与即期汇率相等,则称作"平价(par)"。升、贴水一般受货币的供求关系、利率差异,以及市场预期等因素的影响。如果某种货币供不应求、利率降低,或者交易者普遍持升值预期,这种货币期汇汇率很可

能会上涨;如果情况恰好相反,该货币供大于求、利率升高,或者大多数交易者持有贬值预期,该币种期汇汇率则很可能会下降。汇率报价的最小单位称为基本点,是标价货币最小价格单位的1‰。例如,欧元的最小价格单位是1%欧元,则美元兑换欧元的交易价格应标至0.0001欧元,假如美元兑欧元的汇率从1.1470/80上升到1.1480/90,则外汇市场称汇率上升了10个基本点或10个点。

在国际外汇市场上,远期汇率的报价方式主要有三种。第一种是直接报价法,即直接标出远期外汇的实际买入汇率与卖出汇率,多用于日本、瑞士等国。采用直接标价法时,如果远期汇率高于即期汇率,两者的价差便是升水;如果远期汇率低于即期汇率,两者价差为贴水。例如,在法兰克福外汇市场上使用直接标价法,某日即期美元汇率为1美元等于1.1090~1.1100欧元,而当天3个月远期美元汇率为1美元等于1.1070~1.1080欧元,可知远期汇率低于即期汇率,美元汇率贴水。若是采用间接标价法,则情况正好相反。如果远期汇率高于即期汇率,两者的价差便是贴水;如果远期汇率低于即期汇率,两者价差为升水。例如,在采用间接标价法的伦敦外汇市场,某日即期美元兑英镑汇率为1英镑等于1.2470~1.2480美元,而当天3个月远期美元汇率为1英镑等于1.2450~1.2460美元。远期汇率低于即期汇率,美元汇率升水。直接报价法的优点在于简明易懂,一般用于银行向普通用户报价,以及媒体报道。

第二种是点数报价法,即用升水、贴水幅度或平价表示期汇汇率的报价方式。与直接报价法相同,升水或贴水都是用基本点来表示。点数报价也采用双向报价,同时报出买入价和卖出价的升/贴水。由于双向点数报价较复杂,为简便起见在此以单向报价说明。即期汇率、远期汇率与升、贴水的关系,可用如下计算公式表示,在直接标价法下,即

$$远期汇率 = 即期汇率 + 升水$$

$$远期汇率 = 即期汇率 - 贴水$$

例如,法兰克福外汇市场某时刻美元兑欧元的即期汇率为1美元=1.1095欧元,而3个月贴水为20个基本点,则实际的3个月美元的远期汇率就等于1美元兑1.1075欧元。在间接标价法下,即

$$远期汇率 = 即期汇率 - 升水$$

$$远期汇率 = 即期汇率 + 贴水$$

又如,在伦敦外汇市场上,某时刻英镑兑美元的即期汇率为1英镑=1.2475美元,而3个月升水为20个基本点,则实际的3个月美元的远期汇率就为1英镑=1.2455美元。

点数报价法多用于银行同业间报价,与其他报价法相比有其特有的优势。外汇市场上即期汇率波动频繁,然而即期汇率与远期汇率之间的价差却相对稳定,用点数报价可以避免报价随即期汇率频繁变动。

第三种是年率报价法,即用远期汇率对即期汇率的增长率表示期汇汇率的方法。用升/贴水点数除以现汇汇率即得远期汇率在该时间期限内的汇率上升/下降幅度,然

后将得到的这个比率转换成一年的上升/下降率,即年率。如果期汇汇率升水,年率为正;贴水,则为负。这种报价方法体现了外汇投资的收益率,因此多为外汇投资者用于计算投资收益。

4. 根据外汇管理制度的不同分

根据外汇管理制度的不同可以分为固定汇率与浮动汇率。

(1) 固定汇率(fixed rate),是指在金本位制和布雷顿森林体系下,由外汇管理当局制定,并公布本国货币与外国货币之间的兑换比率,而且本国货币同另一国货币的汇率基本固定,汇率波动幅度很小。在金本位制度下,固定汇率决定于两国金铸币的含金量之比,汇率波动限定在黄金输出与输入点之间,即汇率波动幅度是在两国之间运送黄金的费用。在二次大战后到20世纪70年代初的布雷顿森林货币制度下,采用"双挂钩"方式:美元同黄金挂钩,其他国际货币基金组织成员国的货币根据规定的含金量与美元挂钩,与美元之间保持固定汇率。汇率的波动幅度严格限制在官方汇率的上下若干百分点以内。目前,使用固定汇率的一般都是外汇管制较严格的国家,包括很多发展中国家。

(2) 浮动汇率(floating rate),是指一国货币当局不规定本国货币对其他国家货币的汇率,也不设置任何汇率波动幅度的上下限,汇率由外汇市场的供求关系决定,自由涨落。在浮动汇率制下,外币供过于求时,外币贬值,本币升值,外汇汇率下跌;相反,则外汇汇率上涨。货币当局只在汇率出现过度波动时才出面干预市场,以维护本国经济的稳定和发展。布雷顿森林体系解体后,西方国家普遍实行浮动汇率制。

依据各国的实际汇率政策,IMF从1999年1月开始执行一种新的汇率制度分类标准,将其分为以下八种:① 美元化和货币联盟制度;② 货币局制度;③ 传统的固定汇率制度(盯住单一货币或一篮子货币);④ 水平盯住汇率带制度;⑤ 爬行盯住汇率制度;⑥ 爬行汇率带制度;⑦ 未事先安排的、有管理的浮动汇率制度;⑧ 完全自由浮动汇率制度。

5. 从银行外汇交易支付方式角度分

从银行外汇交易支付方式角度可分为电汇汇率、信汇汇率、票汇汇率。

(1) 电汇汇率(telegraphic transfer rate, T/T rate)。电汇汇率也称电汇价,是外汇交易以电汇方式支付外汇所采用的汇率。银行卖出外汇后,用电报、电传等方式通知其国外分行或代理行付款给收款人,这时所使用的即电汇汇率。电汇是最为迅速的一种国际汇兑方式,在一两天内便能支付款项,银行无法在汇款期间利用客户资金赚取利息,因而电汇汇率在三种汇率中最高。电汇是现代外汇市场上最常用的一种汇兑方式。

(2) 信汇汇率(mail transfer rate, M/T rate)。信汇汇率又称信汇价,是外汇交易以信汇方式支付外汇所采用的汇率。银行卖出外汇后开出付款委托书,用信函方式通知付款地分行或代理行支付给收款人,这时采用的即信汇汇率。由于邮程需要时间较长,银行可在邮程期内利用客户的资金赚取利息,故信汇汇率较电汇汇率低。

(3) 票汇汇率(demand draft rate, D/D rate)。票汇汇率又称票汇价,是外汇交易以票汇方式支付时所采用的汇率。银行在卖出外汇时,开立一张由其国外分支机构或代理行付款的即期汇票交给汇款人,由其自带或寄往国外取款。由于这时从卖出外汇到支付外汇有一段间隔时间,银行可以在这段时间内占用客户资金,所以票汇汇率一般也比电汇汇率低。

在以上三种汇款方式中,电汇速度最快、收费最高,票汇最慢、收费最便宜,信汇介于两者之间。目前最常见的是电汇,信汇仅存在于我国香港、台湾地区及东南亚的一些国家,正逐渐被淘汰。

6. 根据汇率与货币实际购买力关系不同分

根据汇率与货币实际购买力关系不同可以分为名义汇率与实际汇率。

(1) 名义汇率是一国货币与另一国货币交换的比率,即外汇市场上的汇率。例如,某时刻纽约外汇市场上美元与欧元的兑换比率为 1 美元=1.100 0 欧元。

(2) 实际汇率是一国物品与劳务与另一国物品与劳务交换的比率。换言之,名义汇率是用货币单位来表示的,实际汇率是用实物单位来表示的,体现了货币的相对购买力之比。

三、汇率决定理论

汇率是一种货币用另一种货币表示的价格。在全球经济一体化的过程中,汇率已成为影响一国经济生活的重要宏观变量,也是外汇市场的核心指标。有关汇率决定的理论解释,主要有以下几种说法。

(一) 国际借贷说(theory of international indebtedness)

国际借贷说是由英国学者葛森(George Goschen)于 1861 年提出的。该理论认为,汇率是由外汇的供给和需求决定的,而外汇的供给和需求是由国际借贷所产生的,因此国际借贷关系是影响汇率变化的主要因素。在国际借贷关系中,只有已进入支付阶段的借贷,即国际收支,才会影响外汇的供求关系。当一国的外汇收入大于外汇支出,即国际收支顺差时,外汇的供大于求,因而汇率下降;当国际收支逆差时,外汇的需求大于供给,因而汇率上升;如果外汇收支相等,于是汇率处于均衡状态,不会发生变动。

国际借贷说第一次较为系统地从国际收支的角度解释外汇供求的变化,分析了汇率波动的原因,由于强调国际收支在汇率决定中的作用,故又被称为"国际收支说"。这一理论主要用于解释第一次世界大战前金本位货币制度时期的汇率决定因素。从目前来看,国际收支仍然是影响汇率变化最直接、最重要的基本因素之一;但从另一方面看,国际借贷说存在其历史的局限性,它并没有说明汇率决定的基础和其他一些重要影响因素。

(二) 购买力平价说(theory of purchasing power parity,简称 PPP)

购买力平价理论是历史最悠久的汇率决定理论之一,它是由瑞典经济学家卡塞尔(Gustav Cassel)于 1916 年在总结前人学术理论的基础上提出的。购买力平价说分为两种形式:绝对购买力平价(absolute PPP)和相对购买力平价(relative PPP)。绝对购买力平价认为,一国货币的价值是由单位货币在国内所能买到的商品和劳务的量,即其购买力决定的,因此两国货币之间的汇率可以表示为两国货币的购买力之比,而购买力的大小是通过物价水平体现出来的。例如,一杯可乐在法国价值 1 欧元,而同样一杯可乐在美国卖 1.10 美元。我们说汇率为 1 欧元兑1.10 美元。公式可以表示为

$$S = P/P_f$$

式中,S 为直接标价法下的即期汇率;P 为本国价格指数;P_f 为外国价格指数。

根据这一关系式,本国物价的上涨将意味着汇率升高,本国货币相对外国货币的贬值;本国物价水平下降意味着汇率降低,本国货币相对于外国货币升值。

相对购买力平价弥补了绝对购买力平价的一些不足。它的主要观点可以简单地表述为:两国货币的汇率水平将根据两国通胀率的差异而进行相应的调整,汇率变动率约等于两国通货膨胀率之差。

尽管购买力平价学说忽略了国际资本流动等其他因素对汇率的影响,并不能完美解释汇率的决定和变动,但是它较为合理地解释了汇率的决定基础,在中央银行计算货币之间的基本比率时仍起着重要作用,而且是预测长期汇率的重要手段之一。

(三) 利率平价说(theory of interest rate parity,简称 IRP)

利率平价说由英国经济学家凯恩斯(John Keynes)于 1923 年首先提出,从资本流动的角度解释了利率水平和汇率之间的关系。该学说认为,利率水平的差异直接影响短期资本在国际间的流动,从而引起汇率的变化。如果外国利率相对于本国利率较高,那么投资者为获得较高收益,会把资金从本国转向利率较高的外国,大量购入即期外汇并卖出远期外汇,从而使外币的即期汇率上升、远期汇率下跌,即外币远期汇率贴水。相应的,本币则即期贬值、远期升值,即本币的远期汇率将升水。汇率的升、贴水率等于两国货币利率之差。虽然该理论在前提假设上存在一定的缺陷,但是利率平价说摆脱了传统汇率理论从国际收支、物价水平考虑问题的局限,从资本流动的角度研究汇率的变化,对现代汇率理论的发展提供了基础。

(四) 货币学派汇率理论

20 世纪 70—80 年代,各国金融政策向自由化发展,很多西方国家实施了浮动汇率制,国际资本流动从规模和速度上都突飞猛进,汇率频繁出现较大幅度的变动,利用传统的汇率分析法难以解释变动的原因。一些经济学家开始从货币角度对汇率决定进行了系统的解释,货币学派的经济学家提出了超调模型、资产市场说等新理论。

1. 汇率超调模型(overshooting model)

由美国经济学家多恩布什(R. Dornbusch)提出,认为货币供求平衡需要资本市场、商品市场和外汇市场同时均衡。要实现这一点,必须通过资本市场上的利率、商品市场上的价格及外汇市场上的汇率来共同调节。然而出现货币供求失衡时,由于商品价格具有较强的黏性,调节存在时滞,失衡完全依靠利率和汇率调节,这时资本市场上就会出现利率过度调节超过长期均衡水平的情况,相应的,在外汇市场上汇率也会超调。该理论对短期汇率波动具有较好的解释作用。

2. 资产市场说(asset market approach)

该理论从资产选择角度阐述了汇率的决定与变化。所谓资产选择是指投资者调整其有价证券和货币资产,从而实现最佳投资组合收益和风险比。投资者的投资组合中包括外币资产,资产市场说认为投资者调整其外币资产的比例关系,各种外币资产的增减引起资金在国际间的大量流动,造成了各国货币的比价变动。资产市场说对汇率波动异常现象提供了新的解释,但是资产市场说成立的条件十分严格,要求一国实行浮动汇率制度,具有发达的国内、国际金融市场,资本、利率管制和外汇管制比较宽松。

四、影响汇率的因素

20世纪70年代布雷顿森林体系解体后,西方发达国家大多开始转而实行浮动汇率制度,汇率变动变得愈加频繁和剧烈。其中影响汇率变动的因素主要有以下几点。

1. 国际收支状况

简而言之,国际收支是一国对外经济活动所发生的收入和支出,包括商品、劳务的进出口,以及资本的输入和输出,它直接反映了一个国家外汇供求的基本情况,其中贸易收支差额是影响汇率变动最重要的因素。当一个国家的国际收支出现顺差时,说明本国市场上外汇供过于求,外汇汇率也就相应下降;反之,如果一个国家的国际收支出现逆差,说明本国市场上外汇供不应求,外债增加,外汇汇率也就相应上升。

2. 通货膨胀率

在纸币制度下,汇率从根本上来说,是由货币所代表的实际价值所决定的。通货膨胀引起的纸币实际价值与名义价值的偏离必然会造成汇率水平的变化。按照购买力平价理论,货币购买力即两国物价水平的比价就是名义汇率。如果一国的物价水平高,通货膨胀率高,说明本国货币的购买力下降,会促使本币对外贬值,其汇率下跌;反之,就趋于升值,其汇率上扬。对于两种货币而言,通货膨胀率的影响是相对的,也就是说,汇率变动决定于两国通胀率的比较。高通胀率国家的货币相对于低通胀率国家的货币贬值,而后者相对于前者升值。

3. 利率水平

在开放经济中,利率作为借贷资本的成本和收益,通过影响金融资产的供求对汇率可以产生直接的影响。与通货膨胀率相似,影响汇率的是利率的相对水平而非绝对水平。如果一国利率相对于他国较高,就会吸引国外资金流入本国、国内资金流出减少,从而本币需求增加、供给减少,本币相对于外币升值,汇率升高;反之,如果一国利率相对于他国较低,就会刺激国内资金流出、国外资金流入减少,从而本币供给增加、需求减少,本币相对于外币贬值,汇率下降。目前,国际资本流动规模大大超过了国际贸易总额,利率差对资本尤其是套利资本的流动影响很大,它对汇率的影响在今后也将会越来越大。

4. 各国的财政、货币政策

一国的宏观经济目标主要有4项,即增加就业、实现物价稳定、促进经济增长、稳定国际收支。国家通过财政政策与货币政策实现这4个目标,会对汇率产生直接或间接的影响。一般而言,扩张性的财政、货币政策倾向于导致财政收支赤字和通货膨胀,使本国货币贬值;紧缩性的财政、货币政策倾向于引起财政收支盈余和较低的通货膨胀率,甚至通货紧缩,使本国货币相对于其他货币升值。除此之外,各国货币当局为了稳定汇率,消除汇率过度波动对经济造成的不良影响,往往会对外汇市场进行干预。例如,中央银行通过公开市场业务买入或卖出外汇影响外汇市场供求关系,或是发表宣告影响外汇市场预期。尽管二战以后,尤其是20世纪70年代以后,西方各国政府纷纷放松了外汇管制,但政府的干预仍是影响汇率水平的重要因素,短期影响尤为明显。

5. 市场心理预期

目前,市场心理预期对短期汇率走势影响很大,当市场普遍预期某种货币将贬值时,人们很可能大量抛售该种货币,市场对它的供给大大超过需求,导致该货币贬值。这一过程就是所谓的"预期的自我实现"。随着国际资本流动的规模日益扩大,心理预期因素对汇率走向的影响作用也越来越大,并且作为一个主观因素非常难以预测。

6. 各国的经济增长率

经济增长率是影响汇率波动的最基本的因素之一。根据凯恩斯学派的宏观经济理论,一国经济增长率提高和国内生产总值增加会导致本国进口需求的增加,进而扩大对外汇的需求,促使外币相对于本币升值。然而,如果一国经济增长形势良好,往往意味着本国生产率提高,引起出口行业的成本降低,有利于出口的增加,从而扩大外汇供给,促使本币相对于外币升值。同时,较高的经济增长率通常也说明在该国投资的收益较高,会吸引外国投资者的资金流入,也会扩大外汇供给,引起本币升值。这些因素对外汇需求的净影响将在很大程度上决定汇率的长期变动方向与幅度。

除此之外,影响汇率波动的因素还包括一国政治是否稳定、国际投机资本流动等,因此在现代外汇市场上,汇率变化异常频繁、敏感。

五、人民币汇率改革与中国外汇市场

1978年以前,中国仅有中国银行可以办理外汇业务,不存在外汇市场,人民币汇率基本以换汇成本定价。1979年到1993年,是我国从计划经济体制向社会主义市场经济体制过渡的时期,相应的,人民币汇率实行双轨制,即计划汇价与市场汇价并行的双重汇率制度,同时实行外汇额度留成制度。在实行外汇留成制度后,创汇企业和用汇企业之间有了调剂外汇额度的需要,产生了外汇调剂市场。但这一市场并非真正意义的外汇市场,因为交易的对象是外汇留成额度,形成的价格是外汇调剂价格,也非真正意义的市场汇率。

中国外汇管理体制的市场化改革从1994年1月1日起步,与此同时,人民币汇率的市场化生成机制逐渐形成,中国外汇市场产生、发展。人民币汇率改革的深化推动了外汇市场的发展,外汇市场的发展为人民币汇率的改革提供市场条件,两者相辅相成。目前,中国外汇市场由零售市场和银行间市场两部分组成。零售市场上,企业和个人按照《外汇管理条例》和结售汇政策规定通过外汇指定银行买卖外汇。银行间市场,则由外汇指定银行、具有交易资格的非银行金融机构和非银行企业构成。外汇指定银行是连接零售市场和银行间市场的主要桥梁。中央银行作为银行间市场的特殊会员进行公开市场操作,目的是根据外汇市场的变化相机入市买卖外汇,承担平衡市场供求和调节市场汇率的任务。从1994年初起,人民币汇率改革和中国外汇市场发展可分为以下两个阶段。

(一) 第一阶段:1994年1月1日—2005年7月20日

1. 改革背景

1993年11月,中共中央发布《关于建立社会主义市场经济体制若干问题的决定》。

文件提出:"改革外汇管理体制,建立以市场供求为基础的、有管理的浮动汇率制度和统一规范的外汇市场,逐步使人民币成为可兑换货币。"同年12月,国务院发布《关于进一步改革外汇管理体制的通知》,人民银行发布《关于进一步改革外汇管理体制的公告》,并决定于1994年1月1日起改革我国的外汇管理体制。这次外汇管理体制改革的主要内容是:取消外汇留成、上缴和额度管理,实行结售汇制度;允许人民币在经常项目下,有条件可兑换;建立银行间外汇市场;改进人民币汇率形成机制。

2. 汇率形成机制的市场化转变

1994年1月1日起,我国人民币官方汇率与外汇调剂市场汇率并轨,并轨后按1美元兑8.7元人民币为外汇牌价。人民币实行以市场供求为基础的、单一的、有管理的浮动汇率制。在汇率改革的同时,对外汇指定银行实行结售汇周转头寸管理规定,在头寸以内银行可以自主决定是否进入银行间市场进行交易,头寸不足可入市买入,超出头寸则入市卖出外汇。在银行结售汇制度的基础上,建立全国统一的外汇交易市场,将外汇供求关系纳入汇率形成机制。中国人民银行根据前一日银行间外汇市场形成的价格,每一日公布人民币对美元的中间价,并参照国际市场的变化,同时公布人民币对其他主要货币的汇率。外汇指定银行以中间价为依据,在人民银行规定的浮动范围内自行挂牌,对客户买卖外汇。人民银行通过公开市场操作适时入市买卖外汇,平抑市场供求。在保持人民币对内币值稳定的前提下,通过银行间外汇买卖和中央银行适时买卖,保持人民币汇率的基本稳定。

3. 银行间外汇市场建立

1994年初,中国外汇交易中心在上海成立,标志着我国银行间外汇市场建立,并于同年4月4日正式运行。

银行间外汇市场实行会员制,外汇交易实行自主报价、竞价撮合成交的交易模式,实行本币集中清算,基本实现电子化远程交易。市场建设初期的交易品种是人民币兑美元、港币的即期交易,1995年和2000年分别增设人民币兑日元和兑欧元的即期交易。2006年6月,建立外汇拆借市场,为市场成员提供外币拆借业务。1997年4月,开始办理银行对客户的远期结售汇业务,并逐渐扩大试点范围和进行业务调整。2005年5月,挂出8个外币对交易。从1994年银行间外汇市场成立到2005年汇率机制改革前的12年间,银行间外汇市场平稳发展,交易量稳中攀升。1994年银行间外汇市场的总成交量仅为408亿美元,2004年市场成交量达2 090亿美元。

(二) 第二阶段:2005年7月21日至今

1. 深化人民币汇率形成机制改革

自2005年7月21日起,我国开始实行以市场供求为基础、参考一篮子货币进行调节、有管理的浮动汇率制。这次改革的重点是完善人民币汇率形成机制,使人民币汇率不再盯住单一美元,形成更有弹性的汇率机制。2005年7月21日,美元对人民币的交易价格从1美元兑8.276元人民币调整为1美元兑8.11元人民币,作为次日银行间外汇市场的中间价,当日人民币汇率升值2%。

改革之初,人民银行仍于每个交易日闭市后,公布当日银行间外汇市场美元等交易货币对人民币汇率的收盘价作为下一个交易日的中间价。同时,规定银行间外汇市场美元对人民币交易价格每日仍在人民银行公布的中间价上下0.3%的范围内浮动,非美元货币对人民币汇率的交易价格在人民银行公布的该货币中间价上下一定幅度内浮动。

在进行汇率形成机制改革的同时,银行间外汇市场的运行机制也不断完善,其中重要的改革是在银行间即期外汇市场上引入询价交易方式和做市商制度。市场交易方式的变化又推进了汇率形成机制的完善。2006年1月4日,引入询价交易方式和做市商制度后,人民币兑美元汇率的形成方式由原来根据银行间外汇市场以集中竞价方式产生的收盘价作为中间价,改为中国外汇交易中心于每日银行间外汇市场开盘前向所有银行间外汇市场做市商询价,并将所有做市商报价作为人民币兑美元汇率中间价的计算样本,去掉最高和最低报价后,将剩余报价加权平均得到当日人民币兑美元汇率中间价,权重由中国外汇交易中心根据报价方在银行间外汇市场的交易量及报价情况综合确定。人民币兑欧元、日元、港币,以及后来增加的英镑汇率中间价,由外汇交易中心分别根据当日人民币兑美元汇率中间价与上午9时国际市场欧元、日元、港币、英镑兑美元汇率套算确定。同时,中国人民银行授权中国外汇交易中心,于每一工作日上午9时15分对外公布当日人民币对美元、欧元、日元、港币、英镑汇率中间价作为当日银行间即期外汇市场和银行柜台交易汇率的中间价。2007年5月21日起,又进一步扩大银行间即期外汇市场美元交易价的浮动幅度,由原来的0.3%扩大至0.5%。

人民币汇率形成机制改革后,人民币汇率显示出双向波动、波动幅度明显扩大,但保持相对稳定的特征。人民银行的直接影响逐渐减少,市场因素在人民币汇率形成过程中作用日益明显。这些变化体现了人民币有管理浮动汇率制度的特征日益显现。

2. 进一步完善银行间外汇市场

为配合人民币汇率机制改革,监管当局又采取一系列措施发展银行间外汇市场,加大市场深度,扩展市场广度,提高流动性,增加透明度,提高它在汇率发现、资源配置和风险管理中的作用。银行间外汇市场表现为参与主体不断扩大、新品种相继推出、交易方式日益丰富、交易量显著增加。

(1) 增加外汇市场交易主体。2005年起,允许更多符合条件的非银行金融机构和非金融性企业进入银行间即期外汇市场。交易主体种类和数量的增加有利于形成多样化的供求关系,有利于提高外汇市场的汇率发现功能。2005年9月,国家外汇管理局调整银行结售汇周转头寸管理办法,实行结售汇综合头寸管理;2006年初,允许做市商将远期敞口纳入结售汇综合头寸管理;2006年7月,将权责发生制头寸管理原则推行至全部外汇指定银行。一系列改革措施不仅使银行体系外汇头寸上限有了较大增加,而且增强了银行持有和交易外汇的自主性。截至2008年末,银行即期外汇市场会员共268家,其中包括136家中资金融机构、131家外资银行和1家企业会员。

(2) 丰富外汇交易品种和业务范围。具体做法为:

2005年5月18日,在银行间外汇市场推出外汇对交易,便于中小金融机构参与国际主要货币之间的交易。交易主体为做市商和会员银行两类。交易的货币对为欧元兑美元、澳大利亚元兑美元、美元兑瑞士法郎、美元兑港币、美元兑加拿大元、美元兑日元和欧元兑日元。

2005年8月2日起,国家外汇管理局将银行对客户的远期结售汇业务从7家中资银行扩大至具有即期结售汇业务和衍生产品交易业务资格的所有银行,并扩大了远期结售汇业务范围。

2005年8月15日,银行间外汇市场推出外汇远期交易。允许符合条件的银行按照双边报价、双边交易、双边清算的原则参与远期交易。外汇远期交易方式为询价交易,交易双方通过询价交易系统对交易的外币币种、金额、期限、汇率和交割安排等自行磋商,并可自行选择全额交割或差额交割方式。

2004年4月24日,银行间外汇市场推出人民币与外汇掉期交易,符合条件的银行可参与货币掉期交易,交易和清算方式与人民币远期交易相同。掉期交易的推出,方便了银行进行套期保值和头寸结构调整。

增加交易币种。银行间外汇市场成立之初,只有美元和港币两个交易币种,1995年和2002年分别增加欧元和日元交易币种。2006年8月1日,又开设英镑兑人民币交易。银行间即期外汇市场的外汇交易币种扩大到5个,进一步便利了贸易结算。

(3) 健全交易机制。2006年1月4日起,在银行间即期外汇市场引入询价交易方式,同时保留撮合交易方式。交易主体可以自主选择以集中授信、集中竞价方式交易,也可以选择以双边授信、双边清算的方式进行询价交易。引入询价交易方式后,提高了交易的灵活性,大幅降低了交易费用,增加了交易的便利性。2006年1月4日,引入人民币对外币交易的做市商制度。做市商在银行间外汇市场持续提供双边报价,不仅提高了市场流动性,外汇交易中心还以做市商报价作为人民币兑美元汇率中间价的决定依据。自推出做市商制度后,做市商交易量占询价和竞价总成交量的90%以上。

(4) 加强制度建设。银行间外汇市场为满足市场发展的需要,制定了一系列业务规则和统一的主协议文本,延长和统一了交易时间,开发了新一代国际先进的外汇交易系统,加强了风险管理,不断完善市场服务,努力将银行间外汇市场建设成全球性人民币产品交易中心和定价中心。

3. 活跃外汇零售市场

随着我国外汇管理体制的深化,外管局不断提高企业外汇账户限额,充分满足企业用汇需求。从2006年5月起,外管局不再对境内机构经常项目外汇账户的开立、变更、关闭进行事先核准,并提高境内机构经常项目外汇账户保留的外汇限额,企业保留、支配、交易外汇的自主性大大增强,方便企业开展进出口贸易和国际投资。

同时,也逐渐放宽境内个人的购汇管理,每人每年为等值2万美元(含2万美元)。2007年1月,又调整个人外汇管理政策。目前的管理主要有以下四个方面:① 对个人结汇和境内个人购汇实行年度总额管理,年度总额为5万美元;② 允许个人开立外汇结算账户,办理外汇资金收付,视同机构账户进行管理;③ 明确个人可进行的资本项目交易,规范相关外汇收支活动;④ 对个人非经营性外汇收付,统一通过外汇储蓄账户进行管理。

2006年4月,我国开始实行合格境内机构投资者制度,即QDII制度。允许符合条件的商业银行、基金管理公司、证券公司、保险公司等金融机构集合境内机构和个人的人民币资金,在一定额度内分别投资于境外固定收益类产品、货币市场工具和包括股票在内的证券组合。国内各家商业银行还向居民个人开设外汇实盘买卖、外汇期权交易、外汇保证金交易,发售外汇理财产品或与外汇挂钩的结构化理财产品。

第三节　外汇市场交易方式

最早的外汇买卖形式可以追溯到 1880 年,即金本位制时期。直到 20 世纪 70 年代,世界上通行固定汇率制度,外汇交易也一直处于贸易结算的从属地位,规模较小。1973 年布雷顿森林体系瓦解之后,西方国家开始实行浮动汇率制度,汇率波动愈演愈烈,外汇交易的重要性也日益提高,尤其是国际间资本流动的迅猛发展使其摆脱了局限于贸易结算的境地,规模也大大超过了全球贸易总额。在外汇市场上,形成了多种多样的交易方式,常见的有即期交易、远期交易、择期交易、掉期交易、期货交易和期权交易等。通常,外汇交易并不需要不同货币的实物交换,而是通过在不同国家、不同银行之间资产负债账户的变动来完成。

一、即期外汇交易

即期外汇交易(spot exchange transaction),又称现货交易或现期交易,是外汇市场上最常用的一种交易方式,占据了外汇交易总额的大部分。它不但可以满足买方临时性的付款需要,也可以帮助买卖双方调整和平衡外汇头寸以避免汇率风险。

即期外汇交易有广义和狭义之分。广义的即期交易是指外汇买卖成交后,交易双方于两个交易日内办理交割手续的一种交易行为。狭义的即期交易仅指外汇买卖成交后第二个交易日交割的外汇交易行为。当日交易的翌日交割,又称为超短日期交易。在实际交易中,如欧美或东京外汇市场,交割一般发生在第二个交易日。这样设置主要是为了照顾到全球外汇市场的时差问题,因为不同货币的清算中心一般都在其发行国,清算过户程序需要一定的时间。在国际外汇市场上,除非特别指定交割日期,一般都视为即期交易。路透社作为全球两大电子即时汇率报价系统之一,其外汇汇率报价就是即期汇率。

二、远期外汇交易

（一）概念

远期外汇交易(forward exchange transaction)是指外汇买卖双方在成交后,按照远期合同规定,约定在未来某一特定时间以一定的价格(即汇率)和数额进行货币交割清算的外汇交易。约定的清算时间即交割日期,可以是在即期交割日(即成交第二个营业日)之后的任何一个时间。在远期外汇市场中,外汇买卖的交割期限从一个星期到几年不等,一般以月计算,有 1 个月、2 个月、3 个月、6 个月、9 个月、12 个月等,但通常为 3 个月。只要交易双方同意,远期交易可以延期,也可以在规定的期限内提前交割,形式十分灵活。如前文所述,远期汇率是在即期汇率的基础上,加、减远期升、贴水点形成的。

（二）远期外汇交易的意义

远期外汇交易是外汇市场中必不可少的组成部分。20 世纪 70 年代初,国际范围内的汇率体制从以固定汇率为主导转向以浮动汇率为主导,汇率波动加剧,为了适应金融市场发展的需要,远期外汇市场蓬勃发展起来。远期外汇交易对于外汇买卖者而言,具有相当重要的意义。

1. 套期保值(hedging)

套期保值是指为了避免外汇现货市场上的价格风险,而在远期外汇市场、期货市场、期权市场上进行的、与现货市场方向相反的买卖行为。远期合同是一种传统的套期保值方式,它不像期货、期权那样是标准化的合同,其标的数量、金额及交割时间由买卖双方协定,形式更加灵活,且合同到期时必须进行交割。与期货、期权等保值方式相比,它的优点有:首先,在一些欠发达的金融市场上,可能缺乏完善的期货、期权工具供人们选择,而远期合同就显得十分自然简便;其次,远期外汇合同成本较低,仅需合同到期日的一笔资金流动即可,而期货、期权合同在订立时还需缴纳一笔费用。

通过在远期外汇市场上买进外汇以避免外汇风险的行为,即所谓的多头套期保值。在外汇市场上,购买远期外汇的主要是负有即将到期的外币债务的进口商、债务人,他们买入远期外汇主要是为了使它与未来一定日期需要支付的一笔确定的外币相匹配,以避免到时外汇汇率升高所造成的经济损失。例如,美国 ABC 公司计划从日本中田公司进口一批电子零件,根据合同要求一个月后付款 114 万日元,假如此时的美元兑日元即期汇率为 1 美元=114 日元,合同总价值就等于 1 万美元。如果 ABC 公司没有利用远期外汇合同套期保值,一个月后日元汇率上涨为 1 美元=100 日元,这时合同总价值也会增加到 11 400 美元。也就是说,ABC 公司此时要支付对方 11 400 美元而非 1 万美元,产生了 1 400 美元的损失。相反,如果 ABC 公司当时购买了协议价格为 1 美元=114 日元的一个月远期外汇合同,那么一个月后交割时就避免了 1 400 美元的交易损失。

然而,在没有进行套期保值的前提下,如果日元汇率一个月后下跌到 1 美元 = 120 日元,ABC 公司将会获得额外收益 500 美元(合同新的价值 = 1140000/120 = 9500 美元,收益 = 10000 − 9500 = 500 美元)。这时,购买远期外汇合同反而会抵消掉这部分收益,因为未来汇率下跌时远期外汇交易多头寸将损失 500 美元。也就是说,远期合同将锁定公司的未来收益,无论未来汇率上涨还是下跌。

相应地,通过在远期市场上卖出外汇以避免外汇风险的行为,即所谓的空头套期保值。卖出远期外汇的主要是持有即将到期的外币债权的出口商、债权人等,其卖出远期外汇的主要目的是为了使它与未来一定日期的一笔确定的外币收入相匹配,以避免到时外汇汇率降低所造成的经济损失。以前例说明,假如中田公司一个月后将收到 1 万美元的货款而非 114 万日元,而一个月后美元汇率从 1 美元=114 日元跌至 1 美元=100 日元,出口合同的日元价值也从 114 万日元下降到了 100 万日元,该公司损失了 14 万日元。这时中田公司可以考虑通过卖出远期美元来套期保值。如果远期合同中价格为 1 美元=114 日元,那么一个月后交割时收益为 14 万日元,正好弥补现货市场上的损失。同样地,一旦美元汇率上升,该公司在现货市场上的额外收益也将被远期外汇市场上的损失抵消,丧失了获取额外外汇收益的可能性。

2. 投机获利(speculating)

投机与套期保值行为不同之处在于：套期保值者，如进出口商买卖远期外汇时一般有实际货物流动与其相匹配；而投机者却不同，他们根据对市场行情的预测决定买入或是卖出外汇，以赚取投机利润，即协议价格与市场价格之间的差价。预测未来某种外汇汇率下跌的投机者可以通过卖出该外币远期合同(即空头，short position)获利，而预测未来某种外汇汇率上涨的投机者则可以通过买入该外币的远期合同(即多头，long position)获利。

例如，假定2月5日东京外汇市场上3个月远期美元兑日元为1美元＝110日元，某投机者预测美元在接下来的3个月中将升值，于是决定用110万日元买入1万3个月的远期美元。如果市场行情变化真如他所料，5月份交割期来到时市场上的即期汇率为1美元＝120日元，那么根据远期合同，他可以支付110万日元换取1万美元，然后将其在现货市场上卖出获得120万日元，则其利润为120－110＝10万日元。事实上，市场上即期汇率与远期汇率往往同方向变动，随着市场上美元即期汇率的上升，美元的远期汇率很可能也会随之上升。假如4月份时美元1个月的远期合同已经上升至1美元＝120日元，这时该投机者也可签订这样一份远期合同，卖出1万1个月的远期美元。5月份交割时，他可以用第一份合同得到的美元支付第二份合同，收益同样锁定为10万日元。

三、择期外汇交易

择期外汇(forward option exchange transaction)买卖可以看作一种特殊形式的远期外汇交易形式。它是指外汇交易双方在合同中不规定确定的交割日期，买方可以在未来一段时间范围内的任何一天以约定价格进行交割的交易方式。择期外汇交易为买方进行资金调度提供了较大的灵活性。例如，3月份时某英国出口商与美国进口方签订了贸易合同，由于不知道确切的美元付款日期，如果只进行远期外汇交易，当付款日与交割日不同时，就会承受汇率变化的风险。而择期交易则能避免这种风险，只要出口商到时选择与付款日一致的远期交割日即可。比方说，他预计货款将于6月10日至30日间汇到，于是与银行做了一笔美元择期交易，规定期限为6月10日至30日。在这个时间范围内，可由出口商自行选择合适的日期进行资金的交割。可见，择期外汇交易为客户的资金安排提供了较大的灵活性。

四、掉期外汇交易

掉期外汇交易(foreign exchange swap)是指外汇交易者在买进或卖出一定数额的即期外汇或远期外汇的同时，卖出或买入同样数额的该币种的远期外汇或即期外汇。掉期外汇交易实际上由两笔外汇交易组成，一笔为即期外汇交易，另一笔为远期外汇交易。这两笔交易金额相同、货币相同，但买、卖的方向相反。

掉期交易的目的在于保值，防范汇率风险。例如，某公司从国外借入一笔日元贷款，希望将其转换为美元使用。于是该公司向银行提出交易要求，将日元兑成美元，以满足该企业对美元的需求。但到贷款期满时，该企业必须用日元归还贷款，为防止日元升值造成还款上的被动,该企业选择利用掉期交易来规避风险:首先做一笔即期交易,卖出日元、买入美元;同时又做一笔远期交易,即卖出同样数额的远期美元、买进远期日元,以保证到期按时偿还日元贷款。

五、外汇期货交易

(一) 外汇期货交易的概念和作用

期货合约是交易所制定的标准化合同,它是交易双方在集中的交易市场以公开竞价的方式成交后,承诺在未来某一时间按约定的条件交收一定数量的商品、货币或有价证券的标准化协议。现代期货交易起始于19世纪中期的芝加哥交易所(CBOT),标的物主要限于一般商品,直到1972年5月美国芝加哥国际货币市场(简称 IMM)成立,并首次开始经营外汇期货业务,才出现了以商品交易的媒体——货币(外汇)作为标的物的期货交易,即外汇期货交易。外汇期货交易(foreign exchange futures transaction)有时也称为货币期货(currency futures),它是指交易双方在有组织的交易市场(一般为交易所)上,以公开叫价(open cry)的拍卖方式进行的、买卖在未来某一日期按约定价格交割一定数量外汇的期货合约的交易。由此可见,外汇期货交易并不是实际外汇的交换,而是期货合约的买卖。

外汇期货交易的目的和作用与远期外汇交易类似,主要是套期保值,避免未来外汇资金流入或流出遭受汇率不利变动的影响。事实上,正是由于20世纪70年代浮动汇率制逐渐替代了固定汇率制度,使汇率波动加剧,为了有效防范汇率风险才产生了外汇期货交易。

(二) 外汇期货交易与远期外汇交易的区别

外汇期货目前主要被企业和金融机构用于外汇的套期保值,尽管在原理和作用上与远期外汇类似,两者之间仍存在若干差别,主要体现在以下几个方面。

1. 合约内容不同

外汇期货合约是由交易所制定的标准化合约,它主要包括如下内容:① 币种与合约金额。外汇期货合约中标的货币仅限于几种流动性较高的货币,以美国芝加哥国际货币市场为例,它的外汇期货合约仅限于加拿大元、日元、瑞士法郎、欧元、英镑、澳大利亚元等。外汇期货合约中的交易金额也是标准化的,如在芝加哥国际货币市场上,5种货币期货的合约金额分别为 100 000 加拿大元、12 500 000 日元、125 000 瑞士法郎、125 000 欧元、62 500 英镑。② 最小价格变动和最高限价。外汇期货交易中,每种货币期货合约都规定有最小价格变动和日价格波动最高限价。最小价格变动是指外汇期货买卖时,合约每次变动的最小数额。最高限价是指一个营业日内期货合约波动的最大幅度,一旦期货合约价格波动达到或超过这一限额,该种货币的期货交易即自动停止。③ 交割日期。交割日期是指到期外币期货合约进行现货交割的日期,期货合约规定了固定的合约到期日,如 IMM 规定外汇期货合约的交割日期分别为3月、6月、9月、12月的第三个星期三。

而远期外汇合同中的内容则更加灵活。例如,交易币种根据双方情况可以多种多样,合约金额、交割日期由交易双方商讨决定即可,更不会规定价格变动的最小幅度和最高限价。

2. 交易和交割方式不同

期货交易有固定的交易场所,如芝加哥的国际货币市场和伦敦国际金融期货交易所(LIFFE),只有交易所的会员才能进场执行交易,交易还要受到交易所规章制度和相关政府机构的约束。而远期外汇市场则相对松散,它没有固定的交易场所,交易双方可以通过电话、电传等通讯工具进行买卖,交易也无需会员资格。

从交割方式上看,远期合约到期时,客户需要与银行直接进行资金清算和过户;相反,外汇期货合同最终进行实际交割的很少,绝大多数期货合同都会在到期日之前结清,即合同持有人作一笔方向相反、合同数量与到期日相同的交易,这样合同到期时便不再需要与对方进行货币实际交割,因为两笔交易金额恰好抵消,双方只需结清差价即可平仓了结。

3. 成本不同

进行外汇期货交易的客户需要在交易所缴纳初始保证金、开立账户,并且根据每天的市场价格计算保证金账户盈亏,必要时须增补保证金。没有会员资格的交易者请经纪商作代理还要向其支付佣金。进行远期外汇交易时则不需要支付这两项费用,但银行将根据客户的资信状况确定价格,资信状况好的客户获得的价格条件一般优于资信差的客户。

4. 违约风险不同

外汇期货交易采取保证金制度和盯市(marked to the market)制度(即日结算制度),且有清算公司的介入,因此一般不存在违约风险。而远期外汇交易多数仅凭银行对客户的信用评价达成,交易双方都可能面临违约的风险。

六、外汇期权交易

(一) 期权

期权(options)是一种选择权,期权的买方向卖方支付一定费用(期权费)后,就获得了在一定时刻或时期内以一定价格(执行价格,strike price)出售或购买一定数量标的物(实物商品、证券或期货合约)的权利。期权的买方可以选择按照合约规定行使购买或出售标的物的权利,也可以选择不行使该权利,这时仅损失期权费而已;卖方则必须按期权合约规定的内容履行义务。总之,期权的买方拥有执行期权的权利,无执行的义务;而期权的卖方只承担履行期权的义务。这是期权与期货交易的最大不同之处,因为在期货交易中,买、卖双方拥有对等的权利和义务。近年来,期权交易的发展速度很快,根据国际清算银行2003年的数据,全球交易所交易的期权总量从2002年以来已经超过了相应的期货交易量。

(二) 外汇期权交易

1. 概念

外汇期权(foreign exchange options)是一种交易双方约定在未来某一时刻或时期按某一约定价格以一种货币交易另一种货币的合约。买方按照合约规定买入或卖出外汇所使用的价格,称为执行价格或履约价格。期权买方为获得期权而支付给卖方的费用,称为期权费或期权价格。

期权交易是从期货交易演变而来的,最早始于股票期权交易。1978年,荷兰的"欧洲期权交易所"首次推出期权交易,1982年12月美国费城股票交易所又第一次将外汇期权交易引入了外汇市场。目前,世界上已形成一个以伦敦和纽约的银行间市场为中心,以费城、芝加哥等地的交易所为联系网络的国际性外汇期权市场。外汇期权市场发展迅猛,交易所期权交易的日交易量已超过了30亿美元。

2. 外汇期权交易种类

从不同角度可将外汇期权交易进行如下分类:

(1) 按交易方式可分为交易所外汇期权交易和场外外汇期权交易,后者又称为柜台交易。同外汇期货合约一样,在交易所进行交易的外汇期权合约是标准化的合约,到期日、合约金额、执行价格、交割地点、保证金制度等都由交易所事先确定。持有标准化合约的客户可参与二级市场的买卖,因此合约具有较高的流动性。场外交易期权合约允许合约的卖方或开立者(银行)与买方就合约内容进行协商决定,从而可以满足不同客户的特别要求。但由于不是标准化的合约,场外市场上的合约流动性不高,也没有相应的二级市场供合约转让流通。

(2) 按期权性质可分为看涨期权交易(call option transaction)和看跌期权交易(put option transaction)。看涨期权亦称多头期权、购买期权,期权购买者具有在未来以确定汇率(即执行价格)购买一定数量外汇的权利,其出售者有应购买者的要求出售或保留外汇的义务;看跌期权又称为空头期权或卖出期权,期权购买者具有在未来以确定汇率(即执行价格)出售一定数量外汇的权利,其出售者有应购买者的要求购买或不购买外汇的义务。

(3) 按照到期日可分为欧式期权交易和美式期权交易。欧式期权是指只有在合约到期日才能执行的期权,不能提前交割,大部分场外交易采用的都是欧式期权。美式期权是指可以在合同到期日或到期日之前任何一个营业日被执行的期权,多为交易所交易采用。与欧式期权相比,美式期权的买方在执行合约上更具有灵活性,享受的权利更多,因而支付的费用也更高。

3. 外汇期权交易的作用

外汇期权交易的一个重要作用就是套期保值,客户可以根据自己的需要选择看涨或看跌期权以满足保值的要求。例如,某日本客户3个月后将有一笔美元收入,为了避免到时候美元贬值的风险,他向银行支付期权费购买了美元的3个月看跌期权。如果3个月后美元真的贬值,其市场价格小于或等于(执行价格+期权费),该客户就会选择执行合约;否则将无利可图,他会放弃执行合约的权利。这样交易者承受的汇率风险大为减少,甚至带来了潜在的获利可能。因此,外汇期权常被视作一种有效的避险工具。

与前面介绍的远期交易、期货交易相比,外汇期权交易对于不确定的外汇流量具有更大的灵活性和方便性。比如说,该日本客户无法确定3个月后是否会有一笔美元资金流入,或者不确定将有多大数量的美元收入,那么想利用外汇远期合同或外汇期货合同规避风险就十分不便,而这时外汇期权就成了更为理想的套期保值工具。

第四节 套汇交易与套利交易

一、套汇交易

(一) 概念

套汇交易就是利用不同外汇市场上某一货币汇率不一致的机会,在汇率低的市场上大量买进该货币,同时在汇率高的市场上卖出以谋取市场间差价的行为。它同商品市场上人们通过低买高卖获利的原理是一样的。

(二) 类型

套汇交易可分为直接套汇和间接套汇两种方式。

1. 直接套汇

直接套汇(direct arbitrage)又称两角套汇(two-point arbitrage),是指利用两个外汇市场上两种货币之间的汇率不平衡赚取差价的外汇交易。直接套汇交易在国际间极为常见,它的原理非常简单,易于操作。例如,按照一价定律,伦敦市场的美元外汇汇率与纽约市场的英镑外汇汇率应该一致,但因各外汇市场的供求不平衡使两市场汇率产生了差别,这时可以利用这一不一致进行直接套汇交易。假如某时刻在伦敦外汇市场上,英镑兑美元的汇率为 1 英镑＝1.654 7 美元,同一时刻纽约外汇市场上的报价为 1 英镑＝1.656 7 美元,高于伦敦市场上的英镑价格。若有某个交易者获得了这一信息,他可在伦敦外汇市场上购买 100 万英镑,花去 165.47 万美元,然后迅速通过电传或电话委托美国的经纪人在纽约市场上出售 100 万英镑,得到 165.67 万美元,这样除了电话、电传、委托经纪人的费用以外,他几乎无成本地赚取了 165.67 万美元－165.47 万美元＝2 000 美元。

2. 间接套汇

间接套汇(indirect arbitrage)又称三角套汇(three-point arbitrage),是指利用 3 个或 3 个以上外汇市场上货币汇率的不平衡赚取差价的外汇交易。间接套汇由于涉及更多的市场和币种,因此比直接套汇相对更复杂一些。假设某时刻在伦敦外汇市场上美元兑英镑汇率为 1 英镑＝1.5 美元,而在纽约市场上美元兑日元汇率为 1 美元＝110 日元,相对应的英镑兑日元的交叉汇率是 1 英镑＝1.5×110＝165 日元。如果此时东京市场上英镑汇率为 1 英镑＝164 日元,那么敏锐的交易者会立刻发现这种差异,并马上作出反应,他可能会采取如下措施:首先,在东京市场上以 1 640 万日元买进 10 万英镑;然后,将在东京市场上买进的 10 万英镑在伦敦市场上按 1 英镑＝1.5 美元的汇率卖出,获得 15 万美元;最后,在纽约外汇市场上以 1 美元＝110 日元的价格将 15 万美元卖出,买进 15×110＝1 650 万日元。通过上述交易,该外汇交易者从开始外汇交易时的 1 640 万日元到交易结束时获得的 1 650 万日元,获利 10 万日元。同直接套汇一样,间接套汇的收益必须大于套汇成本,如通讯费用、经纪人佣金等,否则,套汇就会亏损。

(三) 套汇交易的作用

不同外汇市场之间某种货币的汇率差异引起了国际间的套汇活动,反过来套汇交易又会影响这些外汇市场上的供求状况,最后影响市场价格——汇率。具体而言,当人们在某种货币汇率较低的市场买进该货币时,对该货币的需求上升,将会提高该货币对其他货币的汇率;当人们在某种货币汇率较高的市场上卖出该货币时,市场上对该货币的供给增加,该货币对其他货币的汇率将会随之下降。由此可见,套汇活动有助于外汇市场上的价格发现,从而使汇率在国际范围内趋同,并最终呈现其真实价值。

二、套利交易

(一) 概念

套利交易(interest rate arbitrage)是指利用两国利率之差与两国货币掉期率不一致的机会,将资金从利率低的国家调往利率高的国家以获取利差的行为。而掉期率(swap rate)即某一时点上远期汇率与即期汇率的差额,如果远期汇率高于即期汇率就称升水,反之称为贴水。

套利交易的理论基础是"利率平价理论",它经常被一些大的跨国公司用于投资套利。由于现代高度发达的通讯技术,外汇市场和资本市场的联系也愈加紧密,一旦出现两国利率差与两国货币掉期率不一致的情况,各大交易商便会迅速投入大量套利资金,从而使利率较低国家的货币需求增加、利率上升,利率较高国家的货币供给增加、利率下降,两国利差随即迅速消失,套利的机会也转瞬即逝。总之,套利交易使两国间的短期利率趋于一致,与套汇一样客观上加强了国际金融市场的一体化。

(二) 类型

套利活动根据其防范外汇风险程度可分为非抛补套利和抛补套利。

1. 非抛补套利(uncovered Interest rate arbitrage)

非抛补套利是交易商利用两国市场的利率差异,把资金从利率较低的市场调到利率较高的市场进行投资,以谋取利差收入,同时不进行远期外汇交易套期保值。例如,假定美国3个月期的国库券利率为7%,而英国3个月期的短期国库券利率为9%,如果3个月后英镑对美元的汇率不发生变化,则投资者将先在美国市场上出售3个月期的美国国库券(为此他须支付7%的利息),然后将所得资金调往伦敦购买英国国库券(为此获得9%的利息收入),综合计算下来,该投资者可以稳获2%的利差收入。需要注意的是,获利的前提条件是3个月后英镑兑美元汇率升高或至少维持不变,这在现实世界中几乎是不可能的。因此为了规避汇率风险,出现了抛补套利交易。

2. 抛补套利

抛补套利(covered interest rate arbitrage)与非抛补套利的区别在于,套利者在市场间调度资金以获取利差的同时,还在外汇市场上进行远期外汇交易以防范风险。援引上例,套利者首先借入利率较低国家的货币,即以7%的利率借入美元,随后在现货市场上将这笔美元卖出,将换得的英镑调往伦敦投资于利率9%的3个月短期国库券。与此同时,他在远期外汇市场买入3个月期的远期美元,以防止英镑贬值、美元升值的风险。相反,如果套利者不进行"抛补",即不同时买入远期美元,若3个月后英国国库券到期时英镑相对于美元贬值,其资产的美元价值可能就会低于美元借款额,投资出现亏损。

本 章 小 结

外汇市场是专门进行外汇买卖、调剂外汇供应的市场。作为世界上发展最快、交易规模最大的市场,现代外汇市场呈现出 24 小时连续运作、汇率波动剧烈,且趋向一致等特点。伦敦、纽约和东京是目前世界上最大的 3 个外汇交易中心,其他主要外汇市场还有法兰克福、巴黎、悉尼、新加坡和香港等。

为了更好地理解外汇市场的运行状况,我们有必要对外汇市场进行一定的归类。根据不同的标准,外汇市场有多种分类方法。根据有无固定场所,可将外汇市场分为开放式交易市场和定点式交易市场;根据交易参与者和交易量不同,可将外汇市场分为零售市场和批发市场;根据市场范围不同,可将外汇市场分为国内外汇市场与国际外汇市场;等等。

商业银行、客户、外汇经纪人和中央银行是外汇市场的主要参与者,他们通过外汇买卖,一方面实现了购买力与资本在国际间的转移,另一方面也一定程度地规避了汇率风险,有利于促进国际贸易与投资的良性发展。

作为外汇市场的交易对象,外汇的含义有动态与静态、广义与狭义之分。动态意义上的外汇指的是交易者进行不同币种间兑换的行为,而广义上的静态外汇则是指一切以外币表示的金融资产。

两种货币间的折算比率即汇率,又称汇价、外汇牌价或外汇行市。根据本外币的标价方向,汇率有直接与间接两种基本标价方法。随着二战后美元国际地位的上升,美元标价法也逐渐被广泛采用。按照不同标准,同样可以对汇率进行各种分类。

汇率已成为影响一国经济生活的重要宏观变量,也是外汇市场的核心指标。在汇率决定方面,学者们先后提出了国际借贷说、购买力平价说、利率平价说、汇率超调模型和资产市场说等理论。影响汇率的因素很多,主要包括一国的国际收支状况、通货膨胀率、利率水平、财政与货币政策、市场心理预期,以及各国的财政、货币政策和经济增长率等。

中国外汇管理体制的市场化改革经过两个阶段。通过改革,人民币汇率的市场化生成机制逐渐形成,实行以市场供求为基础、参考一篮子货币进行调节、有管理的浮动汇率制度,外汇市场逐渐发展完善。

随着国际间商品、劳务与资本流动的迅猛发展,外汇市场上出现了多种多样的交易方式,常见的有即期交易、远期交易、择期交易、掉期交易、期货交易和期权交易等。

即期外汇交易又称现货交易或现期交易,是指外汇买卖成交后,交易双方于两个交易日内办理交割手续的一种交易行为,它是外汇市场上最常用的一种交易方式。

为了适应金融市场发展的需要,在即期交易基础上又产生了远期交易方式,它是指外汇买卖双方按照远期合同规定,约定在未来某一特定时间以一定汇率和数额进行货币交割清算的外汇交易。远期外汇交易可以满足外汇市场参与者套期保值、投机获利等不同需要。

外汇期货交易是外汇期货合约的买卖,其作用与远期外汇交易类似,主要是套期保值,避免未来外汇资金流入或流出遭受汇率不利变动的影响。两者的区别主要体现在合约内容、交易和交割方式、成本,以及违约风险等方面。

外汇期权是一种交易双方约定在未来某一时刻或时期按某一约定价格以一种货币交易另一种货币的合约。期权持有人拥有行使合约的权利,而无履行合约的义务;期权卖方的权利义务正好与买方相反。当然,期权持有人即买方必须为此付出一定代价,即期权费。对于套期保值者而言,外汇期权交易与远期外汇交易相比,对于不确定的外汇流量具有更大的灵活性和方便性。

除套期保值以外,以投机获利为目的的外汇交易又分为两种:套汇交易和套利交易。套汇交易就是利用不同外汇市场上某一货币汇率不一致的机会,在汇率低的市场上大量买进该货币,同时在汇率高的市场上卖出以谋取市场间差价的行为。而套利交易以"利率平价理论"为理论基础,指的是利用两国利率之差与两国货币掉期率不一致的机会获取利差的行为。在套汇者与套利者大量存在的前提下,各国间的汇率、利率等经济指标逐渐趋于一致,客观上加快了国际金融市场的一体化。

重 要 概 念

外汇市场 开放式交易市场 定点式交易市场 外汇零售市场 外汇批发市场 国内市场 国际市场 官方市场 自由市场 外汇 汇率 直接标价法 间接标价法 美元标价法 基础汇率 套算汇率 即期汇率 远期汇率 固定汇率 浮动汇率 国际借贷说 购买力平价说 利率平价说 汇率超调模型 资产市场说 即期交易 远期交易 套期保值 投机获利 择期交易 掉期交易 外汇期货 外汇期权 套汇交易 套利交易

练 习 题

一、判断题

1. 外汇市场是一个由现代通讯设施与通讯服务连接起来的无形的世界性网络系统。
2. 外汇零售市场上的交易金额一般较大,是最主要的外汇交易市场。
3. 存放于本国境内的外币现钞也是外汇的一部分,因为其面值以外币表示。
4. 某日纽约市场的外汇牌价中,1美元可兑换106.5010日元,即为直接标价法。
5. 远期汇率即未来交割日的即期汇率。
6. 在固定汇率制度下,本币与外币之间的兑换比率固定不变。
7. 一般而言,扩张性的财政、货币政策倾向于导致财政收支赤字和通货膨胀,使本国货币贬值;紧缩性的财政、货币政策倾向于引起财政收支盈余和较低的通货膨胀率,甚至通货紧缩,使本国货币相对于其他货币升值。
8. 套期保值是指为了避免外汇现货市场上的价格风险,而在远期外汇市场、期货期权市场上进行的、与现货市场方向相同的买卖行为。

9. 外汇期权的买方拥有执行期权的权利,无执行的义务;而期权的卖方只承担履行期权的义务。

10. 抛补套利是指交易商利用两国市场的利率差异,把资金从利率较低的市场调到利率较高的市场进行投资,以谋取利差收入,同时不进行远期外汇交易套期保值的行为。

二、单项选择题

1. 中央银行参与外汇市场的主要目的是_____。
   A 外汇储备套期保值　　　　　　B 利用外汇储备获利
   C 干预市场,稳定汇率　　　　　　D 阻止国际短期"热钱"流入

2. 以下属于外汇的是_____。
   A 某中国居民放在家中的美元现钞
   B 国内某出口商持有的阿根廷比索存款账户
   C 国内居民的人民币存款
   D 国内某公司持有的美元国库券

3. 如果某个外汇市场采用了间接标价法表示汇率,那么汇率越高说明_____。
   A 外币升值　　　　　　　　　　　B 外币贬值
   C 没有变化　　　　　　　　　　　D 不一定

4. 已知某交易日人民币兑美元的基础汇率为100美元 = 814.00元人民币,欧元兑美元的汇率为100欧元 = 107.40美元,那么当天的人民币与欧元之间的套算汇率就等于_____。
   A 100欧元 = 874.24元　　　　　B 100欧元 = 757.91元
   C 100欧元 = 847.24元　　　　　D 100欧元 = 876.24元

5. 在伦敦外汇市场上,某日英镑与美元的买入与卖出汇率可以表示为_____。
   A 1英镑 = 1.302 7 ~ 1.301 7美元
   B 1英镑 = 1.301 7 ~ 1.302 7美元
   C 1美元 = 0.768 2 ~ 0.767 6英镑
   D 1美元 = 0.767 6 ~ 0.768 2英镑

6. 从银行外汇交易支付方式来看,汇率可以分为_____。
   A 固定汇率与浮动汇率　　　　　B 即期汇率与远期汇率
   C 买入汇率与卖出汇率　　　　　D 电汇汇率、信汇汇率与票汇汇率

7. 在开放经济中,如果一国利率相对于他国较低,则会_____。
   A 刺激国外资金流入　　　　　　B 本币需求增加,供给减少
   C 汇率升高　　　　　　　　　　　D 本币相对于外币贬值

8. 外汇期权与期货交易的最大不同之处在于_____。
   A 在外汇期货交易中,买卖双方拥有对等的权利和义务;而在外汇期权交易中双方权利义务不对等
   B 外汇期货合同是标准化的合同,而外汇期权合同则是非标准化的

C 外汇期货交易有固定的交易场所,而外汇期权交易则没有
D 外汇期货交易一般不存在违约风险,而外汇期权交易则存在较大违约风险
9. 只有在合约到期日才能执行、不能提前交割的期权是_____。
A 看涨期权　　　B 美式期权　　　C 欧式期权　　　D 看跌期权
10. 以下关于间接套汇正确的说法是_____。
A 涉及两个或两个以上的外汇市场
B 至少涉及两个币种
C 收益必须大于套汇成本,如通讯费用、经纪人佣金等,否则就会亏损
D 使国际间的短期利率趋于一致

三、多项选择题

1. 外汇市场上的衍生交易工具包括_____。
   A 利率掉期　　　　　　　　B 货币互换
   C 外汇期货　　　　　　　　D 债券回购交易
2. 外汇市场的参与者包括_____。
   A 商业银行　　　　　　　　B 客户
   C 外汇经纪人　　　　　　　D 中央银行及外汇管理机构
3. 目前世界上最重要的外汇市场有_____。
   A 旧金山外汇市场　　　　　B 纽约外汇市场
   C 伦敦外汇市场　　　　　　D 东京外汇市场
4. 按照我国外汇管理部门的规定,广义的外汇包括_____。
   A 外国货币,包括钞票、铸币等
   B 外币支付凭证,包括票据、银行存款凭证、邮政储蓄凭证等
   C 外币有价证券,包括政府债券、公司债券、股票等
   D 特别提款权、欧洲货币单位以及其他外汇资产
5. 以下的理论中,属于货币学派观点的是_____。
   A 购买力平价说　　　　　　B 利率平价说
   C 汇率超调模型　　　　　　D 资产市场说
6. 影响一国汇率变动的主要因素有_____。
   A 国际收支状况
   B 通货膨胀率及利率水平
   C 各国的财政、货币政策与经济增长率水平
   D 市场心理预期
7. 外汇期货交易与远期外汇交易相比,具有_____特点。
   A 外汇期货合同是由交易所制定的标准化合同
   B 外汇期货交易有固定的交易场所
   C 外汇期货交易者需要在交易所缴纳初始保证金,开立账户,并且根据每天的市场价格计算保证金账户盈亏,必要时须增补保证金

D 外汇期货交易一般不存在违约风险

8. 套汇交易的作用包括_____。

A 有助于外汇市场上的价格发现

B 使汇率在国际范围内趋同并最终呈现其真实价值

C 客观上加强了国际金融市场的一体化

D 使两国间的短期利率趋于一致

9. 根据防范外汇风险的程度,套利活动可分为_____。

A 抛补套利　　　　B 非抛补套利　　　C 直接套利　　　　D 间接套利

10. 以下关于掉期外汇交易正确的说法有_____。

A 目的在于保值,防范汇率风险

B 外汇交易双方在合同中不规定确定的交割日期,买方可以在未来一段时间范围内的任何一天以约定价格进行交割

C 由两笔外汇交易组成,一笔为即期外汇交易,另一笔为远期外汇交易

D 两笔交易金额相同,货币相同,但买卖的方向相反

参 考 答 案

一、1. 是　2. 非　3. 非　4. 非　5. 非　6. 非　7. 是　8. 非　9. 是　10. 非

二、1. C　2. D　3. B　4. A　5. B　6. D　7. D　8. A　9. C　10. C

三、1. ABD　2. ABCD　3. BCD　4. ABCD　5. CD　6. ABCD　7. ABCD　8. ABC　9. AB　10. ACD

第七章 黄金市场

> **提　要**
>
> 　　黄金市场自其诞生以来,就是国际金融市场的重要组成部分。在漫长的货币金融史上,黄金作为固定的一般等价物开创了货币的鼎盛时期,黄金市场的发展也极大地促进了国际金融市场的发展,有力地支撑了社会经济的繁荣。在当代,随着黄金非货币化的进程,黄金在金融市场的功能有所下降,但黄金作为一种特殊的商品,仍然在经济领域起着不可替代的作用。黄金因其价值的稳定性,在今天仍然被投资者作为最重要的保值工具之一。而以黄金作为标的物的各种衍生投资品种,也已发展成为金融市场的活跃力量,因此黄金市场在未来仍然会在历史舞台上扮演重要角色。

第一节　黄金市场概述

一、认识黄金

　　黄金是人类较早发现和利用的金属。由于它稀少、特殊和珍贵,自古以来就被人们视为财富的象征。黄金就其使用价值而言,与一般劳动产品一样,仅仅是可被人类利用的商品。由于黄金特有的属性:数量较少、生产成本较高、价值昂贵,又具有良好的延展性、不易腐蚀,便于分割和携带等,决定了黄金成为商品社会中最适宜充当一般等价物——货币的商品。马克思曾指出"金银天然非货币,货币天然是金银"。但黄金又不同于一般商品。从被人类发现开始,黄金就具备货币、资产和商品的属性,并且始终贯穿人类社会发展的历史。随着社会经济的发展,黄金的货币职能、金融储备职能在调整,商品职能在回归,但在金融市场仍占重要地位。

　　黄金在当代经济生活中扮演着非常重要的角色。首先,黄金发挥着货币的作用。由于黄金的优良特性,在漫长的人类历史时期,黄金发挥着货币的职能,即使在法律上黄金非货币化的今天,黄金仍然具有一定的货币职能:外贸结算不再使用黄金,但最后平衡收支时,黄金仍是一种贸易双方可以接受的结算手段;各国政府和国际货币基金组织仍然拥有庞大的黄金储备,这些作为金融资产的黄金显然具有货币的清算功能;黄金仍是可以被国际社会接受的继美元、欧元、英镑、日元之后的第五大国际结算货币。因此,黄金市场上的黄金交易具有二重性,即一方面具有国际贸易性质,另一方面具有国际金融性质。凯恩斯指出:"黄金在我们的制度中具有重要的作用。它作为最后的卫兵和紧急需要时的储备金,还没有任何其他的东西可以取代它。"因此,现在黄金仍可被视为一种准货币。

其次，黄金是一种资产，是投资的对象和保值的手段。黄金的稀有性和价值的稳定性，使黄金成为人们追求财富增值和储藏财富的理想手段。在经济不稳定和通货膨胀严重的时期，黄金得到人们格外的青睐。

再次，黄金也是一种商品。黄金的民用功能，包括各种黄金饰品和黄金器具，是黄金最基本的用途。现在每年世界黄金需求的80%以上来自黄金首饰制作业。黄金的物理属性和化学属性使其能广泛地应用于工业和现代高新技术产业，但由于黄金价格昂贵和资源的相对稀少，限制了黄金在工业上的使用，工业用金占世界总需求量的比例不足10%。但是今后首饰用金将会趋向平稳，电子、通信、宇航、化工、医用及其他工业用金的增长将是带动黄金供需结构变化的重要力量。目前，黄金的商品用途仍是十分狭小的，这是黄金长期作为货币金属和储备资产，而受到国家严格控制的结果。今后，随着国际金融体制改革的进行，黄金将向商品功能回归，黄金商品需求的拓展对黄金业的发展将起到更为重要的作用。

二、黄金市场的定义

黄金市场是进行黄金买卖交易的场所，是集中进行黄金买卖和金币兑换的交易中心。一般的黄金市场是指有组织管理的机构、有用于交易的固定场所，或者虽无固定场所但有专门的交易网络，集中公开地进行叫价买卖黄金的市场，包括金商与金商之间的黄金一级市场和金商与一般投资者之间的黄金二级市场。

黄金市场是国际金融市场的组成部分，在国际金融体系中发挥着重要的作用。黄金市场一般需按照有关的法律制度，经所在地政府的批准或认可才能设立和运行。

三、黄金市场的发展历史

在19世纪之前，黄金极其稀有，基本是王室独占的财富。公元前6世纪就出现了世界上的第一枚金币，但由于其稀有性，一般平民很难拥有黄金。黄金矿山也为王室所占有，黄金是由奴隶、囚犯在当时极其恶劣的条件下开采出来的。抢掠与赏赐成为黄金流通的主要方式，自由交易的市场交换方式是不存在的。黄金的专有性限制了黄金自由交易市场的形成。

黄金在货币金融体系中发生作用，最早起源于16—18世纪被各新兴资本主义国家所广泛采用的金银本位制或复本位制。复本位制分两种形式，一种是金银两种货币按其各自实际货币价值流通的"平行本位制"，如英国的金币"基尼"与银币"先令"就同时按市场比价流通；另一种是金银两种货币按国家法定比价流通的"双本位制"。

到19世纪后期，西方各国普遍采用金本位制，于是形成了一个统一的国际货币体系——国际金本位制。传统的国际金本位制，以黄金作为货币体系的基础。金本位制的特点是：国家按法定重量和成色铸成的金币在市场上流通，其他金属辅币和银行券可以自由兑换成金币；准许黄金自由买卖、储藏和输出入国境；国家的货币储备和国际结算都使用黄金；外汇汇率由各国货币含金量确定，汇率波动受黄金输送点限制；各国国际收支通过"物价与现金流动机制"自动调节，金融当局无须干预。金本位制最大的缺陷是黄金存量的增长跟不上国内生产和流通对黄金需求的不断扩大和社会财富的快速增长,国民经济的发展与货币基础的矛盾日益尖锐。

随着金本位制的形成,黄金承担了商品交换的一般等价物的责任,成为商品交换媒介,黄金的流动性得到增加,黄金市场的发展有了客观的经济条件和实际需求。在金本位时期,各国中央银行都可以按各国货币平价规定的金价无限制地买卖黄金,实际上是通过市场买卖黄金,从而使得黄金市场得到一定程度的发展。但此时的黄金市场受到官方的严格控制,所以市场不能得到自由发展。直到第一次世界大战之前,世界上只有英国伦敦黄金市场是唯一的国际性市场。

20世纪初,第一次世界大战的爆发严重地冲击了金本位制。一战后,除美国实行金本位制外,英法实行金块本位制,其他国家多实行金汇兑本位制。无论金块本位制或金汇兑本位制,都是削弱了的金本位制,很不稳定。

实行金块本位或金汇兑本位制,大大削弱了黄金的货币功能,使之退出了国内流通支付领域,但在国际储备资产中,黄金仍是最后的支付手段,充当世界货币的职能,黄金仍受到国家的严格管理。由于黄金官价长期受到严格控制,以及国与国之间森严的贸易壁垒,导致黄金的流动性很差,市场机制被严重抑制,黄金市场发育受到了严重阻碍。

二战后形成了以美元为中心的国际货币体系,即布雷顿森林体系。布雷顿森林体系的核心是:以黄金为基础,以美元为主要的国际储备货币,实行美元-黄金本位制;美元直接与黄金挂钩,规定了以35美元兑1盎司的官方金价,其他国家货币与美元挂钩,各国可按官价向美国兑换黄金;实行固定汇率制,各国货币与美元的汇率一般只能在平价1%上下幅度波动,各国央行有义务在汇率超过规定波动幅度时进行干预。

布雷顿森林体系的建立使美元取得了等同于黄金的地位,成为世界各国的支付手段和储备货币。在该体制中,黄金无论在流通,还是在国际储备方面的作用都有所降低,而美元成为这一体系的核心。但因为黄金是稳定这一货币体系的最后屏障,所以黄金的价格及流动仍受到较严格的控制,各国禁止居民自由买卖黄金。国家对黄金市场的干预时有发生,黄金市场仅是国家进行黄金管制的一种调节工具,市场机制不能有效发挥资源配置的作用,黄金市场的功能发挥是不充分的。

布雷顿森林货币体系的顺利运转依赖于美元的坚挺地位。20世纪60年代,美国陷入越南战争的泥潭,财政赤字巨大,国际收支情况恶化,美元的信誉受到极大的冲击。60年代后期,美国的国际收支进一步恶化,美元危机再度爆发,美国再也没有维持黄金官价的能力。1973年3月因美元贬值,引发了抛售美元、抢购黄金的风潮。最后根据达成的协议,西方国家放弃固定汇率,实行浮动汇率,布雷顿森林货币体系完全崩溃,黄金非货币化的改革由此发端。

1976年1月,国际货币基金组织达成"牙买加协议",废除黄金条款,实行"黄金非货币化",各会员国中央银行可按市价自由进行黄金交易,使黄金与货币完全脱离关系。但从法律的角度看,国际货币体系的黄金非货币化到1978年正式确立。国际货币基金组织在1976年修改了《国际货币基金协定》,并于1978年4月生效。该协议很大程度上改变了基金章程中的黄金地位。黄金不再作为货币定值标准,废除黄金官价,可在市场上自由买卖黄金。协定大大地削弱了黄金在货币体系中的地位,从此开始了黄金非货币化的进程。

国际黄金非货币化的结果,使黄金成了可以自由拥有和自由买卖的商品,黄金从国家金库走向了交易市场,其流动性大大增强。黄金交易规模的增加,为黄金市场的形成、发展提供了现实的经济环境。实践表明,黄金非货币化的三十多年也正是世界黄金市场得以高速发展的时期。可以说,黄金非货币化是当今黄金市场得以发展的制度条件。

但是,法律上的黄金非货币化与实际的黄金非货币化进程并不同步。在国际货币体系中,黄金非货币化的法律制度已经完全形成,但是黄金在实际经济生活中远远没有退出金融领域,黄金仍作为一种公认的金融资产活跃在投资领域,充当国家或个人的储备资产或货币工具。在目前的黄金市场上,除了一部分黄金发挥着商品的功能外,另一部分仍然扮演着金融工具,甚至货币的角色。各国放开黄金管制不仅使商品黄金市场得以发展,同时也极大地促进了金融性黄金市场的迅速发展。到目前为止,全球仍有相当数量的黄金存在于金融领域,发挥着货币的某种职能。对于国际货币基金组织和各国央行来说,黄金仍是非常重要的储备资产,国际货币基金组织拥有上亿盎司的黄金储备,世界各国央行也保留了高达3.4万吨的黄金储备。同时,由于黄金衍生工具的不断创新,黄金市场规模的高度扩张,现在黄金金融衍生物占有90%以上的黄金市场份额,黄金的非货币化进程还远没有结束。因此,不能完全将当代黄金市场的发展原因归结为黄金非货币化的结果,也不能把黄金市场视为单纯的商品市场。在国际货币体制黄金非货币化的条件下,黄金开始由货币属性主导的阶段向商品属性阶段回归。国家放开了黄金管制,使市场机制在黄金流通及黄金资源配置方面发挥了日益重要的作用,但目前黄金仍是一种具有金融属性的特殊商品,并且在未来相当长的时期内,黄金并不会真正失去货币金融工具的历史作用,实现完全的商品化。今后,黄金在国际货币金融体系中的作用和地位仍是十分重要的。

四、黄金市场的基本要素

黄金市场是黄金生产者、供应者与需求者进行黄金交易的场所。世界各大黄金市场经过几百年的发展,已形成了较为完善的交易方式和交易系统。其基本构成要素,从作用和功能角度考虑,大致可分为以下几个部分。

(一) 为黄金交易提供服务的机构和场所

在各个成熟的黄金市场,为黄金交易提供服务的机构和场所其实不尽相同,具体划分起来,又可分为有固定场所的有形市场和没有固定交易场所的无形市场。无形市场中,以伦敦黄金交易市场和苏黎世黄金市场为代表,称为欧式黄金市场。有形市场中,有在商品交易所内进行黄金买卖业务的,以美国的纽约商品交易所(COMEX)和芝加哥商品交易所(CME)为代表,称为美式黄金市场;有在专设的黄金交易所里进行交易的有形黄金市场,以香港金银业贸易场和新加坡黄金交易所为代表,称为亚式黄金市场。

欧式黄金市场:这类黄金市场没有固定的场所。比如,伦敦黄金市场是由各大金商、下属公司相互联系组成,通过金商与客户之间的通讯网络进行交易;而苏黎世黄金市场,则由两大银行为客户代为买卖,并负责结账清算。伦敦和苏黎世市场的交易价格是较为保密的,交易量也难以估计。

美式黄金市场：这类黄金交易市场实际上建立在典型的期货市场基础上，主要交易方式是黄金的衍生品交易，即将黄金作为金融衍生品的基础工具，开发出黄金期货、期权交易。期货交易所本身不参加交易，只是提供场地、设备，同时制定有关规则，确保交易公平、公正地进行，对交易进行严格的监控。

亚式黄金市场：这类黄金交易一般有专门的黄金交易场所，同时进行黄金的期货和现货交易。交易实行会员制，只有达到一定要求的公司和银行才能成为会员，并对会员的数量和配额有极为严格的限制。虽然交易场内的会员数量较少，但是信誉极高。

(二) 交易主体

国际黄金市场参与交易的主体，包括国际金商、银行、对冲基金、中央银行、国际货币基金组织等金融机构，各种法人机构及私人投资者。

国际金商是对黄金市场影响最大的市场参与者。国际金商与世界各地的黄金供应者和需求者都有密切的联系，因此对黄金的定价起着举足轻重的作用。例如，典型的伦敦黄金市场上的五大金行，其自身就是黄金交易商，由于与世界上各大金矿和黄金商有广泛的联系，而且下属的各个公司又与许多黄金销售商和客户联系，因此，五大金商会利用自身对市场信息熟悉的优势，不断报出黄金的交易价格。但是，金商要承担金价波动的风险。

商业银行可以分为做经纪业务的商业银行和做自营业务的商业银行。前者仅仅代理客户买卖和结算，本身并不参加黄金交易，只是充当供求双方的经纪人，在市场上起着中介作用，以苏黎世两大银行为代表。后者相当于自营商，如在新加坡黄金交易所(UOB)里，就有多家自营商会员是商业银行。

以对冲基金为代表的投机资本往往在黄金投机交易中扮演重要角色，黄金市场每次大的波动几乎都与对冲基金有关。一些规模庞大的对冲基金利用信息优势往往较先捕捉到经济基本面的变化，投入数额巨大的资金进行买空和卖空，从而加速黄金市场价格的变化，以此从中渔利。

各国中央银行和国际货币基金组织均持有一定的黄金作为储备资产，它们根据国内经济发展和国际经济形势状况，通过市场交易增持或减持黄金储备。

各种法人机构和个人投资者既包括各大金矿、黄金生产商、黄金制品商、首饰行，以及私人购金收藏者等，也包括专门从事黄金买卖的投资公司、个人投资者等。从对市场风险的态度，又可以分为风险规避者和风险爱好者，前者进行黄金保值而回避风险，希望将市场价格波动的风险降到最低，如黄金生产商、黄金制品商等；后者则希望从价格涨跌中获得利益，愿意承担市场价格波动带来的风险。

(三) 中介机构

中介机构又称为经纪行，是专门从事代理非交易所会员进行黄金交易，并收取佣金的经纪代理机构。例如，在纽约、芝加哥、香港等黄金市场里，有很多经纪公司，它们本身并不拥有黄金，只是派出场内代表在交易厅里代理客户买卖黄金，以收取客户的佣金为目的。

(四) 监管机构

随着黄金市场的不断发展，为保证市场的公正和公平、保护买卖双方利益、杜绝市场上操纵市价等非法交易行为,各国都建立了各种形式的黄金市场监管体系,如美国的商品期货交易委员会(CFFC)。

(五)行业自律组织

具有代表性的行业自律组织有世界黄金协会和伦敦黄金市场协会。

世界黄金协会:是一个由世界范围的黄金制造者联合组成的非营利性机构,其总部设在伦敦,在各大黄金市场都设有办事处。其主要功能是通过改善黄金市场上的结构性变化(如消除关税等壁垒,改善世界黄金市场的分销渠道等),以尽可能提高世界黄金的销量,对世界黄金生产形成稳定的支持。

伦敦黄金市场协会:成立于1987年,其主要职责是提高伦敦黄金市场的运作效率及扩大伦敦黄金市场的影响,促进所有参与者的经营活动,同时与英国的有关管理部门,如英国金融管理局、关税与消费税局等共同合作,维持伦敦黄金市场稳定而有序的发展。

第二节　黄金市场的类型

一、国际黄金市场的主要类型

黄金市场是买、卖双方集中进行黄金买卖的交易中心,通常提供即期和远期交易方式,允许交易者进行黄金实物交易,或者黄金期权、期货交易以达到套期保值或投机、套利的目的,是各国完整的金融市场体系的重要组成部分。

按照不同的分类标准可将黄金市场划分为不同的类型。

(一)按黄金市场国际影响和规模分

按照黄金市场国际影响和规模可分为主导性市场和区域性市场。

主导性黄金市场的交易范围和参与者涉及全球,交易量比较集中,市场确定的价格水平和交易量对其他市场具有深远的影响力。最有代表性的主导性市场有伦敦、苏黎世、纽约、芝加哥和香港的黄金市场,统称五大黄金市场。

区域性市场的交易只涉及某一地区或某一国家,而且对其他国际黄金市场影响不大,主要满足本国本地区黄金交易的需求。东京、巴黎、法兰克福黄金市场等都是区域性市场。

(二)按交易类型和交易方式分

按交易类型和交易方式可分为现货市场和黄金衍生品市场。

黄金现货市场是指在成交两个交易日内,进行黄金实物交割的交易市场。交易标的主要是金条、金锭、金币,以及黄金饰品等。黄金现货市场主要分布在欧洲,也称欧洲型市场。

黄金衍生品是以黄金为基础产品而派生的金融产品,黄金衍生品包括黄金期货、黄金期权、黄金远期、黄金掉期等。黄金衍生品市场是以黄金衍生产品为交易对象的市场。黄金衍生品市场主要分布在纽约、芝加哥、中国香港地区,又称美国型市场。

世界上有的黄金市场只有现货交易,有的只有衍生品交易,但大多数市场既有衍生品交易又有现货交易。

(三) 按有无固定场所分

按有无固定场所可分为无形黄金市场和有形黄金市场。

无形黄金市场又称场外市场,主要指黄金交易没有固定的交易场所,如主要通过金商之间的联系网络形成的伦敦黄金市场、以银行为交易平台的苏黎世黄金市场。

有形黄金市场又称交易所市场,主要指黄金交易在固定的交易场所进行交易。这类市场又可以分为有专设黄金交易所的黄金市场和设在商品交易所之内的黄金市场。前者,如香港金银业贸易场、新加坡黄金交易所等;后者,如设在纽约商品交易所(COMEX)内的纽约黄金市场、设在芝加哥商品交易所(CME)内的芝加哥黄金市场,以及加拿大的温尼伯商品交易所内的温尼伯黄金市场。

(四) 按交易管理制度分

按交易管制程度可分为自由交易市场、限制交易市场和国内交易市场。

自由交易市场是指对黄金输出入国境的交易不加限制,居民和非居民都可以自由买卖的黄金市场,如苏黎世黄金市场。

限制交易市场是指黄金输出入受到管制,只允许非居民,而不允许居民自由买卖黄金的市场,这类市场通常存在于实行外汇管制的国家。

国内交易市场是指禁止黄金输出入交易,只允许居民,不允许非居民买卖黄金的市场,如巴黎黄金市场。

(五) 按参与交易对象的不同分

按照参与交易对象的不同可分为一级市场和二级市场。

一级市场是指黄金大宗批发市场,是由各种机构参与交易的市场,包括中央银行、金矿公司、用金企业、黄金商、商业银行等,如上海黄金交易所就是一个一级市场。

二级市场是指黄金小额零售市场,是专门为中小银行、社会法人、非法人居民与黄金机构之间交易黄金,而设立的市场。

(六) 按交易标的物的不同属性分

按照交易标的物的不同属性可分为黄金货币商品市场和黄金饰品市场。

黄金货币商品市场交易的标的物为金条或金块,交易者将金条或金块视为一种金融资产而进行投资。

黄金饰品交易市场上交易的标的物为黄金首饰、黄金纪念章等装饰物。

二、黄金市场的分布

目前,世界上约有四十多个黄金市场,遍布于四大洲,绝大部分是区域性的。欧洲以伦敦、苏黎世为代表,亚洲以中国香港为代表,北美以纽约、芝加哥为代表。世界各大金市的交易时间以伦敦时间为准,形成伦敦、纽约(芝加哥)、香港连续不断的黄金交易。

欧洲有 14 个黄金市场:瑞士的苏黎世和日内瓦、英国的伦敦、法国的巴黎、比利时的布鲁塞尔、德国的法兰克福、意大利的米兰和罗马、葡萄牙的里斯本、荷兰的阿姆斯特丹、奥地利的维也纳、土耳其的伊斯坦布尔、瑞典的斯德哥尔摩,以及希腊的雅典。

亚洲有 15 个黄金市场:黎巴嫩的贝鲁特,巴基斯坦的卡拉奇,印度的孟买、新德里和加尔各答,新加坡的新加坡城,中国的香港、澳门和上海,日本的东京、神户和横滨,泰国的曼谷,菲律宾的马尼拉,以及以色列的特拉维夫。

非洲有 7 个黄金市场:摩洛哥的卡萨布兰卡、塞内加尔的达喀尔、利比亚的的黎波里、索马里的吉布提、埃及的开罗和亚历山大、扎伊尔的金沙萨。

美洲地区的黄金交易市场:加拿大的多伦多和温尼伯、乌拉圭的蒙得维的亚、委内瑞拉的加拉加斯、墨西哥的墨西哥城、阿根廷的布宜诺斯艾利斯、巴西的里约热内卢和圣保罗、巴拿马的巴拿马城。1974 年 12 月 31 日,美国取消私人持有和买卖黄金禁令后,除有纽约商品交易所和芝加哥国际货币市场两大黄金期货市场外,还有底特律、布法罗和旧金山的黄金市场。全球黄金市场具体分布如表 7—1 所示。

表 7—1 黄金市场具体分布

洲别	国别	市场名称	洲别	国别	市场名称
欧洲	瑞士	苏黎世 日内瓦	亚洲	印度	孟买 新德里 加尔各达
	英国	伦敦		巴基斯坦	卡拉奇
	法国	巴黎		新加坡	新加坡城
	比利时	布鲁塞尔		中国	香港 澳门 上海
	德国	法兰克福		日本	东京 横滨 神户
	意大利	米兰 罗马		泰国	曼谷
	葡萄牙	里斯本		菲律宾	马尼拉
	荷兰	阿姆斯特丹		以色列	特拉维夫
	土耳其	伊斯坦布尔	美洲	加拿大	多伦多 温尼伯
	瑞典	斯德哥尔摩		乌拉圭	蒙得维的亚
	希腊	雅典		委内瑞拉	加拉加斯
	奥地利	维也纳		墨西哥	墨西哥城
非洲	摩洛哥	卡萨布兰卡		巴西	里约热内卢 圣保罗
	塞内加尔	达喀尔		阿根廷	布宜诺斯艾利斯
	利比亚	的黎波里		巴拿马	巴拿马城
	索马里	吉布提		美国	纽约 芝加哥 底特律 布法罗 旧金山
	埃及	开罗 亚历山大			
	扎伊尔	金沙萨			
亚洲	黎巴嫩	贝鲁特			

三、国际主导性黄金市场简介

（一）伦敦黄金市场

伦敦黄金市场历史悠久，其发展历史已有三百多年。1804年，伦敦取代荷兰阿姆斯特丹成为世界黄金交易的中心。1919年，伦敦金市正式成立。1982年4月，伦敦黄金期货市场开业，在此之前，伦敦黄金市场主要经营黄金现货交易。目前，伦敦仍是世界上最大的黄金市场，是全球黄金场外交易的清算中心和国际黄金价格的主要决定者。

伦敦黄金市场单一交易最低限额为1 000盎司，是大机构之间的批发交易市场。伦敦黄金市场的核心业务是黄金场外现货买卖，此外还有黄金借贷、黄金远期合约、黄金期权、远期利率协议、掉期交易等，均非标准化产品。

伦敦黄金市场最重要的特点是黄金定价制度。伦敦金市每天上午和下午两次为黄金定价，由汇丰银行、巴克莱银行、德意志银行、法国兴业银行和加拿大枫叶银行五大定价行的报价形成伦敦黄金市场一日两次的伦敦黄金定盘价。这是世界黄金现货价格的基准，也是其他各类黄金产品的定价基础。价格决定后，世界各主要黄金市场参照伦敦金价进行定价。

伦敦黄金市场的另一特点是交易制度比较特别，因为伦敦没有实际的交易场所，其交易是通过电话或电子交易系统完成的无形市场。伦敦黄金市场分为三个层次：其核心层次是包括五大报价行在内的伦敦金银市场协会的9个做市商会员，他们负责向其他市场参与者提供各种黄金产品的报价、交易和清算，维护市场的流动性；第二层次是包括其他商业银行、投资银行、经纪商、大型产金公司、加工企业、提炼厂的普通会员；第三层次是不具备伦敦金银市场协会资格的准会员，他们的交易活动也十分活跃。

伦敦黄金市场交易的第三个特点是灵活性很强。黄金的纯度、重量、期限、交货地点等都可以根据客户的要求商议选择。最通行的买卖伦敦金的方式是客户可无须现金交收，即可买入黄金现货。到期只需按约定利率支付利息即可，但此时客户不能获取实物黄金。这种黄金买卖方式，只是在会计账上进行数字记载，直到客户进行反向操作平仓为止。

（二）苏黎世黄金市场

苏黎世黄金市场是第二次世界大战后发展起来的，是世界上最大的现货交易中心和西方国家最重要的金币交易市场，以金币交易为主。苏黎世黄金市场迅速成长依靠其得天独厚的政治因素。瑞士是永久的中立国，政治安全和稳定的优势吸引了大量进行黄金保值交易或黄金投机交易的交易者。同时，瑞士特殊的银行体系和辅助性的黄金交易服务体系，为黄金买卖提供了一个既自由又保密的环境。这符合黄金买卖的特点，一般买卖都是秘密进行的，以保护交易者的隐私，并可避免对黄金价格产生影响。这些独特的条件是苏黎世黄金市场迅速发展的原因。

瑞士不仅是世界上新增黄金的最大中转站，也是世界上最大的私人黄金的存储中心。苏黎世黄金市场在国际黄金市场上的地位仅次于伦敦。

苏黎世黄金市场没有正式组织结构，是银行参与交易的场外市场，由原瑞士三大银行：瑞士银行、瑞士信贷银行和瑞士联合银行负责清算结账，1998年瑞士银行和瑞士联合银行合并为瑞士银行集团,现由两大银行负责清算结账。苏黎世黄金总库(Zurich Gold Pool)建立在瑞士两大银行非正式协商的基础上,不受政府管制,作为交易商的联合体与清算系统混合体在市场上起中介作用。

苏黎世黄金市场无金价定盘制度,在每个交易日任一特定时间,根据供需状况议定当日交易金价,这一价格为苏黎世黄金市场官价。全日金价在此基础上的波动,无涨跌幅限制。

(三)美国黄金市场

在国际黄金市场中,美国市场和欧洲市场共同垄断了全球80%以上的黄金交易,具有同等地位,但交易模式却有明显差别。美国黄金市场以纽约商品交易所和芝加哥商品交易所为代表,交易的黄金产品为期货合约和期权合约。交易采取竞价方式、撮合成交、集中清算,交易合约和交易程序都是标准化的。由于信息公开、程序简便,因而市场效率高、流动性强、信用风险小。

纽约是世界上最大的金融中心,美国财政部和国际货币基金组织出售黄金都在此进行拍卖,因此纽约黄金期货市场对世界黄金期货的影响举足轻重。目前,纽约商品交易所和芝加哥商品交易所是世界最大、最有影响的黄金期货市场,两大交易所对黄金现货市场的交易价格影响很大,同时由于期货交易数量巨大,纽约市场的黄金价格有时比伦敦、苏黎世黄金市场的定价更有参考价值。

(四)香港黄金市场

香港黄金市场的形成是以香港金银贸易市场的成立为标志,迄今已有九十多年的历史。1974年,香港金融当局撤销了对黄金进口的管制,此后香港金市进入了高速发展的阶段。由于香港优越的地理位置,在时差上刚好填补了纽约、芝加哥市场收市和伦敦市场开市前的空当,可以连贯亚、欧、美,形成完整的24小时不间断交易的世界黄金市场。因此世界黄金市场各大机构投资者,如伦敦五大金商、瑞士两大银行等纷纷来港设立分公司,从而促使香港成为世界主要的黄金市场之一。

目前,中国香港黄金市场由三个市场组成:香港金银贸易市场,以华人金商为主体,有固定买卖场所,交易方式是公开喊价、现货交易;伦敦金市场,以国外金商为主体,没有固定交易场所;黄金期货市场,是一个正规的市场,其性质与美国的纽约和芝加哥的商品期货交易所的黄金期货性质是一样的,交易方式正规,制度比较健全,可弥补金银贸易市场的不足。

四、我国的黄金市场

(一)我国黄金管理体制的变革历程

新中国成立以后,新生的共和国在几乎没有黄金储备的基础上恢复战争创伤和进行经济建设,因此在建国后很长一段时间内政府一直对黄金实行严格的控制。1950年4月,中国人民银行制定发布《金银管理办法》,冻结民间金银买卖,明确规定国内金银买卖统一由中国人民银行经营管理。新生产的黄金主要用于国家紧急国际支付和国际储备。

1983年6月,《中华人民共和国金银管理条例》颁布实施,基本内容是国家对金银实行统一管理、统收统配政策,即对黄金实行市场管制,规定境内机构的一切黄金收入和支出都纳入国家金银收支计划。国家管理金银的主管机关为中国人民银行。《中华人民共和国金银管理条例》为黄金商品市场的建立提供了法律依据。此后,在中国境内恢复出售黄金饰品。中国人民银行发售的熊猫金币,成为中国开放金银市场的标志。

1993年9月,我国启动黄金市场化改革,将执行多年的黄金价格的固定定价方式改为浮动定价方式。

2001年4月,中国人民银行宣布取消黄金"统购统配"的计划管理体制,在上海组建黄金交易所。6月,中央银行启动黄金价格周报价制度,根据国际市场价格变动对国内金价进行调整。随后,逐渐放开足金饰品、金矿产品和金银产品价格。2002年10月30日,上海黄金交易所正式开业,开始黄金现货交易,标志中国黄金市场恢复。

2007年9月11日,经国务院同意,中国证监会批准在上海期货交易所上市黄金期货。2008年1月9日,黄金期货合约在上海期货交易所上市交易,标志着我国黄金市场体系的进一步完善。

(二)上海黄金交易所

上海黄金交易所是经国务院批准,由中国人民银行组建,在国家工商行政管理局登记注册的、不以营利为目的、实行自律性管理的法人。遵循公开、公平、公正和诚实信用的原则组织黄金、白银和铂等贵金属交易。

交易所实行会员制组织形式,会员由在中华人民共和国境内注册登记,从事黄金业务的金融机构,从事黄金、白银、铂等贵金属及其制品的生产、冶炼、加工、批发、进出口贸易的企业法人,并具有良好的资信的单位组成。交易所会员依其业务范围,分为金融类会员、综合类会员和自营会员。金融类会员可进行自营和代理业务及批准的其他业务,综合类会员可进行自营和代理业务,自营会员可进行自营业务。

交易所交易的商品有黄金、白银和铂金,交易标的必须符合交易所规定的标准。黄金有现货实盘交易品种、延期交易品种,以及中、远期交易品种;白银有现货实盘交易品种和现货保证金交易品种;铂金有现货实盘交易品种和现货保证金交易品种。

交易所按照价格优先、时间优先的原则,采取自由报价、撮合成交、集中清算、统一配送的交易方式,同时提供询价交易等作为辅助交易方式。标准黄金、铂金交易,通过交易所集中方式进行,实行价格优先、时间优先撮合成交。非标准品种交易,通过询价等方式进行,实行自主报价协商成交。会员可自行选择通过现场或远程方式进行交易。资金清算通过交易所指定的银行,实行集中、直接、净额的资金清算原则。实物交割实行"一户一码制"的交割原则,在全国37个城市设立55家指定仓库,金锭和金条由交易所统一调运配送。

(三)黄金期货合约的主要内容

2008年1月9日,黄金期货正式在上海期货交易所上市。上期所黄金期货合约的主要条款为:交易品种是黄金;交易单位为每手1 000克;报价单位为元(人民币)/克;最小变动价位为0.01元/克;每日价格最大波动限制为不超过上一交易日结算价的±5%;合约交割月份为1~12月;最后交易日为合约交割月份的15日,遇法定假日顺延;交割日期为最后交易日后连续5个工作日;交割方式为实物交割;交割品级为含金量不小于99.95%的国产金锭及交易所认可的伦敦金银市场协会(LBMA)认定的合格供货商或精炼厂生产的,交割单位是3 000克,即每一仓单3公斤的标准金锭;交易地点为交易所指定的交割金库;最低交易保证金为合约价值的7%,上市初期考虑到稳定市场的需要,将保证金比例暂定为9%。

黄金期货的推出有利于进一步完善我国黄金市场体系和价格形成机制,形成现货市场、远期交易市场、期货市场相互促进、共同发展的格局。

(四)黄金投资的主要方式

目前,我国投资者进行黄金投资方式已出现多样化趋势。黄金交易所的会员单位,可以直接在黄金交易所进行现货交易和现货延期交易;非黄金交易所会员的机构投资者,可以以委托方式通过黄金交易所会员间接进入黄金交易所进行交易。机构投资者可以委托上海期货交易所的会员期货公司进行黄金期货交易。

个人投资者可以通过黄金交易所部分银行和黄金公司会员参与黄金交易所的现货交易和延期交易;可以通过期货经纪公司参与上海期货交易所的黄金期货交易,但上期所规定自然人客户不允许进行黄金实物交割及自然人客户持仓不允许进入交割月;可以在银行、黄金公司、金店购买金条、金章、金币和黄金饰品;可以通过银行投资于"纸黄金","纸黄金"是一种个人凭证式黄金,投资者按银行报价在账面上进行虚拟交易,赚取黄金价格涨跌差价,但不发生实物金提取和交割;可以投资于黄金类上市公司股票;可以投资于与黄金挂钩的银行理财产品;可以投资于信托类黄金投资计划等。总之,随着我国黄金市场的开放和发展,我国居民也可以通过多种渠道参与黄金投资,实现保值、增值和收藏的目的。

第三节 黄金市场的价格决定

黄金价格是黄金市场上买卖黄金商品的单位交易价格,在介绍黄金价格之前,让我们先了解一下与黄金单价有关的基本内容:黄金交易商品的划分和黄金交易的计量单位。

一、黄金的成色及其分类

黄金及其制品的纯度称为成色。黄金的成色是反映黄金价值的最重要的属性,也是划分黄金商品的主要依据。

黄金按其来源的不同和提炼后含量的不同分为生金和熟金等。生金是从矿山或河底冲积层开采的、没有经过熔化提炼的黄金。生金分为矿金和沙金两种。

熟金是生金经过冶炼、提纯后的黄金,一般纯度较高。常见的形状有金条、金块、金锭等。人们习惯上根据成色的高低把熟金分为纯金、赤金、色金3种。

按含其他金属的不同划分,熟金又可分为清色金、混色金、K金等。清色金指黄金中只掺有白银成分;混色金是指黄金内除含有白银外,还含有铜、锌、铅、铁等其他金属;K金是指银、铜按一定的比例,按照足金为24K的公式配制成的黄金。K金是目前黄金交易中主要的交易标的标准。

黄金成色的计算及表示方法主要有以下几种。

(一) 用"K金"表示黄金的纯度

国家标准 GB11887-89 规定,每开(K)含金量为 4.166%,其纯度如表 7—2 所示。

表 7—2 用 K 金表示的黄金纯度

K 级	8K	9K	10K	12K	14K
含金量	33.328%	37.494%	41.660%	49.992%	58.324%
国家标准	333‰	375‰	417‰	500‰	583‰
K 级	18K	20K	21K	22K	24K
含金量	74.998%	83.320%	87.486%	91.652%	99.984%
国家标准	750‰	833‰	875‰	916‰	999‰

24K 金常被认为是纯金,成为"1 000‰",但实际含金量为 99.99%,折为 23.988K。

(二) 用文字表达黄金的纯度

有的金首饰上打有文字标记,其规定为:足金——含金量不小于 990‰,千足金——含金量不小于 999‰。有的则直接打上实际含金量多少。

(三) 用分数表示黄金的纯度

例如,标记成 18/24,即成色为 18K(750‰);标记成 22/24,即成色为 22K(916‰)。

(四) 用阿拉伯数字表示黄金的纯度

例如,99:表示"足金";999:表示"千足金"。用数字表示的黄金纯度,如表 7—3 所示。

表 7—3 用数字表示的黄金纯度

黄金的成色	金的百分含量	金的 K 值	千分金含量	印 记
纯 金	99.99%	24K	999.9	
千足金	99.9%	24K	999	24KG
18K 金	75.0%	18K	750	18KG
14K 金	58.3%	14K	583	14KG
9K 金	37.5%	9K	375	9KG

二、黄金交易单位

黄金交易单位又称黄金交易计量单位,简称黄金单位,就是在黄金市场上买、卖双方交易的重量计量单位。由于黄金交易单位是根据其所在市场的交易规则确定的,而黄金市场的交易规则又是根据其所在地所使用的法定计量单位或交易习惯而制定的，因此，黄金交易计量单位在各个市场上各有不同。作为一种价格昂贵的金属，黄金交易单位是黄金买卖时确定买卖价格、结算买卖货款的一项基本标准。

黄金的计量单位是随着度量衡制度的变化而变化的。我国历史上曾有过以斤、镒、铤等为黄金计量单位的文字记载。目前，我国统一以国际单位制为计量单位。国际上也由于各国计量单位、黄金市场的交易习惯、交易规则，以及所在地度量衡制的不同，造成世界各地黄金市场的交易计量单位不尽相同。以下是目前国际黄金市场上比较常见的几种黄金计量单位。

（一）金衡盎司

金衡盎司是在英、美商品交易市场上买卖交易贵金属、药材等一些特殊商品时使用的交易计量单位，也称为盎司，但无论是计量单位还是其计量的进制，与英、美日常的度量衡单位常衡盎司有所区别，故人们将专用于贵金属、药材等贵重商品的交易计量单位又称为金(药)衡制盎司。其折算公式为

$$1 \text{ 金衡盎司} = 1.0971428 \text{ 常衡盎司} = 31.1034807 \text{ 克}$$

$$1 \text{ 常衡盎司} = 28.3495 \text{ 克}$$

（二）托拉(TOLA)

在国际市场上，目前还有一种常见的黄金交易计量单位——"托拉"。托拉现为南亚地区的新德里、卡拉奇、孟买等黄金市场上常用的交易计量单位，也是目前国际市场上比较常用的交割单位。其折算公式为

$$1 \text{ 托拉} = 0.375 \text{ 金衡盎司} = 11.6638 \text{ 克}$$

（三）司马两

司马两是目前我国香港地区黄金现货市场上普遍使用的黄金交易计量单位。其折算公式为

$$1 \text{ 司马两} = 1.203354 \text{ 金衡盎司} = 37.42849791 \text{ 克}$$

$$1 \text{ 司马两} = 1.197713 \text{ 两}(16 \text{ 两制})$$

$$1 \text{ 司马两} = 0.74857 \text{ 两}(10 \text{ 两制})$$

（四）市制单位

市制单位是我国黄金市场上常用的一种计量单位，主要有斤和两两种。其折算公式为

$$1 \text{ 市斤} = 10 \text{ 两}$$

$$1 \text{ 两} = 1.607536 \text{ 金衡盎司} = 50 \text{ 克}$$

（五）日本两

日本两是日本黄金市场上使用的交易计量单位。其折算公式为

$$1 \text{ 日本两} = 0.12057 \text{ 金衡盎司} = 3.75 \text{ 克}$$

此外,还有格令、打兰等单位。上述各单位的换算,如表7—4所示。

表7—4 黄金交易单位换算表

金衡盎司 ounce	市两	司马两	克 gram	格令 grain	托拉 tola	打兰 dram	公斤 kilogram	日本两
1	0.995 3	0.831 047	31.103 5	480.00	2.666 7	10.00	0.031 103 5	82.94
1.004 7	1	0.834 9	31.25	482.25 6	2.679 2	10.047	0.031 25	8.333
1.203 3	1.197 6	1	37.426 9	577.584 7	3.208 8	12.033	0.037 43	9.980 2
0.032 15	0.032	0.026 72	1	15.432 3	0.085 74	0.312 5	0.001	0.266 66
0.002 083	0.002 074	0.001 73	0.064 8	1	0.005 56	0.020 83	0.000 648	0.017 28
0.375	0.373 2	0.311 64	11.663 7	180.00	1	3.75	0.011 66	3.110 21
0.1	0.099 53	0.083 1	3.110 35	48.00	0.266 67	1	0.003 110 35	0.829 4
32.15	32.00	26.718 3	1 000.00	15 432.10	85.734 95	321.50	1	266.66
0.120 57	0.120 0	0.100 2	3.750	5.787 3	0.321 5	1.205 7	0.003 5	1

三、黄金价格

由于黄金不同于一般的商品,所以黄金价格与一般商品相比有其特殊性。

目前,世界上黄金市场上的主要价格类型有三种:生产价格、市场价格和准官方价格。其他各类黄金价格均由此派生。

(一)生产价格

生产价格是根据黄金生产的成本计算的价格标准,它反映了黄金的内在价值,是确立各种黄金价格的最基本的标准。随着黄金找矿、开采、提炼等技术的进步,黄金的生产成本呈下降趋势。

但是,受各种因素的影响,生产价格并不能完全反映黄金市场的价格走势。1996年以来,各国中央银行的大规模抛金行为,使国际市场的金价从418美元/盎司的高位一路下降,一直跌到258美元/盎司,甚至低于当期的黄金生产成本。

(二)市场价格

黄金的市场价格是买、卖双方达成交易的即时价格,又称为市场行情。市场价格包括现货价格和期货价格。这两种价格既有联系,又有区别,两者都受供需等各种因素的制约和干扰,变化大,而且价格确定机制十分复杂。一般来说,现货价格和期货价格所受的影响因素类似,因此变化方向和幅度基本趋于一致,并且黄金的基差(即黄金的现货价格与期货价格之差)会随期货交割期的临近而不断减小,到了交割期,期货价格和交易的现货价格大致相等。但由于决定现货价格和期货价格的因素错综复杂,可能使世界黄金市场上黄金的供求关系失衡,出现现货和期货价格关系扭曲的现象。有时,由于黄金供不应求,持有期货的成本无法得到补偿,甚至形成基差为正值,现货价高于期货价、近期期货价格高于远期期货价格的现象。

由于受各种因素的作用,世界市场上的短期黄金市价经常剧烈变动。中、长期的平均价格在很大程度上中和了各种外界因素,是一个能比较客观反映黄金受中、长期供求因素影响的市场价格。

（三）准官方价格

准官方价格是被中央银行用作与黄金有关的官方活动,而采用的一种价格。在准官方价格中,又分为抵押价格和记账价格。

四、影响黄金价格的主要因素

20世纪70年代以前,黄金价格基本由各国政府或中央银行决定,国际市场上的黄金价格比较稳定。70年代初期,黄金价格不再与美元直接挂钩,黄金价格逐渐市场化,影响黄金价格变动的因素日益增多。具体来说,可以分为以下几方面。

（一）供给因素

1. 经常性供给

经常性供给的来源是世界主要产金国,这类供给是稳定的、经常性的。经常性供给量同产金国的生产能力、产量,以及生产成本有直接关系。由于受生产成本上升和通货膨胀的影响,世界黄金产量呈现增长缓慢的趋势。

2. 偶发性供给

此类供给是由于外界因素刺激作用而导致的供给。例如,黄金生产国的政治、军事和经济的变动状况,导致金价的上涨,使黄金持有者为获利而抛售,或导致黄金矿山为扩大供给而提高生产能力。

3. 调节性供给

这是一种阶段性不规则的供给,主要来自中央银行的黄金抛售行为。中央银行是世界上黄金的最大持有者,在某些情况下,为了达到特定的经济目的而在国际黄金市场上抛售黄金,如为稳定本国经济和保持本币币值稳定,或为清偿对外债务和改善国际收支状况。国际货币基金组织为履行职责,帮助重债国走出困境也会出售黄金储备。

（二）需求因素

黄金的需求与黄金的用途有直接的关系。

1. 黄金的工业用与民用需求

随着世界经济的发展,黄金的工业用与民用需求不断增大。例如,在微电子、医学及建筑装饰等领域,尽管科技的进步使得黄金替代品不断出现,但黄金以其特殊的金属性质使其需求量仍呈上升趋势。

2. 央行黄金储备的需求

黄金储备一向被各国央行用作防范国内通胀、调节市场的重要手段。特别在经济不景气的时期,由于黄金相对于货币资产价值更为稳定,黄金储备需求上升,会导致金价上涨。例如,在二战后的3次美元危机中,由于美国的国际收支逆差趋势严重,各国持有的美元大量增加,市场对美元币值的信心动摇,投资者大量抢购黄金,直接导致黄金价格上涨,以至布雷顿森林体系破产。又如,2005年10月俄罗斯中央银行宣布计划将黄金储备从 400 吨增加到 800 吨,推动了当时的金价上升;2009 年 4 月,中国外汇管理局表示,从 2003 年开始中国利用国内杂金提纯和国内市场交易等方式增加了 454 吨黄金储备,已将黄金储备从 600 吨提高到 1 054 吨,成为全球第五大黄金储备国。

3. 投资性或投机性的需求

投资性黄金需求包括两方面:一方面,在通货膨胀情况下,投资黄金可以达到保值的目的;另一方面,人们在不同经济形势下,可在黄金与其他投资工具之间互为选择。例如,当美元贬值、油价上升时,黄金需求量便会有所增加;如股市上涨,吸引大量资金,黄金需求可能会相应减少。

投机性需求是指黄金交易者利用金价波动,入市赚取投机利润的行为。最为常见的情况是,投机者根据国际、国内形势,利用黄金市场上的金价波动,加上黄金期货市场的交易机制,大量"沽空"或"补进"黄金,人为地制造黄金需求假象。大规模的黄金投机活动往往造成黄金价格的剧烈波动,在黄金市场上,几乎每次大的涨跌都与对冲基金的投机有关。

(三) 其他因素

1. 美元汇率

美元汇率是影响金价波动的重要因素之一。从长期看,金价与美元汇率之间基本上呈现此消彼长的负相关关系。一方面,黄金以美元标价,美元升值金价跌,美元贬值金价扬。另一方面,美元坚挺一般表示美国国内经济形势向好,国内证券市场投资旺盛,黄金投资的价值相对削弱;而美元汇率下降则往往与通货膨胀、股市低迷等有关,黄金的保值功能此时会比较明显地体现出来。

2. 各国的货币政策

当某国采取宽松的货币政策时,由于利率下降,该国的货币供给增加,加大了通货膨胀的可能,会造成黄金价格的上升。例如 20 世纪 60 年代,美国的低利率政策促使国内资金外流,大量美元流入欧洲和日本,各国的金融机构和投资者由于持有的美元净头寸增加,出现对美元币值的担心,于是开始在国际市场上抛售美元、抢购黄金,并最终导致了布雷顿森林体系的瓦解。但在 1979 年以后,利率因素对黄金价格的影响日益减弱。

3. 通货膨胀

短期内的通货膨胀会造成货币购买力下降,从而增加对黄金保值的需求,导致金价明显上升。从长期来看,年通胀率若是在正常范围内变化,则它对金价的波动影响并不明显。从 20 世纪 90 年代以后,世界进入低通胀时代,黄金保值功能日益缩小,但是从长期看,黄金仍然是应对通货膨胀的重要手段。

4. 原油价格

黄金价格与原油价格之间存在间接关系。油价已经成为全球经济的"晴雨表",高油价意味着经济增长的不确定性增加,以及通货膨胀预期升温,会持续推升黄金价格。

5. 国际政治局势

国际上重大的政治、战争事件都会影响金价。政府为战争或为维持国内经济的平稳而支付费用,大量投资者转向黄金保值投资,这些都会扩大对黄金的需求,刺激金价上涨。比如,9.11恐怖组织袭击事件曾使黄金价格飙升至每盎司近 $300。

6. 股市行情

通常情况下,股市下挫,金价上升;股市上扬,金价下跌。这主要取决于投资者对经济发展前景的预期,如果大家普遍对经济前景看好,则资金大量流向股市,股市投资热烈,金价下降。

除了上述影响金价的因素外,国际金融组织的干预活动也会对世界黄金价格的变动产生重大的影响。

第四节 黄金市场的交易方式

就像其他金融市场一样,在经历了几百年的发展之后,黄金市场也形成了门类齐全的交易方式和投资品种。一般,黄金交易从交易品种的形态上来说,有实物形式、凭证形式;从交易的方式上来说,有现货交易、各种衍生品交易,包括期货、远期、期权、互换等。

一、黄金市场的交易品种

(一) 实物形式的交易品种

1. 标金

标金是按规定的形状、规格、成色、重量等要素精炼加工成的标准化条状金,即俗称"金条"。标金是黄金市场最主要的交易品种。按国际惯例,用于黄金市场实物交割的标金,在精炼厂浇铸成型时必须标明其成色、重量,一般还应标有精炼厂的厂铭及编号等。

目前,国际黄金市场上比较常见的标金规格有:400盎司标金、1公斤标金、111克标金、1盎司标金等。各国黄金市场上的标金成色也各有不同,有99.5%,也有99%和99.99%。

标金的最大优点是流通性强,可以立即兑现,可在世界各地转让,还可以在世界各地得到报价;从长期看,金条具有保值功能,是应对通货膨胀的理想投资工具。

2. 金币

金币分为投资金币和纪念金币两种。投资金币又称纯金币,一般由各国政府或中央银行发行。纯金币的价值基本与黄金含量一致,价格也基本随国际金价波动。纯金币投资与金条投资一样,都是良好而安全的投资保值方式。

纪念金币是各国政府或中央银行,为某一纪念题材而限量发行的铸金货币。由于纪念金币具有相应的纪念意义,因此其价格构成除了纯金币的价格要素以外,还应考虑其历史价值、艺术价值、教育价值和收藏价值,因此其价格要比纯金币高。

3. 黄金饰品

黄金饰品具有广义和狭义之分,广义的黄金饰品是泛指含有黄金成分的装饰品,如金杯、金质奖牌等纪念品;狭义的金饰品是专指以成色不低于58%的黄金材料制成的装饰物。

从投资理财的角度看,金饰品的实用价值大于投资价值。因此,从严格意义上来讲,金饰品只是一种保值手段。

(二) 凭证形式的交易品种

1. 黄金账户

黄金账户是商业银行为黄金投资者提供的一种黄金交易品种,又称为黄金请求账户。黄金投资者选择黄金账户通过商业银行进行黄金买卖交易时,可在指定的资金账户上进行资金运作,在黄金账户上作交易记录,而无需进行黄金实物的提取交收。因此,黄金账户具有周转速度快、存储风险小、交易费用低的优点。

2. 纸黄金

纸黄金又称为黄金凭证,这种凭证代表了持有者对黄金的所有权,因此纸黄金交易实质上就是一种权证交易方式。常见的纸黄金类型有黄金储蓄存单、黄金交收定单、黄金证券,以及黄金账户单据等。

采用纸黄金进行交易,可以节省黄金实物交易中必需的保管费、储存费、保险费、鉴定及运输费等费用支出,有效降低黄金交易价格。而且纸黄金交易还可以加快交易速度。

纸黄金一般是由黄金市场上资金雄厚、资信良好的金融机构发行,如商业银行发行的不记名黄金储蓄存单、黄金交易所发行的黄金交收定单或大的黄金商所发行的黄金账户单据等。

3. 黄金股票

黄金股票是黄金矿业公司发行的上市或不上市的股票。由于买卖黄金股票不仅是投资黄金矿业公司,而且还间接投资黄金,因此这种投资比单纯的黄金投资或股票投资更为复杂。投资者不仅要关注黄金矿业公司的经营状况,还要关注黄金市场的行情。

4. 黄金基金

黄金基金是黄金投资共同基金的简称,即专门以黄金实物、黄金类证券或黄金类衍生交易品种作为投资对象的一种共同基金。黄金基金的投资风险较小、收益比较稳定,在通货膨胀时期有较好的保值增值功能。黄金基金还可以起到分散投资风险、稳定投资价值的集合理财作用。在黄金基金中,交易所交易黄金基金(黄金ETF)是以黄金为投资对象的ETF,它由大型黄金生产商向基金公司寄售实物黄金,基金公司以实物黄金为依托,在交易所内公开发行基金份额,销售给各类投资者。投资者可以在基金存续期内自由赎回,已成为国际市场上受欢迎的新型黄金投资产品。

二、黄金交易方式

黄金市场的交易方式包括现货交易、期货交易、远期交易、期权交易、互换交易等多种交易方式,除现货交易外,其余都是黄金衍生品交易。其中,最主要的交易方式是现货交易和期货交易。

(一) 黄金现货交易

现货交易是指交易双方在成交后两个交易日内,完成交割、清算等一切手续的交易方式。现货交易的标的物一般以标金为主。伦敦市场的黄金现货交易价格是世界黄金行市的晴雨表,其他国际黄金市场参照伦敦市场的定价水平,再根据本市场供求情况决定金价。现货交易需要支付金商一定比例的手续费,如伦敦市场的手续费通常为0.25%。

黄金现货交易分为定价交易和报价交易。定价交易是指金商提供客户单一的交易价格,无买卖差价,客户按所提供的单一价格自由买卖,金商只收取少量的佣金。定价交易限定在规定的时间进行,在定价交易以外的时间则进行报价交易。

报价交易是指买卖双方自行达成的交易,对同一交易者来说,其买入和卖出的报价存在差价。报价交易的价格在很大程度上要受定价交易价格的影响。一般来说,报价交易交割的现货数量要比定价交易的多。

现货交易的买卖合约中包括:黄金的交收、存入或提取地点,借记或贷记账户,报价货币,等等。

(二) 黄金期货交易

随着国际市场金融衍生工具迅猛发展,国际黄金市场的衍生工具也获得了应有的发展。黄金市场衍生工具的产生和发展不同于其他金融市场的发展。在其他金融市场上,最先产生的金融衍生工具是远期合约,并在此基础上产生期货、期权与互换等其他金融衍生工具。而黄金市场的金融衍生工具最先产生的不是黄金远期合约,而是1975年由美国纽约商品交易所开发出来的黄金期货合约。黄金期货交易的价格导向功能对世界黄金市场的发展发挥了巨大的推动作用。据统计,当今世界黄金交易额的95%以上是以回避风险和投机为目的的金融性黄金交易,而这95%以上的金融性黄金交易中的绝大部分又是在黄金期货市场中完成的。

黄金期货合约是买、卖双方在交易所签订的、在未来某一确定的将来时间、按成交时确定的价格购买或出售黄金的标准化协议。期货合约是标准化的合约,期货合约的成交价格是在交易所通过买、卖双方的指令竞价形成的。黄金期货合约的要素主要包括黄金数量和单位名称、保证金、交割月份、最小变动价位、最高交易限量、交割地点、交割方式等。办理交割的日期一般为3个月、6个月、1年。黄金期货交易一般并不真正交收现货,绝大多数的合约在到期日前已经对冲平仓了。

黄金期货交易可分为保值交易和投机交易两种类型。所谓保值交易,是为了规避黄金价格变动带来的风险,买卖黄金期货实现套期保值。投机交易是指利用金价的波动,通过预测金价未来的涨跌趋势,进行买空或卖空,从而赚取投机利润。保值交易和投机交易有时难以区分,对大多数黄金交易者来说,期货交易既是规避风险的一种方式,也是一种可供选择的投机手段。

黄金期货的交易价格一般以黄金现货价格为依据,再加上一定的升水或贴水而定。升水或贴水的幅度取决于市场交易者对未来黄金现货价格的预期。

(三) 黄金远期交易

由于黄金期货合约是标准化合约,对交易的数量、质量等级、时间、交割日期、交割方式等都有严格的规定,因而灵活性受到限制,不能满足相当一部分黄金生产者与经营者的特殊要求,从而使得它的风险转移功能不能很好地发挥,具有很大的局限性。于是,在20世纪80年代初,黄金远期交易应运而生。

黄金远期交易是指参与黄金交易的双方约定在未来某一交易日，按双方事先商定的价格，交易一定量的黄金实物。远期交易通常发生在黄金生产者、黄金加工企业、使用黄金的工业企业与从事黄金交易的商业银行之间。在实际操作过程中，远期合同到期时，也可以不进行黄金实物的交割，而进行一定的利差交易。目前，世界上的黄金远期交易多数在场外交易市场上进行，是黄金生产者参与黄金市场交易的主要渠道。

黄金远期合约与期货合约是有区别的。首先，黄金期货是标准化的合约，合约对黄金的规格、数量、交割方式等都有规定；而远期合约一般是买卖双方根据需要而签订的合约，远期合约的内容在黄金规格、数量、交割规则等方面都可因双方的需要而变动，具有较强的灵活性。其次，期货合约流通性强，可根据市场价格进行买卖；而远期合约的流通比较困难，除非有第三方愿意接受该合约，否则难以转让。再次，期货合约大多在到期前平仓，有一定的投机和投资价值，价格也在波动；而远期合约一般到期后按约定价格交割黄金实物。第四，黄金期货交易是在固定的交易所内进行；而远期交易无固定交易场所，一般在场外进行。

（四）期权交易

在黄金远期交易的基础上产生了黄金期权交易。黄金期权是赋予它的持有者在到期日之前或到期日当天，以一定的价格买入或卖出一定数量黄金的权利的合约。期权按买入和卖出的权力不同，可以分为买入（看涨）期权和卖出（看跌）期权。期权的卖方在收取买方的期权费（期权的价格）后有义务履行合约。

黄金期权交易分为黄金现货期权与黄金期货期权交易两大类。黄金现货期权交易主要包括金块（金条）现货期权交易、金矿权益期权交易，以及黄金、白银指数期权交易。黄金期货期权交易是以黄金期货合约为标的物的标准化的黄金期权合约，是一种二级金融衍生工具。与黄金期货交易相比，黄金期货期权交易具有风险有限、收益无限的特点。

期权的价格称为期权费。影响黄金期权费的主要因素有黄金即期价格、期权的有效期、约定价格、利率和黄金价格的波动性，这些因素都是影响期权费的重要因素。期权是一种理想的保值工具，如当黄金市价比期权的约定价格高的时候，买入期权的买方可以向卖方要求履约；而在黄金市价低于期权约定价格时，期权的买方可以选择不执行期权。虽然运用期权来防范黄金的价格风险比远期合约更加灵活，但买方在期初要支付期权费。

（五）黄金互换交易

黄金互换交易指在一定的期限内，交易双方同时买入和卖出价值相当的黄金资产的一种交易。互换从本质上是远期合约的一种延伸，可以使交易双方获得比他们做互换交易前更为有利的条件。互换交易现在已经是成熟市场融资和风险管理不可缺少的策略之一，黄金互换是其中的一种。不同于其他金融衍生工具往往是一次性交易，互换是一系列现金流的交换，会持续一段时期。

黄金互换交易的交易双方一般是作为卖方的黄金生产者和作为买方的商业银行，双方签订黄金互换协议。在互换协议中，黄金生产者可以根据现货市场上黄金价格的高低与协议价进行比较，决定是否在成交日将黄金卖给商业银行。当市场现货价格低于协议价格时,黄金生产者可以把黄金按协议价卖给商业银行;当市场现货价格高于协议价格时,黄金生产者可以在黄金市场上卖出黄金。通常情况下,黄金生产者与商业银行签订多次滚动协议,滚动协议的期限不能超过双方商定的、允许滚动协议的最长年限,并且每次在签订滚动协议时,要向上修订协议价格。黄金互换交易同黄金期货、期权交易一样,也是黄金生产者回避市场价格波动风险的重要手段。

本章小结

黄金从历史上就扮演着一般等价物,即货币的角色。在当代社会,黄金仍然具有一定的货币功能。同时,黄金作为一种价值昂贵的商品,也是一种重要的投资品种和保值工具。

黄金市场是进行黄金买卖交易的场所,是集中进行黄金买卖和金币兑换的交易中心。黄金市场是国际金融市场的重要组成部分,在国际金融体系中发挥着重要的作用。

金本位制时期,黄金市场受到官方的严格控制。布雷顿森林体系形成之后,美元成为核心货币,黄金的货币地位大为下降。1978年国际货币基金协定的修订,从法律意义上明确了黄金的非货币化,但至今黄金仍然活跃于货币金融领域,起着不可低估的作用。

黄金市场的构成要素包括交易服务机构和场所,交易主体,中介机构和监管机构,行业自律组织。交易场所分为欧式、美式和亚式。市场交易主体包括国际金商、商业银行、对冲基金、各种法人机构及个人投资者、中央银行、国际货币基金组织。中介机构和监管机构,行业自律组织也是黄金市场必不可少的组成部分。

按照不同的分类标准可将黄金市场划分为不同的类型。主要的划分标准是:按照交易范围和影响力可分为主导性市场和区域性市场,按照有无固定场所分为无形市场和有形市场,等等。目前,世界上有四十多个黄金市场,主要的主导性市场有伦敦、苏黎世、纽约、芝加哥和香港黄金市场,统称为五大黄金市场。

黄金及其制品的纯度称为成色,是黄金划分的主要标准。K金是目前黄金交易中主要的交易标的标准。黄金交易单位是在黄金市场上买、卖双方交易的重量计量单位,是黄金买卖时确定买卖价格、结算买卖货款的一项基本标准。黄金交易计量单位在各个市场上各有不同。目前,国际黄金市场上比较常见的几种黄金计量单位包括:金衡盎司、托拉、司马两、日本两、市制单位。

目前,世界上黄金市场上的主要价格类型有三种:生产价格、市场价格和准官方价格。影响黄金价格的因素主要来自黄金的供给与需求。供给因素包括经常性供给、偶发性供给和调节性供给,需求因素包括工业用与民用需求、央行黄金储备的需求、投机性或投资性需求。其他因素,如美元汇率、各国货币政策、通货膨胀、原油价格、股市行情、国际政治局势等,都会对黄金价格的变动产生重大影响。

经过长期发展,黄金市场形成了门类齐全的交易方式和投资品种。黄金交易从交易品种的形态上来说,有实物形式、凭证形式。其中,实物形式的黄金投资品种包括标金、金币、黄金饰品等,凭证形式的则有黄金账户、纸黄金、黄金股票、黄金基金等。从黄金交易的方式上来说,有现货交易和黄金衍生品交易,如期货、远期、期权、互换交易等,黄金衍生品的交易为交易者转移风险和套期保值提供了理想的工具。

重要概念

黄金市场 金本位制 复本位制 布雷顿森林体系 黄金非货币化 有形黄金市场 无形黄金市场 欧式黄金市场 美式黄金市场 亚式黄金市场 国际金商 世界黄金协会 主导性市场 区域性市场 黄金现货市场 黄金期货市场 自由交易市场 限制交易市场 国内交易市场 黄金一级市场 黄金二级市场 黄金货币商品市场 黄金饰品市场 伦敦黄金市场 苏黎世黄金市场 美国黄金市场 香港黄金市场 成色 生金 熟金 K金 黄金交易单位 金衡盎司 托拉 司马两 日本两 生产价格 市场价格 准官方价格 经常性供给 偶发性供给 调节性供给 标金 金币 黄金饰品 黄金账户 纸黄金 黄金股票 黄金基金 黄金现货交易 黄金期货交易 黄金远期交易 黄金期权交易 黄金互换交易

练 习 题

一、判断题

1. 金的工业需求主要来自黄金首饰制作业。
2. 黄金市场上的黄金交易具有二重性,即一方面属于国际贸易性质,另一方面属于国际金融性质。
3. 伦敦黄金市场上的黄金现货交易价格,分为定价交易和报价交易两种。报价交易是世界黄金行市的"晴雨表"。
4. 布雷顿森林体系是以美元为中心的国际货币制度。
5. 与伦敦、苏黎世黄金市场不同的是,美国以发展黄金现货交易为主。
6. 黄金期货行业协会的职责主要是监管黄金期货交易所的行为准则。
7. K(开)金是指银、铜按一定的比例,按照足金为24K的公式配制成的黄金。国际上统一以每K为4.166 6%作为标准。
8. 当外汇市场美元汇价出现波动时,国际市场上的黄金价格就会相应地出现同方向波动。
9. 定价交易的特点是提供客户单一交易价,即无买卖差价,按所提供的单一价格,客户均可自由买卖,金商只收取少量的佣金。
10. 黄金远期交易是在黄金期货交易之前产生的。

二、单项选择题

1. 迄今发现的人类社会最早流通的金币大约是在_____。
   A 公元前6世纪　　　　　　　　B 公元前5世纪
   C 公元前1世纪　　　　　　　　D 公元1世纪

2. 以下黄金市场中,属于无形市场的是_____。
   A 伦敦   B 芝加哥   C 香港   D 新加坡
3. 目前国际市场应用最广泛的黄金计量单位是_____。
   A 金衡盎司   B 托拉   C 司马两   D 日本两
4. 以下价格中,最能反映黄金的内在价值的是_____。
   A 生产价格   B 市场价格   C 准官方价格   D 投机价格
5. 中央银行的黄金抛售行为属于_____类型的供给。
   A 经常性供给   B 偶发性供给
   C 调节性供给   D 自发性供给
6. 标金的最大优点是_____。
   A 规格标准   B 成色高   C 流通性强   D 价格稳定
7. 下列不属于纸黄金的是_____。
   A 黄金账户   B 黄金储蓄存单
   C 黄金证券   D 黄金账户单据
8. 黄金期货合约的内容不包括_____。
   A 保证金   B 合约单位   C 交割月份   D 交易价格
9. 下列对黄金远期合约与期货合约的区别的表述不正确的是_____。
   A 黄金期货是标准化的合约,远期合约的内容在黄金规格、数量、交割规则等方面则具有较强的灵活性
   B 远期合约流通性强,而期货合约的流通比较困难
   C 期货合约大多在到期前平仓,而远期合约一般到期后按约定价格交割黄金实物
   D 黄金期货交易是在固定的交易所内进行,而远期交易一般在场外进行
10. 以下对于黄金期权表述不正确的是_____。
    A 黄金远期交易的基础上产生了黄金期权交易
    B 期权的买方有义务履行合约
    C 黄金期货期权交易具有风险有限、收益无限的特点
    D 黄金期权费与黄金价格无关

三、多项选择题

1. 黄金市场的需求主要来源是_____等方面。
   A 国家官方储备   B 投机   C 饰品加工业   D 工业用途
2. 黄金市场的供给因素主要有_____。
   A 美国联邦基金利率   B 伦敦银行同业拆借利率
   C 新加坡银行同业拆借利率   D 香港银行同业拆借利率
3. 黄金市场的交易方式包括_____等。
   A 现货交易   B 期货交易
   C 远期交易   D 期权交易
   E 掉期交易

4. 黄金价格变动受_____影响。
   A 通货膨胀变化　　　　　　　　B 外汇市场剧烈波动
   C 伊拉克战争　　　　　　　　　D 石油危机
5. 黄金在自然界中是以游离状态存在而不能人工合成的天然产物，按其来源的不同和提炼后含量的不同分为_____。
   A 矿金　　　　B 沙金　　　　C 生金　　　　D 熟金
6. 人们习惯上根据成色的高低把熟金分为_____三种。
   A 纯金　　　　B 赤金　　　　C 色金　　　　D 沙金
7. 黄金价格是指黄金商品价值的货币表现，有3个基本价格为_____。
   A 期货价格　　B 生产价格　　C 准官方价格　　D 市场价格
8. 金本位制包括_____。
   A 金块本位制　　　　　　　　　B 金银复本位制
   C 金汇兑本位制　　　　　　　　D 金铸币本位制
9. 有形黄金市场，主要指黄金交易在固定交易场所里进行，如_____。
   A 新加坡黄金市场　　　　　　　B 纽约黄金市场
   C 苏黎世黄金市场　　　　　　　D 伦敦黄金市场
10. 黄金期货合约中，办理交割的日期一般为_____。
    A 3个月　　　B 6个月　　　C 1年　　　D 2年

参 考 答 案

一、1. 是　2. 是　3. 非　4. 是　5. 非　6. 非　7. 是　8. 非　9. 是　10. 非
二、1. A　2. A　3. A　4. A　5. C　6. C　7. A　8. D　9. B　10. B
三、1. ABCD　2. ABCD　3. ABCDE　4. ABCD　5. CD　6. ABC　7. BCD　8. ACD　9. AB　10. ABC

第八章 金融衍生工具市场

提　要

金融衍生工具产生于20世纪70年代,在20世纪末迅猛发展,是金融市场最重要的创新和发展之一。随着金融衍生工具市场规模的不断扩大,现代国际金融市场体系已经形成货币市场、资本市场和金融衍生工具市场三分天下的格局。金融衍生工具是由基础金融工具或金融变量的未来价值衍生而来,是由两方或多方共同达成的金融合约及其各种组合的总称。金融衍生工具的功能有转移风险、发现价值,以及套利、投机等。按照金融衍生工具的合约类型可分为远期、期货、期权和互换四大子类。上述四种金融衍生产品,以及金融基础工具(股票、债券等)自身的简单变形或相互之间的不同组合,又形成了各类其他金融衍生产品。

第一节　金融衍生工具市场概述

一、金融衍生工具的概念与特征

(一)金融衍生工具的概念

金融衍生工具是由基础金融工具或基础金融变量的未来价值衍生而来,其价格取决于基础金融工具(或金融变量)价格变动的衍生产品,是由两方或多方共同达成的金融合约及其各种组合的总称。最初的衍生工具交易中通常以一种商品,如郁金香球茎或大米作为基础金融工具。今天,尽管部分金融衍生工具仍以商品作为基础金融工具,但占衍生工具市场主导地位的金融衍生工具的基础是各种金融工具或金融变量,如债券、商业票据、股票指数、货币市场工具、货币,甚至其他金融衍生工具。

(二)金融衍生工具的特征

金融衍生工具与传统金融工具相比,有以下特征。

1. 杠杆比例高

金融衍生工具的交易,一般只需要支付少量的保证金或权利金就可以签订大额合约或交换不同的金融工具。商品期货的保证金比率一般小于10%,这意味着交易者可以将手中的资金放大10倍以上进行投资;而金融期货和期权的杠杆比率往往比商品期货还大,某些特殊金融衍生产品的杠杆比例甚至可以高达50倍以上。高杠杆产生的初衷是为了降低套期保值的成本,从而更有效地发挥金融衍生工具风险转移的功能,但高杠杆比例是一把双刃剑,在收益可能成倍放大的同时,风险与损失也会成倍放大。

2. 定价复杂

金融衍生工具是由基础金融工具或金融变量的未来价值衍生而来,而未来价值是难以预测的。例如在期权定价的过程中,需要运用复杂的数学模型,这种数学模型是基于历史数据的分析而对未来价格进行预测,本身就有一定的不准确性。金融衍生工具的价值与基础产品或基础变量紧密联系,但这种联动关系可以是简单的线性关系,也可以为非线性的函数关系。现在的金融衍生工具发展非常迅速,为了迎合客户的需要,投资银行把各种期货、期权和互换进行组合,创造出新的衍生产品,这在提高金融衍生工具的应用弹性和适用范围的同时,也提高了对这些工具定价的难度,使一般投资者难以理解和使用这些工具。

3. 风险大

创造金融衍生工具的初衷是用来转移风险,但是金融衍生工具无法消除风险。相反,金融衍生工具高杠杆比例的特点放大了它的风险,金融衍生工具的交易结果取决于交易者对基础工具(或基础金融变量)未来价格(或数值)的预测准确程度,而基础工具(或变量)价格的变幻莫测使这一预测很难把握,而高杠杆比例又使基础工具(或变量)的轻微变动导致金融衍生工具价格大起大落。金融衍生工具的风险往往要持续很长时间。例如,某公司发行一种长期可转换债券,该债券的风险必须等债券持有人行使转换权利才能得到释放,而债券持有人可能 10 年,甚至 20 年后才执行转换条款,在此之前该发行公司必须承担转债风险。金融衍生工具不仅仅要承担基础金融工具的市场价格风险,还要承担信用风险和流动性风险。例如,1998 年美国长期资本管理公司(LTCM)发生巨额亏损,该公司几乎亏损了所有的资本,所欠下的债务,高达 800 亿美元,甚至比很多国家的债务还多,并与很多银行及券商间订立了复杂的合约,所以没有人能准确计算出其衍生债务之规模,据估计可能累计达 1 万亿美元之巨,一旦 LTCM 倒闭将会产生连锁反应,损害整个金融体系。最后美联储不得不联合各主要贷款金融机构,组织一个由 16 家公司组成的银行团,增资 36.25 亿美元注入 LTCM,以避免其倒闭。

4. 跨期交易

金融衍生工具的交易,通常是双方约定在未来某一时间、按照约定的条件进行交易或是否交易。跨期交易的特点要求交易双方对利率、汇率、股价等基础工具价格或金融变量的未来变动趋势作出预测和判断,而判断的准确与否又将直接决定交易双方的交易盈亏。

5. 交易成本低

由于交易成本低,保值者和投机者都可以用相当低廉的成本来规避风险或者投机。金融衍生工具的杠杆比例高,衍生工具市场交易效率高、费用低,是导致金融衍生工具交易成本低的主要原因。例如,货币期货合约、股票指数期货合约的杠杆比例非常高,交易者用很少的资本就可以实现分散风险或投机获利的目的。再如,互换或远期交易,则是在未来进行结算的,只要凭借商业信用和很少的手续费就可以开始交易。

6. 全球化程度高

与股票和债券主要受发行人所在国家或地区经济和政策的影响不同,金融衍生工具已经形成了一个世界范围的市场。随着电子化交易的兴起,交易者可以迅速、低成本地进入任何一个市场进行交易,这使得各个市场之间互相影响的程度大大提高。尽管每个交易所每天只开放一定的交易时段,但由于几大主要交易所分布在世界各地,所以交易者可以实现 24 小时不间断交易,如在伦敦市场买入美元期货,在日本市场将其卖掉,这种跨市场套利也使得市场之间的价格差距变得很小,提高了交易的公平和效率。

二、金融衍生工具的类别

金融衍生工具的分类方法很多,按不同的分类标准,主要有以下几种。

(一) 按照金融衍生工具的基础金融工具分类

1. 汇率衍生工具

汇率衍生工具(currency derivatives)是指以各种货币作为基础金融工具的金融衍生工具,主要包括外汇期货、远期外汇合约、外汇期权、货币互换,以及上述工具的混合交易工具。

2. 利率衍生工具

利率衍生工具(interest derivatives)是指以利率或债券等利率的载体为基础金融工具的金融衍生工具,主要包括短期利率期货与期权、长期利率期货与期权、利率互换、利率互换期权、远期利率协议,以及上述工具的混合交易工具。

3. 指数衍生工具

指数衍生工具(index derivatives)是指以各种指数为基础金融工具的金融衍生工具,主要包括各个市场股票指数的期货和期权、商品指数及基金指数的期货与期权、房地产价格指数、通货膨胀指数期货等。

4. 股权衍生工具

股权衍生工具(equity derivatives)是指以股票为基础金融工具的金融衍生工具,主要包括个股期货、个股期权、股票组合期货及其变种和混合工具。

5. 其他新兴衍生工具

随着世界经济的发展,新的经济问题不断涌现,为此,新的金融衍生工具也不断被设计出来。例如,房地产衍生工具、税收衍生工具、信用风险衍生工具和通货膨胀衍生工具,甚至还有天气期货、巨灾衍生品、政治期货等。其中,又以信用风险衍生工具发展最为迅速。

(二) 按照交易市场的类型分类

1. 场内工具

场内工具是指在交易所内,按照交易所制定的规则进行交易的衍生工具。交易的合约是标准化的,交易所的价格透明度高、清算的可靠性好、流动性高。场内工具主要包括各种期权和期货等。

2. 场外工具

场外工具是指在交易所外交易的金融衍生工具,又称柜台交易工具。场外工具通常在金融机构之间或金融机构与大交易者之间,借助通讯工具进行分散的、一对一的交易完成。场外交易没有固定场所、较少交易规则约束,产品一般是非标准化的,更有弹性。场外工具主要包括远期、期权、互换和信用衍生工具等。

(三) 按照金融衍生工具的合约类型分类

1. 远期合约

远期合约(forward contract)是在确定的将来时刻,按确定的价格购买或出售某项资产的协议。远期合约不在规范的交易所内交易,也没有标准化的条款,合约条款根据双方需求协商确定,一般不可以转让。远期合约最大的优点是它锁定了未来某一时期合约标的物的价格,而且合约条款可以根据双方的需要而进行协商。但是与现货市场一样,远期合约的交易双方也面临着信用风险。常见的金融远期合约有远期外汇合约、远期利率合约、远期指数合约和远期股票合约。

2. 期货合约

期货合约(futures contract)是买、卖双方在交易所,以公开竞价方式达成交易的、在确定的将来时间按成交时确定的价格购买或出售某项资产的标准化协议。期货合约是格式化合同,期货合约的成交价格是在交易所通过买、卖双方的指令竞价形成的。金融期货合约中,基础金融工具的范围广泛,主要有股票、股票指数、利率和汇率等。

3. 期权合约

期权(options)又称选择权,是赋予它的持有者在未来某一日期,即到期日之前或到期日当天,以一定的价格买入或卖出一定数量基础金融工具权利的合约。期权交易是在期货的基础上逐渐演变而来的,包括现货期权和期货期权两类。除了在交易所内交易的标准化期权,还有大量在场外市场交易的非标准化新型期权,这类期权又被称为奇异期权。

4. 互换

互换(swap)又称套购交易,指在一定的期限内,交易双方同时买入和卖出资本量相当的、类似资产或债务的一种交易。互换本质上是远期合约的一种延伸,可以使交易双方获得比他们没有这笔互换交易所预期的更为有利的条件。互换交易现在已经是成熟市场融资和风险管理不可缺少的策略之一,金融互换的种类有利率互换、货币互换、有价证券互换、信用违约互换等。

5. 嵌入式衍生工具

嵌入式衍生工具是相对于独立衍生工具而言的,远期合约、期货合约、互换和期权,以及具有远期合约、期货合约、互换和期权中一种或一种以上特征的工具为独立衍生工具。嵌入式衍生工具又称内置式衍生工具,指嵌入到非衍生工具(即主合约)中,使混合工具的全部或部分现金流量随特定利率、金融工具价格、商品价格、汇率、价格指数、费率指数、信用等级、信用指数或其他类似变量的变动而变动的衍生工具。嵌入式衍生工具与主合约构成混合工具,如可转换债券、可赎回债券、附权证的公司债券等。

三、金融衍生工具的产生和发展

(一) 衍生工具产生的历史

衍生工具的历史可以追溯到两百多年前,最早的商品期货交易发生在17世纪30年代日本大阪的淀屋(Yodoya)。当地的地主们征收农民大米产量的一部分作为地租,但这些地主们发现天气、价格和其他条件难以预料,所以需要现金的地主们便将大米运到城里的仓库贮存起来,然后,他们卖出仓库的收据,即"米票",持有米票的人有权在未来的某一日期以议定的价格收取一定数量、一定质量的大米。这样地主可以获得稳定的收入,商人则得到了稳定的大米供应,以及通过卖出米票获利的机会。

在17世纪30年代,"郁金香热"——对郁金香球茎的狂热——席卷了荷兰和英格兰。在荷兰,购买郁金香球茎的期权于17世纪初开始在阿姆斯特丹出售;而在英格兰,17世纪30年代便有郁金香球茎的期货合约在伦敦交易所交易。当时郁金香球茎的价格涨得非常高,很多人把所有的财产投入到这次投机狂潮中去,但随之而来的是1636—1637年间的郁金香投机市场的崩溃,不仅个人投资者,荷兰和英格兰的国家经济都遭受到沉重的打击。

19世纪20年代,股票的卖出和买入期权就已经在伦敦证券交易所进行交易。1848年,芝加哥期货交易所(CBOT)成立,为商品期货交易提供了场所。1865年,芝加哥期货交易所引入了被称为期货合约的协议形式,从而使期货交易趋于规范。1972年,芝加哥国际货币市场(IMM)成立,并开发了第一个金融期货——货币期货合约。1973年,专门从事期权交易的芝加哥期权交易所(CBOE)成立。1975年,第一个利率期货——国库券期货合约产生。1982年,第一个股票价格指数期货合约产生。进入20世纪80年代,金融衍生工具的数量出现爆炸性增长,各种衍生工具层出不穷,衍生工具市场进入快速成长期。

(二)20世纪末金融衍生工具快速发展的动力和原因

金融衍生工具是20世纪国际金融市场最重要的创新和发展,是国际金融形势变化、发展的产物。虽然金融衍生工具市场只有三十年多年的历史,但是随着金融衍生工具的广泛应用,成交量屡创新高,市场规模的不断扩大,现代国际金融市场体系已经形成货币市场、资本市场和金融衍生工具市场三分天下的格局。金融衍生工具市场的产生和快速发展,有着深刻的社会经济原因和历史背景。

1. 国际金融市场风险加剧

1972年,第二次世界大战后各主要国家维持固定汇率制度的布雷顿森林体系发生动摇,并最终随着美国停止美元与黄金的兑换而崩溃。从此,各国货币汇率开始剧烈波动,为了稳定汇率,各国货币当局纷纷调整利率,使利率的波动幅度也随之加大。由此开始,西方主要国家逐步放松或废除了对利率、汇率的金融管制,导致股市、债市、汇市发生了前所未有的波动,市场风险急剧扩大。这些变化迫使跨国公司、贸易公司、金融机构,甚至各国政府为规避汇率和利率风险而积极寻求保值方法。在布雷顿森林体系瓦解和国际金融市场利率、汇率急剧波动的背景下,产生了外汇和利率的期货、期权交易,并在全球得到迅速发展。

2. 金融行业竞争加剧

金融自由化的实施和金融管制的放松,导致了金融市场的全球化。全球化使金融业之间的竞争更加激烈,金融机构必须参与到各种金融创新中去,不断研究企业和客户的需求,设计和提供新的金融产品和金融技术。这些新兴金融衍生工具具有风险成本大、交易效率高、市场吸引力强的特点,具有很强的市场竞争力。金融衍生工具的出现,不仅给金融机构带来了更大的收益,也给金融机构的经营注入了活力。进入20世纪90年代以后,世界各大金融机构将开展衍生工具业务的收入视为主要的收入来源,从衍生工具业务中得到的利润已占总利润的非常重要的份额。以 J. P. Morgan 公司为例,从衍生工具得到的收入是其总收入的 1/5。同时,衍生金融工具也是金融创新的一部分,是提高和巩固金融中心的重要因素,各国金融管理当局积极扶持衍生工具的推出,以促进本国金融业的发展,巩固金融中心的地位。

3. 科技革命和技术进步

在科技革命和技术进步的浪潮中,发达的通讯设备、先进的互联网技术和计算机的广泛使用,使大量信息的处理和传播变得十分迅捷。首先是打破了少数大型金融机构垄断金融信息的局面,并且随着彭博(Bloomberg)、路透社(Reuters)和德励(Telerate)等金融专业电子信息提供商的出现,投资者可以及时了解市场行情,信息处理能力得到大幅度提高。其次是科技进步降低了市场交易成本,缩短了交易过程和清算时间,使得交易员能快速进行交易。再次是科技革命使金融工具突破了地域性限制,使巨额资金在世界范围内的调拨在瞬间就能完成,并使全球金融市场连为一体,市场运作更具效率。最后是计算机技术和新兴的金融工程理论的结合,为开发设计金融衍生工具奠定了坚实的技术基础。

4. 金融理论的发展

金融理论的发展直接推动了金融衍生工具的产生与发展。1896 年,美国经济学家欧文·费雪提出了关于资产的当前价值等于其未来现金流贴现值之和的思想,这标志着金融理论的启蒙。1934 年,美国投资理论家本杰明·格兰罕姆(Benjiamin Graham)的《证券分析》一书,开创了证券分析史的新纪元。1938 年,弗里德里克·麦考莱(Frederick Macaulay)提出"久期"的概念和"利率免疫"的思想。1952 年,哈里·马柯维茨发表了著名的论文"证券组合分析",为衡量证券的收益和风险提供了基本思路。1958 年,莫迪利安尼(F. Modigliani)和默顿·米勒(M. H. Miller)提出了现代企业金融资本结构理论的基石——MM 定理。20 世纪 60 年代,资本资产定价模型(简称 CAPM)与同时期的套利定价模型(APT)标志着现代金融理论走向成熟。

进入 20 世纪 70 年代,金融工程理论开始出现并迅速发展。20 世纪 70 年代初,美国经济学家罗伯特·默顿(Robert Merton)在金融学的研究中总结和发展了一系列理论,为金融的工程化发展奠定了坚实的数学基础,取得了一系列突破性的成果。1972 年 12 月,美国著名经济学家米尔顿·弗里德曼(Milton Friedman)发表了题为"货币需要期货市场"的论文,为货币期货的诞生奠定了理论基础。1973 年,费雪·布莱克(Fisher Black)和麦隆·舒尔斯(Myron Scholes)成功推导出期权定价的一般模型,为期权在金融工程领域内的广泛应用铺平道路,成为在金融工程化研究领域最具有革命性的里程碑式的成果。20 世纪 80 年代,达莱尔·达菲(Darrell Duffie)等人在不完全资本市场一般均衡理论方面的经济学研究,为金融工程的发展提供了重要的理论支持,将现代金融工程的意义从微观的角度推到宏观的高度。

四、金融衍生工具市场交易机制

(一)金融衍生工具市场的主要参与者

1. 商业银行

商业银行是金融衍生工具市场的重要参与者。商业银行参与金融衍生工具交易,首先是进行资产负债管理,调整资产负债结构。《巴赛尔协议》实施后,商业银行的资本充足率必须达到8％,为了满足这一要求,各商业银行纷纷进行表外融资,将表内资产表外化以满足《巴赛尔协议》的要求。其次是拓展业务。为了满足客户的需求,增加盈利,商业银行的表外业务得到迅猛发展,其中债务互换、期权交易和远期利率协议等业务都属于金融衍生工具业务。

2. 证券公司和投资银行

证券公司和投资银行是从事证券发行和交易的金融机构。它们参与金融衍生工具交易的目的,首先是凭借对金融市场的了解,进行套利或投机,赚取利润。其次是对冲证券发行和自营业务的风险。证券公司和投资银行在从事证券发行和自营业务时,面临市场价格变动的风险,为了减小这种风险的影响,它们通过金融衍生工具市场进行对冲,以控制风险。最后是拓展业务空间。证券公司和投资银行凭借自身的技术和人才,开展金融衍生工具交易的中介服务,一方面可以增加收入,另一方面还可以为客户提供全方位的服务。

3. 投资基金

基金经理人在金融衍生市场进行交易,一方面是利用金融衍生工具为其所持有的金融资产保值避险,另一方面可以利用金融衍生工具交易获得利润。随着金融衍生工具市场的发展,美国涌现出很多对冲基金(hedge fund),这些对冲基金积极投入金融衍生工具市场,利用高杠杆比率获得超额回报。例如,著名的量子基金在1992年利用外汇远期和金融期货交易,使该基金的资产由同年8月的33亿美元上升到10月份的70亿美元。

4. 工商企业

工商企业持有的商品资产和金融资产同样面临着利率和汇率变动的风险。因此,工商企业也经常利用金融衍生工具进行避险保值。一些金融衍生工具还能帮助企业优化负债结构、降低融资成本,如互换、转债等。

5. 个人

个人交易者分为套期保值者和投机者两种。套期保值者利用金融衍生工具为自己持有的金融资产进行保值,投机者则利用金融衍生工具交易获得利润。套期保值的存在决定了金融衍生市场存在的必要性,而投机的存在提高了金融衍生工具市场的流动性,使该市场充满了活力、提高了效率。

(二)金融衍生工具的交易方式

金融衍生工具主要有以下三种交易方式。

1. 以公开叫价形式的场内交易

公开叫价即交易者或经纪人在交易大厅内,通过彼此叫喊并运用手势来达成交易。一些传统的交易所仍然使用公开叫价的方式进行交易,如伦敦国际金融期货期权交易所(LIEFE)、芝加哥商品交易所(CME)和新加坡国际金融交易所(SIMEX)。在这些交易所的大厅内,经常是人声鼎沸、热闹非凡。

2. 场外交易

场外交易也称OTC(over the counter)交易。今天,场外交易是指具有如下特征的市场：无固定的场所、较少的交易规则约束，以及一般来说更为国际化的市场空间。交易由交易者和委托人通过电话和电脑网络直接进行，而不是在规则繁多的交易大厅中进行，场外交易会面临信用风险。场外交易的主要衍生工具有远期、互换和某些期权。场外衍生工具交易本质上说是一种私人交易，在交易者之间以单独协商的方式进行，合同内容可以协商，有一定弹性。

3. 电子自动配对系统

自动配对系统的运作遵循与交易大厅交易相同的交易规则。大部分交易所都使用自动配对系统来撮合交易，并用来扩展它们的交易时间。自动配对系统的优点在于效率高、处理速度快，极大地提高了市场的运行效率。

五、金融衍生工具市场的风险

金融衍生工具产生的最初目的是为了规避金融自由化过程中基础金融资产的部分风险，作为风险管理工具，金融衍生工具并没有消除风险，而是分散和转移了风险。金融衍生工具是把双刃剑，高杠杆倍率决定了它自身的高风险性。当金融衍生品交易引发金融市场风险时，它会导致风险的集中、累积和提升，成为风险的放大器。金融衍生品集聚的巨大风险压力有可能摧毁金融机构、金融体系，引发金融市场系统性风险。2008年，由美国次贷危机引发的国际金融危机就是典型的佐证。根据各种风险的性质和各种风险相互之间的联系和区别，按照导致损失发生的各种不同因素，可将金融衍生工具的风险分为市场风险、信用风险、流动性风险、操作风险和法律风险五类。此外，还有模型风险和结算风险等。

（一）市场风险

金融衍生工具的市场风险(market risk)是指因为基础金融工具价格或是金融变量数值发生变化，从而产生损失的一种风险。它是金融衍生工具的各种风险中最为普遍的一种风险，存在于每一种金融衍生工具的交易之中。因为每种金融衍生工具的交易都是以对相关基础金融产品价格或金融变量数值变化的预测为基础的，当实际价格的变化方向或波动幅度与交易者的预测出现背离时，就会造成损失。对不同的交易者来说，金融衍生工具的市场风险是不同的。对套期保值者来说，市场风险相对较小，因为套期保值者在持有金融衍生工具的同时，持有基础金融工具，形成相反的交易地位。而对投机者来说，市场风险较大，因为投机者进行此类交易的目的就是通过承担风险来赚取盈利，不但没有持有基础金融工具，还会尽量增加杠杆比率，所以一旦失误，损失将十分惨重。

（二）信用风险

金融衍生工具的信用风险(credit risk)是指金融衍生工具交易中，合约的对方出现违约所引起的风险。金融衍生工具的信用风险与银行借贷业务中的信用风险是不同的。产生金融衍生工具信用风险需要两个条件：一是交易对方因财务危机出现违约；二是在合约剩余期限内，违约方的合约价值为负。金融衍生工具的信用风险包括交割前风险和交割时风险两类，交割前风险是指在合约到期前，由于交易对方破产而无力履行合约义务的风险；交割时风险是在合约到期日交易一方履行了合约，但交易对方却未付款而造成的风险。

金融衍生工具信用风险的大小与衍生工具合约的到期时间长短密切相关,一般来说,时间越长风险越大。而且交易所内交易的金融衍生工具的信用风险要大大小于场外交易的信用风险,因为场外交易既没有保证金要求,也没有集中清算制度,因此交易者到期能否履约是无法控制的,这完全取决于交易对手履约的能力和意愿。例如,著名的安然公司作为能源公司成立于1985年,但是到1990年末该公司已经蜕变成为一个衍生工具交易公司,它主要涉入的是场外交易市场,并利用衍生工具操纵财务报表。安然事件爆发之后,由于安然无法履行它签署的衍生金融工具合约,给交易对手带来巨大损失。

(三) 流动性风险

金融衍生工具的流动性风险(liquidity risk)主要包括两类,一类是与市场状况有关的市场流动性风险,一类是与总的资金状况有关的资金流动性风险。市场流动性风险是指由于缺少交易对手,而无法变现或平仓的风险。有些金融产品,因为参与的交易者少,市场交易广度和深度不够,一遇到市场剧烈波动,就难以寻找交易对手,无法及时止损,发生了损失。1994年,美国加州奥兰治县(Orange Country)申请破产,就是因为该县的财政基金参与金融衍生工具交易,在需要销售高达50亿美元的组合证券时,找不到买主,无法获得现金以支付到期债务所致。资金流动性风险是指交易者因为流动资金的不足,造成合约到期时无法履行支付义务,被迫申请破产,或者无法按合约的要求追加保证金,从而被迫平仓,造成巨额亏损的风险。流动性风险的大小取决于交易合约的标准化程度、市场规模的大小和市场环境的变化。场外交易的金融衍生工具基本上是根据交易者的要求设计的,可流通转让的市场很小,流动性风险很大。

(四) 操作风险

金融衍生工具交易中的操作风险(operation risk)是指由于公司或企业内部管理不善、人为错误等原因而带来的损失。操作风险包括两类:一类是指在日常交易过程中,由于各种自然灾害或意外事故,如火灾、抢劫或盗窃、通讯线路故障、计算机系统故障、高级管理人员人身意外事故和职员日常工作差错等,而给整个机构带来损失的风险;另外一类是指由于经营管理上的漏洞,使交易员在交易决策中出现故意的错误或非故意的失误,而给整个机构带来损失的风险。操作风险在任何投资形式(如贷款、股权投资、债权投资等)中都会存在,但由于金融衍生工具投资的技术性和复杂性,使交易者在营运管理上有可能遇到更多的问题。金融衍生工具交易需要充足的专业人员、完备的管理模式和完善的风险内控机制,以保证和监控交易的进行和头寸变动。而且由于现行会计制度对金融衍生工具合约的"表外性"处理,使得其风险和收益在会计报表中得不到真实的反映,导致管理人员对其交易头寸的管理和监控不到位,从而可能增加操作风险。

(五) 法律风险

金融衍生工具交易中的法律风险(legal risk)是指因为法规不明确或交易不受法律保障,从而使合约无法履行而给交易者带来损失的风险。金融衍生工具交易的增长大大快于市场的建设速度,由于金融衍生工具属于新型金融工具,相关的法律、法规和制度都不很健全,无法可依和无先例可循的情况时常会出现。法规的不完善增加了金融衍生工具交易的风险。

对以上五种风险防范的侧重点是不同的,市场风险关注合约市场价值的变动;信用风险关注风险暴露及对方违约的概率;流动性风险主要考察因流通量不足,而无法履约带来的风险;操作风险关注管理和交易中的主观因素造成的风险;而法律风险关心的是合约是否具有可实施性的问题。在各类风险中,市场风险在整个风险体系中具有基础性作用。

第二节 金融远期合约市场

一、金融远期合约概述

(一)金融远期合约的概念

远期合约起源于早期商品市场,远期合约是为规避现货交易风险而产生的。金融远期合约是最基础的金融衍生产品。金融远期合约(forward contracts)是指双方按约定的价格买卖,在未来的某一确定时间交付的、一定数量的某种金融资产的合约。该种金融资产称为基础金融工具(underlying asset),约定的价格称为交割价格(delivery price),未来的确定时间称为交割日(delivery date)。远期合约中同意以约定价格购买基础金融工具的一方称为多头(long position),同意以约定价格出售基础金融工具的一方称为空头(short position)。在远期合约到期时,交易双方必须进行实物交割,即空头交给多头合约规定数量的基础金融工具,多头付给空头按约定价格计算的资金。

(二)远期合约的特征

(1)远期合约是非标准化的合约,交易双方可以就交易的基础金融工具、合约规模、交割价格、交割时间和地点等交易事项协商确定,较为灵活,能满足交易双方的需要。

(2)由于每份远期合约的具体条款不尽相同,使远期合约的流动性较差,一般不能流通转让,交易双方到交割日必须履行实物交割和资金交收。

(3)远期合约只是一种约定在未来某一时间买入或卖出基础金融资产的协议,合约签订时没有价值,也不需付款,履约没有保证。当合约到期基础金融资产的价格变动对一方有利时,对方可能无力或无诚意履行合约,因此远期合约的信用风险较高。

(4)远期合约是银行之间、银行和客户之间通过电话、网络等现代通讯方式在场外市场采取"一对一"的交易方式进行交易的。由于没有固定的、集中的交易场所,不利于信息交流和传递,不利于形成统一的市场价格,市场效率较低。随着远期市场规模的扩大,部分市场出现了专业经纪人或报价商,有助于提高市场效率。

(三)金融远期合约的分类

金融远期合约主要有远期利率协议(forward rate agreements,简称 FRAs)、远期外汇合约(forward foreign exchange contracts)和远期股票合约(equity forwards)三类。

远期利率协议(forward rate agreements,简称 FRAs)是买卖双方同意从未来某一商定的时期开始,在某一特定时期内按协议利率借贷一笔数额确定、以具体货币表示的名义本金的协议。

远期外汇合约(forward foreign exchange contracts)是指双方约定在将来某一时刻,按约定的远期汇率买卖一定金额外汇的合约。在金融远期合约中,远期外汇合约是发展最成熟、规模最大的品种。远期外汇合约的特点是,在交割时双方只交割合同中约定汇率与当时的即期汇率之间的差额。按照远期的开始时期划分,远期外汇合约又分为直接远期外汇合约(outright forward foreign exchange contracts)和远期外汇综合协议(synthetic agreement for forward exchange,简称 SAFE)。

远期股票合约是指在将来某一特定日期,按约定的价格交付一定数量单个股票或一揽子股票的协议。由于远期股票合约交易规模小,发展得远不如股票期货和期权成熟,市场份额较小,不具备代表性。

二、一般远期的定价

(一) 预备知识

在开始计算金融衍生工具价格之前,学习有关连续复利的预备知识是十分必要的。

在计算利率类金融衍生工具时,除非特别说明,所使用的利率均用连续复利来计算。

假设数额 A 以年利率 R 投资了 n 年。如果利率按一年计一次利息计算,则以上投资的终值为

$$A(1+R)^n$$

如果每年计息 m 次,其他条件不变,则以上投资的终值为

$$A(1+R)^{mn}$$

设 $A=1000$ 元,每年 $R=8\%$,$n=1$,假设我们一年计息一次($m=1$),从公式可知 A 的终值为

$$1000 \times 1.08 = 1080$$

当一年计息 2 次时($m=2$),A 的终值为 $1000 \times 1.04 \times 1.04 = 1081.6$;

当一年计息 4 次时($m=4$),A 的终值为 $1000 \times 1.02 \times 1.02 \times 1.02 \times 1.02 = 1082.4$;

当一年计息 8 次时($m=4$),A 的终值为 $1000 \times (1.01)^8 = 1082.86$;

当 m 趋于无穷大时,就称为连续复利(continuous compounding),此时的终值为

$$\lim_{m \to \infty} A\left(1+\frac{R}{m}\right)^{mn} = Ae^{Rn}$$

此处的 e 是一个数学常数:2.71828,在例子中 $A=1000$ 元,$R=8\%$,$n=1$,以连续复利计息,A 的终值为 $1000 \times e^{0.08} = 1083.29$。这个数值与用每天计复利得到的结果一样,从实用角度出发,通常认为连续复利和每天计复利相等。对一笔以利率 R 连续复利贴现 n 年的资金,则乘以 e^{-Rn}。

假设 R_e 是连续复利的利率，R_m 是与之等价的每年计 m 次复利的利率，从上面的公式我们可以得出

$$A\left(1+\frac{R_m}{m}\right)^{mn} = Ae^{R_e n}$$

即

$$\left(1+\frac{R_m}{m}\right)^{mn} = e^{R_e n}$$

这意味着

$$R_e = m\ln\left(1+\frac{R_m}{m}\right), \quad R_m = m(e^{R_e/m}-1)$$

利用这两个公式，可以将连续复利转换为每年计息 m 次的利率；反之，亦然。

[**例 8.1**] 假设某债券的年息为 10%，半年计息一次（$m=2$），计算它的等价连续复利的利率。使用公式得

$$R_e = m\ln\left(1+\frac{R_m}{m}\right) = 2\ln\left(1+\frac{0.1}{2}\right) = 0.09758$$

即年利率 9.758%。

[**例 8.2**] 假设某债券的连续复利年息为 10%，一个季度计息一次（$m=4$），计算它的等价的年利率。使用公式得

$$R_m = m(e^{R_e/m}-1) = 4(e^{0.1/4}-1) = 0.1013$$

即年利率 10.13%。

（二）不支付收益证券的远期合约的定价

最容易定价的远期合约是基于不支付收益证券的远期合约。零息债券就是这种证券。对于不支付收益证券（no-income security）而言，该证券远期价格 F 与现价 S 之间的关系为

$$F = Se^{r(T-t)}$$

我们设现在的时间为 t，远期合约到期时刻为 T，远期合约中的交割价格为 K，f 为时刻 t 时远期合约多头的价值，时刻 t 时远期价格为 F，证券在 t 时刻的价格为 S。

为了证明上式，我们假设 $F > Se^{r(T-t)}$，即交割价格大于现货价格的终值。在这种情况下，套利者可以按无风险利率 r 借入 S 现金，期限为 $(T-t)$。然后用 S 购买一单位基础金融工具，同时卖出一份该资产的远期合约，交割价格为 F。在 T 时刻，该套利者就可将一单位基础金融工具用于交割换来 F 现金，并归还借款本息 $Se^{r(T-t)}$，这就实现了 $F - Se^{r(T-t)}$ 的无风险利润。

若 $F < Se^{r(T-t)}$，即交割价值小于现货价格的终值。套利者就可进行反向操作，即卖空现货基础金融工具，将所得收入以无风险利率进行投资，期限为 $(T-t)$，同时买进一

份该基础金融工具的远期合约,交割价为 F。在 T 时刻,套利者收到投资本息 $Se^{r(T-t)}$,并按交割价格 F 结束远期合约,将收到的基础金融工具资产用于归还卖空时借入的基础金融工具,从而实现 $Se^{r(T-t)} - F$ 的收益。

现在我们研究一下,一个远期多头合约的价值 f 和其交割价格 K 之间的关系。

我们构建两个资产组合 A 和 B。

组合 A:一份远期合约多头加上一笔数额为 $Ke^{-r(T-t)}$ 的现金;

组合 B:一单位基础金融工具。

因为在时刻 t,组合 A 的价值为 $f + Ke^{-r(T-t)}$;组合 B 为 S。

但是在时刻 T,组合 A 的价值为 S,而组合 B 仍然为 S,两个组合的价值相等。

而这个 t 到 T 的过程是完全无风险的,可以推算出 t 时刻,组合 A 与组合 B 的价值也应该相等。即

$$S = f + Ke^{-r(T-t)}$$

所以
$$f = S - Ke^{-r(T-t)}$$

即无收益资产远期合约多头的价值等于基础金融工具现货价格与交割价格现值的差额。

当一个新的远期合约生效时,即时刻 t 时,远期价格 F 等于合约规定的交割价格 K,这是因为远期交易的交易双方必须共同承担风险,这种选择使得远期合约本身的价值为 0。因此,远期价格 F 就是公式中令 $f = 0$ 的 K 值,即

$$F = Se^{r(T-t)}$$

[例 8.3] 一个 3 个月期的多头远期合约,基础金融工具为某种零息债券,现在债券价格为 50 元,无风险利率为年利率 6%,此时该远期价格根据公式,得

$$F = Se^{r(T-t)} = 50e^{0.06 \times 0.25} = 50.76 \text{ 元}$$

(三)支付已知收益证券的远期合约的定价

已知收益证券就是为持有者提供可完全预测的现金收益的证券,如支付已知红利的优先股票和附息票的债券。设 I 为远期合约有效期间所得收益的现值,贴现率为无风险利率。F 与 S 之间的关系为

$$F = (S - I)e^{r(T-t)}$$

为了证明此式,我们假设 $F > (S-I)e^{r(T-t)}$,即交割价格大于现货价格的终值。在这种情况下,套利者可以按无风险利率 r 借入 S 现金,期限为 $(T-t)$。然后用 S 购买一单位现货基础金融工具,同时卖出一份该资产的远期合约,交割价格为 F。按照证券定价理论,S 应该是未来证券的所有收益的现值,因此 $(S-I)e^{r(T-t)}$ 也就是 T 时刻归还借款本息和现货基础金融工具收益 I 之差的价值。在 T 时刻,该套利者就可将一单位基础金融工具用于交割换来 F 现金,并归还借款本息 $(S-I)e^{r(T-t)}$,就实现了 $F - (S-I)e^{r(T-t)}$ 的无风险收益。

若 $F < (S-I)e^{r(T-t)}$,即交割价值小于现货价格的终值。套利者就可进行反向操作,即卖空基础金融工具,将所得收入以无风险利率进行投资,期限为 $(T-t)$,同时买进一

份该基础金融工具的远期合约,交割价为 F。$(S-I)e^{r(T-t)}$ 是因借入基础金融工具卖空,在卖空期间基础金融工具发生已知收益 I,卖空者应支付给金融工具出借者的收益之差的价值。在 T 时刻,套利者将收到投资本息 $(S-I)e^{r(T-t)}$,然后按远期交割价格 F 买入基础金融工具,将收到的基础金融工具用于归还卖空时借入的基础金融工具,从而实现 $(S-I)e^{r(T-t)}-F$ 的收益。

同理,可证

$$f = S - I - K_e^{-r(T-t)}$$

[例 8.4] 一个现价为 80 元的债券的 9 个月远期合约。设对所有到期日,无风险利率(连续复利)都是年利率 6%,同时我们假设该债券在 3 个月、6 个月和 9 个月后各有 1 元的利息收入。利息的现值为

$$I = 1 \times e^{-0.06 \times 3/12} + 1 \times e^{-0.06 \times 6/12} + 1 \times e^{-0.06 \times 9/12} = 2.91 \text{ 元}$$

当 $T-t=0.75$ 年,则远期价格为

$$F = (S-I)e^{r(T-t)} = (80-2.91)e^{0.06 \times 0.75} = 80.64 \text{ 元}$$

(四)支付已知收益率证券的远期合约的定价

支付已知收益率的资产是指在到期前,将产生与该资产现货价格成一定比率的收益的资产。已知的红利收益率意味着证券价格百分比的收益是已知的。令该收益率为 q,则到期日为 T 的金融期货在 t 时刻的理论价格 F 满足

$$F = Se^{(r-q)(T-t)}$$

为了证明此式,我们假设 $F > Se^{(r-q)(T-t)}$,即交割价格大于现货价格的终值。在这种情况下,套利者可以按无风险利率 r 借入 $Se^{-q(T-t)}$ 现金,期限为 $(T-t)$,$Se^{(r-q)(T-t)}$ 是扣除现货基础金融工具收益率后的借款本息的价值。然后购买 $e^{-q(T-t)}$ 单位现货基础金融工具,同时卖出一份该资产的远期合约,交割价格为 F。在 T 时刻,该套利者就可将一单位基础金融工具用于交割换来 F 现金,并归还借款本息 $Se^{(r-q)(T-t)}$,就实现了 $F-Se^{(r-q)(T-t)}$ 的无风险收益。

若 $F < Se^{(r-q)(T-t)}$,即交割价格小于现货价格的终值。套利者就可进行反向操作,即卖空 $e^{-q(T-t)}$ 基础金融工具,将所得收入以无风险利率 r 进行投资,期限为 $(T-t)$,同时买进一份该基础金融工具的远期合约,交割价为 F。$Se^{(r-q)(T-t)}$ 是投资收益与卖空基础金融工具应支付给出借者所得收益率之差的价值。在 T 时刻,套利者收到投资本息 $Se^{(r-q)(T-t)}$,并按交割价格 F 结束远期合约,将收到的基础金融工具用于归还卖空时借入的基础金融工具,从而实现 $Se^{(r-q)(T-t)}-F$ 的收益。

[例 8.5] A 公司股票现在的市场价格为 90 元,年平均红利率为 6%,无风险利率为 9%,则该 9 个月期远期价格为

$$F = Se^{(r-q)(T-t)} = 90 \times e^{(0.09-0.06)0.75} = 92.048 \text{ 元}$$

三、远期利率协议

(一)远期利率协议的概念

远期利率协议(forward rate agreements,简称 FRAs)是交易双方同意从未来某一

商定的时期开始,在某一特定时期内按协议利率借贷一笔数额确定、以具体货币表示的名义本金的协议。一般来说,远期利率协议的交易双方在结算日时不交换本金,而是根据协议利率和参照利率之间的差额及名义本金额,由交易一方支付给另一方结算金,并结束交易。

(二) 与远期利率协议有关的概念

远期利率协议(FRAs)虽然多在场外交易,不像期货交易那样有固定的交割日和标准合同,仅凭信用进行交易,但远期利率协议也在逐步走向规范化。1985年9月,英国银行家协会(BBA)拟订了FRAs的合同标准条款,并作为市场实务的指导原则。这个合同标准称为英国银行家远期利率协议(FRABBA)。除非特别表明,所有主要市场的远期利率协议都使用这些条款,FRABBA的出现大大提高了远期利率协议的交易速度和质量。

FRABBA定义了远期利率协议中的16个专业术语,其中比较重要的几个是:

(1) 名义本金额(notional principal),是指双方约定要交易的金额(即要进行保值的数额),但是该本金不需要进行交换,只是用作双方计算利差的本金数额,所以称为名义本金额。

(2) 合同利率(contract rate),在远期利率协议中是交易双方商定的借贷利率,交易双方使用这一利率进行保值。

(3) 参照利率(reference rate),是指在确定日用以确定结算金的某市场利率,一般是权威的市场利率,如英国伦敦银行同业拆借利率(LIBOR)、美国的联邦基金利率等。

(4) 结算金(settlement sum),是指在结算日根据合同利率和参照利率的差额计算出来的、由交易一方付给另一方的金额。

(5) 交易日(dealing date),指远期利率协议签订的日期。

(6) 起算日(beginning date),一般在交易日后两天。

(7) 确定日(fixing date),指参考利率确定的日期(一般在结算日前两天)。

(8) 结算日(settlement date),指名义贷款开始的日期,也是交易一方向另一方支付结算金的日期。

(9) 到期日(maturity date),指名义贷款到期的日期。

(10) 合同期(contract period),指结算日至到期日之间的时间长度(天数)。

(三) 远期利率协议的交易过程

远期利率协议的交易过程,如图8—1所示。

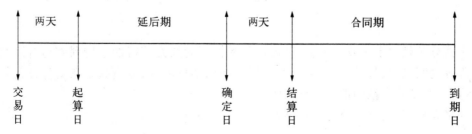

图8—1 远期利率协议交易流程图

以下举个例子来说明远期利率协议的交易过程。

某公司由于季节性资金需求,需在2004年6月中旬借入一笔3个月的短期资金,金额约200万美元。目前距借款时间还有一个月,而且该公司财务主管预计在接下来的一段时期内,银行利率有上调的可能。为了锁定借款利率,2004年5月12日,该公司购买了一份名义本金为200万美元、合同利率为6.25%的1×4远期利率协议。1×4是指起算日至结算日为1个月,起算日至到期日为4个月。因此以下日期及期间分别是,起算日:2004年5月14日;结算日:2004年6月14日;到期日:2004年9月14日(以上日期如遇法定节假日向后顺延);合同期:92天(设以上日期均未遇法定节假日)。另外,在2004年6月12日确定参考利率,一般采用伦敦银行同业拆放利率(LIBOR),如为7%。因为参考利率高于合同利率,在结算日,该公司可获得结算金额收入。

由上面的例子可以看出,远期利率协议的买方是名义借款人,卖方则是名义贷款人,他们借贷的是合同期的名义本金。在结算日双方根据合同利率和参照利率之间的差额和名义本金额计算结算金。如果参考利率高于合同利率,在结算日,远期利率协议买方可获得结算金收入;反之,则是远期利率协议卖方获得结算金收入。

(四)远期利率协议结算金的计算

实际借款利息在贷款到期时支付,也就是在FRAs交易过程中的到期日支付,但结算金是在结算日支付。所以,结算金实际上是按参照利率与合同利率计算的利息差额的现值。结算金的计算公式为

$$结算金 = \frac{(r - r_k) \times A \times \frac{D}{B}}{1 + \left(r \times \frac{D}{B}\right)}$$

式中,r表示参照利率;r_k表示合同利率;A表示合同金额;D表示合同期天数;B表示天数计算惯例(如美元为360天、英镑为365天)。

我们继续上面的例子来说明结算金的计算。

该公司在结算日向银行申请3个月期贷款,本金200万美元、利率为7.5%。在结算日,该公司可获得结算金额为

$$\frac{(7\% - 6.25\%) \times 2000000 \times \frac{92}{360}}{1 + 7\% \times \frac{92}{360}} = 3765.96 \text{ 美元}$$

上式分子是由于市场利率上升,远期利率协议的买方获得的参照利率与合同利率差额部分的利息。但由于结算金在结算日而非到期日流入,而贷款本息支付日为到期日,因此应对结算金按到期日进行贴现。

在贷款到期日,这笔交易的结果如下:

(1) 该公司支付银行贷款利息 $= 7.5\% \times 2000000 \times \frac{92}{360} = 38333.33$ 美元

(2) 该公司将结算金以市场利率再投资,再投资的本利和为

$$3765.96 \times \left(1 + 7\% \times \frac{92}{360}\right) = 3833.33 \text{ 美元}$$

综合(1)(2)结果,该公司贷款的实际利率为

$$\frac{38333.33 - 3833.33}{2000000} \times \frac{360}{92} = 6.75\%$$

由此可见,通过远期利率协议交易,公司将贷款利率控制在 6.75%,低于贷款的市场利率 0.75 个百分点。

(五) 远期利率协议的功能

远期利率协议最重要的功能在于通过固定将来实际交付的利率,而避免了利率变动风险。另外,由于远期利率协议交易的本金不用交付,利率是按差额结算的,所以资金流动量较小,这就给企业和金融机构提供了一种管理利率风险,而无须改变其资产负债结构的有效工具,对提高企业和金融机构的收益率也发挥了重要的作用。与金融期货、金融期权等场内交易的衍生工具相比,远期利率协议具有简便、灵活、不需支付保证金等优点。

由于远期利率协议是场外交易,因此存在信用风险和流动性风险,但这种风险是有限的,因为它最后实际支付的只是利差而非本金。

四、远期外汇合约

(一) 远期外汇合约的概念

远期外汇合约(forward foreign exchange contracts)是指双方约定在将来某一时刻,按约定的远期汇率买卖一定金额外汇的合约。在金融远期合约中,远期外汇合约是发展最成熟、规模最大的种类。在远期外汇市场中,外汇买卖的交割期限从一个星期到几年不等,一般以月计算,有 1 个月、2 个月、3 个月、6 个月、9 个月、12 个月等,但通常为 3 个月。远期外汇合约的特点是:在交割时,双方只交割合同中约定汇率与当时的即期汇率之间的差额,不用交割名义本金。

按照远期的开始时间划分,远期外汇合约又分为直接远期外汇合约(outright forward foreign exchange contracts)和远期外汇综合协议(synthetic agreement for forward exchange,简称 SAFE)。前者的远期期限直接从现在开始计算,后者从未来的某个时点开始计算,因此实际上是远期的远期外汇合约,如 2×5 远期外汇综合协议是指从起算日之后的两个月(结算日)开始计算的、为期 3 个月的远期外汇协议。

(二) 远期外汇合约的标价方法

远期外汇合约的合约汇率也被称作远期汇率(forward rate),其标价方法有两种:一种是直接标出远期汇率;另一种是报出远期汇率与即期汇率的差价,即远期差价(forward margin),也称远期汇水。远期汇率高于即期汇率时的差额被称作升水(premium),远期汇率低于即期汇率时的差额被称作贴水(discount)。若远期汇率等于即期汇率,此时的远期差价称为平价(at par)。一种货币的升水必然导致另一种货币的

贴水。

在不同的汇率标价方式下，远期汇率的计算方法是不同的。

直接标价法下，远期汇率＝即期汇率＋升水，或远期汇率＝即期汇率－贴水；

间接标价法下，远期汇率＝即期汇率－升水，或远期汇率＝即期汇率＋贴水。

不过，如果标价中将买卖价格全部列出，并且远期汇水也有两个数值时，那么前面这些情况可以不用考虑，只需要掌握"前小后大往上加，前大后小往下减"，就可以求出正确的远期外汇汇率。"前小后大"和"前大后小"是指汇水的排列方式。

（1）远期汇水前小后大表示单位货币的远期汇率升水，计算远期汇率时应用即期汇率加上远期汇水。

[例 8.6] 市场即期汇率为 EUR/USD 欧元即期汇率 1.2127－1.2176，3 个月远期汇水为 38/57，则 3 个月的远期汇率为

$$
\begin{array}{r}
1.2127 - 1.2176 \\
+0.0038 \quad 0.0057 \\
\hline
3\text{个月期欧元远期汇率} \quad 1.2165 - 1.2233
\end{array}
$$

（2）远期汇水前大后小表示单位货币的远期汇率贴水，计算远期汇率时应用即期汇率减去远期汇水。

[例 8.7] 市场即期汇率为 JPY/USD 日元即期汇率 110.71－111.12，4 个月远期汇水为 4200/3400，则 4 个月的远期汇率为

$$
\begin{array}{r}
110.71 - 111.12 \\
- \quad 0.42 \quad 0.34 \\
\hline
4\text{个月期日元远期汇率} \quad 110.29 - 110.78
\end{array}
$$

（三）远期外汇合约的计算

根据利率平价理论和套利理论，如果投资者将一定量的本国货币资金转换成外币资金，并投入到外币无风险资产中去，如外国政府债券，在一定时期后再将该资产转换回本国货币，此时应该获得与将该资金直接投入本币无风险资产同样的收入。也就是说，在这个交易中远期汇率和即期汇率的关系是由两种货币间的利率差决定的。该无套利公式为

$$F_T = S_0 \times \frac{(1+R_d)^T}{(1+R_f)^T} = S_0 \times e^{(r_d - r_f) \times T}$$

式中，S_0 为即期汇率，F_T 为 T 时刻交割的直接远期汇率，两者都表示为间接标价法；R_d 为国内无风险年收益率；R_f 为国外无风险年收益率；r_d 为国内无风险连续复利；r_f 为国外无风险连续复利。

从上式可以看出，当 $R_d > R_f$ 时，将出现远期升水；反之，则出现远期贴水。

[例 8.8] CHF/USD 瑞士法郎即期汇率为 1.1327，1 年期美国国债利率为 4％，1

年期瑞士国债利率为5％,则1年期的瑞士法郎远期汇率根据公式,得

$$F_T = S_0 \times \frac{(1+R_d)^T}{(1+R_f)^T} = 1.1327 \times \frac{(1+5\%)}{(1+4\%)} = 1.1436$$

计算 t 时刻($T>t>0$)货币远期的价值,应该将未来获得的收益以本国无风险利率进行贴现得到,用公式为

$$V_t = \left[\frac{S_t}{(1+R_f)^{(T-t)}}\right] - \left[\frac{F_T}{(1+R_d)^{(T-t)}}\right]$$

式中,V_t 为 t 时刻时该外汇远期的价值,S_t 为 t 时刻的即期汇率,F_T 为 T 时刻交割的直接远期汇率,三者都表示为间接标价法;R_d 为国内无风险年收益率;R_f 为国外无风险年收益率。

[**例 8.9**] 续[例 8.8],在购买远期 3 个月后,CHF/USD 瑞士法郎即期汇率为 1.2132,其他条件不变,此时的外汇远期价值根据公式,得

$$V_T = \left[\frac{S_t}{(1+R_f)^{(T-t)}}\right] - \left[\frac{F_T}{(1+R_d)^{(T-t)}}\right] = \left[\frac{1.2132}{(1+4\%)^{0.75}}\right] - \left[\frac{1.1436}{(1+5\%)^{0.75}}\right]$$

$$= 1.1780 - 1.1025 = 0.0755$$

五、我国的金融远期合约市场

(一) 债券远期交易

2005 年 6 月 15 日,在全国银行间债券市场推出债券远期交易。债券远期交易是指交易双方约定在未来某一日期,以约定价格和数量买卖标的债券的行为。债券远期交易的参与者是进入全国银行间债券市场的机构投资者。远期交易标的债券券种,是已在全国银行间债券市场进行现券交易的中央政府债券、中央银行债券、金融债券和经中国人民银行批准的其他债券券种。远期交易从成交日至结算日的期限由交易双方确定,但最长不得超过 365 天。目前共有 8 个期限品种,最短为 2 天,最长为 365 天。远期交易的最小数额为债券面额 10 万元,交割单位为债券面额 1 万元。债券远期交易实行净价交易、全价结算,到期应实际交割资金和债券。远期交易应通过全国银行间同业拆借中心进行,中心为市场参与者提供远期交易的报价、交易和信息服务。交易者可通过专线交易系统进行电子交易,也可以通过电话、传真等方式自行询价进行交易。

(二) 远期利率协议交易

2007 年 9 月,中国人民银行公布《远期利率协议业务管理规定》,并在全国银行间同业拆借中心开展远期利率协议交易。远期利率协议是指交易双方约定在未来某一日,交换协议期间内一定名义本金基础上分别以合同利率和参考利率计算的利息的金融合约。其中,远期利率协议的买方支付以合同利率计算的利息,卖方支付以参考利率计算的利息。远期利率协议的参考利率,应是经中国人民银行授权的全国银行间同业拆借中心等机构发布的银行间市场具有基准性质的市场利率或中国人民银行公布的基准利率,具体由交易双方共同约定。全国银行间债券市场参与者中,具有做市商或结算代理

业务资格的金融机构可与其他所有市场参与者进行远期利率协议交易,其他金融机构可以与所有金融机构进行远期利率协议交易,非金融机构只能与具有做市商或结算代理业务资格的金融机构进行以套期保值为目的的远期利率协议交易。远期利率协议交易可以通过全国银行间同业拆借中心的交易系统达成,也可以通过电话、电传等其他方式达成。自开展远期利率协议交易以来,人民币远期利率协议的参考利率均为3个月期的上海银行间同业拆借利率(Shibor),主要远期品种为 1M×4M、3M×6M、9M×12M 等。

(三) 外汇远期交易

2005年10月,在全国银行间外汇市场开设了人民币外汇远期交易。人民币外汇远期交易是指交易双方以约定的外汇币种、金额、汇率,在约定的未来某一日期交割的外汇对人民币交易。全国银行间外汇市场的会员可以参加人民币外汇远期交易,中国外汇交易中心为远期交易提供交易系统,会员通过交易系统进行报价和交易。交易的外汇币种、金额、期限、汇率保证金和结算安排等由交易双方协商议定。交易双方可以按交易对手的信用状况协商设定保证金,保证金的币种、金额、提交和返还期限由交易双方自行约定,保证金可按自愿原则交由交易中心代为保管。远期交易可采取结算日(资金交割日)本金全额交割的结算方式,也可以采取结算日根据约定的远期交易汇率与结算日前第二个工作日银行间外汇市场即期交易收盘汇率轧差交割的结算方式。

同时,在新加坡、我国香港等地还存在着不交割的人民币远期交易(人民币NDFS)。

第三节 金融期货市场

一、金融期货概述

(一) 金融期货的概念

金融期货(financial futures)是期货家族中最年轻的一位,从1972年5月在美国芝加哥商业交易所(CME)的国际货币市场(IMM)分部诞生世界上第一份金融期货合约算起,至今只有短短三十多年的历史;但若论及它的发展速度、运用的广度却是普通商品期货难以望其项背的。金融期货是以金融工具(如外汇、债券、股票等)或金融变量(股价指数等)为基础金融工具的期货合约。换言之,它是指交易双方在期货交易所以公开竞价的方式成交后,承诺在未来某一日期、按约定的条件交收一定数量某种金融工具的标准化协议。

(二) 金融期货的发展历程

金融期货的产生和发展并不是孤立的金融创新,而是受国际金融经济环境本身的发展而不断演进的。事实上,金融期货是在20世纪70年代,世界金融体制发生重大变革、世界金融市场日益动荡不安的背景下诞生的。在经历了二战后最长的一次经济繁荣后,西方资本主义国家先后陷入了经济危机。在美元与黄金挂钩、各国货币与美元挂钩的布雷顿森林体系崩溃后,国际货币制度实行浮动汇率制。汇率的频繁波动,使国际融资工具受损的风险增大、国际贸易中的汇率风险陡增。同时,在经济停滞、通货膨胀不断加剧的情况下,固定利率金融工具出现负利率,利率风险大大增加。国内外经济环境的变动,不可避免地导致股市大起大落,给股票持有者带来巨大的风险。在汇率、利率、股市急剧波动的情况下,为了适应各类经济主体对于规避价格风险、稳定金融工具价值的需要,以保值和转移风险为目的的金融期货便应运而生。为了规避汇率风险,第一份金融期货合约产生了,那是1972年美国芝加哥商业交易所推出的外汇期货。在国内通货膨胀、国际浮动汇率制度的影响下,国内市场利率波动加剧,为了规避利率风险,1975年芝加哥期货交易所推出了第一张抵押证券期货合约(government national mortgage association certificates,简称 GNMA),以后又开始交易美国政府国库券期货合约。此后,多伦多、伦敦等地也开展了利率期货交易。在借鉴了欧洲美元利率期货的现金结算方式的成果后,第一份股票价格指数期货合约的交易(KC value line index futures)于1982年在堪萨斯交易所展开,从此为投资者不能通过分散化投资规避的股市系统性风险找到了一种避险工具。

至此,所有主要的金融期货品种相继问世,有力地推动了世界期货市场的深入发展。金融期货一经引入就得到迅速发展,在许多方面超过了商品期货。从市场份额看,金融期货产生初期(1976年)在合约总交易量中所占的比重尚不足1%,4年后就占到33%,到1987年股灾发生前增至77%,目前基本维持这个比例。20世纪80年代以来,世界金融期货的迅速崛起使期货市场的交易活动不再局限于某一个国家和地区,金融期货成为全球性的交易活动,金融期货市场成为国际金融市场不可缺少的重要组成部分。这一发展趋势可以概括为五点:① 世界许多国家和地区对国际期货交易的政策日趋宽松;② 各交易所都在努力拓展国际业务;③ 出现了跨国界期货交易所的联合;④ 各交易所品种交叉上市;⑤ 发展中国家期货市场在逐步兴起。

(三) 金融期货与远期合约的区别

虽然金融期货交易是在金融远期合约交易的基础上发展起来的,两者均采用先成交、后交割的交易方式,但它们有很大的区别。简言之,金融期货是标准化了的金融远期。具体体现在以下几方面。

1. 交易场所不同

期货须在指定的交易所公开交易,交易所提供交易设施、制定交易规则、发布交易信息,并对交易实施一线监管,使期货交易公开、高效、有序进行。远期为场外交易,没有集中交易地点,市场组织较为松散。

2. 合约标准化程度不同

金融期货合约是符合交易所规定的标准化合约;而远期合约对于交易商品的品质、数量、交割日期等均由交易双方协商决定,没有固定的规格和标准。

3. 价格决定方式不同

期货交易是通过公开竞价确定成交价格的,价格较为合理;远期合约是交易双方协商定价的,价格的代表性、连续性、权威性低。

4. 交易保证和结算方式不同

远期合约交易通常不缴纳保证金(margin),合约到期后才结算盈亏。期货交易则不同,必须在成交时缴纳合约金额的一定比例为保证金,并由清算公司进行逐日结算(daily settlement),如有损失且账面保证金低于维持水平时,必须及时补足。因此,期货交易的违约风险远低于远期交易。

5. 履约方式不同

结束金融期货头寸的方法通常有对冲(买卖与原头寸数量相等、方向相反的期货合约)、采用现金或现货交割、实行期货转现货交易(在期货转现货交易中,两位交易人承诺彼此交换现货与以该现货为基础金融工具的期货合约),绝大多数期货合约是通过对冲的方式平仓了结的;而远期交易由于是交易双方依各自需要而达成的一对一协议,倘若一方中途违约,通常不易找到第三者能无条件接替承受该权利义务,违约一方只有提供额外的优惠条件才能要求解约或找到第三者接替承受原有的权利义务,正因为如此,绝大多数远期合约是到期通过实物交割来履约的。

6. 交易的参与者不同

远期合约的参与者大多是专业化生产商、贸易商和金融机构;而期货交易更具有大众意义,市场的流动性和效率都很高。

二、金融期货的分类与功能

(一) 金融期货的分类

金融期货合约按照不同的标准有很多分类方法。按照金融期货基础金融工具的不同,通常可以分成三大类。

1. 外汇期货

外汇期货(foreign exchange futures)是交易双方约定在未来某一时间,依据现在约定的比例,以一种货币交换另一种货币的标准化合约的交易。自1972年美国芝加哥商业交易所的国际货币市场推出第一张外汇期货合约,并获得成功后,英国、澳大利亚等国相继建立外汇期货的交易市场,外汇期货交易成为一种世界性的交易品种。目前,国际上外汇期货合约交易所涉及的货币主要有英镑、美元、日元、瑞士法郎、加拿大元、澳大利亚元、欧元等,以及交叉汇率期货。2005年,芝加哥商业交易所自行推出了以美元、日元、欧元报价和以现金结算的人民币期货及期货期权交易。需要说明的是,这里的外汇期货在有些文献中通常被称为货币期货(currency futures)。这是因为外汇只是相对于本币而言的,但是在实际的金融期货交易中,被作为期货合约基础金融工具不仅有外币也有本币。例如,伦敦国际金融期货交易所(LIFFE)就有英镑期货合约的交易。

2. 利率期货

利率期货(interest rate futures)是在金融期货市场上,对利率及与利率有关的金融商品的期货合约进行买卖,并在某一特定日期交割的活动。世界上最先推出的利率期货是于1975年,由美国芝加哥期货交易所(CBOT)推出的、政府国民抵押协会的抵押贷款证(GNMA)期货。从此以后,各种利率期货层出不穷。但是,根据基础金融工具的期限不同,利率期货通常分为两大类:短期利率期货和长期利率期货。前者是指期货合约基础金融工具的期限不超过1年的各种利率期货,主要有以货币市场的各种债务凭证,如国库券作为基础金融工具的利率期货、以主要参考利率为基础金融变量的利率期货;

而后者是指期货合约的基础金融工具的期限超过 1 年的各种利率期货,也就是以资本市场的各种债务凭证作为基础金融工具的利率期货。利率期货合约的品种越来越多,但是从某种意义上说,只要理解四种合约就可以理解整个利率期货市场了。这四种合约分别是在美国芝加哥商业交易所的国际货币市场分部交易的两种短期利率期货(3 个月期美国国库券期货,3 个月期欧洲美元定期存单期货)和在美国芝加哥期货交易所交易的两种长期利率期货(10 年期美国中期国债期货,30 年期美国长期国债期货)。

3. 股权类期货

(1) 股票指数期货。股票指数期货(stock index futures)指以股票指数为基础金融变量的期货合约。从 1982 年 2 月堪萨斯市农产品交易所(KCBT)开创了股指期货交易的先河以来,股价指数期货是目前金融期货市场最热门和发展最快的期货品种。股票指数期货不涉及股票本身的交割,其价格根据股票价格指数计算,合约以现金清算形式进行交割。著名的股票价格指数期货合约有:S&P 500 股票指数期货、道琼斯工业平均指数期货、金融时报 100 指数期货、日经 225 指数期货、韩国 KOSPI200 指数期货、KCBT 价值线综合平均股票指数期货、恒生指数期货等。

(2) 股票期货。股票期货(stock futures)是以单只股票作为基础金融工具的期货,交易双方约定在未来某个时间、以约定的价格买卖规定数量的股票。实际上,股票期货均以现金方式交割,即按规定的合约乘数与价差相乘,以现金方式结清盈亏平仓。为防止操纵行为,并非所有上市股票均有期货交易,通常交易所会选择流通盘较大、交易较活跃的股票来推出相应的期货合约,并对交易者的持仓数量加以限制。股票期货最早出现于 20 世纪 80 年代末,目前全球各主要交易所均推出了股票期货交易。

(3) 股票组合期货。股票组合期货(stock portfolio futures)是以标准化的股票组合为基础资产的金融期货,是金融期货中最新的品种。以芝加哥商业交易所推出的美国证券交易基金(ETF)期货合约最具代表性。

(二) 金融期货的功能

金融期货有多方面功能,其中最基本的功能是套期保值功能和价格发现功能。

1. 套期保值功能

20 世纪 70 年代以来,汇率、利率的频繁、大幅波动,全面加剧了金融商品的内在风险。各种类型的生产企业、进出口商,以及金融机构面对影响日益广泛的金融自由化浪潮,客观上要求规避利率风险、汇率风险及股价波动风险等一系列金融风险。金融期货市场正是顺应这种需求而建立和发展起来的,因此,通过套期保值规避风险是金融期货市场的首要功能。交易者通过购买相关的金融期货合约,在金融期货市场上建立与其现货市场相反的头寸,并根据市场的不同情况采取在期货合约到期前对冲平仓或到期履约交割的方式,实现其规避风险的目的。

从整个金融期货市场看,其规避风险功能之所以能够实现,主要有三个原因:其一是众多的实物金融商品持有者面临着不同的风险,可以通过达成对各自有利的交易来控制市场的总体风险。例如,进口商担心外汇汇率上升,而出口商担心外汇汇率下跌,他们通过进行反向的外汇期货交易,即可实现风险的对冲。其二是金融商品的期货价格与相同或相关的现货价格一般呈同方向的变动关系。交易者在金融期货市场建立了与金融现货市场相反的头寸之后,金融商品的价格发生变动时,则必然在一个市场获利,而在另一个市场受损,其盈亏可全部或部分抵消,从而达到规避风险的目的。其三是金融期货市场通过规范化的场内交易,集中了众多愿意承担风险而获利的投机者。他们通过频繁、迅速的买卖对冲,转移了实物金融商品持有者的价格风险,从而使金融期货市场的规避风险功能得以实现。

2. 发现价格功能

金融期货市场的发现价格功能,是指金融期货市场能够提供各种金融商品的未来有效价格信息。在金融期货市场上,各种金融期货合约都有着众多的买者和卖者,他们通过类似于拍卖的方式来确定交易价格。这种情况接近于完全竞争市场,能够在相当程度上反映出交易者对金融商品价格走势的预期和金融商品的供求状况。某一金融期货合约的成交价格,可以综合地反映金融市场各种因素对合约基础金融工具的影响程度和未来的变动趋势,具有预期性、连续性和权威性的特征。由于现代电子通讯技术的发展,主要金融期货品种的价格,一般都能够即时播发至全球各地。因此,金融期货市场上所形成的价格不仅对该市场的各类交易者产生了直接的指引作用,也为金融期货市场以外的其他相关市场提供了有用的参考信息。各相关市场的职业投资者、实物金融商品持有者通过参考金融期货市场的成交价格,可以形成对金融商品价格的合理预期,进而有计划地安排投资决策和生产经营决策,从而有助于减少信息搜寻成本、提高交易效率,实现公平合理、机会均等的竞争。

除此以外,金融期货还具有投机功能和套利功能。

三、金融期货市场的结构

金融期货是以集中的场内交易方式完成交易的。因此,任何参与金融期货交易的市场主体都必须对金融期货合约本身,以及金融期货市场的交易规则有较清楚的了解。尽管各个金融期货市场之间存在着细微差异,但基本结构大致相同。图8—2所示是金融期货交易的流程图,从中可以看见,一个完整的金融期货市场至少需要四个部分构成:交易所、结算机构、经纪公司以及交易者。

1. 交易所

期货交易所是专门进行期货合约买卖的场所,它的主要职能是为期货交易提供交易场所和交易设施,制定标准化的期货合约和交易规则,监督交易过程,控制市场风险,组织、监督期货交易日常运行。它们大体分为两种类型,一种是专门为了金融期货交易而设立的,如伦敦国际金融期货交易所(LIFFE)和新加坡国际货币交易所(SIMEX)等;另外一种是传统的期货交易所或证券交易所,因开设金融期货而形成的金融期货市场,如芝加哥期货交易所(CBOT)和东京证券交易所(TSE)等。

2. 结算机构

结算机构通常被称为结算所或清算所,是期货交易的专门清算机构。结算所的职责是确定并公布每日结算价和最后结算价,负责收取和管理保证金,负责对成交的期货合约逐日清算,监督管理到期合约的实物交收,以及公布交易数据等有关信息。在期货交易中,结算机构除了办理日常的清算和监督交割外,还充当买、卖双方的共同对手方,

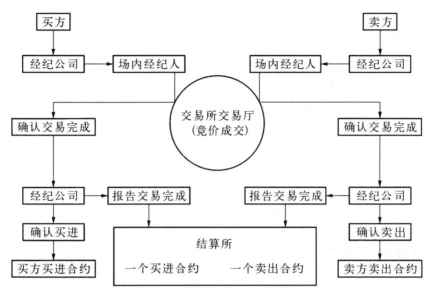

图 8—2 金融期货交易的流程图

即是所有买者的卖者、所有卖者的买者。因此，期货交易的双方在不知实际交易对方到底为谁的情况下，就实现了交易。

3. 期货经纪公司

期货经纪公司是依法设立的、接受客户委托、按照客户的指令、以自己的名义代理客户进行期货交易，并收取交易手续费的中介组织。期货经纪公司通常都是交易所会员。交易所会员指拥有期货交易所的会员资格、可以在期货交易所内直接进行期货交易的机构或自然人。一般分成两类：一类是为自己进行套期保值或投机交易的期货自营会员，另一类则是专门从事金融期货经纪代理业务的期货经纪公司。非会员的交易者只能通过委托属于交易所会员的经纪公司或经纪人参与交易。

4. 交易者

按参加期货交易的动机不同，可将交易者分成三类，套期保值者（hedgers）、投机者（speculators）、套利者（arbitragers），他们（除本身就是期货交易所的自营会员外）通过期货经纪公司在期货交易所进行期货交易。套期保值者是指通过期货合约的买卖为已经拥有或即将拥有的现货转移价格风险、提供保值工具，以获取经营利润的交易者；他们利用期货双向交易、对冲机制及杠杆作用，在期货市场建立与现货市场相反部位，实现套期保值。投机者是指根据对金融期货价格的预测，低买高卖以获取盈利的交易者。套利者是指利用不同期货合约之间或期货合约与现货商品之间的暂时不合理的价格关系，同时买进和卖出以赚取价差的交易者。金融期货本来就是为了满足套期保值者的避险需求而产生的，但是自从金融期货产生以后形形色色的套利者和投机者不请自来，而且从此与金融期货市场相伴常随。如同打开后的潘多拉魔盒一般，以后的每次金融危机再也离不开金融期货投机客们的身影了。

金融期货市场除了上述四类主体外，还有各国的行政监管当局，它们的主要职责是起草与期货市场有关的法律法规、制定管理规则、监管各类市场主体、查处违法违规行为。

四、金融期货市场的主要交易规则

金融期货交易是在高度组织化、有严格规则的金融期货交易所进行的。金融期货交易的主要交易规则可概括如下几方面。

(一) 标准化合约和集中交易

金融期货交易是标准化合约的交易。期货合约是由交易所设计、经主管机构批准后向市场公布的标准化合约。它对基础金融工具或基础金融变量的品种、交易单位、最小变动价位、每日价格波动限制、合约月份、交易时间、最后交易日等基本要素都作了标准化规定,而唯一不确定的是成交价格。金融期货交易在交易所采取公开竞价方式决定买卖价格,集中进行交易。交易所实行会员制度,非会员参与金融期货交易须通过会员代理完成。

(二) 保证金制度和逐日结算制

保证金制度和每日结算制是金融期货市场交易安全的重要保证。与远期交易不同,期货交易是每天进行结算的,而不是到期一次性进行的,这就是逐日结算制度。

保证金的支付可分为客户向会员支付的保证金和会员向结算公司支付的保证金。买、卖双方在交易之前都必须在经纪公司开立专门的保证金账户,并存入一定数量的保证金,这个保证金也称为初始保证金(initial margin)。初始保证金可以用现金、银行信用证或短期国库券等缴纳。保证金的比率因合约而不同,也可能因经纪人而不同。对大多数的期货合约而言,初始保证金通常仅为成交时期货合约价值的 5% 到 10%。在每天交易结束时,结算公司根据当日的结算价格对投资者未结清的合约进行重新评估。结算价格的确定规则由交易所规定,它有可能是当天的加权平均价,也可能是收盘价,还可能是最后几秒钟的平均价。保证金账户将根据期货结算价格的升跌而进行调整,以反映交易者的浮动盈亏,这就是逐日盯市(marking to market)。当保证金账户的余额超过初始保证金水平时,交易者可随时提取现金或用于开新仓;而当保证金账户的余额低于交易所规定的维持保证金(maintenance margin)水平时(维持保证金水平通常是初始保证金水平的 75%),经纪公司就会通知交易者限期将保证金账户余额补足到初始保证金水平,这就是保证金追加(margin call),如果客户不能及时存入追加保证金,就会被强制平仓。与经纪人要求客户开设保证金账户一样,清算所也要求其会员在清算所开设保证金账户,为清算保证金(clearing margin)。与交易者保证金账户的操作方式类似,清算所会员的保证金账户也实行每日结算制度,但对清算所会员来说,只有初始保证金,没有维持保证金,即每天保证金账户的余额必须大于或等于初始保证金额。

(三) 涨跌停板制度

涨跌停板制度是将每日价格波动限定在一定的幅度之内的规定,这种人为的制度安排是为了防止期货价格的剧烈震动,保证市场的稳定性。有的交易所还规定断路器规则,当价格达到某一限幅之后暂停交易一段时间,十余分钟后再恢复交易,给交易者充分的时间以消化特定信息的影响。

(四) 限仓和大户报告制度

限仓制度是期货交易所为防止市场风险过度集中于少数交易者和防范操纵市场行

为,而规定会员或交易者可以持有的、按单边计算的、某一合约投机头寸的最大数额。大户报告制度则是与限仓制度紧密相关的另一个控制交易风险、防止大户操纵市场行为的制度。期货交易所建立限仓制度后,当会员或客户投机头寸达到了交易所规定的数量时,须向交易所申报,申报的内容包括客户的开户情况、交易情况、资金来源、交易动机等,便于交易所审查大户是否有过度投机和操纵市场行为,以及大户的交易风险情况。

五、金融期货的价格分析

金融期货的价格是由交易双方公开竞价确定的,实际交易价格是变幻莫测的,但是一般情况下,市场价格总是围绕一定的价值中枢在波动。这个相对稳定的、由无套利定价原理确定的价值中枢就是金融期货的理论价格。理论上只有当无风险利率恒定,且对所有到期日都不变时,交割日相同的远期价格和期货价格才相等。但在现实生活中,期货和远期价格的差别往往可以忽略不计。即在大多数情况下,可合理地假定远期价格与期货价格相等,并都用 F 来表示。故金融期货的定价公式与金融远期相似。

(一) 无收益资产期货合约的定价

假设金融期货的基础金融工具为无收益资产,如零息债券,则在无套利原理的假设下,到期日为 T 的金融期货在 t 时刻的理论价格 F 满足

$$F = Se^{r(T-t)}$$

式中,S 为金融期货基础金融工具的现货价格;r 为无风险利率。

[例 8.10] 假设 1 年期的贴现债券价格为 \$900,6 个月期无风险年利率为 4%,则 6 个月期的该债券期货合约的理论交割价格应为:$F = 900e^{0.04 \times 0.5} = \$918.18$。

上述的金融期货理论价格公式,又叫做无收益资产的现货-期货平价定理(spot-futures parity theorem),无收益资产对应的期货价格等于其基础金融工具现货价格的终值。

(二) 支付已知现金收益资产期货合约的定价

支付已知现金收益的资产是指在到期前会产生完全可预测的现金流的资产,如附息债券和支付已知现金红利的股票等。令已知现金收益的现值为 I,则到期日为 T 的金融期货在 t 时刻的理论价格 F 满足

$$F = (S - I)e^{r(T-t)}$$

这是支付已知现金收益资产的现货-期货平价公式,表明支付已知现金收益资产的期货价格等于基础金融工具现货价格与已知现金收益现值差额的终值。

[例 8.11] 假设 12 个月无风险年利率为 10%,发行 10 年期债券的现货价格为 ¥990 元,该债券每次年底付息¥100,且第一次付息日在期货合约交割日之前,则该 1 年期期货的价格为:$F = (990 - I)\exp(0.1 \times 1)$,其中 $I = 100\exp(-0.1 \times 1) = 90.48$,所以 $F = 994.12$ 元。

(三) 支付已知收益率资产期货合约的定价

支付已知收益率的资产是指在到期前将产生与该资产现货价格成一定比率的收益

的资产。令该收益率为 q，则到期日为 T 的金融期货在 t 时刻的理论价格 F 满足

$$F = Se^{(r-q)(T-t)}$$

这是支付已知收益率资产的现货-期货平价公式，表明支付已知收益率资产的期货价格等于按无风险利率与已知收益率之差计算的现货价格在 T 时刻的终值。

[例 8.12] 某股票现在的市场价格是 30 美元，年平均红利率为 4%，无风险利率为 10%，则该 6 个月期期货价格为：$F = 30 \times \exp[(0.1 - 0.04) \times 0.5] = 30.91$ 美元。

金融期货的价格分析中，除了需要考虑金融期货理论价格外，还需要关注期货价格和当前的现货价格的关系，即"基差(basis)"。所谓基差，是指金融工具的现货价格与以该金融工具为基础金融工具的期货价格之间的差额，即：基差＝现货价格－期货价格。在金融期货交易中，交易者尤其是套期保值者都会密切关注基差的变动，从而来选择合适的交易时机。对于基差，需要说明几点：

（1）基差可能为正值也可能为负值。当基础证券没有收益，或者已知现金收益较小，或者已知收益率小于无风险利率时，期货价格应高于现货价格，如图 8—3(a) 所示；当基础证券的已知现金收益较大，或者已知收益率大于无风险利率时，期货价格应小于现货价格，如图 8—3(b) 所示。

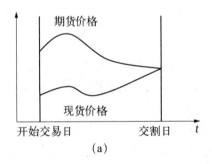 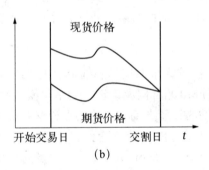

图 8—3 期货现货价格关系图

（2）影响基差的因素有很多，主要有两大类：

一类涉及的是金融期货合约本身的一些要素，如期货合约的期限、保证金水平等。一般而言，随着期货合约期限的逐渐缩短，期货价格与现货价格将逐渐靠拢，即基差的绝对值将逐渐缩小，乃至到期货到期日的时候，期货价格将与现货价格合二为一，这种现象又叫基差收敛。

另一类涉及影响金融市场的一些宏观、微观因素，主要有市场利率水平、预期通货膨胀率、财政政策与货币政策、现货金融工具的供给与需求等。例如，一般物价水准及它的变动数据是表现整体经济活力的重要信息，也是反映通货膨胀压力程度的替代指标，会影响投资者的投资报酬水准；政府的货币政策与财政政策，对利率水准会产生重大影响；还有政府一般性的市场干预措施，以及产业活动及有关的经济指标。甚至还包括金融期货市场本身的市场结构等，都会影响金融期货的价格，间接地影响了基差的大小。

（3）基差的波动比期货价格或现货价格的波动都要小得多。也就是说，现货价格和

期货价格两者都有可能大幅波动,但由于这两者之间存在着较大的相关性,所以两者之差——基差的变动则相对小得多。正是基差的这一特性使得套期保值活动有了可能,因为通过套期保值可以规避期货价格波动带来的巨大风险,在整个套期保值的期间只需承担波动较小的基差风险。

六、我国的金融期货市场

与西方国家期货市场的发展历程不同,我国期货市场发端于金融期货。1992年下半年,以港台为主的境外商人进入广东一带大量开办各类金融咨询机构,首先炒作就是外汇期货。这些机构靠欺诈营生,导致国家流失数亿美元的外汇,严重损害了金融衍生工具的声誉。

1992年12月,在上海证券交易所首先推出我国第一个金融衍生工具——国债期货合约,这个利率期货在两年的沉寂之后开始活跃。但由于当时的市场条件还不成熟,对金融衍生产品缺乏统一的监管和相应的风险控制经验,爆发了"327"国债事件,最终导致政府于1995年5月18日将国债期货市场关闭。1993年3月10日,海南证券交易中心首次推出深圳综合股价指数的A股指数期货。但由于海南证券交易中心并非全国性市场,参与者有限,设置品种有限,仅推出了深圳股票指数期货,不能真正满足交易者的需要,加之开办当初经验不足,投机之风太盛,开办不到6个月即草草收场。1995年4月1日,原定在上海的中国外汇交易中心上市的人民币远期外汇交易,最后宣布暂缓推出;深圳有色金属期货联合交易所拟办人民币对港币汇率期货,尚未出台即被取缔。2006年9月8日,中国金融期货交易所正式成立,计划推出以沪深300指数为基础变量的首个中国内地股价指数期货。

因此,目前在中国大陆没有真正意义的金融期货交易,中国人民银行严控金融机构开发境外投机性衍生工具业务。但是,境外机构对中国股票指数及其衍生工具的开发却是方兴未艾。2003年12月8日,香港交易所上市H股指数期货;2004年10月,新华富时中国25指数基金先后在纽约证券交易所、伦敦证券交易所挂牌交易;同月,CBOE下属的期货交易所(CFE)上市中国指数期货(该指数由16家在纽约证券交易所、纳斯达克证券交易所或美国证券交易所交易的中国公司构成)等;2006年9月5日,新加坡交易所(SGX)推出以新华富时50指数为基础变量的全球首个中国A股指数期货合约交易。

第四节 金融期权市场

一、金融期权概述

(一)金融期权的基本概念

1. 金融期权的概念

金融期权是20世纪70年代以来,国际金融创新中发展起来的新的金融交易形式。金融期权(financial option)实际上是一种契约,是赋予它的持有者在未来某一特定时间内,按买、卖双方约定的价格购买或出售一定数量某种金融资产的权利的合约。期权交易是对一定期限内选择权的买卖。为了比较准确地理解金融期权,有必要说明以下几个基本概念。

2. 相关的基本概念

(1) 期权购买者和期权出售者。期权交易和任何一种交易一样,既有购买方,也有出售方。期权购买方,也称为持有者,在支付期权费之后,就拥有了在合约规定的某一特定时间内行使其购买或出售基础金融工具的权利,但却不承担必须履约的义务。而期权出售方,也叫做签发者,在收取买方所支付的期权费之后,就承担了在规定时间内根据买方要求履行合约的义务,而没有任何权利。也就是说,当期权买方按合约规定行使其买进或卖出基础金融工具的权利时,期权出售方必须依约相应地卖出或买进该基础金融工具。因此,在期权交易中,买、卖双方在权利和义务上有着明显的不对称性。

(2) 期权费。期权交易是卖方将一定的权利赋予买方,而自己承担相应义务的一种交易。作为期权出售方承担义务的报酬,期权买方需要支付给期权卖方一个对价,即期权费或期权价格。期权费是买方享受不对称权利而对卖方的一种弥补,一经支付则无论买方是否行使权利,其所付出的期权费均不退还,这是期权费与现货交易中定金概念的区别所在。在期权交易中,期权费的具体数值根据期权种类、期限、基础金融工具价格的波动程度等因素的不同而有所不同,是期权交易中最重要和最复杂的定价问题。1997 年度的诺贝尔经济学奖授予了对此问题有重要贡献的两位经济学家 Myron Scholes 和 Robert C. Merton(Fischer Black 对此也作出了重要贡献,可惜于 1995 年去世而未能享受诺贝尔经济学奖的殊荣)。

(3) 执行价格。执行价格又称协定价格,是指期权合约所规定的、期权买方在行使其权利时实际执行的价格。在金融期权交易中,执行价格一经确定则一般不再改变,即在期权的有效期内无论基础金融工具的市场价格如何波动,只要期权买方要求执行该金融期权,期权的卖方都必须以此协定价格来履行该期权合约。

(4) 到期时间。期权交易的到期时间是指期权买方只能在合约所规定的时间内行使其权利,一旦超过期限仍未执行即意味着自愿放弃了这一权利。按期权买方执行期权的期限标准不同,还可将期权划分为欧式期权和美式期权。欧式期权是指期权买方只能在期权到期日那一天才能执行期权,既不能提前也不能推迟;而美式期权,则允许买方在期权到期日前的任何一个营业日执行期权。显然,在其他条件相同的情况下,由于美式期权的持有者除了拥有欧式期权的所有权利之外,还拥有一个在到期前随时执行期权的权利,因此美式期权通常比对应的欧式期权的价格高一些。需要说明的是,欧式期权和美式期权是根据执行期权的时间不同而做的分类,不具有地理上的含义。近年来,无论在欧洲、美国还是在其他地区,美式期权已经成为主流,并且交易量超过欧式期权。

(二) 金融期权与金融期货的差别

金融期权和金融期货作为 20 世纪的两大金融创新,两者具有密切的联系。虽然两者的交易对象都是标准化合约,但一般认为,大规模的期权交易是在期货交易的基础上发展起来的,是以期货市场的发育程度与规则的完备为前提的。期权在为交易者提供更多的选择工具的同时,也推动了期货市场的发展。

期权交易是一种以特定权利为买卖对象的交易,与期货交易的主要差别在于以下几点:

(1) 买、卖双方的权利义务的对称性不同,这也是金融期权与金融期货的最重要区别。在期货交易中,买、卖双方都被赋予了相等的权利和义务;而在期权交易中,买方有权在认为合适的时候行使或放弃权利,而卖方却只有满足买方要求履行合约时买入或卖出一定数量的基础金融工具的义务。

(2) 履约保证金的规定不同。在期货交易中,买、卖双方都要缴纳一定数量的保证金;而在期权交易中,期权买方只需支付购买期权的权利金,不需要缴纳保证金,只有期权卖方尤其是无担保期权的出售者才需要缴纳保证金。

(3) 合约基础金融工具不同。一般,凡可以作为期货合约基础工具的金融工具或金融变量都可以作为期权合约的基础工具,但可以作为期权合约基础工具的未必能成为期货合约的基础工具。例如,期权交易的基础金融工具除了一般的金融工具以外,还包括金融期货合约,甚至于金融期权合约本身,即复合期权。

(4) 盈亏对称性不同。金融期货的交易双方只能在合约到期前通过反向交易对冲平仓或到期进行实物交割,此时价格的变动必然使一方盈利、另一方亏损,双方盈亏的程度取决于价格变动的幅度。理论上,金融期货双方潜在的盈利和亏损都是无限的。在金融期权交易中,由于交易双方的权利、义务不对称,导致双方的盈利和亏损也具有不对称性。理论上,买方的最大亏损是所支付的期权费,而潜在的盈利是无限的;期权卖方的盈利限于所收取的期权费,而潜在的亏损是无限的。

(5) 现金流转不同。金融期货交易成交时,双方不发生现金收付,但由于实行保证金账户逐日清算制度,双方必须持有一定数量的流动性资产,以备补充保证金账户之需。金融期权在成交时,买方必须向卖方支付一定的期权费,但在成交后除了到期履约外,交易双方将不发生其他现金流转。

(三) 金融期权的发展历程

虽然早在古希腊和古罗马时期就已经出现了期权交易的雏形,但是直到20世纪70年代前,期权交易都是在非正式的场外市场进行的,金融期权还处在可有可无的地位。例如1968年,在美国成交的股票期权合约所代表的基础股票数量,还只占纽约证券交易所成交股票数量的1%。金融期权发展的重大突破是在1973年,那年世界上第一个集中性的期权市场——芝加哥期权交易所(CBOE)诞生,开始了场内股票看涨期权的交易,并大获成功;同年,Black和Scholes在期权定价方面取得突破性成就,德州仪器公司甚至还推出了装有期权价值计算的计算器。从此以后,新的期权品种也不断推出,从标准化的看涨期权到看跌期权,从股票期权到以其他金融资产为基础金融工具的期权,期权市场获得了前所未有的发展,期权市场的交易量也大幅度增加。1974年,CBOE全年成交的股票期权合约所代表的股数,就已经超过了美国证券交易所(The American Stock Exchange,AMEX)全年的股票成交量。

从期权交易发展历程可以看到,期权交易虽然早已有之,但真正意义上的期权市场的形成和发展实际只有30年左右的时间,并呈现出巨大的发展潜力。交易所期权的巨大成功及其对期权交易的重要推动,已经成为不可否认的事实。这其中的主要原因有:

第一,交易所交易的集中性、合约的标准化和二级市场的建立极大地便利了期权的交易管理和价格信息、产品信息的发布,为交易者提供了期权工具的流动性,使得交易者能够更灵活地管理他们的资产头寸,因而极大地促进了期权市场的发展;第二,清算所的建立解决了场外市场长期为之困扰的信用风险问题;第三,无纸化交易的发展带来了更为通畅的交易系统和更低的交易成本。

当然,需要指出的是,虽然交易所交易期权有着巨大的优越性,但并不意味着场外期权交易的消亡。场外期权交易最大的好处在于金融机构可以根据客户的需要进行一对一的营销,为客户提供许多非标准的个性化期权合约,从而创造了其特有的存在空间。交易所期权所带来的巨大冲击在一定程度上促进了场外市场的创新和发展,OTC市场的金融机构充分利用自身的灵活性优势,不断创新、吸引客户、抢夺市场,这反过来又引发了交易所期权的变革和创新。

二、金融期权的分类

金融期权的种类可以根据不同的标准进行多种不同的分类,如表8—1所示。

表8—1 金融期权分类表

分 类 标 准	期 权 种 类
期权履约时间	欧式期权和美式期权
期权购买方的权利	看涨期权和看跌期权
期权内在价值	实值期权、虚值期权和平价期权
期权合约的基础金融工具	现货期权、期货期权和复合期权等
交易场所	场内期权和场外期权
期权卖方履约保证	有担保的期权和无担保的期权
期权产品结构	常规期权和奇异期权

(一)根据期权履约时间不同分

根据期权履约时间不同,可以分为欧式期权和美式期权。欧式期权只能在期权到期日执行;美式期权,则可以在期权到期日或到期日之前的任一交易日执行。另有一种修正的美式期权,也称百慕大期权或大西洋期权,可以在期权到期日之前的一系列规定日期执行。

(二)根据期权买方的权利不同分

根据期权买方的权利不同,可以分为看涨期权和看跌期权。看涨期权(call options)是指在到期日或在到期日为止的期间内,买方拥有按照事先约定的执行价格购买一定数量基础金融工具的权利。看跌期权(put options)是指在到期日或在到期日为止的期间内,买方拥有按照事先约定的执行价格出售一定数量基础金融工具的权利。

(三) 根据期权内在价值的不同分

根据期权内在价值(intrinsic value)的不同,可以分为实值期权、虚值期权和平价期权。所谓内在价值是指期权买方行使期权时,可以获得的收益。内在价值是由期权合约的协定价格和该期权基础金融工具市场价格的关系所决定,而因协定价格和市场价格关系的不同可分为实值、虚值和平价期权。实值期权(in the money),是指内在价值为正的期权;虚值期权(out of the money),是指内在价值为负的期权;平价期权(at the money),是指内在价值为零的期权。因此,对于看涨期权而言,市场价格高于执行价格为实值,市场价格低于执行价格为虚值;对于看跌期权而言,市场价格低于执行价格为实值,市场价格高于执行价格为虚值。若市场价格等于执行价格,无论看涨还是看跌期权均为平价期权。一般而言,只有当期权为实值时,期权持有人才会执行期权。而期权为虚值和平价时,持有人会自动放弃期权。同时,只要期权合约没有到期,即使期权为平价或虚值,期权费也仍将大于零。这是因为,期权费除了需要考虑内在价值外还要考虑时间价值。

(四) 根据期权合约的基础金融工具不同分

根据期权合约的基础金融工具不同,可以分为现货期权、期货期权和复合期权等。现货期权是指以基础性金融工具本身作为期权合约基础金融工具的期权,它又可分为股权期权、货币期权、利率期权等。股权类期权可分为单只股票期权、指数期权和股票组合期权。股票期权(stock options)是指以单一股票作为基础金融工具的期权合约。指数期权(index options)根据其基础指数的不同而不同,大部分指数期权都是股票指数期权,其中最著名的是在 CBOE 交易的 S&P100 和 S&P500 指数期权。股票组合期权是以一揽子股票为基础资产的期权,最具代表性的是交易所交易基金(ETF)的期权。利率期权(interest rate options)是指以各种利率相关资产(如各种债券)作为基础金融工具的期权。货币期权又称外币期权、外汇期权,是指以美元、欧元、日元、英镑、瑞士法郎、加拿大元、澳大利亚元等为期权合约基础资产的期权。期货期权(futures options),指以各种金融期货合约作为期权合约基础金融工具的期权,同样可以进一步分为基于利率期货、外汇期货和股权类期货等基础金融工具的期权,其基础金融工具为各种相应的期货合约。期货期权的重要特点之一在于其交割方式:期货期权的买方执行期权时,将从期权卖方处获得基础期货合约的相应头寸(多头或空头),再加上执行价格与期货价格之间的差额,由于期货合约价值为零,并且可以立即结清,因此期货期权的损益状况就和以期货价格代替基础金融工具价格时相应期权的损益状况一致。由于交割期货合约比交割基础金融工具本身往往更为方便和便宜,期货期权产生以后,受到市场的广泛欢迎,成为最主要的期权品种之一。复合期权则是期权的期权,即期权的基础金融工具本身是一种期权合约。

(五) 根据交易场所的不同分

根据交易场所的不同,可以分为场内期权和场外期权。场内期权(exchanged-traded options, exchanged-list options, traded options)又称交易所交易期权,是指在集中性的金融期货市场或金融期权市场所进行的标准化的金融期权合约的交易;场外期权(over-the-counter options, OTC options)又称柜台式期权,是指在非集中性的交易场所进行的非标准化的金融期权合约的交易。由于场外期权交易场所分散,没有统一的交易制度和结算制度,监管较宽松,因此在带来巨大利益的同时,也蕴含着很高的系统性风险。

(六)根据期权卖方的履约保证状况不同分

根据期权出售方的履约保证状况不同,可分为有担保的期权和无担保的期权。对于期权出售方来说,将来只有以执行价格买卖基础金融工具的义务,如果在卖出看涨(看跌)期权的同时,出售方实际拥有该期权合约所规定基础金融工具的相反头寸,就被称为"有担保的期权";反之,就是无担保的期权。实际中,由于期权出售方存在违约风险,所以经纪人会要求无担保的看涨期权出售方缴纳保证金,以确保履约;而有担保的期权卖方可免缴保证金。

(七)根据期权产品结构设计的不同分

根据期权产品结构设计的不同,可分为常规期权和奇异期权。一般而言,前面所述的欧式和美式期权都是比较标准和常规化的(vanilla options),在产品结构上更为复杂的期权通常叫做奇异期权(exotic options)。奇异期权往往是金融机构根据客户的具体需求开发出来的,对常规期权的部分或全部特点作了变换,其灵活性和多样性是常规期权所不能比拟的,如复合期权和百慕大期权就属于奇异期权。

三、金融期权的基本交易策略和功能

(一)金融期权的基本交易策略

金融期权是一种复杂的交易技术,在实际交易中,各类交易者都有无数种可供他们选择的交易策略。但是,无论多复杂的交易策略,一般离不开金融期权的四种基本交易策略,它们分别是:买入看涨期权、卖出看涨期权、买入看跌期权、卖出看跌期权。

1. 买入看涨期权

当交易者预期某金融资产的市场价格上涨时,可按某一协定价格买入该基础金融工具的看涨期权。在期权合约有效期内,如果市场价格上涨,且在协定价格之上,可执行期权,从而使收益最大、损失最小。从理论上说,基础金融工具的市场价格上涨的幅度无限,所以买入看涨期权获益也可能无限。相反,如果预测失误、价格下跌,且跌至协定价格或协定价格之下,可以放弃执行期权,则面临有限的、且已知的损失,即最大的损失是买入看涨期权所支付的期权费。

2. 卖出看涨期权

与买入期权对应的是卖出期权。对于选择卖出看涨期权的交易者而言,预期未来某金融资产的市场价格将要下跌,最大利润是出售期权所得到的期权费,而最大损失则随着基础金融工具价格的上涨而定,而且从理论上说,这种损失将是无限大的。这种理论上收入、损失的不对称,在实际中是借助于两者发生概率的不对称来平衡的。换句话说,在卖出看涨期权时,通常情况下交易者获利的可能性将大于损失的可能性,即虽然卖出看涨期权的交易者面临的潜在损失是无限的,但是发生这种巨额损失的概率通常却是很小的。

3. 买入看跌期权

当预期未来金融资产价格将下跌的时候，除了可以选择卖出看涨期权外，还可以通过买入看跌期权来获利，且买入看跌期权的盈亏与卖出看涨期权是不同的。买入看跌期权后，如果市场价格果然下跌，且跌至协定价格之下，执行期权将可能获利，获利的程度取决于市场价格下跌的程度。如果市场价格与预期背道而驰，不仅不下降反而上升的话，交易者可以放弃期权，而损失确定的期权费。

4. 卖出看跌期权

卖出看跌期权与卖出看涨期权的交易者虽然对未来市场价格走向看法相反，但是目的却是相同的，都是希望通过卖出期权收取期权费来获利。如果交易者预期市场价格将要上涨，那么可以选择卖出看跌期权。如果日后市场价格高于或等于执行价格的时候，看跌期权的买方将不会执行期权，从而看跌期权的卖方获得最大的收益即期权费；反之，市场价格下跌，则可能面临损失，最大的损失将是协定价格与期权费之差。

将上述四种基本交易策略的结果汇总，如表8—2所示。

表8—2 期权基本交易策略表

交易策略	买入看涨期权	卖出看涨期权	买入看跌期权	卖出看跌期权
对市场的看法	看涨	看跌	看跌	看涨
盈亏图	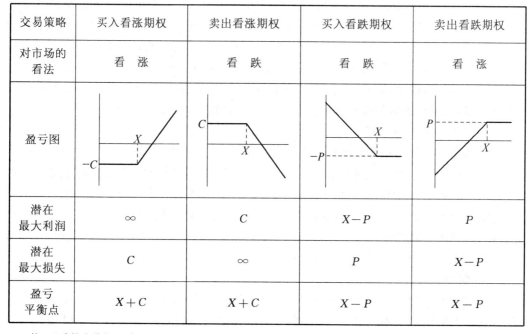			
潜在最大利润	∞	C	$X-P$	P
潜在最大损失	C	∞	P	$X-P$
盈亏平衡点	$X+C$	$X+C$	$X-P$	$X-P$

注：X为协定价格，C为看涨期权的期权费，P为看跌期权的期权费。

（二）金融期权的功能

金融期权发展至今之所以成为金融市场上最受欢迎的金融衍生工具之一，是因为期权为交易者提供了以下方便：

（1）期权向需要避险的交易者提供了一个类似于保险的单向套期保值工具，实现了将对称性风险向非对称性风险的转化。对于那些持有复杂的投资组合的投资者而言，他们可以通过交易与他们的投资组合有关的期权来调整其投资的风险和收益特征，实现最优的风险管理。

(2) 对希望借助基础金融工具价格的涨跌进行投机的交易者,期权是一个较好的替代品。由于一般情况下,期权价格都低于基础金融工具价格,使得期权投机所需的资金较少,有助于降低交易成本,具有杠杆作用。对于期权买方而言,即使基础金融工具价格产生不利变动,其最大损失只限于支付的权利费,起到了保险的作用;如果期货价格发生有利变动,则只需支付权利费即可获得较高收益。对期权卖方而言,通过将收取的权利费进行再投资,则可以提高资金运用效率。

四、金融期权的定价分析

(一) 金融期权价格的构成要素

现实的期权交易中,期权价格会受到多种因素的复杂影响,但在理论上,期权价格由两个部分组成:一是内在价值,二是时间价值。期权的内在价值,是指期权合约本身所具有的价值,也就是期权买方在立即执行期权时可以获得的收益。一种期权有无内在价值,以及内在价值的大小取决于该期权的执行价格与基础资产市场价格之间的关系。内在价值是决定期权价格的主要因素,但并非唯一的因素。在期权价格中,还包含着另一个重要的因素,即期权的时间价值。期权的时间价值(time value),是指在期权有效期内基础金融工具价格波动为期权持有者带来收益的可能性所隐含的价值。期权的时间价值实质上是期权在到期之前获利潜力的价值。期权的时间价值通常不易直接计算,它一般是以期权的买方购买期权时,实际支付的期权价格减去内在价值求得的。

既然期权价格由内在价值和时间价值两部分构成,那么凡是影响内在价值和时间价值的因素,就是影响期权价格的因素。其中主要的因素有以下几个。

1. 市场价格与执行价格

基础金融工具的市场价格与期权的执行价格是影响期权价格最主要的因素。因为这两个价格及其相互关系不仅决定着内在价值,决定了期权是实值、虚值还是平值期权,而且还进一步影响着时间价值。对于看涨期权,其收益等于基础金融工具当时的市价与执行价格之差。因此,基础金融工具的价格越高、执行价格越低,看涨期权的价格就越高。对于看跌期权而言,其收益等于执行价格与基础金融工具市价的差额。因此,基础金融工具的价格越低、执行价格越高,看跌期权的价格就越高。

2. 期权的有效期

期权的有效期,是指期权距离到期日的剩余有效时间,即期权买卖日到期权到期日的时间。在其他情况不变的条件下,有效期越长,期权价格越高。因为有效期越长,期权内在价值增加,或者由虚值、平值转变成为实值期权的机会就越多,因而期权具有较高的时间价值。

3. 基础金融工具价格的波动性

基础金融工具价格的波动性对期权价格具有重要的影响。甚至可以说,没有波动性,期权就是多余的。因为波动性越大,在期权到期时基础金融工具的市场价格涨到协定价格之上,或者跌到协定价格之下的可能性就越大。因此,无论是看涨期权还是看跌期权,其时间价值及整个期权价格都与基础金融工具价格波动性呈正向变动关系,即随着基础金融工具价格波动的增大而增大,随基础金融工具价格波动性的减小而降低。

4. 无风险利率

影响期权价格的另一个重要因素是无风险利率,尤其是短期无风险利率。利率对期权价格的影响是比较复杂的。一般地说,利率上升,看涨期权的价格上升,看跌期权的价格下跌。利率变化会从两方面影响期权的价格,一方面,利率变化会影响基础金融工具的价格,进而影响期权的内在价值;另一方面,利率变化会改变期权的持有成本,即期权费的机会成本,进而影响期权市场的供求关系和期权价格。因此,期权的价格取决于以上两方面谁占主导地位。总之,无风险利率对期权价格的影响是非常复杂的,在运用时需要全面分析,判断哪种影响更重要,从而得到相应的结论。

5. 基础金融工具的收益

基础金融工具分红付息获得相应现金收益的时候,这些收益将归基础金融工具的持有者所有,期权合约的执行价格并不进行相应的调整。因此在期权有效期内,基础金融工具产生现金收益将使看涨期权价格下降;使看跌期权价格上升。

以上分析可知,决定和影响期权价格的因素很多,而且各因素对期权价格的影响也很复杂,既有影响方向的不同,又有影响程度的不同;各个影响因素之间,既有相互补充的关系,又有相互抵消的关系。

(二) 期权定价公式

影响期权价格的因素纷繁复杂,而比较精确的期权价格计算方式是布莱克-斯科尔斯(Black-Scholes)期权定价模型。该模型是在基础金融工具价格产生于一种随机过程并呈对数正态分布、基础金融工具为无收益证券、基础金融工具现货交易成本为零、无风险利率 r 为不随时间变化的常数,以及期权为欧式期权等一系列假设的基础上,利用无套利理论,而建立的无收益欧式看涨期权的理论定价模型。最后,Black 和 Scholes 通过解一个偏微分方程,得到了无收益资产欧式看涨期权的定价公式,即

$$c = SN(d_1) - Xe^{-r(T-t)}N(d_2)$$

其中

$$d_1 = \frac{\ln(S/X) + (r + \sigma^2/2)(T-t)}{\sigma\sqrt{T-t}}$$

$$d_2 = \frac{\ln(S/X) + (r - \sigma^2/2)(T-t)}{\sigma\sqrt{T-t}} = d_1 - \sigma\sqrt{T-t}$$

式中,c 为无收益资产欧式看涨期权价格;S 为基础金融工具在 t 时的价格;X 为期权的执行价格;T 为期权到期时刻;r 为无风险利率;σ 则是基础金融工具价格的波动率;$N(x)$ 为标准正态分布变量的累计概率分布函数。

Black-Scholes 期权定价模型给出的是无收益资产欧式看涨期权的定价公式,再根据欧式看涨期权和看跌期权之间的平价关系,可以间接得到无收益资产欧式看跌期权的定价公式,即

$$p = c + Xe^{-r(T-t)} - S = Xe^{-r(T-t)}N(-d_2) - SN(-d_1)$$

需要说明的是,对于期权定价计算公式,除了借助 Black-Scholes 提供的解偏微

分方程的方法外,现在多用等价鞅的原理来求解期权价格,或者借助二叉树模型来求解。

为了使读者能进一步理解 Black-Scholes 期权定价模型,用一个简单例子来说明模型的运用。假设某种不支付红利股票的市价为 50 元,无风险利率为 12%,该股票价格的年波动率为 10%,求该股票执行价格为 50 元、期限 1 年的欧式看涨期权的理论价格。即 $S=50$,$X=50$,$r=0.12$,$\sigma=0.1$,$T=1$。这里,先算出 d_1 和 d_2,得

$$d_1 = \frac{\ln(50/50)+(0.12+0.01/2)\times 1}{0.1\times\sqrt{1}} = 1.25$$

$$d_2 = d_1 - 0.1\times\sqrt{1} = 1.15$$

接着通过查表计算 $N(d_1)$ 和 $N(d_2)$,得

$$N(d_1) = N(1.25) = 0.8944$$
$$N(d_2) = N(1.15) = 0.8749$$

将上述结果及已知条件代入 Black-Scholes 期权定价公式,得欧式看涨期权价格为

$$c = 50\times 0.8944 - 50\times 0.8749 e^{-0.12\times 1}$$
$$= 5.92(美元)$$

第五节 金融互换市场

一、金融互换概述

(一) 金融互换的概念

金融互换(financial swaps)是约定两个或两个以上当事人按照商定条件,在约定的时间内,交换不同金融资产或负债的合约。不同于其他金融衍生工具往往是一次性交易,互换是一系列现金流的交换,会持续一段时期。

(二) 金融互换的发展历史

互换市场的起源可以追溯到 20 世纪 70 年代末,当时的货币交易商为了逃避英国的外汇管制,而开发了对放贷款(back to back loan)。所谓对放贷款是指不同国家的两个交易者,向对方分别放出一笔等值、放款日和到期日相同、分别以贷方国货币计算价值的贷款。而 1981 年 IBM 与世界银行之间签署的利率互换协议,则是世界上第一份利率互换协议。但是互换合约内容复杂,交易成本高,妨碍了互换的发展。进入 1984 年,一些从事互换交易的银行开始促进互换合约文件的标准化过程;1985 年,这些银行组织了"国际互换交易商协会"(international swaps dealers association, ISDA),并出版了第一个互换的标准化条例。从那以后,互换市场发展迅速。利率互换和货币互换的名义本金金额从 1987 年底的 8 656 亿美元猛增到 2002 年中的 823 828.4 亿美元,15 年增长

了近一百倍。可以说,这是增长速度最快的金融产品。

(三)金融互换产生的理论基础

比较优势(comparative advantage)理论是英国著名经济学家大卫·李嘉图(David Ricardo)提出的。他认为,在两国都能生产两种产品,且一国在这两种产品的生产上均处于有利地位,而另一国均处于不利地位的条件下,如果前者专门生产优势较大的产品,后者专门生产劣势较小(即具有比较优势)的产品,那么通过专业化分工和国际贸易,双方仍能从中获益。李嘉图的比较优势理论不仅适用于国际贸易,而且适用于所有的经济活动。

互换是比较优势理论在金融领域最生动的运用。根据比较优势理论,只要满足以下两种条件,就可进行互换:首先,双方对对方的资产或负债均有需求;其次,双方在两种资产或负债上存在比较优势。概括起来,金融互换实际上是一个市场参与者利用其在一个金融市场上的比较优势得到在另一个市场上的所需的资产或负债的交易。

(四)金融互换的特点

互换是一种单独磋商的场外交易,等价于一系列同样远期价格的远期合约。互换与期权/期货有显著的区别,表8—3 中列出了主要的区别。

表 8—3 互换与期权/期货的区别

期 权 / 期 货	金 融 互 换
交易所交易	场外交易
标准化合约	非标准化合约
私人投资者可以参与	仅大企业和金融机构可以参与
交易双方是匿名的	交易双方彼此认识
清算所保障交易没有信用风险	有信用风险

互换最大的缺点在于其有较大的信用风险。由于互换是两个公司之间的私下协议,因此包含信用风险。当互换对公司而言价值为正时,互换实际上是该公司的一项资产,同时是合约另一方的负债,该公司就面临合约另一方不执行合同的信用风险。将互换合约的信用风险和市场风险区分开是十分必要的。信用风险是互换合约对公司而言,价值为正时对方不执行合同的风险;而市场风险是,由于利率、汇率等市场变量发生变动引起互换价值变动的风险。市场风险可以用对冲交易来规避,信用风险则比较难规避。而且有的互换,如货币互换需要交换本金,这种形式互换的风险比远期交割利差的信用风险要大得多。

(五)金融互换的功能

金融互换的主要功能有以下几点。

(1)规避风险,使用互换可以对冲利率、外汇、商品价格和股票价格变动的风险。例如,当某种货币的币值不稳定时,而该货币又是交易者必须获得的币种,通过货币互换可以用另一种货币换得想要的货币,锁定了成本,避免了因币值变动风险而带来的损失。当然互换也可以用于投机,以赚取收益。

(2) 降低融资成本。互换是基于比较优势理论创造出来的,交易双方最终分配由比较优势产生的利益。例如,当一家企业在某一市场上拥有融资优势,该企业实际上需要在另一个市场上融资,通过互换可以利用具有优势的市场地位筹措资金,而得到在另一个市场上所需的资金。互换可以提供给市场参与者一些正常条件下无法获得的市场融资渠道,并降低融资成本。

(3) 优化资产负债管理,降低利率、汇率、商品价格和股票价格等风险。金融互换为表外业务,不需要真实资金运动就可以对资产负债进行重组,降低了负债比率。而且互换交易灵活方便,可以根据企业的需要调整合同条款,以实现资产负债的匹配,使用成本也很低。

(4) 金融互换为表外业务,可以逃避各种金融管制,如外汇管制、利率管制及税收限制。但是值得注意的是,由于是表外业务,互换的风险并没有在资产负债表上体现出来,无法反映企业真实的情况。

(六) 金融互换的分类

根据基础金融工具的不同,金融互换一共有四种主要类型:利率互换(interest rate swap, IRSs)、货币互换(currency swap)、商品互换(commodity swap)和股权互换(equity swap)。利率互换和货币互换是最重要的两种互换。商品互换是一种特殊的互换协议,其中至少一种支付是按商品价格或商品价格指数支付的。商品互换被许多商品的消费者和生产者用于对冲长时期内的价格上涨。例如,饼干生产商使用粮食互换来对冲粮食价格的上涨,航空公司使用汽油互换来对冲飞机燃料的上涨。股权互换是指以股票指数产生的收益与固定利率或浮动利率或其他的股票指数产生的收益进行交换,为基金经理和机构投资者提供了一种转化资产的方法。可以用股权互换把债券投资转换为股票投资,或者把本国的股票投资转换为外国的股票投资,以避免外汇管制、税收等问题。

二、利率互换

(一) 利率互换的概念

利率互换(interest rate swap, IRSs),是指双方在未来一定时期内将同种货币的同样名义本金的现金流相互交换,是以不同的利率指标(包含浮动或固定利率)作为交换的基础金融工具。一般来说,其中一方的现金流以浮动利率计算,而另一方的现金流以固定利率计算。利率互换不需要交换本金,只需要在每期进行利差交割,而且期限通常在2年以上。

(二) 利率互换的交易过程

最基本的利率互换是固定利率对浮动利率的互换,这种交换一般是债务交换,交易的双方在各自的市场(固定利率市场和浮动利率市场)上有比较优势。下面用一个例子来说明这种利率互换的交易过程,如表8—4所示。

表 8—4 A,B 公司的利率成本

	固定利率	浮动利率	实际融资成本
A 公司	8.0%	LIBOR+0.5%	LIBOR+0.3%
B 公司	8.8%	LIBOR+0.9%	8.6%
B—A 利差	0.8%	0.4%	

A,B 两公司的固定利率差为 0.8%,A,B 两公司的浮动利率差为 0.4%,因此 A 公司在固定利率市场有相对优势,而 B 公司在浮动利率市场有相对优势。

A 公司需要浮动利率资金,B 公司需要固定利率资金,它们所需本金的币种和金额相同。利用双方的比较优势分别为对方借款,然后互换,以实现降低融资成本的目的。由于本金相同,双方无须交换本金,只需交换利息的现金流。在互换交易中,A,B 公司进行如下交易:

(1) 双方在其具有相对成本优势的市场上融资,即公司 A 以固定利率 8.0% 借款,公司 B 以浮动利率 LIBOR+0.9% 借款;

(2) A,B 公司进行互换,即 A 向 B 支付 LIBOR 利率,B 向 A 支付 7.7% 的固定利率。

这一交换过程如图 8—4 所示。

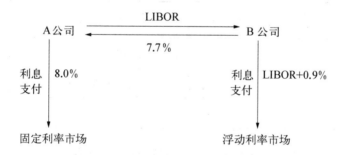

图 8—4 A,B 公司的利率互换交易

通过互换,双方的总融资成本降低了 0.4%,即(8.8% + LIBOR + 0.5%) — (8.0% +LIBOR + 0.9%)。假设这个互换没有通过中介机构,而且双方平分收益,那么可得到:A 公司的实际融资成本为 LIBOR + 0.5% − 0.2% = LIBOR + 0.3%;B 公司的实际融资成本为 8.6%。

设 A 公司向 B 公司支付数额为 LIBOR 的利息,那这时 B 公司应该支付多少利息给 A 公司,才能符合其真实的融资成本呢?

我们设 B 公司付给 A 公司的固定的利息为 X。对 A 公司的利息收支进行分析,A 公司的资金成本为 $LIBOR - X + 8.0\% = LIBOR + 0.3\%$,得到 $X = 7.7\%$。

此时 B 公司的资金成本为 $LIBOR + 0.9\% + 7.7\% - LIBOR = 8.6\%$,符合理论值。

三、货币互换

(一) 货币互换的概念

货币互换是交易双方在未来的一段时间内,交换两种不同货币的本金和现金流的交易。货币互换和利率互换很相似,但是有两个不同点:首先,货币互换通常在合同开始与期满时都有本金的交换(这些交换大多按即期汇率进行),而利率互换是没有本金交换的;其次,货币互换的利息是以不同货币进行交换的,而利率互换是使用同一种货币。

货币掉期和货币互换的英文都是 swap,但是这两种交易完全不相同。

(二) 货币互换的交易过程

货币互换的主要原因是双方在各自国家中的金融市场上具有比较优势。货币互换的双方既可以按两种货币的固定汇率交易,也可以按浮动汇率进行交易;既可以用固定利率,也可以用浮动利率进行交易。下面我们用固定利率、固定汇率的例子说明。

假设 1 美元 = 0.8 欧元,C 公司需要美元资金 1 000 万,D 公司需要欧元资金 800 万,C 公司的信用等级高于 D 公司。

从表 8—5 可以看出,D 在欧元市场上比 C 的成本高 1.6%,而在美元市场上高 1%,显然 D 公司在美元市场上具有比较优势。

表 8—5 C,D 公司的利率成本

	美元固定利率	欧元固定利率	实际融资成本
C 公司	8.0%	10.4%	7.7%
D 公司	9.0%	12.0%	11.7%
D-C 利差	1%	1.6%	

为了降低它们各自的融资成本,C,D 公司进行如下交易:

(1) 双方在其具有相对成本优势的市场上融资,即 C 以欧元利率 10.4% 借入欧元 800 万元,D 以美元利率 9.0% 借入美元 1 000 万元;

(2) C,D 公司进行本金互换,C 公司将借来的 800 万欧元本金与 D 公司借来的 1 000 万美元本金进行交换,如图 8—5 所示。

图 8—5 C,D 公司的货币互换中的本金互换

(3) C,D 公司进行利息互换,即 C 向 D 支付 5.3% 美元利率,公司 D 向公司 C 支付 8.0% 的欧元利息,如图 8—6 所示。

通过互换,双方的总融资成本降低了 0.6%,即 (8.0% + 12%) - (9.0% + 10.4%)。假设这个互换没有通过中介机构,而且双方平分收益,那么可得到:C 公司的实际融资成本为 8.0%−0.3%=7.7%;D 公司的实际融资成本为 12.0%−0.3%=11.7%。

设 D 公司向 C 公司支付数额为 8% 的欧元利息。这时我们设 C 公司付给 D 公司的美元利息为 X。对 C 公司的利息收支进行分析,C 公司的资金成本为 $10.4\%+X-8.0\%=7.7\%$,得到 $X=5.3\%$。请注意,此处假定汇率不变,如果担心汇率变动造成损失,可以通过套期保值来避免风险。

此时 D 公司的资金成本为 9.0%+8.0%−5.3%=11.7%,符合理论值。

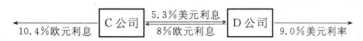

图 8—6　C,D 公司的货币互换中的利息互换

(4) 在互换结束的时候,双方再次交换本金,C 公司支付给 D 公司 1 000 万美元本金,D 公司支付给 C 公司 800 万欧元,如图 8—7 所示。如果美元升值,则 C 公司损失汇率差;反之,亦然。

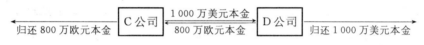

图 8—7　C,D 公司的货币互换中的本金互换

四、我国的金融互换市场

2006 年 2 月 9 日,中国人民银行发布《关于开展人民币利率互换交易试点有关事宜的通知》,批准在全国银行间同业拆借中心开展人民币利率互换交易试点。2008 年 1 月 18 日,中国人民银行发布《关于开展人民币利率互换业务有关事宜的通知》,同时废止前一项试点通知。

根据中国人民银行文件的规定,人民币利率互换交易是指交易双方约定在未来的一定期限内,根据约定数量的人民币本金和利率计算利息,并进行利息交换的金融合约。《通知》规定,利率互换的参考利率应为经中国人民银行授权的全国银行间同业拆借中心等机构发布的银行间市场具有基准性质的市场利率,或经中国人民银行公布的基准利率。全国银行间债券市场参与者中,具有做市商或结算代理业务资格的金融机构可与其他所有市场参与者进行利率互换交易,非金融机构只能与具有做市商或结算代理业务资格的金融机构进行以套期保值为目的的利率互换交易。银行间债券市场参与者中,具有做市商或结算代理资格的金融机构可以通过交易中心的交易系统进行利率互换交易的双边报价。利率互换交易既可以通过交易中心的交易系统进行,也可以通过电话、传真等其他方式进行。

自 2006 年 2 月人民币利率互换交易试点以来,交易量快速增长,交易品种中以 1～5 年期限品种的交易量居多。其中,基于 7 天回购定盘利率的品种居主要地位,其他还有 5～10 年、1 年以下、10 年以上的品种。参与交易的金融机构有外资银行、政策性银行、工农中建四大行、股份制银行、城市商业银行、证券公司、保险公司等。同时,非金融机构法人交易量增长也很迅速。

第六节 其他金融衍生工具市场

金融远期、金融互换、金融期货、金融期权是最常见的金融衍生工具,上述四种金融衍生产品,以及金融基础工具或金融变量自身的简单变形,或者相互之间的不同组合形成了金融市场中广泛存在的各类其他金融衍生产品。从理论上说,利用基础金融工具及金融衍生工具进行的不同组合所得到的新的金融产品数目是无穷尽的,可转换债券和权证是其中较有代表性的两种。

一、可转换债券

自 1843 年美国 New York Erie 公司发行了世界上第一张可转换公司债券以来,可转换债券独特的金融性质逐渐为投资者所熟悉,并受到了广泛的欢迎。目前,可转换债券市场已经成为金融市场中不可或缺的重要组成部分。

(一) 可转债的概念

可转换债券(convertible bond,简称可转债或转债),是一种附加可转换条款的公司债券,它赋予持有人在规定期限内,可自由地选择是否依约定的条件将持有的债券转换为发债公司的普通票的权利。换言之,可转换债券持有人可以选择持有至债券到期,要求公司还本付息;也可选择在约定的时间内转换成股票,享受股利分配或资本增值收益。

(二) 可转债的特性

从可转换债券的概念可看出,普通可转换公司债券具有多重属性。

1. 债权性

可转换债券首先是一种公司债券,是固定收益证券,具有确定的债券期限和定期票面利率,并为投资者提供了稳定的利息收入和还本保证,因此可转换债券具有较充分的债权性质。也就是说,可转换债券在转换前是公司债券,它的持有人可以享有还本付息的保障,但不能享有股东权益。

2. 股权性

可转换债券在转换成股票之后,原可转换债券持有人就由债权人变成了公司的股东,可行使股东权益。

3. 期权性

可转换债券为投资者提供了转换成股票的权利,这种权利具有期权的含义。期权性是可转债的重要属性。可转换债券嵌入了普通股票的看涨期权,投资者通过持有可转换债券可以获得股票上涨的收益。

可转换债券的投资者还享有将债券回售给发行人的权利。一些可转换债券附有回售条款,规定当公司股票的市场价格持续低于转股价(即按约定将可转换债券转换成股票的价格)达到一定幅度时,债券持有人可以把债券按约定条件回售给债券发行人。

另外,可转换债券的发行人拥有强制赎回债券的权利。一些可转换债券在发行时附有强制赎回条款,规定在一定时期内,若公司股票的市场价格高于转股价达到一定幅度,并持续一段时间时,发行人可按约定条件强制赎回债券。

因此,可转换债券除了可以简单地视为附息债券和股票看涨期权的一种衍生组合,还可以视为附息债券和一系列期权的组合,这是在可转债价值分析时需要注意的。

(三) 可转换债券的要素

可转换债券在发行时即规定若干要素,这些要素决定了可转换债券的总体特征。

1. 有效期限和转换期限

有效期限指债券自发行日起至偿清本息之日止的存续时间。转换期限是指可转换债券持有人可行使转换权,将它转换成普通股票的起始日至结束日的时间。通常,可转换债券的转换期限短于有效期限。

2. 票面利率

票面利率是指可转换债券作为公司债券的票面年利率。转债持有人行使转换权以前或持有转债至到期日,发行人承诺按票面利率定期支付利息并偿还本金。由于嵌入了普通股票的看涨期权,可转换债券的票面利率一般低于相同条件的不可转换公司债券。

3. 转换比例或转换价格

转换比例是指一定面值可转换债券可以转换成普通股票的股数。转换价格是可转换债券转换成普通股票时,每股股票所支付的价格。两者互为倒数关系。例如,某可转换债券规定每1 000元面值的债券在约定的转换期限内可转换成50股普通股票,则转换比例为50,转换价格为20元/股。

4. 赎回条款和回售条款

赎回条款和回售条款是指可转换债券在发行时规定的赎回行为和回售行为的市场条件。

赎回条件是当发行公司股票价格在一段时间内连续高于转换价格达到一定幅度时,发行人可按照事先约定的赎回价格买回发行在外尚未转股的可转换公司债券。

回售条件是当发行公司股票在一段时间内连续低于转换价格达到一定幅度时,转债持有人可按事先约定的回售价格将所持有的转债卖给发行人。

5. 转换价格修正条款

转换价格修正条款是指在转债发行后,公司由于送股、配股、增发股份、分立、合并、拆细及其他原因导致发行人股份变动,引起公司股票名义价格下降时对转换价格所做的必要调整。

(四) 可转债的价值分析

1. 转换价值

这是指将可转换债券转换为普通股票时按市场价格计算所获得的理论价值,计算公式为转换价值等于股票市价乘以转换比例。例如,面值1 000元的可转换债券,规定转换比例为20,则转换价格为50元/股,即该份可转换债券在转换期内可以用50元/股的价格换取20股股票。如果股价为60元/股,则转换价值1 200元;如果股价为40元,则转换价值为800元。一般而言,可转换债券的价格不可能低于其转换价值。因为如果可转换债券的价格低于其转换价值,就会出现无风险套利的行为。

2. 投资价值

这是指将可转换债券视为普通债券时各期现金流的贴现值之和,又被称为可转换债券的直接价值。例如,某可转换债券的剩余期限为5年,面值1 000元,票面利率为8%,转换比率为20,贴现率为9%,则根据附息债券理论价值的计算公式,得出可转换债券的投资价值为961.10元。在贴现率水平不变的前提下,投资价值也是可转换债券的底价。

可转换债券的投资价值与转换价值两者中的较大者,可被看作可转换债券价值的底线。因为按照相对价值评估准则,可转换债券的价值不应该低于等量普通债券和等量标的股票的价值,否则就会存在套利机会。仍以某可转换债券为例,当股票价格为40元的时候,其转换价值为800元,但其债券的投资价值为961.10元,那么市场上可转换债券的交易价格不会以800元,而是以债券的直接价值961.10元为交易价格基础;同样,当股票价格上升到60元的时候,其转换价值为1 200元,此时就不可能以961.10元的交易价格进行交易,1 200元的转换价值才是交易基准。在实务中,这个原则是投资者判断可转换债券价值最简单和最便利的方法。当然在理论上,在不考虑赎回、回售等条款的情况下,可转换债券在可转换期内的价值可以看作普通债券部分的价值与买入期权部分的价值之和,其中买入期权价值的计算可以参考本章第四节金融期权的定价分析部分,在此就不加赘述了。

(五)我国的可转债

中国可转换债券市场的发展起步于20世纪90年代初期。在没有正式的有关可转换债券融资的相关文件的情况下,部分公司出于融资的需要,就已经开始尝试可转换债券的发行,并且到国际资本市场上筹集了一部分资金。之后,可转换债券市场的发展在经历了一段停滞后,随着2001年4月《上市公司发行可转换公司债券实施办法》及相关文件的出台,中国可转换债券市场的发展步入了一个新的阶段。2006年5月,中国证监会发布《上市公司证券发行管理办法》,规定上市公司可以公开发行认股权和债券分离交易的可转换公司债,符合上市条件的,可分别在证券交易所上市交易。

二、权证

权证(warrant,又称为认股权证、认股证),是发行人与持有者之间的一种契约,指持有人在约定的时间有权以约定的价格购买或卖出基础金融工具,或以现金结算方式收取结算差价的金融产品。基础金融工具可以是个股,也可以是一篮子股票债券、指数、商品或其他衍生产品。权证属于期权类金融衍生工具。

权证通常包括权证类别、基础金融工具、行权价格或行权比例、存续期间、行权日期、行权结算方式等要素,以约定权证发行人和持有人的权利、义务。

(一)权证的分类

1. 按行使时间分

按行使时间划分,权证有欧式、美式和百慕大式。欧式权证规定持有人只能在约定时间到达时,有权买卖基础金融工具;而美式权证,则允许持有人在约定时间到达前的任何交易日行使买卖基础金融工具的权利;百慕大式权证持有人可以在失效前一段时间行权。

2. 按行使方式不同分

按行使方式不同划分,权证可分为认购权证和认售权证。认购权证赋予持有人在约定时间内,以约定价格买入约定数量基础金融工具的权利;认售权证赋予持有人在约定时间内,以约定价格卖出约定数量基础金融工具的权利。前者属于看涨期权,后者属于看跌期权。

3. 按发行时履约价格与基础金融工具价格的高低分

按照发行时履约价格与基础金融工具价格的高低,权证可以分为价内权证、价外权证及价平权证三类。对认购权证而言,所谓价内,是指基础金融工具市场价格高于认购权证的履约价格;若基础金融工具市场价格低于认购权证的履约价格,则称为价外;基础金融工具市场价格等于认购权证的履约价格,则称为价平。对认售权证而言,正好相反,基础金融工具市场价格高于认购权证的履约价格,称为价外;低于为价内;等于是价平。

4. 按发行人不同分

按权证的发行人不同可分为两类:股本权证和备兑权证(也称衍生权证)。

股本权证通常由上市公司发行,基础金融工具通常为上市公司的股票。股本权证赋予权证持有人在约定期限内,以约定价格购买上市公司股票的权利。执行时,若股票的价格高于权证行使价格,则权证持有人会要求从发行人处购买股票,而发行人通过增发的形式满足权证持有人的需求,即为认购权证。而备兑权证是由基础金融工具发行人以外的第三方(通常为信誉好的证券公司等金融机构)发行的权证,其基础金融工具可以为个股、一篮子股票、债券、指数,以及其他衍生产品。持有人的权利是可以买入或卖出基础金融工具,或以现金结算方式了结。

(1) 两者的共同之处表现在:

1) 持有者都有权利而无义务,即两者都有期权的特征。在资金不足、股市形势不明朗的情况下,投资者可以购买权证,而推迟购买股票,减少决策失误可能造成的损失。

2) 两者都有杠杆效应。持有者只要支付权证的价格就可保留认购股票的权利。因为权证的市场价格大大低于股票的价格,所以,购买权证提供了以小搏大的机会。

3) 两者的价格波动幅度都大于股票。股本权证和备兑权证的价格都随股票的市场价格波动而同向波动,由于杠杆效应,其波幅都大于股票波动幅度。

(2) 两者的区别除了表现在发行者的不同,在以下几个方面也存在差异:

1) 发行时间。股本权证一般是上市公司在发行公司债券、优先股股票或配售新股之际同时发行。备兑权证的发行时间没有限制。

2) 认购对象。股本权证持有者只能认购发行认股权证的上市公司的股票,备兑权证持有者有时可认购一组股票。同时,针对一个公司的股票,会有多个发行者发行备兑权证,它们的兑换条件也各不一样。

3) 发行目的。股本权证与股票或债券同时发行,可以提高投资者认购股票或债券的积极性。同时,如果到时投资者据此认购新股,还能增加发行公司的资金来源。备兑权证发行之际,作为发行者的金融机构可以获取一笔可观的发行收入,当然它也要承受股市波动给它带来的风险。

4) 到期兑现。股本权证是以持有者认购股票而兑现。备兑权证的兑现,可能是发行者按约定条件向持有者出售规定的股票,也可能是发行者以现金形式向持有者支付股票认购价和当前市场价之间的差价。

(二) 期权与权证的区别

以上对权证的描述我们可以发现权证与期权很类似,可以说权证是运用金融工程原理对期权变形的结果。事实上就连它们的估值方法都相同,都使用布莱克-斯科尔斯期权定价模型或二项式模型。但是权证与期权毕竟不是同一种产品,两者之间的区别如表 8—6 所示。

表 8—6 权证与期权的区别

	权　　证	期　　权
交易场所	交易所上市交易,非标准化合同	始于 OTC 市场、非标准化合同,逐渐转向交易所上市交易、标准化合同
市场模式	由发行人在一级市场上发行,做市商促进二级市场流通,证交所提供交易平台并负责监管与清算	由清算所担任中间人,供需双方均通过清算所完成交易,也有做市商促进市场流通,交易所提供交易平台并负责监管,清算所负责清算
发行数量	有确定的发行数量,可供交易数量受发行数量限制	由期权清算所担任,无固定量,可供交易数量视需求而定,不受发行数量限制
卖空机制	不可卖空	可卖空
履约保障	交易所不承担履约保障	交易所承担履约保障

(三) 我国权证的发展

我国金融市场中的第一个权证是 1992 年在上海证券市场推出的大飞乐股票的配股权证,而深圳市场也曾推出过桂柳工、深宝安等股票的权证。在 2005 年启动的股权分置改革过程中,部分上市公司的控股股东发行备兑权证作为支付给流通股股东的对价,并上市交易。随后,为平抑权证市场的供求平衡,部分证券公司也发行了备兑权证,并上市交易。2006 年 5 月,规定上市公司可公开发行认股权和债权分离交易的可转换公司债券后,这类权证也在交易所上市交易。

三、资产证券化产品

(一) 资产证券化产品的定义

资产证券化是以特定资产组合或特定现金流为支持,发行可交易证券的融资形式。资产证券化的基本含义是将缺乏流动性,但能够产生稳定现金流的金融资产打包建立一个资产池,出售给特殊的载体(SPV),由它通过一定的结构安排,分离和重组资产的收益和风险,并增强资产的信用,转化为以资产池未来产生的现金收益为偿付基础而发行的证券。

在资产证券化过程中发行的、以资产池为基础的证券,称为资产证券化产品。

通过资产证券化,将流动性较低的资产,如银行贷款、应收账款、房地产按揭等转化为流动性较高的可交易证券,提高了基础资产的流动性,增加了投资品种,便于投资者对流动性较低资产的投资;也可以改变发起人的资产结构,提高资产质量,加速资金周转。但是,基础资产的过度衍生也会加大金融市场风险。

(二) 资产证券化的种类

按照基础资产的不同,资产证券化产品可分为以下两种。

1. 资产支持证券(asset-backed securities, ABS)

资产支持证券又可分为狭义的 ABS 和抵押债务权益(collaferalized debt obligation, CDO)两类。前者包括信用卡贷款、汽车贷款、设备租赁、消费贷款等为标的资产的证券化产品;后者是以银行贷款为标的资产的证券化产品,主要有抵押贷款权益(collateralized loan obligation, CLO)和抵押债券权益(collateralized bond obligation, CBO)。

2. 房屋抵押贷款证券(mortgage-backed securities, MBS)

按标的资产属性可分为商业地产抵押贷款支持证券(commercial mortgage backed securities, CMBS)和住宅地产抵押贷款支持证券(residential mortgage backed securities, RMBS)。

此外,还可以按照证券化产品的金融属性不同,分为股权类证券化、债权型证券化和混合型证券化;按照证券化产品地域不同,分为境内资产证券化和离岸资产证券化等。

(三) 我国的资产证券化

我国资产支持证券产品起步于 20 世纪 90 年代初。2005 年,中国人民银行、银监会、财政部、国税总局等相关部委相继发布了《信贷资产证券化试点管理办法》、《金融机构信贷资产证券化试点监督管理办法》、《关于信贷资产证券化有关税收政策问题的通知》等规定,被认为是"中国资产证券化元年"。同年 12 月,国家开发银行、中国建设银行的 CLO、RMBS 产品的成功发行,标志着我国资产证券化产品正式问世。此后,又有多家金融机构发行资产证券化产品。

本 章 小 结

金融衍生工具是由基础工具或金融变量的未来价值衍生而来,是由两方或多方共同达成的金融合约及其各种组合的总称。金融衍生工具一般具有高杠杆比例、定价复杂、风险大、跨期交易、交易成本低、全球化程度高的特点。按照金融衍生工具的合约类型,可分为远期、期货、期权、互换和嵌入式衍生工具五类。随着国际金融市场风险加剧,金融行业竞争加剧,科技革命和技术进步和金融理论的发展,20 世纪末金融衍生工具市场进入了快速发展阶段。金融衍生工具市场的主要参与者有:商业银行、证券公司和投资银行、投资基金、工商企业和个人投资者。金融衍生工具的交易主要有以下三种方式:以公开叫价形式的场内交易、场外交易和电子自动配对系统。金融衍生产品的风险,可以被分为市场风险、信用风险、流动性风险、操作风险和法律风险五类。

金融远期合约(forward contracts)是指双方按约定的价格买卖,在未来的某一确定时间交付的、一定数量的某种金融资产的合约。远期合约是一种非标准化的合约,其交易也不在交易所内,合约签订时没有价值,而且一般不可转让,风险也比较大,但它的灵活性很大,可以根据需要进行调整。金融远期合约主要有远期利率协议、远期外汇合约和远期股票合约三类。可以使用公式对不支付收益证券、支付已知收益证券和支付已知收益率证券的远期合约进行定价。远期利率协议的交易双方在清算日时不交换本金,而是根据协议利率和参照利率之间的差额及名义本金额,由交易一方支付给另一方结算金;而远期外汇合约需交换本金。

金融期货(financial futures)是指交易双方在期货交易所以公开竞价的方式成交后,承诺在未来某一日期、按约定的条件交收一定数量某种金融工具的标准化协议。金融期货交易是在金融远期合约交易的基础上发展起来的,但它们也有很大的区别,金融期货是标准化了的金融远期。金融期货分成外汇期货、利率期货、股权类期货三大类。完整的金融期货由交易所、结算机构、经纪公司及交易者四个部分构成。金融期货交易的交易规则的特点有,集中交易、标准化合约、保证金制度、逐日清算制度、涨跌停板制度、限仓和大户报告制度等。金融期货最基本的功能是规避风险和发现价格,可用于套期保值,也可用于投机或套期图利。

金融期权(financial option)赋予它的持有者在未来某一特定时间内,按买卖双方约定的价格购买或出售一定数量某种金融资产的权利的合约。大规模的期权交易是在期货交易的基础上发展起来的,是以期货市场的发育程度与规则的完备为前提的。期权与期货交易的主要差别在于买卖双方的权利义务对称性不同、履约保证金的规定不同、合约基础金融工具不同、盈亏对称性不同和现金流转不同。期权交易双方都可以使用期权交易进行保值或投机牟利。期权的基本类型是看涨期权和看跌期权。期权价格由内在价值和时间价值两部分构成,期权的内在价值取决于该期权的执行价与基础金融工具市价之间的关系。而期权的时间价值受到期权的有效期、基础金融工具价格的波动性、无风险利率和基础金融工具的收益的影响。

金融互换是约定两个或两个以上当事人按照商定条件,在约定的时间内,交换不同金融资产或负债的合约。不同于其他金融衍生工具往往是一次性交易,互换是一系列现金流的交换,会持续一段时期。金融互换产生的理论基础是比较优势理论。互换是一种单独磋商的场外交易,采用非标准化合约,等价于一系列同样远期价格的远期合约,有较大的信用风险。金融互换的主要功能有规避风险、降低融资成本、管理资产负债和逃避金融管制。金融互换一共有四种主要类型:利率互换、货币互换、商品互换和股权互换。利率互换(interest rate swap, IRSs),是指双方在未来一定时期内将同种货币的同样的名义本金的现金流相互交换,是以不同的利率指标(包含浮动或固定利率)作为交换的基础金融工具。一般来说,其中一方的现金流以浮动利率计算,而另一方的现金流是以固定利率计算。利率互换不需要交换本金,只需要在每期进行利差交割,而且期限通常在2年以上。货币互换是交易双方在未来的一段时间内,交换两种不同货币的本金和现金流。货币互换和利率互换有两个不同点:货币互换通常在合同开始与期满时都有本金的交换(这些交换大多按即期汇率进行),利率互换则没有本金交换;货币互换的利息是以不同货币进行交换的,而利率互换是使用同一种货币。

金融远期、金融互换、金融期货、金融期权是最常见的金融衍生工具,上述四种金融衍生产品,以及金融基础工具或金融变量自身的简单变形,或者相互之间的不同组合形成了金融市场中广泛存在的各类其他金融衍生产品。可转换债券和权证是其中较有代表性的两种。可转换债券是一种附加可转换条款的公司债券,它赋予持有人在规定期限内,可自由地选择是否依约定的条件将持有的债券转换为发债公司的普通票的权利。普通可转换公司债券具有债权性、股权性和期权性的特点。可转债的价值可以分为投资价值和转换价值。权证是发行人与持有者之间的一种契约,指持有人在约定的时间有权以约定的价格购买或卖出基础金融工具。按权利行使方式不同,权证可分为认购权证和认售权证;按权证的发行人不同,权证可分为股本权证和备兑权证。期权与权证在交易场所、市场模式、发行数量、卖空机制和履约保障方面有所不同。资产证券化是以特定资产组合或特定现金流为支持,发行可交易证券的融资形式。在资产证券化过程中发行的、以资产池为基础的证券,称为资产证券化产品。资产证券化产品的基本类型有资产支持证券和房屋抵押贷款证券。

重 要 概 念

金融衍生工具　金融基础工具　场外交易　金融远期　远期利率协议　远期外汇合约　远期股票合约　交割价格　到期时间　多头　空头　连续复利　名义本金额　结算金　金融期货　标准化合约　保证金制度　逐日清算　对冲　外汇期货　利率期货　股票指数期货　股票期货　期货交易所　结算机构　基差　金融期权　看涨期权　看跌期权　欧式期权　美式期权　实值期权　虚值期权　平价期权　布莱克-斯科尔斯(Black-Scholes)期权定价模型　比较优势理论　对放贷款　金融互换　利率互换　货币互换　商品互换　股权互换　可转换债券　权证　认购权证　认售权证　股本权证　备兑权证　资产证券化

练 习 题

一、判断题

1. 金融衍生工具是由基础金融工具或金融变量的现值衍生而来、由两方或多方共同达成的金融合约及其各种组合的总称。

2. 可以通过金融衍生工具来消灭金融风险,达到保值的目的。

3. 流动性风险的大小取决于交易合约的标准化程度、市场规模的大小和市场环境的变化。

4. 远期合约一般不可转让,但在合约签订时是有价值的。

5. 远期汇率高于即期汇率时的差额被称作升水(Premium),一种货币的升水必然导致另一种货币的贴水。

6. 绝大多数期货合约是通过交割的方式平仓了结的。

7. 初始保证金可以用现金、银行信用证或短期国库券等交纳。

8. 奇异期权往往是金融机构根据客户的具体需求开发出来的,其灵活性和多样性是常规期权所不能比拟的。

9. 金融互换为表内业务,要在资产负债表上体现出来。

10. 备兑权证在兑现时只能是发行者按约定条件向持有者出售规定的股票。

二、单项选择题

1. 汇率衍生工具不包括_____。
   A 外汇期货   B 债券远期合约
   C 货币互换   D 外汇期权

2. 由股票和期权合成的金融衍生工具是_____。
   A 期货期权   B 走廊式期权
   C 可转换债券   D 互换

3. 1×4 远期利率协议中的 1×4 是指起算日至结算日为 1 个月,_____为 4 个月。
   A 起算日至到期日   B 起算日至结算日
   C 结算日至结算日   D 确定日至到期日

4. 结算金是指在结算日根据_____计算出来的由交易一方付给另一方的金额。
   A 合同利率和参照利率的和   B 合同利率
   C 参照利率   D 合同利率和参照利率的差额

5. 以下不是影响基差的因素的是_____。
   A 期货合约的期限   B 期货价格和现货价格的波动
   C 期货合约流动性   D 利率水平

6. 以下不是金融期货交易的主要交易规则的是_____。
   A 限仓和大户报告制度   B 隔日交易制度
   C 保证金制度   D 逐日结算制度

7. 期权买方行使期权时可以获得负的收益,则该期权被称为_____。
   A 实值期权   B 美式期权
   C 虚值期权   D 平价期权

8. 使交易者面临潜在损失无穷大的金融期权的交易策略是_____。
   A 买进看涨期权   B 卖出看涨期权
   C 买入看跌期权   D 卖出看跌期权

9. 以下会增加看涨期权价格的因素是_____。
   A 期权有效期缩短
   B 利率上升
   C 基础金融工具价格波动性下降
   D 基础金融工具产生现金收益

10. 以下关于股本权证和备兑权证的相同之处的说法中，_____是错的。
   A 持有者都有权利而无义务　　　B 发行时间相同
   C 都有杠杆效应　　　　　　　　D 价格波动幅度都大于股票

三、多项选择题

1. 金融衍生工具与传统金融工具相比，有_____特征。
   A 高杠杆　　　　　　　　　　　B 定价复杂
   C 风险大　　　　　　　　　　　D 交易成本低
2. 金融衍生工具的交易方式主要有_____。
   A 以公开叫价的形式在交易大厅内进行交易
   B 场外交易
   C 拍卖竞价交易
   D 电子自动配对交易
3. 以下属于新兴金融衍生工具的有_____。
   A 房地产衍生工具　　　　　　　B 税收衍生工具
   C 信用风险衍生工具　　　　　　D 通货膨胀衍生工具
4. 金融远期合约主要有_____。
   A 远期利率合约　　　　　　　　B 远期股票合约
   C 远期外汇合约　　　　　　　　D 远期商品价格合约
5. 金融期货与金融远期有许多不同之处，具体体现在_____。
   A 交易场所不同
   B 合约标准化程度不同
   C 交易保证和结算方式不同
   D 履约方式不同
6. 按照金融期货基础金融工具的不同，金融期货可以分成_____。
   A 外汇期货　　　　　　　　　　B 利率期货
   C 股票指数期货　　　　　　　　D 股票期货
7. 影响期权价格的因素有_____。
   A 期权的有效期　　　　　　　　B 基础金融工具价格的波动性
   C 无风险利率　　　　　　　　　D 基础金融工具的收益
8. 期权交易是一种以特定权利为买卖对象的交易，与期货交易的主要差别在于_____。
   A 买卖双方的权利义务不同　　　B 履约保证金的规定不同
   C 价格风险不同　　　　　　　　D 合约基础金融工具不同
9. 金融互换的主要功能有_____。
   A 规避风险　　　　　　　　　　B 降低融资成本
   C 优化资产负债管理　　　　　　D 逃避各种金融管制
10. 普通可转换公司债券具有_____属性。

A 债权性   B 股权性
C 杠杆性   D 期权性

参 考 答 案

一、1. 非 2. 非 3. 是 4. 非 5. 是 6. 非 7. 是 8. 是 9. 非 10. 非
二、1. B 2. C 3. A 4. D 5. B 6. B 7. C 8. B 9. B 10. B
三、1. ABCD 2. ABD 3. ABCD 4. ABC 5. ABCD 6. ABCD 7. ABCD 8. ABCD 9. ABCD 10. ABD

第九章 国际金融中心和国际金融组织

> **提 要**
>
> 世界经济的全球化和一体化越来越要求金融资源在全世界范围内的有效筹集和配置。作为资金集散中心和金融机构的聚集地——国际金融中心,在金融资源的有效配置中扮演了重要的角色。国际金融组织在维护国际金融市场的稳定、加强国际金融经济的合作方面发挥着协调作用。国际金融中心和国际金融组织功能的完善与否,直接影响着国际金融市场的稳定、世界经济的发展和整个社会福利的提高。

第一节 国际金融中心

一、国际金融中心概述

国际金融中心是跨国界和跨地区的金融资源配置中心。它通常是主要金融市场所在地,在那里各类金融机构聚集、金融交易品种繁多、金融人才集中、与金融市场有关的非金融服务机构齐全,形成以投融资为核心的产业链,对区域和全球性金融资源具有集聚和辐射作用,对金融产品的价格决定和金融创新具有引领作用。

(一) 国际金融中心的产生和发展

国际金融中心是世界经济和国际金融发展到一定程度的必然产物。最早的国际金融中心是17世纪荷兰的阿姆斯特丹,它既是当时的国际经济中心、国际贸易中心,也是国际金融中心。

伦敦是世界上历史最悠久的国际金融中心。16世纪,随着英国资本主义的兴起,伦敦金融中心的地位逐渐确立。19世纪的工业革命使英国经济实力大大增强,英国成为世界上最大的贸易进出口国,英镑也随之成为世界上最重要的国际货币,当时世界上40%的国际贸易通过英镑进行结算。同时,得益于英国对银行业管制的放松,伦敦的银行体系也日趋完善。随着伦敦各类金融市场的逐步健全、迅速发展,伦敦成为当时世界上最大的国际金融中心。

第一次世界大战后,英国经济遭到重创,英镑在国际贸易和结算中的主导地位岌岌可危,伦敦国际金融中心的地位开始下降,但由于一系列的传统优势,伦敦仍保持着最主要的国际金融中心的地位。

同时,第一次世界大战期间,美国作为中立国,经济未受战争影响,其经济实力迅速增强。战后,美国恢复了战前实行的金本位制,美元与黄金保持稳定的兑换关系,美元作为国际货币被人们广泛接受。与此同时,随着美国联邦储备体系的建立,银行体系进一步完善,纽约金融市场得到迅速发展。纽约作为美国最大的金融和商业中心,迅速发展成为可与伦敦媲美的重要国际金融中心之一。1981年,离岸金融市场,又称为国际银行设施的建立,更大大强化了纽约主要国际金融中心的地位。

第二次世界大战彻底改变了世界政治和经济格局。战后初期,美国控制着西方的经济,成为世界上最大的债权国。布雷顿森林体系所规定的美元与黄金挂钩,各国货币与美元挂钩的货币制度正式确立了美元的中心地位,美元完全取代英镑成为最主要的国际清算和储备货币,纽约也凭借着美国强大的经济实力取代伦敦成为世界上最大的国际金融中心。

与此同时,由于瑞士在二次大战中保持中立,其稳定的国内环境和适中的地理位置使之成为国际资本的首选地。瑞士的经济、金融及商业中心苏黎世一时成为世界第三大金融中心。

20世纪60—70年代,欧洲美元和欧洲美元市场的产生,使资金的跨国流动真正具有了全球化特征。欧洲美元市场可以经营一切以美元为载体的金融活动,美元存款的吸收和贷款的发放、保单的发行和赔付、美元定值证券的发行和交易都在美国本土以外进行。这种"离岸"金融活动从根本上破除了国际金融中心必须依附于经济中心和贸易中心的传统范式,引发了国际金融中心的分散化过程,并导致"离岸金融中心"的产生。这一时期,国际金融中心迅速而广泛地分散到巴黎、法兰克福、米兰、蒙特利尔、东京等地,尤其引人瞩目的是,原先一些经济上并不居重要地位的国家和地区,如巴哈马、开曼群岛、百慕大群岛、卢森堡、新加坡、中国香港等也迅速成长为国际金融中心。

20世纪80年代以后,各发达国家纷纷实行金融自由化,极大地放松了对资本流动的管制,同时金融创新也风起云涌。信息技术的发展,贸易自由化、金融自由化、金融创新推动了经济和金融的全球化。在全球化的背景下,国际金融中心的发展进入了更为多元化的新历程,各国际金融中心竞争激烈,并逐渐形成了由多个不同等量级金融中心组成的多层次国际金融中心格局。1980年,国际金融中心的第一层级是纽约、东京,第二层级是伦敦、法兰克福、苏黎世、多伦多,还有巴黎、米兰、新加坡、香港等属于第三层级。1990年,国际金融中心的第一层级是纽约、东京、伦敦,第二层级是法兰克福、巴黎、多伦多、台北,还有第三、第四层级。到1998年,伦敦与纽约并列成为全球性多功能国际金融中心,而且伦敦从未停止过对世界首要国际金融中心地位的争夺,东京地位有所下降,法兰克福地位上升,共同处于第二层级;除传统的巴黎、米兰、苏黎世、卢森堡等以外,悉尼、新加坡、香港、首尔、台北等亚太新兴区域金融中心影响力在上升,处在第三、第四层级。据英国2007年的一项权威调查显示,2006年世界前10位的金融中心是伦敦、纽约、香港、新加坡、苏黎世、法兰克福、悉尼、芝加哥、东京、日内瓦。[①]

近百年来,国际金融中心之间的竞争从未停止并日趋激烈,发达国家一直在为巩固或争取世界重要国际金融中心地位而不断创新,新兴市场国家和地区,如中国的香港、新加坡、印度的孟买、阿联酋的迪拜也在为成为重要的国际金融中心而作出不懈的努力。

---

① 张望:《金融争霸》,上海人民出版社,2008年版。

（二）国际金融中心需具备的条件

从国际金融中心的发展历史可以看出，国际金融中心的形成需具备一定的条件。尽管不同的金融中心形成的条件不尽相同，一般来说，共同的条件包括：

(1) 和平稳定的政治环境。这是国际金融中心形成的首要前提。历史上无一国际金融中心兴起于国内动荡不安的环境。

(2) 相对优惠的政策和宽松的管制措施。这是吸引国际资金和国际金融从业者的重要条件，尤其在离岸金融中心的形成中发挥了关键性作用。

(3) 有利的交通和通讯、地理、人才优势。

(4) 金融中心形成所需的其他条件。除上述条件外，全球性和区域性金融中心的形成一般还要求本币币值保持稳定，有一定规模的金融市场及稳定的经济增长等；离岸金融中心的形成则要求政府有足够的外汇储备稳定离岸市场，以及批发性金融业务、金融市场发达等。

（三）国际金融中心的类型

按国际金融中心的性质分类，可将国际金融中心划分为"名义中心"和"功能中心"。名义中心又称簿记中心，是指国际性金融机构在此注册和记账，旨在避税和规避监管，但实际的银行业务和金融交易并不在此发生的金融中心。此类金融中心的典型代表有百慕大、巴哈马、开曼等加勒比海沿岸的一些金融中心。功能中心是指各类国际性金融机构和金融市场聚集在此进行实际资金借贷的金融中心，如伦敦、纽约、东京等。功能中心又可进一步分为"一体化中心"和"隔离性中心"两类。其中，一体化中心不将境内市场、境外市场和离岸市场人为分割，金融机构一旦获准在此开业，便可以自由地进行任何境内外、本币或外币的业务，典型的一体化金融中心是伦敦和香港。隔离性中心则将境内外市场或本币、外币业务严格区别，未经许可，外资金融机构不得开展本币业务，具有代表性的隔离性金融中心是东京。

按金融业务所涉及的地理范围为标准，可将国际金融中心分成全球金融中心、区域性金融中心和离岸金融中心。全球金融中心的金融市场业务范围十分广泛，包括国内、国际全部金融市场的活动，此类国际金融中心的典型代表是伦敦、纽约和东京。区域性国际金融中心主要为洲际地区提供服务，典型的代表有法兰克福、巴黎、新加坡和香港。离岸金融中心又称为境外金融中心，此类金融中心的业务范围仅限于境外市场业务，典型的境外金融中心是卢森堡和巴哈马等。

（四）国际金融中心的功能

国际金融中心的首要功能为通过市场供求关系，利用价格机制实现金融资源在区域，甚至全球内的有效配置。这主要通过金融中心的各类金融市场来实现。在金融中心，资金供给者可以选择在不同的金融市场和通过不同的金融工具进行投资；资金需求者也可以根据其自身的需求选择适当的金融工具融资，从而实现了金融资源的充分、大量地筹集和有效的分配。同时，由于金融中心各类金融机构聚集，竞争相当激烈，也使得机构间的合作和人员的交流得以低成本的进行，进一步提高了金融资源分配的效率。此外，金融中心种类繁多的金融工具及良好的流动性也为投资者多元化的投资和风险的回避提供了条件。国际金融中心还是大量经济与金融信息集中产生和分配之地，有利于反映资金需求状况的、真实的金融价格的形成。另外,金融信息还可以在第一时间内传往世界各地,对其他金融中心和金融市场交易形成影响,从而迅速地影响着世界经济。

二、主要的国际金融中心简介

(一)世界金融中心

1. 纽约

纽约是目前最大的国际金融中心。

纽约货币市场是国际主要货币市场中交易量最大的。纽约货币市场没有固定的场所,交易是供求双方直接或通过经纪人进行。除纽约的金融机构、企业和私人投资者在此进行交易外,每天还有大量的短期资金从美国和世界各地流入、流出。纽约的货币市场主要由联邦基金市场、政府债券市场、银行可转让定期存单市场、银行承兑汇票市场和商业票据市场等组成。

纽约资本市场由债券市场和股票市场组成,是世界最大的中、长期资金的融通市场。纽约债券市场交易的主要对象是政府债券、公司债券和外国债券。政府债券主要是中期和长期公债,因其具有较高的信誉度和流动性,交易量居各债券之首。公司债券是美国企业为筹集中、长期资金而公开发行的债券,交易量仅次于政府债券。外国债券是指外国政府或企业在纽约市场发行的、以美元为面值的债券,用以筹集长期资金。在纽约资本市场上,交易所上市股票主要集中在纽约证券交易所和美国证券交易所。其中,纽约证券交易所是世界上最大的证券交易所,其上市股票交易量占美国股票交易所交易总量的80%左右,有名的美国大公司和国际公司的股票几乎都在这个交易所上市。另外,近年来,美国的NASDAQ市场发展迅速,上市股票和交易量逐渐增加。

纽约是仅次于伦敦的世界上第二大外汇交易中心,是欧洲和远东的重要纽带,其即期交易占绝大部分,远期交易数量较少。同货币市场一样,纽约外汇市场无固定的交易场所,银行之间的外汇交易都是通过电话、电报和电传等通讯设备在纽约银行与外汇市场经纪人之间进行。纽约外汇市场的参与者主要是公司及财团、个人、商业银行、外汇经纪人和中央银行。

2. 伦敦

伦敦作为传统的国际金融中心,有着许多其他金融中心无法比拟的优势。

伦敦的银行业非常发达,到2001年,伦敦共有六百八十多家银行,银行数居世界大城市之首。伦敦银行间的同业拆借市场是伦敦货币市场的重要组成部分。其利率水平直接影响着世界短期利率水平,长期以来一直被视为具有代表性的利率水平指标。另外,传统的贴现市场也在伦敦货币市场占有重要地位。伦敦贴现市场由英格兰银行、清算银行和商业银行等组成,主要从事英国政府的国库券、商业票据和政府短期债券的贴现。

伦敦的资本市场24小时全天候运营,是世界第二大证券交易中心。与纽约、东京相比,伦敦证券市场的一个显著特点是国外股票交易量大于国内股票交易量,与纽约、东京的情况刚好相反。

伦敦外汇市场在世界外汇市场中占有举足轻重的地位,其交易量及交易币种均居世界首位。近三百家外汇指定银行和14家外汇经纪公司通过巨大的通讯网络,迅速处理各种即期、远期的外汇交易和外汇兑换业务。

同时,由于历史原因,伦敦还是世界上最大的欧洲美元市场,其资金来源主要为各石油输出国的石油收入。该市场的参与者包括国际性大公司、商业银行、各类金融机构,以及个人。

伦敦的金融衍生交易也十分活跃,其标的资产主要为金属、能源等。

除此之外,伦敦还是世界上最大的黄金交易中心,世界每天的黄金、白银价格皆由设于此处的黄金市场协会会员来制定。值得一提的是,伦敦还拥有世界上最大的国际保险市场,所有这些都显示了伦敦的超级国际金融中心的地位。

3. 东京

东京的离岸国际金融市场在东京发展道路上起到了重要的作用。东京的离岸国际金融市场是一个与国内市场相隔离的市场,所有离岸交易均通过独立的账户进行,资金从离岸市场转移到境内市场必须遵循兑换日元的规则办理。在政策方面,同大多数离岸金融市场一样,无利息限制及存款准备金要求。由于日本政府的一系列优惠措施,东京离岸市场发展迅速。

东京还是世界上大银行的集中所在地。截止2000年底,世界排名前300家银行中,已有75家在东京设立了分支机构,其中14家银行的总部也设在东京。

另外,东京的股票、债券市场居全球第二,仅次于纽约。在日本的外国债券称为"武士债券",是全球四大外国债券市场之一。日本的金融衍生工具市场,特别是股票类衍生工具市场也非常发达。

东京的外汇市场是仅次于伦敦、纽约的全球第三大外汇市场。

(二)区域性金融中心

除了上述三大全球性金融中心之外,还有许多区域性金融中心,包括传统的区域金融中心苏黎世、巴黎、法兰克福等和新兴的区域金融中心香港和新加坡。

1. 苏黎世

苏黎世在古里特语里是"水乡"的意思,地处从法国到东欧和德国到意大利的商路要道,是重要的水陆空交通枢纽、瑞士传统的工商业城市,以及丝织业中心。经过几个世纪的变迁,苏黎世逐渐发展成为瑞士的经济、金融和商业中心,以及重要的国际金融中心和黄金市场之一。三百五十余家国内外银行,以及银行分支机构聚集于此。著名的苏黎世交易所建于1876年,1995年和巴塞尔、日内瓦交易所合并成瑞士证券交易所。瑞士证券交易所的成交额在欧洲交易所中位居前列,最高峰时有70%的证券交易在此进行,其设备更是处于世界领先的地位,是世界上目前唯一的具有全自动交易和清算系统的交易所。苏黎世的黄金市场也举世闻名,20世纪60年代曾跃为仅次于伦敦的世界第二大黄金市场,但近年来其黄金市场的地位有所下降。

2. 法兰克福

法兰克福位于德国的中部,是德国的商贸金融中心及制造业的中心,也是重要的国际金融城市。法兰克福在13、14世纪时发展成为欧洲商业中心,19世纪在此基础上进一步跃升为欧洲金融中心。1947年,法兰克福被指定为美国、英国与法国统一经济区域总部所在地;1957年7月25日,德国的中央银行——德意志联邦银行在此开业。

截止2004年,法兰克福共有银行及证券机构332家,其中外国银行占一半以上。德国的三大商业银行的总部全都设在此地。法兰克福股票交易所诞生于1585年,是德国最大的股票交易所,全德国90%的股票是在此完成交易。

随着欧洲经济一体化的发展,法兰克福欧洲金融中心的地位更加重要。1998年6月1日,欧洲中央银行在法兰克福正式成立。2002年1月1日,欧盟正式引入了统一的欧洲货币"欧元"。这些都大大强化了法兰克福的欧洲金融中心和世界重要金融中心的地位。

3. 香港

香港位于中国南海之滨珠江口东侧,被誉为"东方之珠",是我国的一个特别行政区,著名的国际金融中心、贸易中心。香港国际金融中心是从最初重要的银团贷款中心逐渐发展成为离岸金融中心,最终成为亚太地区国际金融中心的。

20世纪60年代,香港成为亚太地区一个重要的转口贸易中心,通过香港进行的国际交易规模不断扩大,由此形成的贸易货款与华侨汇款构成了银团贷款资金的重要来源。70年代,随着金融工具、服务的多样化,香港在银团贷款中心的基础上逐渐发展成为离岸金融中心。70年代末,迫于区内外的压力,香港政府采取了一系列的金融自由化措施。1978年放宽银行执照限制,大量外资银行纷纷涌入香港开业;1982年撤销外币存款利息税,使得大量国际资金重新流回香港。这些都大大促进了香港金融的发展,到80年代末,香港作为亚太地区国际金融中心的地位正式形成。经过十多年的发展,香港的各类金融市场均具有相当的规模。

到2001年底,香港共有银行361家,其中外国银行占3/4以上,银行总资产达7 357亿美元。另外,香港保险市场、证券市场及衍生工具市场交易量也很大。尤其值得一提的是,据国际结算银行2004年进行的全球调查,香港外汇市场成交额居世界第六位,黄金市场交易规模也居全球第四。香港已成为亚太地区重要的国际金融中心之一。

4. 新加坡

新加坡金融中心的产生很大程度上得益于政府的大力扶植。20世纪60年代,新加坡政府审时度势,及时取消外币利息税,大力鼓励外资金融机构进入新加坡金融市场。新加坡的亚洲美元市场开始起步。80年代以来,新加坡进一步实施金融自由化措施,大量外资金融机构争相进入,各类金融工具在新加坡金融市场不断创新,并得到广泛使用。亚洲美元市场终于在新加坡获得了较大的发展,货币市场、证券市场、外汇市场、离岸金融市场和金融衍生产品交易市场等金融市场也迅速国际化,新加坡逐渐成为亚太地区的国际金融中心。

新加坡各类市场发展较为均衡,且均有较大的规模。新加坡的外汇市场是除伦敦、纽约、东京之外的世界第四大外汇市场。

(三)离岸金融中心

20世纪50年代末到60年代以后,世界一些地区形成了一种新型的国际金融中心——离岸金融中心,典型的代表有巴哈马、开曼、卢森堡、巴林、香港、新加坡等。离岸金融中心又称为境外金融中心,简单地说,是一个以经营境外货币为主、以境外客户为服务对象的金融中心。一般来说,金融中心所在的国家和地区政府会通过各种法律、法规将离岸市场和国内市场严格分开,但也有少数国家和地区并非如此。同传统的国际金融中心相比,这些新兴的国际金融中心的主要特点在于:交易活动的参与者主要是非居民,交易的货币为境外货币,交易活动不受任何国家政策与法令的约束和管制。

一类典型的离岸金融中心为避税型离岸金融中心,这类金融中心以其宽松的金融管制及优惠的税收政策等优势,吸引了巨额的国际资本,被人们称为"避税乐园"。开设避税乐园型离岸市场的多为发展中国家,它们以低税率甚至免税来吸引国际金融机构在此开展业务,以换取征收注册手续费及创造出就业岗位。国外企业或机构在离岸金融中心设立的公司通过从事国际交易获取收益后,可以享受当地政府在税制上给予的优惠政策。离岸中心既有完全免税的,也有低税率的。

离岸金融中心的出现,降低了获取资金的成本,形成的汇率也比较符合市场规律,一定程度上提高了资金在全球范围内分配的效率;同时,充足的资金流入有利于巨额资本的形成,可以进行大型贷款,以及债券发行和流通。然而,离岸金融中心的税收制度、保密制度和松懈的金融监管制度也在一定程度上为逃税和洗钱提供了便利;另外,对银行的无准备金要求也加大了金融机构破产的风险,在一定程度上造成了市场秩序的混乱。

由于离岸金融中心吸引了越来越多的国际资本流入,引起了以美国为代表的发达国家的强烈不满,强硬要求避税型金融中心限期调整其税收和其他相关政策。在强大的国际压力下,避税型金融中心不得不作出让步,导致了近年来离岸金融中心的吸引力逐渐减弱。

第二节　国际金融组织

一、国际金融组织概述

国际金融组织是指为处理国际间金融业务,而由多国联合建立的金融机构。

1930年,为处理德国战争赔款问题,国际清算银行在瑞士巴塞尔成立。这是世界上第一个国际金融组织,但因为这一机构并不具有普遍性,因此对世界经济和金融活动并没有产生很大的实际影响。

第二次世界大战后,国际金融组织获得迅速发展。在此期间,两个最大规模的国际性金融组织,即国际货币基金组织和国际复兴开发银行(又称世界银行)相继成立。国际货币基金组织和世界银行是联合国14个专门机构中独立经营国际金融业务的机构,这两个全球性的国际金融机构是目前所有国际金融组织中规模最大、成员最多、影响最广泛的,对加强国际经济和货币合作、稳定国际金融秩序、促进经济共同发展起到了极为重要的作用。

20世纪50年代后,世界上许多地区为了加强本地区金融合作和促进本地区经济发展,相继建立了一系列国际性金融组织,如欧洲投资银行、泛美开发银行、亚洲开发银行等。

国际性金融组织可分为全球性国际金融组织和区域性国际金融组织两种。目前，全球性的国际金融组织有国际货币基金组织、国际复兴开发银行(世界银行)及世界银行的两个附属机构——国际开发协会和国际金融公司(三者合称为世界银行集团)。区域性的国际金融组织主要有国际清算银行、亚洲开发银行、非洲开发银行等。

国际金融组织的建立，尤其是国际货币基金组织和世界银行的建立，在维护国际金融稳定、加强国际经济金融合作、促进世界经济共同发展、促进国际生产和贸易的发展等方面都发挥了重要作用。

二、国际货币基金组织

(一) 建立及宗旨

国际货币基金组织于 1945 年 12 月根据布雷顿森林协议正式成立。1947 年 3 月开始工作，1947 年 11 月成为联合国的一个专门机构，总部设在华盛顿。基金组织在成立之初只有 39 个成员国，中国是创始成员国之一。此后越来越多的国家开始加入，截至 2004 年底，其成员国已达 184 个。基金组织逐渐发展成为世界上最大的政府间进行金融政策协调的金融机构之一，是第二次世界大战后国际货币体系的核心。

根据《国际货币基金协定》，国际货币基金组织的宗旨为：第一，通过提供一个在货币问题上咨询和协作的永久机构，促进国际间的货币合作；第二，促进国际贸易的增长和平衡发展，从而提高或维持高就业水平与实际收入水平，并促进生产性资源的增长；第三，促进汇率稳定，维持成员国之间有秩序的汇率安排，避免竞争性的货币贬值；第四，协助成员国建立一个经常账户多边支付体系，消除阻碍世界贸易增长的外汇管制；第五，在临时性基础上和适当保障下，为成员国融通资金，使之无需采取有损于本国和国际经济繁荣的情况下，纠正国际收支的失衡；第六，力争缩短成员国国际收支失衡的持续时间，并减轻其程度。

(二) 组织机构

国际货币基金组织由理事会、发展委员会、临时委员会、执行董事会、总裁等组成。其中理事会是基金组织的最高权力机构和决策机构，由各会员国选派一名理事和一名副理事组成。理事由会员国推选，通常由各会员国财政部长或中央银行行长担任，副理事一般为各国外汇管理机构的负责人。理事与副理事任期 5 年，可连任，任免由各成员国自行决定。理事会的主要职权为：批准接纳新会员国、修改基金协定、调整基金份额、批准会员国货币平价的普遍调整、决定会员国退出基金组织、分配特别提款权及讨论决定其他有关货币制度等重大问题。

执行董事会是基金组织负责处理日常业务的常设机构，由执行董事和总裁组成，总裁出任主席。目前，该机构由 24 名成员组成，其中出资最多的美、英、法、日、德、沙特各选派一人，中国和俄罗斯为单独选区，各选派一人，其余 16 人由包括若干国家和地区的 16 个选区各选派一人。执行董事不能兼任理事，每两年由会员国委派或改选一次，董事会主席每 5 年选举一次。执行董事会的主要职权有：处理基金组织的各种行政和政策的日常事务，向理事会提交年度报告，对会员国的重大经济问题，特别是国际金融方面的重大问题进行全面研究。执行董事会下设许多常设职能部门,具体执行各项事务。

发展委员会全称为"世界银行和国际货币基金组织理事会关于实际资源向发展中国家转移的部长级联合委员会"。其目的是对发展中国家转移实际资源的问题进行研究,并就促进措施提出建议,尤其关注最不发达国家的问题。

临时委员会全称为"国际货币基金组织关于国际货币制度的临时委员会"。临时委员会主要就理事会的下述职责提出建议或报告:监督国际货币制度的管理与改进,包括调整过程的效果;审议执行董事会关于修订基金组织协定的提案;处理对国际货币制度形成威胁的突然干扰。

临时委员会和发展委员会都是部长级委员会,每年开会 2～4 次,讨论国际货币体系和开发援助的重大问题。由于两个委员会的成员大都来自主要成员国,且政治级别高,因此,其决议往往最后就是理事会的决议。

总裁是基金组织的最高行政领导人,由执行董事会选举产生,并兼任执行董事会主席,任期 5 年。总裁可以参加理事会和执行董事会会议,平时没有投票权,但在会议表决双方票数相等时可以投一决定票。总裁下设一副总裁,辅助总裁工作。

另外,国际货币基金组织还存在两大利益集团——"十国集团"(代表发达国家利益)和"二十四国集团"(代表发展中国家利益)。

(三) 资金来源

1. 成员国的份额

成员国向基金组织缴纳的份额是基金组织的主要资金来源。依照协议规定,各成员国应向基金组织认缴一定的份额。份额是指成员国参加国际货币基金组织时所认缴的一定数额的款项。各成员国所缴份额的大小,决定其在基金组织的投票权、借款数额,以及分配特别提款权的份额。各成员国份额的大小由理事会决定,综合考虑了成员国的国民收入、黄金与外汇储备、平均进出口额和变化率,以及出口额占国民生产总值的比例等多方面的因素。1978 年以前,份额需以 25% 的黄金、75% 的本国货币缴纳。1978 年,国际货币基金组织协议修改后,取消了份额的 25% 须以黄金缴纳的规定,改为用可兑换货币或特别提款权缴纳。份额最初以美元为单位,后改为以特别提款权为单位计算。基金组织每 5 年对份额进行一次普遍性检查,根据实际情况对各国份额进行调整,截止 2004 年 8 月,基金组织的份额总计为 2 130 亿特别提款权,约合 3 110 亿美元。

2. 向各成员国借款

基金组织必要时可通过与会员国签订协议,向会员国的政府或官方机构,也可向私人机构借款,获得资金。

3. 信托基金

基金组织将其所持有的黄金逐步出售,将其收入建立信托基金,以优惠的条件向低收入发展国家提供贷款。

(四) 主要业务

基金组织的主要业务活动包括向会员国融通资金、对会员国的汇率政策进行监督,以及提供各种援助服务。

1. 融通资金

国际货币基金组织的一项重要的职能是对成员国进行资金融通。基金组织的贷款不同于一般的商业贷款。首先,基金组织的贷款对象限于各成员国政府,不对私人企业和私人组织贷款。其次,其贷款不针对成员国的具体经济项目,而是针对成员国的国际收支失衡,而且附有较为苛刻的条件和明显的政策意图。通常,贷款的数额与成员国所缴的份额有关,贷款的最高限额与所缴份额成正比关系,同时,贷款数额越多,附加条件越严格。

基金组织向会员国融资形式多种多样,主要包括:

(1) 普通贷款。这是基金组织最基本的一种贷款方式,又称为基本信用工具,用于解决会员国一般国际收支逆差的短期资金需要,贷款期限为3～5年,额度为会员国缴纳的份额的125%。根据贷款额的大小不同,获取贷款的难易程度分为5等。第一部分为储备部分贷款,占贷款额度的25%,随着成员国贷款额的增加,获取贷款的难度也逐档提高。一般来说,占份额50%以内的贷款较易获得,占份额75%至125%的贷款很难借到。

(2) 中期贷款。又称扩展贷款,专门为了解决成员国较长期的国际收支赤字而设立,其贷款期限为4～10年,最高借款额可达借款国份额的140%,最长备用期限可达3年。此项贷款和普通贷款两项总额不得超过借款国份额的165%,且获取该项贷款条件更为严格。

(3) 出口波动补偿贷款。设立于1963年。当初级产品出口国由于产品价格下降,出口收入下降而导致国际收支困难时,可在原有普通贷款外申请该贷款。该贷款最高限额可达贷款国份额的100%,期限为3～5年。1981年,基金组织扩大该贷款的贷款范围,因谷物进口成本过高而面临国际收支困难的会员国也可以申请该项贷款。1988年,由于增加了应急窗口,遂改称"补偿与应急贷款"。

(4) 缓冲库存贷款。为了帮助初级产品出口国维持库存,从而稳定出口产品价格而建立起来的一种贷款,其最高贷款额为所缴份额的45%,期限为3～5年。根据基金组织规定,贷款国所借的缓冲库存贷款和出口波动补偿贷款两者总和不得超过该国所缴份额的105%。

(5) 补充贷款。设立于1977年,总金额为100亿美元,由石油生产国和发达国家提供,其设立目的在于弥补普通贷款的不足,解决会员国的持续巨额逆差问题。贷款期限为3.5～7年,最高借款额度可达贷款会员国份额的140%。

(6) 信托基金贷款。为了支持较穷的发展中国家的经济发展而设立的一种贷款。基金以出售部分黄金而设立,其贷款利率较低,期限为10年。

(7) 结构调整贷款。该贷款于1986年3月设立,旨在帮助低收入发展中国家通过宏观经济调整,解决国际收支长期失衡的问题。贷款利率较低,年利率仅为0.5%～1%,期限一般为10年,且有5年宽限期,贷款最高限额为所缴份额的70%。

(8) 制度转型贷款。设立于1993年,其目的是为了帮助解决前苏联和东欧国家从计划经济向市场经济转变过程中出现的国际收支困难。此项贷款最高额度为所缴份额的50%,期限为4～10年。此项贷款已于1995年12月底停止运作。

2. 汇率监督

汇率监督是基金组织的又一项重要职能。基金组织实行汇率监督的根本目的在于保证有秩序的汇兑安排和汇率体系的稳定,消除不利于国际贸易发展的外汇管制,避免会员国操纵汇率或采取歧视性的汇率政策,谋取不公平的竞争利益。汇率监督的主要内容包括:对成员国的宏观经济政策进行检查和评价,并提出有关政策建议和劝告;在成员国国际收支出现根本失衡的情况下,与之协商是否改变成员国的货币平价;另外,对各国及全球汇率和外汇管制情况进行评价,评价的内容包括汇率安排、汇率的确定、外汇管制情况、财政政策的运行情况、引起汇率变动的原因及汇率变动的影响等,并每年就评价内容汇集出版《外汇限制及外汇管制年报》。

除资金融通和汇率监督两大职能外,基金组织还对成员国提供技术援助及人员培训等服务。基金组织在财政、货币、国际收支、银行、汇兑和贸易制度、政府财政与统计等广泛的领域提供技术援助,受援国不仅包括成员国,也包括准备参加基金组织的国家、成员国属地及一些多边机构。基金组织的人员培训主要集中在训练会员国的官员在国际收支统计、分析和政策指定方面的知识,其方式包括在华盛顿总部定期举办短期培训和讨论会、派基金组织人员到会员国讲学等。

三、世界银行集团

世界银行集团由世界银行及其附属机构,即国际开发协会、国际金融公司、国际投资争端解决中心和多边投资担保机构等组成。其中世界银行、国际开发协会、国际金融公司为独立的全球性金融机构。

(一) 世界银行

1. 建立及宗旨

世界银行又称为国际复兴开发银行,成立于1945年12月,总部设在华盛顿,是布雷顿森林会议后与国际货币基金组织同时产生的两大全球性金融机构之一。世界银行的成员必须先加入国际货币基金组织。

根据"国际复兴开发银行(世界银行)"协定规定,世界银行的宗旨是:

(1) 对用于生产的投资提供便利,以协助会员国的复兴与开发,以及鼓励较不发达国家生产与资源开发;

(2) 以保证或参加私人贷款和私人投资的方法,促进私人的对外投资;

(3) 用鼓励国际投资以开发会员国生产资源的方法,促进国际贸易的长期平衡发展,并维持国际收支平衡;

(4) 在提供贷款保证时,应与其他方面的国际贷款配合。

概括起来主要是通过贷款或贷款担保为成员国长期投资提供便利,以促进成员国的开发与复兴。

2. 组织机构

世界银行的组织机构与基金组织的机构设置类似,主要由理事会、执行董事会组成。

理事会是世界银行的最高权力机构,由每个会员国选派理事和副理事各一人组成,任期5年,可以连任。理事会的主要职权为:批准接纳新会员、决定应缴股本的调整、停止会员国资格、决定银行净收入的分配,以及其他重大问题。

执行董事会是负责并处理日常业务的机构。执行董事会由24人组成,其中5人由持股最多的美、英、德、法、日5国指派,其余19人由其他会员国按地区分组选举。中国为一独立选区,指派执行董事一名。

执行董事会的最高首脑为执行董事会主席,也是世界银行行长,任期5年,可连选连任,但不得由理事、副理事、执行董事、副执行董事兼任。行长平时无投票权,只有在董事会表决中双方票数相当时,才能投决定性的一票。行长下设副行长若干名,协助行长工作。

3. 资金来源

(1) 借入资金。这是世界银行最主要的资金来源,约占世界银行贷款额的70%左右。借款方式主要为在世界各地发行3A级债券和其他债券,发售对象主要为各会员国政府、政府机构和中央银行、养老基金、保险机构、公司、其他银行及个人,债券期限为2~25年,发行利率为3%~12%。

(2) 银行股本。加入世界银行的国家必须根据其相对经济实力认购银行股份,但只需缴纳认购股份额的一小部分,剩余部分在世界银行资金周转困难时缴纳,但这种情况从未出现过。加上实际执行中,实际缴纳股本远低于应缴数额,因此,股本在世界银行资金中占的比例极小,只占不到6%的比例。

(3) 转让债权。将贷出款项转让给私人投资者,也是世界银行获得资金、扩大资金周转能力的一种方式。

(4) 利润收入。世界银行贷款和投资所获利润除一部分赠与开发协会外,其余均留作自用,成为世界银行资金的又一来源。

4. 主要业务

世界银行主要从事贷款业务。其贷款种类多种多样。其中项目贷款用于资助成员国某个具体的发展项目,世界银行对农业和农村发展、教育、能源、工业、交通、城市发展等方面的贷款大部分属于此类贷款。

部门贷款主要用于支持某一具体部门的全面政策和体制改革。结构调整贷款则涉及面较广,用于帮助成员国调整和优化经济结构、改善宏观经济形势,在较长时期内维持国际收支平衡。

联合贷款是指世界银行与其他贷款提供者联合进行贷款资助。

"第三窗口"贷款是指在世界银行一般贷款和国际开发协会贷款之外另设的一种贷款。其贷款条件较世界银行贷款宽,但不如国际开发协会贷款条件优惠。该贷款具有经济援助的性质,旨在解决发展中国家资金严重短缺的问题。与基金组织类似,世界银行除了从事贷款业务外,还从事包括调解投资争端、提供贷款担保、提供技术援助、培训咨询服务等在内的多种业务。

(二) 国际开发协会

1. 设立和宗旨

国际开发协会于1960年由世界银行发起设立。从法律地位及资金构成来看,它是独立于世界银行的国际金融机构。但从人事及管理系统来看,它实际上是世界银行的一个附属机构,又叫第二世界银行。参加国际开发协会的国家只限于世界银行的会员国。

根据《国际开发协会协定》的规定,国际开发协会的宗旨是"为了帮助世界上欠发达地区的协会会员国促进经济发展,提高生产力,从而提高生活水平,特别是以比通常贷款更为灵活、在国际收支方面负担较轻的条件提供资金,以解决它们更重要的发展方面的需要,从而进一步发展国际复兴开发银行的开发目标,并补充其活动"。

2. 组织机构

国际开发协会的组织机构与世界银行相同,最高权力机构为理事会,下设执行董事会,负责日常业务工作。值得注意的是,国际开发协会工作人员与世界银行工作人员相同,开发协会的正、副理事,正、副执行董事,正、副行长分别由世界银行相对应职位的工作人员兼任,但两者在法律上和财务上互相独立,业务分开进行。

3. 资金来源

(1) 补充资金。由于会员国所缴股本远不能满足需要,但协会又规定开发协会不得发行债券融资,因此开发协会要求有能力的会员国不时地补充资金,以保证协会的正常运转。补充资金在开发协会资金来源中所占比例很大,一般达一半以上。

(2) 会员国认缴的股本。会员国加入国际开发协会必须按其在世界银行认购股份的比例缴纳一定数额的股本。

(3) 世界银行的赠款。世界银行每年将其净收益的一部分赠予开发协会。

(4) 开发协会自身营业收入。由于开发协会贷款条件十分优惠,此部分资金所占份额极小。

4. 主要业务活动

国际开发协会的主要业务活动是向会员国中较贫穷的发展中国家提供长期优惠贷款。按照 1989 年新标准的规定,只有人均国民生产总值在 580 美元以下的成员国才有资格申请此项贷款。贷款具有明显的援助性,期限为 50 年,在整个贷款期限内免收利息,只对已拨付的部分每年收取 0.75% 的手续费。其贷款主要是集中在电力、交通运输、水利、港口建设等公共工程,以及农业、文化教育等部门。开发协会对我国提供多项贷款,对我国经济的发展起到了很大的帮助作用。

(三) 国际金融公司

1. 建立及宗旨

国际金融公司是专门向不发达的会员国私营企业提供贷款和投资的国际性金融机构,成立于 1956 年 7 月,同国际开发协会相同,均属于世界银行的一个附属机构,但从法律和资金构成来看是独立的。国际金融公司刚成立时只有 31 个成员国,目前成员国数目增至 165 个,我国也是成员国之一。同样,只有世界银行的会员才能成为公司的成员。

国际金融公司的宗旨是:配合世界银行的业务活动,为发展中国家的私人企业提供没有政府机构担保的各种投资,促进外国私人资本在发展中国家的投资,以促进成员国经济的发展。

2. 组织机构

国际金融公司的机构设置与开发协会相同,设理事会和执行董事会。大部分职位由世界银行的相应人员兼任。

3. 资金来源

国际金融公司最主要的资金来源有:

(1) 会员国认缴的股本。认缴股本的多少决定了其投票权的多少。

(2) 借入资金。指从世界银行及其他国家的贷款。

(3) 公司收益。

4. 主要业务

国际金融公司的大部分资金用于对成员国私人企业提供无需政府担保的贷款。贷款对象主要是发展中国家的制造业、加工及开采业、公用事业和旅游业等,贷款额度一般在 10～2 000 万美元之间。另外,国际金融公司还进行直接投资活动,投资对象主要是发展中国家的集体所有制企业和私营企业。在直接投资活动中,投资股份一般不超过 25%,且要求具有严格的可行性分析、考察和评估体系。一般要求投资收益率在 10% 以上。

四、国际清算银行

(一) 设立及宗旨

1930 年 1 月,以摩根银行为首的一些美国银行和英国、法国、意大利、德国、比利时、日本等国家的中央银行在荷兰海牙签订协议,决定成立国际清算银行,处理战后德国赔款问题。同年 5 月,国际清算银行正式成立。

国际清算银行的宗旨是:增进各国中央银行间的合作,为国际金融业务提供额外便利,在国际金融清算业务方面充当委托人或代理人。

(二) 组织机构

国际清算银行是股份制的金融机构,其最高权力机构是股东大会。股东大会由认购银行股份的成员国代表组成,每年举行一次。董事会负责处理日常事务,由 13 名董事组成,其中正、副董事长各一名。董事会成员多数为各成员国中央银行董事长或行长担任。董事会下设经理部,负责领导银行部、货币经济部、秘书处和法律处 4 个机构。

(三) 主要业务

从其宗旨即可看出,国际清算银行的作用类似于各国中央银行的银行。国际清算银行以各国中央银行、国际组织(如国际海事组织、世界卫生组织等)为服务对象,提供资金清算,货币转换,存、贷款,代理买卖黄金、外汇,协助办理政府间借款等。国际清算银行曾先后成为"欧洲经济合作组织"、"欧洲支付同盟"、"欧洲煤钢联盟"、"十国集团"、"黄金总库"、"欧洲货币合作基金"等国际机构的金融代言人。除了上述各类银行活动外,国际清算银行还为各国中央银行提供了理想的合作和交流场所。

五、亚洲开发银行

(一) 建立及宗旨

亚洲开发银行成立于 1966 年,总部设在菲律宾首都马尼拉。成立初期有 34 个国家和地区参加,包括一些西方发达国家。1986 年 2 月 17 日,亚洲开发银行理事会通过决议,接纳我国参加该行,同年 3 月 10 日正式宣布我国为亚洲开发银行正式成员国。目前,亚洲开发银行成员已增至 56 个国家和地区。

亚洲开发银行的宗旨是向成员国发放贷款,进行投资和技术援助,并同联合国及其专门机构进行合作,协调成员国在经济、贸易、发展方面的政策,促进亚洲及太平洋地区经济繁荣。

(二) 组织机构

亚洲开发银行主要设有理事会、董事会组织机构。理事会是亚行的最高权力机构,由各成员国(地区)选派一名理事和一名副理事组成。理事会负责一切重大事务的决策。董事会由理事会选出,执行理事会授予的权力,负责全面管理银行业务。亚行还设行长一名,由理事会选举产生,兼任理事会主席,是亚行的合法代表和最高行政长官。此外,亚行还设有各种业务部门和办事机构。

(三) 资金来源

亚行的资金来源可分为普通资金来源和特别基金两部分。普通资金主要包括成员国认缴股金,通过发行债券或直接从商业银行借款所获资金及部分业务净收益。特别基金主要由发达国家提供的借款构成。

(四) 主要业务

亚行的主要业务为贷款业务。按照贷款条件的不同,其贷款可分为硬贷款和软贷款两种。硬贷款是将普通资金用于发放贷款,其贷款利率为每半年调整一次,期限一般为 10~30 年,含 2~7 年的宽限期。软贷款的资金来源于特别基金,主要用于亚太贫困成员国的资助,贷款期限为 25~30 年,利率不超过 3%,属长期低息优惠贷款。

六、非洲开发银行

非洲开发银行成立于 1964 年,总部设在科特迪瓦首都阿比让。其成立宗旨是向非洲成员国提供贷款、投资及技术援助,协助非洲大陆制定经济发展总体规划,以期充分利用非洲大陆的人力和自然资源,进而达到促进经济发展和社会进步,以及非洲经济一体化的目的。

非洲开发银行的资金来源主要是成员国认缴的股金和一些国家提供的捐款。为了有效地筹集资金,非行还先后建立了非洲开发基金、非洲投资开发国际金融公司、尼日利亚信托基金、非洲再保险公司等。主要业务包括普通贷款和特别贷款两种。普通贷款是用该行普通资金提供的贷款;特别贷款则是用该行设立的有专门用途的特别基金提供的贷款,其贷款条件优惠、期限长、不计息。

国际金融组织的建立,一定程度上有利于世界范围内的贫富差距的缩小,促进了世界经济的共同发展,但也存在一系列如大国控制等问题。相信今后,随着国际金融组织各项改革的深入,国际金融组织能对世界经济的均衡发展发挥更大的积极作用。

本 章 小 结

国际金融中心通常是某个国际性金融市场聚集的城市或地区。从国际金融中心的性质来看,国际金融中心可分为"名义中心"和"功能中心"。其中,名义中心是指国际金融机构在此注册和记账,以逃避税项和监管形成的金融中心;功能中心,则是实际金融业务的发生地。

国际金融中心的形成需具备一系列的条件,一般包括稳定的政治环境、优惠的政策,以及有利的交通、通讯、地理、人才优势等。

国际金融中心的最主要功能是实现资金在以该金融中心为中心的某个区域,甚至全球内资金的有效配置。

目前,世界上的世界性金融中心有纽约、伦敦和东京,区域性国际金融中心主要有苏黎世、法兰克福、香港、新加坡等。

国际金融组织是指为处理国际间金融业务,而由多国联合建立的金融机构。世界上第一个国际金融组织是1930年为处理德国战争赔款问题,而成立的国际清算银行。

目前,世界上两个规模最大、成员最多的国际金融组织是国际货币基金组织和国际复兴开发银行。这两个机构还是联合国14个专门机构中独立经营国际金融业务的机构。

除了上述两个全球性国际金融组织外,许多地区为加强本地区金融合作和促进本地区经济发展,也建立了一系列区域性国际金融组织,包括国际清算银行、亚洲开发银行、非洲开发银行等。

重 要 概 念

国际金融中心　名义中心　功能中心　离岸金融中心　国际金融组织　国际货币基金组织　份额　特别提款权　世界银行　国际清算银行　亚洲开发银行　非洲开发银行

练 习 题

一、判断题

1. 苏黎世是世界上历史最悠久的国际金融中心。
2. 东京是具有代表性的世界金融中心和一体化金融中心。
3. 国际金融组织是指为处理国际间金融业务而建立的金融机构。
4. 国际货币基金组织是世界上最大的政府间进行金融政策协调的金融机构之一,是第二次世界大战后国际货币体系的核心。
5. 世界银行、国际开发协会、国际金融公司为独立的全球性金融机构。

二、单项选择题

1. 目前世界上最大的国际金融中心是_____。
   A 伦敦　　　　B 纽约　　　　C 东京　　　　D 香港
2. 世界上最早成立的国际金融组织为_____。

A 国际货币基金组织 B 世界银行
C 国际清算银行 D 非洲开发银行

3. 下列金融中心中,在第二次世界大战及战后初期,由于其稳定的国内环境和适中的地理位置而迅速兴起的是_____。

A 纽约 B 苏黎世 C 法兰克福 D 香港

4. 下列国际货币基金组织贷款中,用于解决会员国一般国际收支逆差的短期资金需要的一种是_____。

A 普通贷款 B 出口波动补偿贷款
C 缓冲库存贷款 D 信托基金贷款

5. 下列国际金融组织中,专门向不发达的会员和私营企业提供贷款和投资的是_____。

A 世界银行 B 国际开发协会
C 国际金融公司 D 国际清算银行

三、多项选择题

1. 下列选项中,属于世界金融中心的有_____。

A 伦敦 B 纽约
C 东京 D 香港
E 新加坡

2. 下列选项中,属于离岸金融中心特征的选项有_____。

A 经营的货币以外币为主
B 以境外客户为主要服务对象
C 参与者主要为非居民
D 交易活动不受任何国家政策与法令的约束和管制
E 一般有较为优惠的税收政策

3. 下列选项中,属于国际货币基金组织贷款特点的有_____。

A 贷款对象只限于各成员国政府
B 贷款只针对成员国的国际收支失衡,而不是具体经济项目
C 附有较为苛刻的条件和明显的政策意图
D 贷款最高限额与所缴份额成正比例关系
E 其资金来源主要为各成员国向基金组织缴纳的份额

4. 下列选项中,属于功能型国际金融中心功能的选项是_____。

A 实现资金在区域甚至全球内的有效分配
B 降低了交易的成本
C 为投资者的风险管理提供了条件
D 产生的信息为各国的宏观调控提供了参考
E 为从业者逃避税项和规避监管创造了条件

5. 关于国际金融中心,下列说法正确的有_____。

A 降低了获取资金的成本,形成的汇率比较符合市场规律
B 充足的资金流入有利于巨额资本的形成
C 一定程度上为逃避税项提供了便利
D 对银行的无准备金要求加大了金融机构破产的风险
E 近年来,离岸金融中心的吸引力逐渐减弱

参 考 答 案

一、1. 非　2. 非　3. 非　4. 非　5. 是
二、1. B　2. C　3. B　4. A　5. C
三、1. ABC　2. ABCDE　3. ABCDE　4. ABCD　5. ABCDE

第十章 金融风险与金融市场监管

> **提 要**
>
> 金融风险,是指在金融活动中,由于金融市场中各种经济变量发生不确定的变化,从而使行为人蒙受损失或获利的可能性。金融风险不仅具有不确定性、传递性和双重性等一般特征,还具有高传染性、强破坏性的时代特征。金融风险的类型多种多样,可以根据不同的标准进行分类,如根据金融风险产生的原因可以分为信用风险、流动性风险、利率风险等。金融风险的产生既有其一般原因,也有其深层次原因。金融风险不仅会影响金融市场中主体的收益,使市场参与者遭受巨大损失,还将影响宏观经济的运行、发展。因此,金融监管就必不可少了。金融监管有三大要素:即监管主体、监管对象和监管内容。金融监管主体在进行监管时,需要遵循一定的监管原则,使用必要的监管手段。学者在对金融监管实践的抽象总结过程中,建立和发展了一些具有代表性的金融监管理论,从理论角度对金融监管实践加以指导。金融监管当局及其相应的机构运用一系列法规、制度和办法、措施,对金融市场主体行为进行宏观监督和管理所形成的一整套管理系统,即金融监管体系。由于世界各国情况各异,所以金融监管体系也不尽相同。近年来,受经济全球化的影响,国家之间的金融管制逐渐放松,资本在各国之间频繁流动,使得单个国家已无法进行有效的金融监管,因而金融监管的国际协调与合作就显得尤为重要和必需。

第一节 金 融 风 险

20世纪90年代以来,国际金融市场危机四伏、风波迭起,相继发生的欧洲货币危机、墨西哥金融危机、亚洲金融危机和美国次贷危机,不仅使危机发生地的经济遭受了沉重打击,也对全世界的金融市场造成了极大的消极影响。追根溯源,这些金融事件都是由金融风险引起的。金融风险蕴含于各种金融活动中,直接影响着金融业发展,是投资者、筹资者,尤其是金融机构必须面对的问题。在全球经济一体化的条件下,金融风险不再局限在金融领域,它造成的后果还会影响一个国家、地区,乃至全球的宏观经济,甚至引起社会动荡和危及政局的稳定。所以,人们越来越重视对金融风险的研究和防范、监控。

一、金融风险的定义

在日常生活中,人们对风险一词并不陌生,一般认为风险就是发生损失的可能性。从经济学角度说,风险是由于各种不确定性因素的出现和变化,影响了经济活动的方式和方向,给经济主体带来损失或获利的机会。风险的种类很多,金融风险是风险中最常见、最普遍,且影响最大的一种风险。所谓金融风险,是指在金融活动中,由于金融市场中各种经济变量发生不确定的变化,从而使行为人蒙受损失或获利的可能性。由金融风险的定义,我们可以知道它既可能带来损失,也有可能带来收益。

金融风险由金融风险因素、金融风险事件和金融风险结果构成。金融风险因素是指能够引起或增加风险事件发生的机会或影响损失严重程度的因素,是金融风险发生的必要条件,是金融风险产生和存在的前提。金融风险因素可分为两类:直接因素和间接因素。直接因素包括宏观经济状况、经济政策与经济法律法规的出台、政权的更替和投资者的预期等;间接因素则包括自然灾害或宏观经济政策失误,而导致整个国民经济状况恶化等。金融风险事件是经济及金融环境变量发生预料未及的变动从而导致金融风险结果的事件,它是金融风险存在的充分条件。金融风险事件是连接金融风险因素与风险结果的桥梁,是金融风险由可能性转化为现实性的媒介。金融风险结果是金融风险事件给金融行为主体带来的直接影响,这种影响一般表现为行为主体遭受的非预期的经济损失或获得非预期的经济利益。可见,金融风险因素与金融风险事件共同作用才产生风险结果。

二、金融风险的特征

(一)金融风险的一般特征

金融风险具有不确定性、传递性、双重性、普遍性、客观性和可测性等一般特征。

1. 不确定性

金融风险的不确定性是指金融风险在何时、何地以何种形式出现,以及其危害程度、影响范围都是不确定的。这说明,金融风险是一种无法预料的、不确定的组合结果。尽管金融风险具有不确定性,但是,通过研究发现,在一定条件下,金融风险表现出较规则的变化趋势,这就为预测金融风险提供了可能。人们可以通过收集大量信息,并在此基础上进行分析和预测,减少不确定性,提高获利的可能性或降低损失的可能性。

2. 传递性

金融风险的传递性是指金融风险在金融市场主体之间具有传播和扩散的特点。在市场经济条件下,金融市场主体之间的联系日益密切,形成了一个多边信用网络,当其中某一主体发生风险时,会很快地将风险传递给与之有密切关系的其他主体,引起这些机构的连锁反应,进而导致金融体系的局部甚至整体发生动荡和崩溃。这种"多米诺骨牌效应"在亚洲金融危机和美国次贷危机中表现得淋漓尽致。

3. 双重性

金融风险的双重性就是指金融风险既可能给从事金融活动的主体带来收益,也可能给该主体带来损失。但人们关注得更多的是金融风险带来的损失,当提及金融风险时,通常也是强调它的危害性。

4. 普遍性

金融风险的普遍性是指在整个金融领域内,金融风险无时不有、无处不在。在每一个具体行业、每一种金融工具、每一个经营机构和每一次交易行为中,都可能潜伏着金融风险。金融市场风险普遍存在,它不可能被消除,人们只能积极防范和管理。

5. 客观性

金融风险的客观性是指金融风险的产生是一种不以人的意志为转移的客观存在。金融风险贯串着金融实践的全过程。金融市场中的各种变量,如利率、汇率、股票价格等发生变动是绝对的、无条件的,其变动也不以任何金融主体的主观意志为转移,这就决定了金融风险是必然存在的。

6. 可测性

金融风险的可测性是指人们在风险面前并非无能为力,人们可以预测、管理风险。金融风险既有不确定性,又有规律可循,说明预测金融风险是有可能的。相关的金融风险理论研究和管理工具的发展为预测风险提供了具体手段,如利用概率和统计方法就可以对风险可能性的大小进行量化。计算机和网络的发展给管理金融风险提供了更为先进的技术支持。

(二) 当代金融风险的特征

20世纪80年代以来,电子技术和通讯技术在金融领域的广泛应用和发展,使金融市场的交易手段发生了革新和进步,金融资料的处理和传递也更为便捷和及时。金融市场日新月异的发展,使得与之相伴的金融风险也明显地烙上了时代的特征。

1. 高传染性

一方面,各类经济主体均进行跨市场交易,交易方式日益先进,人们通过电话、Internet 网络等手段,在瞬间就可以实现信息的互动,这使各国金融市场联系日益紧密;另一方面,金融自由化的浪潮使各国对金融管制逐渐放松,国际资本因此能更灵活地在国家之间流动,国内金融市场更易受到冲击。这两方面因素导致了当代的金融风险具有高度的传染性。例如,1997年7月始于泰国的金融危机使东南亚国家像多米诺骨牌一样相继倒下,其影响还波及了欧洲和美洲。

2. 强破坏性

金融是经济的核心,特别是在全球经济日益自由化、金融市场一体化的今天,金融的作用不断得到强化,金融安全与否已直接关系到一国的安定和发展,甚至全球金融市场的稳定。金融领域一旦发生危机,对国民经济的打击是致命的,如20世纪90年代爆发的墨西哥货币危机就导致了该国经济的崩溃。这也是金融风险越来越受重视的原因。

3. 突发性

尽管对金融危机已经有了一定的认识,但在金融创新日新月异、金融市场迅速发展的环境下,金融风险往往被市场繁荣的表象掩饰,潜在的风险一旦积聚、爆发往往形成巨大的金融危机,难以防范。

三、金融风险的类型

为了有效地控制、预测金融风险,我们有必要对金融风险进行一定的归类,以便对具体的金融风险采取相应的防范措施,达到风险管理的目的。金融风险的类型多种多样,可以根据不同的标准进行分类。

(一) 根据产生金融风险的原因分

1. 信用风险(credit risk)

信用风险,又称违约风险,是指金融市场主体不能履约所导致的风险。信用风险是金融机构面临的主要风险之一,也是金融机构实施风险管理的重点。我们通常所说的银行的"不良信贷资产"就是信用风险的一般表现。贷款人或是因经营不善而无力偿还银行债务,或是由于缺乏信用观念和道德约束,执意违约,导致银行贷款损失,甚至因此而破产。在证券市场中,信用风险是指证券发行人在证券到期时无法还本付息,而使投资者遭受损失的风险。它是在发行人的财务状况不佳时出现的违约和破产的可能,主要受证券发行人的经营能力、盈利水平、事业稳定程度及规模大小等因素影响。信用风险区别于其他类型金融风险的一个显著特征是,信用风险在任何情况下都不可能产生意外的收益,它的后果只能是损失,并有可能是巨大的损失。

2. 流动性风险(liquidity risk)

流动性风险是指经济实体因流动性的不确定变化,而遭受损失的可能性。所谓"流动性"一般包含两种含义,一种含义是指金融工具的属性,它反映金融工具以合理价格在市场上流通、交易及变现的能力;另一种含义则是指个人或机构的金融资产运转流畅、衔接完善的程度,即持有的资产能随时得以偿付,能以合理的价格在市场上出售,或者能比较方便地以合理的利率借入资金的能力。个人投资者常常会面临流动性风险。比如,某个投资者购买了一些品质不佳的股票,当他持有一定时间再出卖时,却发现这些股票必须大幅度地降价才能交易成功,投资者因此遭受巨大损失。流动性风险也是银行经营过程中面临的主要风险,银行资产的流动性反映了银行的应变能力。银行应保证持有的资产能随时满足客户的流动性需求,能够较快地以合理的价格出售资产或借入资金。银行资产的流动性越高,银行应付突发事件的能力也就越强,流动性风险也越低。但是,资产的流动性与收益性是此消彼长的,即保持资产的高流动性是以牺牲一定的收益为代价的,因此,银行需要在流动性和收益之间作出合理的选择,实现最优化。

3. 利率风险(interest rate risk)

利率风险是指由于市场利率变动的不确定性,而导致的金融风险。利率是资金的价格,是调节金融市场资金供求的杠杠。由于受到中央银行的管理行为、货币政策、经济活动水平、投资者预期,以及其他国家或地区的利率水平等许多因素的影响,一国的利率会经常发生变动,所以,利率风险是一种较普遍的金融风险。它有两个显著特征:首先,利率变化导致现金流量(净利息收入或支出)的不确定,从而使收益和融资成本不确定;其次,利率变化导致资产(或负债)市场价值的不确定,从而导致收益的不确定。无论是金融机构还是非金融企业,如果其资产和负债的类型、数量及期限不匹配,利率的变动对其资产、负债的影响就不一致,会出现损失和收益不能相互抵消的情况。以商业银行为例,如果银行持有的主要资产是利率固定的长期债券或贷款,而负债则是大量的短期存单和短期资金,由于长期利率的变化引起的资产和负债的价格变化大于短期利率的变化,银行就存在缺口,将承受较大的利率风险。利率风险还体现在引起有价证券价格变动上。一般来说,证券价格与利率水平是反向变动关系,利率的上升会导致证券价格下跌,利率的下降则会使证券价格上涨。

4. 汇率风险(exchange rate risk)

汇率风险是指经济实体或个人在从事国际经济、贸易、金融等活动中,以外币计价的资产或负债因外汇汇率的变动,而引起的价值上升或下跌所造成损益的可能性。外汇风险又可分为交易风险和折算风险两种。交易风险是指当由于以外币计值的未来应收款、应付款以本币进行结算时,其成本或收益因汇率变动而引起的风险,它是一种现金流量风险。在以外币支付的国际贸易中,外币贬值会使出口商遭受损失,对进口商有利;相反,外币升值则会使进口商遭受损失,对出口商有利。对资产负债以外币计值的会计报表进行合并时,资产和负债的本币价值没有变化,仅仅是由于外币折算后引起资产和负债价值变化而产生的风险,则称为折算风险。在世界经济全球化的推动下,越来越多的机构在两个或两个以上的国家和地区拥有多个分支机构,在将这些分支机构的财务报表进行合并时,需要将它们按照统一的基准货币进行操作。在合并过程中,不同货币及其基准货币之间的汇率变动是不确定的,反映在账面上就是合并报表上的价值变化、收益或损失。

5. 国家风险(country risk)

国家风险一般是指金融市场主体在涉外经济活动中,由于东道国国内政治环境或东道国与其他国家之间政治关系的改变,而遭受损失的可能性。国家风险一般表现为:商业银行对发展中国家的信贷风险、对外资实施全部没收或征用的政治风险。与其他金融风险相比,国家风险有两个显著特点:第一,风险发生的范围是在跨国的金融活动或投资经营活动中,在本国范围内发生的活动则不存在国家风险。第二,在跨国的经济往来中,不论对方是政府、企业还是个人,经济实体都可能遭遇国家风险所带来的损失。

6. 购买力风险(purchasing power risk)

购买力风险又称通货膨胀风险,是指由于一般物价水平的不确定变动,而使人们遭受损失的可能性。首先,通货膨胀造成单位货币购买力的变化,导致债权债务的实际价值发生变化。货币贬值使债权人受到损失,货币升值则使债务人遭受损害。其次,因为实际利率 (r) 近似于名义利率(i)与通货膨胀率(π)之差,即 $r = (i-\pi)/(1+\pi) \approx i-\pi$。通货膨胀也会导致实际收益率的潜在变动,从而产生风险。例如,如果一家银行预期的通货膨胀率过高,它会相应提高名义利率,银行不但会失去许多投资机会,其负债成本也会上升,而盈利能力下降。再次,通货膨胀不仅导致消费者行为、商品流通、生产经营环境等发生改变,而且也导致企业经营成本的上升,会对企业的经营行为产生影响,给企业带来风险。

7. 市场风险(market risk)

市场风险是指由于证券市场行情变化所引起的风险。政治局势、经济周期、上市公司业绩等都是影响证券市场行情变化的因素,它们往往可以使整个行情大起大落。市场风险的特点是不易被投资者事先预料,因此对投资者造成的损失有时非常巨大。

8. 经营风险(management risk)

经营风险是指在经营管理过程中,因某些金融因素的不确定性导致经营管理出现失误,而使经济主体遭受损失的可能性。经营风险又可分为:决策风险、财务风险和操作风险。所谓决策风险是由于经营方针不明确,或者信息不充分,或对业务发展趋势的把握不准等原因,在业务经营方向和业务范围的选择上出现偏差,造成决策失误,从而导致损失的可能性。例如,在证券市场上,基金管理公司通常要在较短的时间内对证券市场的走势作出判断,进而决定是继续买进还是逐渐卖出,一旦判断失误,其损失往往是十分惨重的。财务风险是指由融资方式的选择所带来的风险。因为融资方式的不同,融资成本也往往不同,如公司通过发行股票和发行债券融资的成本就是不同的。一般而言,发行股票的成本较高,而发行债券筹资尽管资金成本较低却必须按期付息,在公司财务结构中,按固定利率付息的债务越多,其预期收入就越不稳定。假如公司不能保持合理的财务结构,那么它就将面临较大的风险。操作风险是指由于操作失误或雇员行为不轨的不确定,而造成损失的可能性。在金融机构经营管理过程中,由于相关信息没有及时传达给操作人员,或在信息传递过程中出现偏差,或是操作人员业务技能不高或出现偶然失误、道德风险等情况,都可能导致发生损失。而雇员的违规操作、蓄意越权等虽然一般只是个人行为,但往往却能给金融机构带来极大风险,甚至造成严重的后果。巴林银行倒闭事件就是一个最好的证明。

(二) 根据金融风险能否被分散分

1. 系统性风险(systematic risk)

系统性风险是指由某种影响整个金融市场的因素所导致的风险。例如,宏观经济状况的变化(通货膨胀、经济景气程度)、宏观经济政策的变动(财政政策和货币政策)、税收制度的改变,以及自然灾害和政治、战争等因素,会对金融市场上的大部分,甚至全部主体产生影响。可见,系统性风险是整个金融市场共同面临的风险,它是金融市场主体所无法控制和回避的,也不可能通过多样化投资来分散,因此,系统性风险又可称为不可分散风险。系统性风险具体包括市场风险、利率风险、汇率风险、购买力风险等。

2. 非系统性风险(unsystematic risk)

非系统性风险是指由仅影响个别经济主体的因素所导致的风险。这类风险只与个别经济主体有关,而与整个市场没有必然关联。例如,个别金融机构的决策失误(如新产品开发)只会给该金融机构带来风险,对其他金融机构很少或不发生影响;某一行业政策的变化只会给这个行业中的经济主体带来风险,而对其他行业的经济主体一般不产生直接影响。所以,非系统性风险是个别或部分经济主体所面临的风险,是可以分散,甚至完全消除的风险。非系统性风险具体包括信用风险、流动性风险、经营风险等。

某个经济主体所面对的总风险就由系统性风险和非系统性风险两部分组成,即

$$总风险 = 系统性风险 + 非系统性风险$$

四、金融风险的形成原因

(一) 金融风险形成的一般原因

从金融风险的定义可以知道,产生金融风险的根源是不确定性。但是,导致金融风险的具体原因是十分复杂的,我们可从不同角度对其进行分析。从引发金融风险的因素内外生性看,有些是内生的,如信用风险、流动性风险等;有些是外生的、不可测的,如利率风险、汇率风险等。从制度角度分析,发现有些金融风险是发生在正常的市场环境

下,即纯粹由不确定性引起,如政治风险;有些风险是由于市场机制不完善、法律环境不健全、外部监管不力等因素引起,如操作风险。从主客观角度看,有些金融风险主要是金融机构的主观失误引起的,如决策风险;有些风险则是客观存在的,如购买力风险。可见,微观主体行为和宏观经济运行环境等因素都能从不同的侧面直接或间接地引发金融风险,所以,对金融风险形成的原因需要深入分析。对此,国内外学者的研究已形成了一定的理论。

1. 信用脆弱性理论

马克思认为,信用是资本集聚和集中的有力杠杆。但是,这个提法是基于一定前提的,即信用仅仅是作为对商品内在精神的货币价值的信仰,决不能脱离实体经济。然而,金融资本家的趋利心、虚拟资本运动的相对独立性却使信用日益偏离实体经济,从而可能造成信用链的崩溃。在经济处于上升阶段时,生产领域的企业如雨后春笋般地出现,生产蒸蒸日上。因为趋利心的驱使,这些企业希望有更多资金进行扩张,以获取更多利润,因而转向金融市场募集所需资金。对于利润的渴望也使得银行家们盲目地借款给企业,而忽视了潜在的风险。一旦生产出现危机,这些企业无法如期偿还债务,原先过度扩张的信用链必将崩溃,引起连锁反应,造成金融危机。信用的广泛连锁性和依存性是信用脆弱、产生金融风险的重要原因。另外,信用在经济运动中具有周期性特点,随着经济运行的周期交替表现出膨胀和紧缩,尤其是在经济剧烈波动情况下,信用往往会发生猛烈的扩展或紧缩,以致严重地扭曲。信用自身的这种周期性特点也会引发金融风险。现代理论认为,除了信用过度扩张、金融业的过度竞争,以及信用监管制度的不完善同样会造成信用的脆弱性。为了争夺存款客户,银行通常提高存款利率;为了吸引贷款客户,增加市场信用份额,银行通常降低贷款利率。这样,存贷利差的缩小,在其他条件既定时,银行盈利水平下降,经营风险增加。在这种情况下,许多金融机构不得不依靠发展高风险业务,以取得较高收益。同时,金融机构常常为了盈利而放弃稳健经营原则,从而使其资产质量下降,经营风险加大,并通过发展表外业务来逃避监管。而由于信用监管制度的不完善,监管当局对于银行逃避信用监管的行为无能为力,致使金融风险不断集聚,最后全面爆发。金融机构和金融市场通过支付结算系统和信用链形成循环整体,某一环节出现信用风险会迅速扩散到整个金融体系,形成系统性金融风险。

2. 金融机构的内在脆弱性理论

美国著名经济学家凡勃伦提出了金融机构内在脆弱性理论,他认为以商业银行为代表的金融中介机构,在功能的有效发挥上,需要满足两个前提条件:一是储蓄者不同时提现,对银行充满信心;二是银行能够依据效率原则,以最低成本筛选出效益较好的投资项目。但是在现实生活中,由于信息的不对称,这两个条件并不一定都能满足。首先,商业银行抵御挤兑能力不强,使其必然遭受支付风险。因为信息不对称,一家本身没有异常情况的银行可能由于其储户误信谣言或是判断错误,而造成挤兑发生危机甚至破产,著名的雨天案例就生动地说明了这点。一天由于下雨,英国某个银行门前滞留了不少避雨的人,该银行的一些客户却误以为该银行发生了挤兑,于是纷纷到银行来提款,结果造成了这家银行真正发生挤提。因此,对于金融机构而言,由挤兑产生的支付风险具有随时爆发的可能性。其次,金融机构并非总是能有效地筛选投资项目。由于存在政府救援机制、金融机构对管理者奖罚不对称等因素,金融机构管理者的理性行为总是倾向于作出一些风险较高、能给金融机构和决策者带来高收益的信贷决策。根据以上分析,凡勃伦提出了金融机构的内在脆弱性理论,认为这是最终导致金融风险的原因。

3. 金融市场自身的波动性

金融市场和其他市场一样,由供给和需求共同决定交易的数量与价格。在其他条件不变的情况下,只有当供给量和需求量相当时,才能形成稳定的均衡价格。但是,均衡状态只是暂时的,由于受多方面因素的影响,金融市场上的供给和需求会经常性地变动和调整,因而金融市场价格也处于不断变化中,这就有可能产生金融风险。特别是在证券市场上,证券价格的波动直接影响交易者的收益和损失,投机者往往为获得高额利润而进行大量的投机活动,这使得证券市场的波动性尤为突出,极易导致金融风险。显而易见,金融市场所固有的波动性是金融风险的一个重要根源。

4. 金融资产价格的内在波动性

金融资产价格的波动造成了市场上行为主体收益或损失的不确定,因而可能产生风险。金融资产价格的波动,主要表现为股票、外汇等金融资产价格的波动。现代理论认为,股票价格的波动与人们的预期有关,即使在实体经济良好的情况下,股市投资人由预期而做出的理性行为足以导致整个市场的崩溃。汇率的不稳定性包括两种:固定汇率的不稳定性波动和浮动汇率的不稳定性波动。在固定汇率制下,当一国货币对外价值发生意外的变化,市场对该货币逐渐失去了信心,不断抛售该货币,使得固定汇率水平难以维持,引发货币危机。而在浮动汇率下,则存在汇率过度波动情况,即超调现象。现代有关理论认为,浮动汇率的强烈波动及其错位造成了巨大的金融风险。

(二) 金融风险深化的原因

从20世纪70年代以来,金融危机的发生日趋频繁,波及的范围越来越广,造成的后果也越来越严重。英国巴林银行的倒闭、亚洲金融危机、阿根廷金融动荡、日本资产泡沫危机、美国次贷危机等一个个触目惊心的风险实例,令人们不禁思考造成金融风险的深层次原因。

1. 经济发展的虚拟化提高了金融风险发生的概率

经济虚拟化是现代经济发展中最引人注目的现象。虚拟资本是和现实资本相对而言的,在现实生活中发挥职能的资本是真正存在的资本,它表现为生产资本、商品资本、货币资本等。而虚拟资本往往以有价证券的形式出现,它并非真实的资本,而是虚假的、幻想的资本。虚拟资本本身没有价值,也不能作为价值符号,更不能在生产中发挥作用,但在它的所有者看来,它能带来收益就是资本。实质上,虚拟资本只是未来预期收益的资本化,并非资本。在有些时候,虚拟资本的运动可能会反映现实资本的变化,但是通常情况下,虚拟资本并不能正确反映现实资本的运动,而是远比现实资本的运动剧烈。20世纪70年代以来,由于各种股份制企业、新的融资工具的出现,虚拟资本的数量急剧增长,这是因为一方面经济高速增长之后,各行业竞争激烈,市场饱和、利润率低,一部分过剩的产业资本从生产领域退出,从事短期投机活动;另一方面,高收入居民长期积累的财富和一些民间组织积累的货币资金都投入金融市场,进一步刺激了虚拟经济的发展。经济的虚拟化虽然给资金提供了自由融通的便利,但是它也引发过度投机从而导致泡沫经济的膨胀,而泡沫经济一旦破灭,则往往造成巨额的财产损失,并有可能引起连锁反应,对生产和流通都造成很大的伤害。

金融创新和金融衍生工具的发展也提高了金融风险发生的概率。金融衍生工具由于其杠杆性,而具有高风险性和信用风险的相对集中性;由衍生工具的虚拟性和定价复杂性,而使其交易策略远复杂于现货交易。随着金融创新的发展,金融衍生品经过衍生再衍生、组合再组合的发展,使金融风险的传播和扩散性加快。

2. 经济全球化为金融风险深化提供了外部条件

随着经济全球化的不断发展,金融风险也在日益增大。这是因为:第一,金融手段现代化,特别是国际信息网络化和电子化,极大地加快了全球资本流动的速度,大大提高了各国金融市场间的关联性和依存度。其直接的负效应就是,一旦某个国家或地区发生金融危机,传递性会使金融危机很快地影响到世界其他国家和地区。第二,由于金融国际化的发展,各国逐渐放松了金融管制,导致国际资本流动加快,国际投机因素增加。特别是近年来,国际游资规模正以惊人的速度扩张,这种投机性极强的短期资本在世界各国之间频繁流动,严重影响了各国金融市场的安全和稳定。第三,金融自由化和国际化削弱了各国金融监管当局对本国金融市场监管的有效性。金融全球化意味着金融资本在全球范围内自由流动、转移和获利更便利。这种资本流动必然引起一定的投机活动,但是国内的金融监管机构由于自身能力、信息不够等原因对这种金融活动不能采取有力措施,致使国内金融市场受到冲击,如面对流动性强、资本额度大、掌握先进技术和金融分析工具的对冲基金的冲击,大多数国家的金融监管当局往往力不从心、束手无策。第四,一些发展中国家为了迎合金融全球化的潮流,在自身监管能力薄弱及金融体系不稳定的情况下,过早地开放了本国的金融市场,国际投机资本冲击使其金融市场发生危机,经济受到巨大影响,而这些国家的金融危机又通过市场传播到世界其他国家,在世界范围内引起动荡,进一步加剧了金融风险。

(三) 金融风险形成机制

金融风险的产生并不是偶然的。尽管金融风险往往有突发性的特性,但风险的发生却是在必要条件和充分条件的共同作用下具有一定的必然性。图10—1所示是从金融风险发生条件的角度分析金融风险的形成机理,说明金融风险因素是产生金融风险的必要条件,金融风险事件则是其产生的充分条件,金融风险在这两者共同作用下形成。金融风险因素和金融风险事件又各包含若干子单元,如金融风险因素包括经济的不确定性、经济人理性、金融制度及其变迁和微观主体的预期等因素,金融风险事件包含金融资产价格的剧变、金融市场的供需异常变动、资金的反常流动、不可抗力的事故等,在这些单元的交错作用下,金融风险有可能进一步加剧,甚至可能最终导致金融危机。

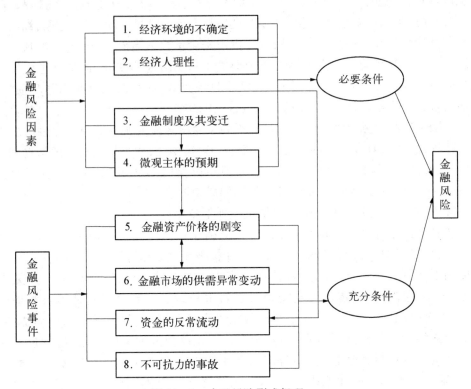

图 10—1　金融风险形成机理

资料来源：朱淑珍：《金融创新与金融风险：发展中的两难》，复旦大学出版社，2002年版。

五、金融风险的影响

金融风险是金融市场的一种内在属性，它无时不有、无处不在。虽然金融风险可能为市场参与者带来一些收益，但是它更可能造成十分严重的后果。金融风险不仅会影响金融市场中主体的收益，使市场参与者遭受巨大损失，还将影响宏观经济的运行、发展，甚至因此造成国家的混乱、社会的动荡。

（一）金融风险对微观经济的影响

首先，金融风险可能造成的直接后果是给市场主体带来直接的经济损失。市场主体买进股票后，股价却连连下跌；进行期货炒作，而期货价格变动与预期相反；买入外汇套利结果汇率向相反方向变动，这些情况无疑都会给市场参与者带来巨大损失。1995年，英国巴林银行因为股指期货交易而损失10亿美元，使得这家历史悠久的银行不得不面临倒闭的命运。

其次，金融风险除了会给市场主体带来直接的损失外，还会造成潜在的损失。企业可能因为经营风险，而影响正常的生产活动；购买力风险不仅导致投资者的实际收益率下降，甚至还降低了投资者货币余额的实际购买力；如果银行存在较大的信用风险，则存款人会出于对存款安全的考虑转移其存款，最后导致银行存款日益减少、业务萎缩。

再次，金融风险通过影响投资者的资本成本而影响其投资收益。投资净现值的公式为

$$NPV = \sum_{t=1}^{\infty} \frac{c_t}{(1+r_t)} - c_0$$

式中 c_t，r_t，t 分别表示资产在 t 期的现金流、资本成本(也称净值贴现率)、投资期；c_0 表示初始的投资额；NPV 即投资的净现值。

当预期风险越大时，相应的贴现率也越高，所以当现金流为确定值时，其净现值则越小，即投资者的净收益就越少。

第四，金融风险降低了资金的使用效率。由于金融风险普遍存在，并可能造成严重损失，经济主体因此不得不持有一定的风险准备金以备不时之需。以银行为例，由于需要防范流动性风险，银行往往需要预留出一定数额的准备金，但是因为流动性变化不定，难以计算出准确的准备金余额，造成银行有大量资金闲置，减少了收益、降低了资金利用率。而就个人投资者而言，一些投资者因为惧怕金融风险而不敢投资，造成社会上存在大量闲置资金，增大了机会成本、降低了资金的使用效率。

最后，金融风险还增加了经营和交易成本。为了规避金融风险，企业往往需要搜集、整理大量信息，以便预测风险，做好应对措施，这显然增加了企业的经营成本。金融风险还使得一些金融资产的价值难以准确计量，影响了交易的正常进行，这无疑加大了交易成本。

(二) 金融风险对宏观经济的影响

首先，金融风险会造成产业结构发展不平衡，使整个社会生产力水平下降。由于存在金融风险，大量资源流向风险较小的部门，造成了资源配置的不均衡，使得一些在经济中具有重要作用的部门得不到应有的发展，成为国家经济中的"瓶颈"。

其次，金融风险还可能引起金融市场秩序混乱，破坏社会正常的生产和生活秩序，甚至使社会陷入恐慌，极大地破坏国家经济。例如，一家银行的倒闭很可能引起银行业的信用危机，不但导致大规模的挤兑，还可能使整个金融体系面临崩溃的可能。

再次，金融风险不但增加了制定宏观经济政策的难度，也影响了宏观经济政策实施的效果。因为金融风险使得市场供求经常发生变动，政府往往难以及时、准确地制定相应的宏观经济政策。而各经济主体为了规避金融风险，会充分利用所有有用的信息，并据此对政府未来的政策及其可能产生的后果作出预测，进而采取相应的措施，这就使政府制定的宏观经济政策难以达到预期的效果。

第四，金融风险还将影响一个国家的国际收支。汇率的变动直接关系着一国的贸易收支；利率风险、购买力风险、国家风险的大小，则主要影响一国的劳务收入；利率风险和汇率风险还会引起国内与国际资本的流动。所以，金融风险直接关系着一国贸易活动和金融活动的进行和发展，直至影响实体经济的运行。

最后，一国的金融风险转化为金融危机可能迅速影响周边的国家和地区，甚至有可能引发全球金融危机和经济危机。

第二节　金融市场监管

金融市场是金融活动的平台，金融市场的高效、安全、健康对于整个经济的发展有着至关重要的作用。但是,由于金融体系的内在风险性和脆弱性,导致金融市场容易出现市场失灵现象。理论和实践都证明了,如果缺乏适当的监管,一国的金融市场不仅运行效率会十分低下,还可能引发金融危机,对本国甚至对世界经济都会造成严重的影响。拉美金融危机、欧洲货币危机和亚洲金融风暴都是前车之鉴,它们不仅严重破坏了当地的金融市场和国家经济,还引起了社会动荡。因此,对金融市场的监管是保证国家和地区的金融、经济健康、有序发展所必不可少的。

一、金融市场监管的定义及要素

(一) 金融监管的定义

金融监管是指一国的货币当局或该国政府依法设定的监管部门对金融机构实施的各种监督和管制的行为,包括对金融机构市场准入、业务范围、市场退出等方面的限制性规定,对金融机构内部组织结构、风险管理和控制等方面的合规性、达标性的要求,以及一系列相关的立法和执法体系与过程。金融监管作为一个复合概念内含金融监督和金融管理双重属性。

从金融监管的定义可以发现,金融监管有几大要素:监管主体、监管对象和监管内容。

(二) 金融监管的主体

金融监管的主体是指负责实施监管行为的监管部门。从世界各国的金融监管实践来看,金融市场的监管主体基本可以分为两类:一类是由政府授予权力的公共机构,即通常所说的"金融监管当局",它们负责制定和实施金融监管的各种法律、法规,并对违反法规、制度的金融机构进行处罚制裁。可见,官方监管机构的监管行为具有行政性、强制性和权威性的特点。各国的中央银行就是典型的官方监管主体。另一类是非官方性质的民间机构或私人机构,顾名思义,它们的权力不是来自政府,而是来自其成员及社会对机构的普遍认可。所以,当其成员违规时,并不承担法律责任,只是可能会受到机构的纪律处罚。绝大多数的证券交易所或证券商自律组织就属于这类监管主体。

总结几个典型国家的金融监管实践可以知道,金融监管主体经历了从集中—分散—集中的变迁。20世纪初,由于货币发行的统一使得金融监管的职责集中于中央银行,此时的金融监管主体基本上是中央银行。30年代以后,中央银行的金融监管主体地位进一步加强。但是,随着战后中央银行制定实施货币政策、执行宏观调控职能的加强,以及20世纪60、70年代新兴金融市场的不断涌现,金融监管主体逐渐出现了分散化、多元化和专业化的倾向。具体表现为,中央银行专门负责监管银行及非银行金融机构,证券市场和保险业则由专职的监管机构监管。而金融自由化的发展,使金融市场上出现了一些综合化经营的金融机构,近年来金融监管主体又有了统一的趋势,但不再是将监管职能统一于中央银行,而是建立一种监管范围广泛的综合性监管机构进行统一监管。例如,1997年英国成立了一家对金融领域实行全面监管的"超级监管机构"——金融服务管理局(FSA),集中并取代了原先英格兰银行等多家监管机构金融监管的职能。

我国的金融业监管经历了从集中统一监管到分业监管的变迁,相应地,金融监管部门也经历了从单一监管机构到多个监管机构的发展。最初,中国人民银行一家机构负责对整个金融市场的监管,但是现在,我国不再只依靠中国人民银行进行监管,已逐渐形成了中国人民银行、中国银行监督委员会、中国证券监督委员会和中国保险监督委员会"一行三会"之势的监管格局。

(三) 金融监管的对象

金融监管的对象是指从事金融业务的一切金融机构,以及参与市场交易的非金融机构和个人。金融机构本身就是金融市场活动的主体,自然是监管对象,而对于非金融机构和个人,只有在金融市场上进行交易时才是监管的对象。金融监管对象主要包括银行、证券公司、保险公司、信托投资公司、财务公司、信用合作社、基金管理公司、金融租赁公司等金融机构,以及从事金融市场业务的会计事务所、律师事务所、资产评估机构、投资咨询机构、信用评级机构等服务机构,机构投资者和个人投资者。

20世纪早期,因为商业银行在金融体系中占绝对优势,对经济影响巨大,因此金融监管对象主要是商业银行。二战后,金融体系结构日趋复杂化,非银行金融机构得到了空前发展,规模迅速扩张,而且随着其存款业务和创新业务的增加,货币定义变得模糊不清,因此,金融监管当局逐渐加强了对非银行金融机构的监管。而金融市场尤其是金融衍生品市场的发展,使得金融监管的对象变得更加丰富。近年来的金融全球化,使跨国银行和其他跨国金融机构也成为金融监管当局日益重视的监管对象。

传统上,我国监管的对象主要是国内的商业银行。但是,随着金融活动的日益复杂,除银行外的其他金融机构,如信托投资公司、证券公司、基金管理公司、信用合作社、保险公司、租赁公司、财务公司等,它们的经营活动对国家经济产生的影响越来越大,为了保证公众的信心,维护整个金融体系的安全、稳定,这些机构也被列入监管对象之列。

(四) 金融监管的内容

金融监管内容一般包括市场准入、业务运营和市场退出三方面。

1. 市场准入监管

市场准入监管是指金融监管当局对具备资格的机构进入金融市场、经营金融产品、提供金融服务的审查批准过程。市场准入监管是金融监管的第一道屏障,因为它直接关系着一个国家金融业的结构、规模,以及风险监管和业务监管能否顺利进行等一系列问题。金融机构的市场准入监管主要包含三方面:

(1) 机构准入,是指依据法定标准,批准金融机构法人或其分支机构的设立;

(2) 业务准入,是指按照审慎性标准,批准金融机构的业务范围和开办新的业务品种;

(3) 高级管理人员准入,是指对金融机构高级管理人员任职资格的核准或认可。

2. 业务运营监管

所谓业务经营监管是指金融机构经批准开业后,金融监管当局对其的运作过程进行的监管,目的是促使金融机构始终保持稳健经营的良好状态。业务运营监管一般根据以下七方面内容进行监管。

(1) 业务经营的合规性,该项监管的目的旨在督促金融机构严格遵守金融法律、法规及各项金融规章制度,维持良好的金融秩序和金融机构之间的适度竞争;

(2) 资本充足率,该项监管的目的是限制金融机构风险资产总量的过度扩张,减少

金融风险,如《巴塞尔协议》关于核心资本和附属资本与风险资产的比率的规定是银行资本充足率的最重要、最基本的监管标准;

(3) 资产质量,它是衡量一家金融机构经营状况的最重要的依据,同时也直接影响金融机构的资本充足率和盈利能力,因此,它是重要的监管内容之一,如各国在对商业银行的资产质量监管时,通常把贷款进行分类监管;

(4) 流动性,由于流动性不足有可能直接引发金融危机,所以各国金融监管当局十分重视对流动性的监管,该项监管是指监管金融机构支付到期债务的能力;

(5) 业务范围,金融机构可以经营的业务一般是有限制的,金融监管当局根据业务范围的限制对金融机构进行监管,如在许多国家商业银行和投资银行是分业经营的,商业银行不得从事信托投资和证券经营业务;

(6) 盈利能力,合理的盈利是增强金融机构抵御风险、扩展业务规模的基础,所以盈利能力也是金融监管的基本内容之一;

(7) 内部控制,金融机构内部控制是金融机构对内部各职能部门及其工作人员从事的业务活动进行风险控制、制度管理和相互制约的方法、措施和程序的总称,该项监管旨在通过完善内部控制,以规范金融机构经营行为,有效防范风险,提高金融机构经营管理水平。

3. 市场退出监管

对金融机构的市场退出监管,是指监管当局依法对金融机构退出金融业、破产倒闭或合(兼)并、变更等实施监督管理。其主要内容包括:

(1) 对金融机构破产倒闭的监管,即如果金融机构在经营过程中出现严重亏损导致资不抵债,金融监管机构则按照有关程序有权取消其经营资格,对其实施关闭处理;

(2) 对金融机构实施变更、合(兼)并的监管,该项监管具体是指濒临破产倒闭的,或出现章程规定的解散事由需要解散或重新变更的,或因其他事由需要合(兼)并的所有金融机构都必须在金融监管机构的监督下依法进行变更或合(兼)并,避免引起金融动荡;

(3) 对违规金融机构终止经营的监管,即对违反国家法律、法规,违法经营的金融机构,金融监管当局有权要求其停业整顿,对其资产负债情况、业务开展情况、违规性质等进行审查、核准,并提出相应处理措施。

二、金融监管理论

金融监管理论是对金融监管实践的抽象总结,又对金融监管实践发挥指导作用。具有代表性的金融监管理论有以下几种。

(一) 公共效益论

公共效益论是最早出现,也是发展得最为完善的金融监管理论。该理论假设:① 市场本身是脆弱、有缺陷的,如果让市场单独发挥作用,则它的运行会缺乏效率;② 政府的干预可以提高市场的运行效率。公共效益论认为,由于金融市场存在垄断、外部性和信息不对称等因素,会导致市场失灵和无效率。因为,金融业存在规模经济,限制、约束了自然竞争,最终导致金融业的垄断,造成交易费用增加,金融资源配置效率降低。同时,金融业作为高风险行业,具有内在的不稳定性。当一家金融机构倒闭时往往产生"多米诺骨牌"效应,这就是金融业的外部效应,它极易引发整个金融业的危机。而金融市场中信息不对称的现象也十分普遍,如银行与存款人之间、银行与贷款人之间等,从而产生了道德风险和逆向选择问题,造成市场失灵。以上原因说明,市场单独作用缺乏效率,需要通过政府干预来消除市场失灵所带来的价格扭曲,弥补市场机制在资源配置过程中的效率损失。公共效益论认为,监管是政府对公众要求纠正某些社会个体和社会组织的不公正、不公平,以及无效率或低效率做法的一种回应。

公共效益论是目前关于金融监管的最为成熟的理论,但是,它不能说明金融监管的需求是如何转化为金融监管实际的,也不能解释为什么监管者会背离初衷而与被监管者形成相互依赖的关系。更重要的是,根据公共效益论,金融监管应该集中于垄断程度较高或容易引起垄断、能产生较大外部性,以及信息高度不对称的行业。但事实是,大部分行业被监管是由于它所产生的巨大外部性,而并不是因为它的垄断程度。

(二) 俘虏论

俘虏论是在20世纪70年代发展起来的。该理论认为,随着时间的推移,监管机构会越来越为监管对象所支配,监管者会越来越迁就被监管者的利益,而不是保护所谓的公共利益。有的经济学家甚至认为,有些监管机构的产生本身就是某些利益集团活动的结果,认为这些利益集团为了逃避市场竞争和保护自己的利益,而要求政府提供监管。俘虏论有一个生命周期模型,它将监管过程分为四个阶段:产生期、初期、成熟期和老化期。在第一阶段,由于出现损害公共利益的行为,结果在社会各方支持下建立了新监管机构,此时的监管机构虽然经验不足,但是很有信心。到了第二阶段,被监管者开始通过各种手段来限制监管机构的权力,并对其施加影响,而公众对新监管机构的支持也逐渐变弱,因此,监管机构开始变得孤立起来。当进入成熟期后,监管机构与被监管者的对立和冲突开始淡化,合作成为主流;监管机构开始安于现状,行为也趋于保守,不再以公共利益为重。当进入最后一个阶段——老化期后,监管机构已严重老化,反应迟钝,不再关心公共利益,越来越趋向于保护被监管者的利益。

通过这个模型,俘虏论从监管机构本身行为出发,比较完整地论述了监管产生和发展的过程。俘虏论的积极意义在于它不再是仅仅从经济理论的角度研究金融监管,而是通过考察监管者的行为和监管动机解释了监管需求的原因。俘虏论的不足之处则是它仍不能说明监管的供给是如何产生的,是什么原因导致监管机构在后期行为发生变异,也不能解释为什么监管者最后会与被监管者形成相互依赖的关系。此外,俘虏论与公共效益论相比,论证得不够规范和完整。

(三) 监管经济学

监管经济学是在公共效益论和俘虏论的基础上发展起来的一种新的监管理论,它保留了公共效益论关于市场失灵的假设,同时又利用了俘虏论关于监管需求原因的观点。监管经济学认为,监管是一种商品,并且这种商品的分配同样受供求关系的支配。该理论认为,监管的供给来自千方百计谋求当选的政治家,因为他们需要选票;而监管的需求,则来自那些希望通过监管能使自己经济地位获得改善的利益集团;监管就是在这种供求关系的相互作用下产生的。监管经济学还分析了监管作为产品的生产成本,该理论认为，监管的成本除了维持监管机构存在和执行监管任务的行政费用之外，还有四个方面看不见的成本：道德风险、合规成本、社会经济福利的损失和动态成本。监管经济学提出，既然监管是市场中由政府提供的一种产品，所以也不可避免地会出现监管失灵的现象，其中主要的失灵就是因监管带来的高额成本和对竞争条件的破坏，该理论称这种失灵为政府失灵。由此，监管经济学得出结论：因为存在政府失灵，所以，政府监管不可能解决一切由市场失灵带来的问题。

监管经济学是监管理论的新发展，它将经济学中的供求理论引入监管理论，论述了监管的供给是如何产生的，监管的供求之间又是如何相互作用的，分析了监管的成本及监管对资源配置的影响。监管经济学是对公共效益论和俘虏论的有益补充。

三、金融监管的目标和原则

（一）金融监管的目标

金融监管的主要目标是金融安全、金融效率和金融公平。

1. 金融安全

金融安全是保证金融机构正常经营活动，从而保障金融体系的安全。金融体系为现代社会经济创造和配置货币资金，相当于人体的血液循环系统，金融安全不仅关系金融机构的正常运行，也关系整个社会经济体系的安全运行。金融安全是金融监管的首要目标，监管当局通常以政府承担最后贷款人职责和建立存款保险制度作为金融安全的保证。

2. 金融效率

金融效率是以尽可能低的成本将有限的金融资源进行最优配置，以实现最有效利用。鉴于货币和货币资本的功能，优化社会资源配置的前提条件是优化金融资源配置。通过限制和防止垄断，保护合理的充分竞争是实现金融效率目标的保证。

3. 金融公平

金融资源属于社会公共资源，金融公平不仅指各类市场参与主体有平等的机会参与金融交易、分享金融资源，各自的合法权益都能得到公平的保障，还特别强调对中小投资者合法权益的保护。由于信息不对称，中小投资者在金融市场上处于弱势地位，保护中小投资者的合法权益是金融监管的重要目标，建立完善的信息披露制度和必要的法律诉讼制度是金融公平目标的保证。

（二）金融监管的原则

1. 依法监管原则

依法监管原则是指金融监管必须有充分的法律依据和法律保障，金融监管当局必须依据相关的法律进行监管，做到依法监管、严格执法，保护市场参与者的合法权益。

2. 公开、公平、公正原则

该原则简称"三公"原则。其中，公开原则是指要向市场参与者及时、完整、真实、准确地披露各种金融市场的信息，任何参与者不得利用内幕信息进行金融活动，监管者应当努力营建一个信息通畅的投资环境；公平原则指的是以社会公众为主体的市场参与者在参与金融活动过程中，机会均等、平等竞争，具体是指各市场参与者具有平等的法律地位、均等的交易机会、平等的获取信息的机会、遵循相同的交易规则,各自的合法权益都能得到公平的保障;公正原则是指金融监管当局在公开、公平原则的基础上,对一切被监管对象给予公正待遇,做到立法公正、执法公正、仲裁公正。

公开是实现公平、公正的前提,公平是实现公开、公正的基础,公正是实现公开、公平的保障。

3. 系统性风险控制原则

该原则是指金融监管主体在进行监管时,首先应从社会经济和政治全局出发,服从国家经济稳定发展的总体需要。因此,监管者主要是负责控制金融体系的系统风险,采取适当的措施防范和减少金融体系系统风险的产生和积累,维护整个金融业的安全与稳定。

4. 审慎监管原则

该原则主要是通过对进入金融市场主体的资格认定和经营审核来降低控制金融市场的风险。其主要内容包括:市场进入监管、资本充足率监管、流动性监管、资产组合监管、业务范围监管等。审慎监管原则旨在通过外部监管来强化市场主体的内部风险控制,避免由于个别金融机构的经营不善而导致的系统危机,保护存款人和投资者的利益不受损害。

5. 监管适度与适度竞争原则

该原则是指金融监管要适当。监管过严,会导致金融系统失去活力和效率,抑制了金融业的创新和发展;而监管过松,则又会导致金融系统不注意控制风险,引发金融危机。所以,金融监管的力度要适当,既要严格监管,维护金融业的安全与稳定,又要保证金融系统的创新和适度竞争,增强一国金融业的竞争力。

6. 综合性和系统性监管原则

该原则是指监管当局在监管过程中,应综合运用各种监管手段,实现有效监管。金融监管要实现现代化、系统化,日常监管与重点监管、事前督导与事后督察要同时运用。

7. 政府监管与自律管理相结合的原则

该原则是指在加强政府主管机构对金融市场监管的同时,也要加强从业者的自我约束、自我教育和自我管理。政府对金融市场的监管是一种外部监督,金融从业者的自我约束则属于金融机构的内部管理,单纯的外部监督并不一定能实现良好的监管效果,加强金融机构的自律管理可以减轻金融监管机构的负担,提高市场监管效率。政府监督与自我管理相结合的原则是世界各国共同奉行的原则。

此外,金融监管还必须服从有机统一原则、自愿原则和全面风险监管原则等。其中,全面风险监管原则要求经营者和监管者在制定内部风险控制和外部监管指标时,既要考虑到当前的风险,也要对未来可能发生的各种风险做出预期,这是金融监管的新理念,也是当前国际金融市场监管极力推崇的一项新原则。

我国金融监管的原则在有关监管法律、法规中也有体现,如《中华人民共和国银行业监督管理法》第四条规定:"银行业监督管理机构对银行业实施监督管理,应当遵循依法、公开、公正和效率的原则。"

四、金融监管的手段

金融监管手段是监管主体得以行使其职责、实现其金融市场监管目标的工具。金融市场监管的手段具体来说主要有四种,即法律手段、经济手段、行政手段和自律管理。

(一)法律手段

法律手段是指运用经济立法和司法来管理金融市场,即通过法律规范来约束金融市场参与主体的行为,以法律形式维护金融市场良好的运行秩序。法律手段的特点是约束力强、具有强制性,可以作为金融市场监管的基本手段。

各国关于金融市场的法律、法规很多,大致可以分为两类:一类是直接对金融市场监管的法律、法规,如《商业银行法》、《保险法》、《信托法》、《基金法》、《证券法》、《证券交易法》;上市审查、会计准则等方面的法规。另一类是涉及金融市场管理,与金融市场密切相关的其他法律,如《公司法》、《破产法》、《预算法》、《税法》、《反托拉斯法》等。

(二)经济手段

经济手段是指政府以管理和调控金融市场为主要目的,采用利率、税收等工具间接调控金融市场运行和参与主体的行为,以实现金融市场的正常运行。经济手段特点是比较灵活,但是整个调控过程较慢,存在时滞。经济手段具体可以分为以下几方面。

1. 财政政策

政府根据不同的经济状况采用不同的财政政策,调节经济运行、影响金融机构决策,进而达到间接监管、调控金融市场运行的目的。

2. 货币政策

政府通过再贴现利率、银行存款准备金率和实施公开市场业务等货币政策手段来调节市场货币供应量,从而平抑金融市场波动,达到监管调控金融市场的目的。货币政策手段又可分为:一般性货币政策工具、选择性货币政策工具、直接信用控制和间接信用指导。

3. 汇率政策

汇率政策主要通过确定汇率制度与汇率水平来对金融机构的决策产生影响,从而作用于金融市场和实体经济。汇率政策不是一个独立的政策,因此,通常不单独使用,它往往和货币政策相结合才能发挥作用。

(三)行政手段

行政手段是指政府依靠国家行政系统,通过命令、指令、规定和条例等对金融市场进行直接的干预和管理。行政手段具有强制性和直接性的特点。一般情况下,不提倡使用行政手段,因为金融业是比较市场化的行业,依赖行政手段进行监管难以适应金融市场要求,不利于金融业的发展。一般在市场发展的初期,由于法制不健全,经济手段效率低下,才需要较多地采用行政手段,而在市场成熟阶段就较少运用该手段了。

(四)自律管理

自律管理即自我约束、自我管理,是指通过自愿方式以行业协会的形式组成管理机构,制定共同遵守的行为规则和管理规章,以约束会员的经营行为。自律监管是对政府监管的有效补充。

中国的金融市场发展还不成熟,所以,在进行市场监管时仍较多地采用行政手段,如我国证券发行曾长期采用审批制,以行政方式控制上市公司的种类和规模。随着金融体制改革的深入和金融市场的发展,我国金融立法工作也取得了巨大进展,不但已形成了以《中国人民银行法》、《商业银行法》、《证券法》、《票据法》、《信托法》和《基金法》等为主体的金融法律体系,监管部门还相继出台了各种法规、规章作为有效补充,可见法律手段已逐渐成为我国金融市场监管的重要手段。随着我国市场经济体制的逐步建立和发展,监管部门也频繁使用经济手段来调控市场,如中国人民银行的再贴现政策、存款准备金率和公开市场业务都是调控中国金融市场的有力手段。另外,自律管理在规范金融机构经营行为方面也发挥了一定的作用。总之,我国已逐渐进入了法律、经济、行政和自律管理多种监管手段并用的阶段。

五、金融监管体系

金融监管体系,即金融监管当局及其相应的机构运用一系列法规、制度和办法、措施对金融市场主体行为进行宏观监督和管理所形成的一整套管理系统。纵观世界各国,金融监管体系不尽相同。

(一)按照金融监管权的集中程度划分

按照金融监管权是否集中在中央一级,金融监管部门是否集中在同一个管理部门划分,金融监管体系可分为:"一元多头式"金融监管体系、"二元多头式"金融监管体系、"集中单一式"金融监管体系。

1. "一元多头式"金融监管体系

所谓"一元多头式"金融监管体系,即指全国的金融监管权集中于中央,地方没有独立的权力,在中央一级由两家或两家以上机构共同负责的监管模式。这种监管体系通常在经济水平比较高、金融体系比较发达,以及政府对经济干预程度比较高的国家实行,选择这种监管体系也是这些国家权力集中的特性和权力制衡的需要,如日本、德国、法国。"一元多头式"的金融监管体系的优点是有利于金融体系的集中统一和监管效率的提高,但需要各金融管理部门之间的相互协作和配合。该体系也存在一些缺点,如管理机构交叉重叠,容易造成重复监管。

日本的金融监管体系是典型的"一元多头式"金融监管体系,它的特点是金融业的监督管理权高度集中于日本政府——总理府,下设大藏省和日本中央银行即日本银行,实行大藏省和日本银行双重监管体制。具体来说,大藏省负责对金融业的直接监管,享有极大的权力;日本银行在行政上受大藏省的领导和监督,通过货币政策对金融业进行间接监管。长期以来,大藏省和日本银行紧密合作,并不断进行改革,如增强中央银行独立性、缩小大藏省对金融机构的行政指导权等,从而形成了一套比较完善和有效的金融监管体系。

2. "二元多头式"金融监管体系

"二元多头式"金融监管体系是指中央和地方都对金融业有监管权,同时每一级又有若干机构共同来行使监管的职能。这种监管体系适用于市场经济发达、自由化程度较高、金融结构比较复杂的联邦制国家,如美国和加拿大。这种体系的优点是:能较好地提高金融监管的效率,防止金融监管权力过分集中,因地制宜地选择监管部门,有利于金融监管的专业化,提高对金融业务服务的能力。但是,该体系也面临与"一元式多头式"监管体系类似的问题,如机构重叠、重复监管,除此之外,由于金融法规不统一,它可能会引起金融领域的矛盾和混乱。

美国是实行"二元多头式"金融监管体系的典型国家。它的特点是在联邦和州实行两级监管,联邦一级的监管机构则是多元化的,即其中央一级的监管机构主要有以下几个:通货总监局、联邦储备体系、联邦存款保险公司、联邦储蓄和贷款保险公司、全国信用合作社管理局和证券交易委员会。

3. "集中单一式"金融监管体系

"集中单一式"金融监管体系是指由一家金融机构集中进行监管,这一机构往往是各国的中央银行。这种监管体系在发达国家和发展中国家都很普遍,但两者的形成机制不尽相同。发达的市场经济国家是在本国金融市场高度发展,且一体化的基础上实行这种体系的,是与其先进的经济水平、完善的市场机制和具有较大独立性的中央银行相适应的。而发展中国家采用这种体系,则是与其自身经济发展水平低、市场体系不完善、金融体系结构简单的状况相适应,客观上需要政府通过中央银行进行统一监管和干预。因此,虽然发展中国家也由中央银行进行金融监管,但它体现的只是政府意志,并不具备中央银行独立监管和决策的权力。"集中单一式"金融监管体系的优点是:金融管理集中,金融法规统一,金融机构不容易钻金融监管的空子,有助于提高货币政策和金融监管的效率,克服其他体系的相互推卸责任的弊端。同样,该体系也不是十全十美的,由于"集中单一式"金融监管体系的权力过于集中,容易使金融监管部门养成官僚作风,滋生腐败现象。

世界各国或地区金融监管体系结构,如表10—1所示。

表10—1 世界各国或地区金融监管体系结构一览表

典型国家或地区	体系结构	监 管 机 构
德　国	一元多头式	联邦信贷机构、监督局、德意志联邦银行
日　本	一元多头式	大藏省、日本银行
美　国	二元多头式	中央:联邦储备体系、财政部货币管理局、联邦存款保险公司等 地方:州的银行监管局等
加拿大	二元多头式	中央:金融机构管理署、中央银行存款保险公司等 地方:省的银行监管机构等
英　国	集中单一式	英格兰银行
香　港	集中单一式	香港金融监管局

资料来源:张亦春:《现代金融市场学》,中国金融出版社,2002年版。

(二)按是否对金融业内不同行业分业监管划分

按是否对金融业内不同行业分业监管,金融监管体系可分为:混业监管体系、分业监管体系、混合监管体系。

1. 混业监管体系(也称统一监管)

该类型的监管体系是建立统一的监管机构,或者由不同机构合并成为一个监管当局,对金融市场进行统一监管。采用这种监管体系的有英国、日本、韩国等国家。

混业监管的优点体现在:第一,适应性强,并且比较少出现监管真空与重复监管的情况。由于统一监管体系只有一个监管机构,所以,能够迅速地对金融创新业务作出反应,有利于金融业的创新与发展。单一的监管机构既避免了多重监管机构之间因监管缺位而产生的监管真空的情况,又有效地减少了重复监管。第二,责任明确。在统一监管体系下,被监管者面临的是统一的监管制度,受同一监管机构约束。第三,成本优势。统一监管不仅能节约人力和技术投入,更为重要的是降低信息成本、改善信息质量、获得规模效益。第四,混业监管体系易于监督、管理混业经营的金融集团。

混业监管体系的优点虽多,它也有不少缺陷:首先,金融业中的不同子行业具有不同的风险和特点,而混业监管并没有对其进行细致的区分,所以,其监管的效果不一定理想;其次,缺乏监管竞争,易导致官僚主义。

2. 分业监管体系

这种监管体系是要求建立不同的监管机构分别对金融市场的不同行业进行分业监管。具体来说,即在银行、证券、保险三大行业内分别设立一个专职的监管机构,负责各行业的监管事务。目前,美国、德国、荷兰和中国等国家都采用这种监管体系。

分业监管的优点主要体现在以下两个方面:首先,由专业监管机构负责不同的监管领域,不仅能明确职责,使分工更细致,还有利于提高监管的效率。其次,分业监管具有一定的竞争优势。各种专业机构尽管监管对象不同,但彼此之间存在竞争压力,也有利于提高监管的效率。

但是,分业监管的缺点也很明显。第一,由于各行业的监管机构之间存在协调的困难,使得被监管对象能够利用多重机构之间存在的真空地带来逃避监管。第二,分业监管的监管成本较统一监管的成本高,因此,很难享受到规模经济带来的好处。第三,分业监管不能综合评估混业经营的金融机构,尤其是金融集团的经营风险。

3. 混合监管体系

混合监管体系是介于混业监管体系和分业监管体系之间的一种中间类型的监管体系。该监管体系吸收了上述两种体系的优点,并加以改进。具体说来,混合监管体系的优势有:第一,混合监管体系下监管规则统一,监管的步调和力度容易统一;第二,混合监管体系分工明确,具有专业化的优势;第三,混合监管体系的监管成本较分业监管体系的监管成本低;第四,混合监管体系最大的优势是通过牵头监管机构的定期磋商协调,相互交换信息、密切配合,提高了监管效率。

混合监管体系的具体形式可分为两种:牵头监管模式和"双峰式"监管模式。牵头监管模式是指在多重监管主体之间建立及时磋商和协调机制,特指定一个牵头监管机构负责不同监管主体之间的协调工作。巴西是比较典型的采用牵头监管模式的国家,国家货币委员会是牵头监管主体,负责在中央银行、证券和保险等监管机构之间进行磋商和协调。"双峰式"监管模式,是指根据监管目标设立两类监管机构:一类机构负责对所有金融机构进行审慎监管,控制金融体系的系统风险;另一类机构则负责对不同金融业务的经营进行监管。目前,澳大利亚是采用"双峰式"监管模式的典型代表。澳大利亚审慎监管局负责所有金融机构的审慎监管,证券投资委员会负责对证券业、银行业和保险业的业务经营监管。

这里需要指出的是,金融监管体系并非必须与金融经营体制一一对应。事实上,实行分业经营的国家可能实行统一监管,采用混业经营体制的国家业可能仍坚持分业监管。表10—2所示总结了世界上部分国家和地区金融业经营体制及其采用的监管体系。

表10—2 主要国家和地区金融业经营及监管体制

国家或地区	金融业经营体制		监管方式
	过去	现在	
美国	分业	混业(1999年,废除《格拉斯-斯蒂格尔法》,通过了《金融服务现代化法》,标志着美国进入混业经营时代)	分业监管
英国	分业	混业(1986年)	统一监管
日本	分业	混业(1996年11月)	统一监管
德国	混业	混业	分业监管
瑞士	混业	混业(保险业单独分开)	混合监管
荷兰	混业	混业	分业监管
卢森堡	混业	混业	混合监管
比利时	分业	混业	混合监管
意大利	分业	分业	分业监管
加拿大	分业	分业	混合监管
法国	分业	分业(可持有非银行公司股份,但不得超过20%)	分业监管
韩国	分业	分业	统一监管
中国	分业	分业	分业监管
中国香港	混业	混业	分业监管

资料来源:史厚福:《金融监管导论》,中国对外经济贸易出版社,2004年。

世界金融监管体系的发展趋势是,各国的金融监管体系都在逐渐向混业监管体系转变。1999年11月4日,美国参众两院通过了《现代金融服务法案》,废除了1933年制定的《格拉斯-斯蒂格尔法》,彻底结束了银行、证券、保险分业经营的历史,开创了美国混业经营的新时代。虽然美国现仍属于分业监管体系,但是,为了适应金融业的发展,其监管体系也正逐步向混业监管体系转变。1998年之后,英国的监管结构也发生了一场重要的变革,即由新成立的金融服务局(Financial Service Authority, FSA)将证券监管、银行监管和保险业的监管统一起来。

最初,我国的金融业由中国人民银行统一监管,但是,这种监管体系越来越不能适应金融业经营体制的发展,因此,国家对金融监管体系进行了逐步的改革。1992年,证券监督管理委员会成立,证券业实现了监管独立;1998年,保险监督委员会成立,初步形成了分业监管制度;2003年,银行业监督管理委员会成立,标志着我国分业监管体制的最终确立。中国人民银行作为中央银行仍履行一定的监管职责,在协调三家监管机构、充当最后贷款人和防范金融系统性风险方面发挥着重要作用,我国已形成"一行三会"的监管格局。这种分业监管体制与我国分业经营的金融体制相适应,对处于市场化初期的中国金融业的有序、健康发展,发挥了很大的促进作用。然而,分业监管虽然有助于对银行业、保险业和证券业的专业监管,但在分工基础上的合作是必不可少的。并且,随着金融机构的多元化经营的发展和金融产品的不断创新,金融机构实行跨行业服务的趋势将越来越明显,建立监管机构之间的合作协调机制则显得十分重要。目前正在完善中的金融监管联席会议就是一个很好的尝试,建立这一制度旨在交流监管信息,及时解决分业监管中的政策协调问题,从而能够充分发挥金融监管部门的职能作用。

六、金融监管的国际协调与合作

由于受经济一体化、各国金融业管制逐渐放松和信息技术革命等因素的影响,金融业突破了国家地域的限制,实现了金融资本的跨国扩张。然而,金融业的全球化也给监管当局提出了新问题:由于国家之间的金融管制逐渐放松,资本在各国之间频繁流动,一个国家或地区的金融市场发生危机很可能会迅速蔓延到其他国家和地区,扩大了金融危机的影响;而与此同时,各国的金融监管却因为法律、法规不尽相同,监管的力度也不一样,以致面对这样的金融危机而力不从心,无法实现有效的监管。金融监管的国际协调与合作在这种情况下,就显得尤为重要和必需。

(一)金融监管的国际协调与合作的定义

金融监管国际间的协调与合作主要是指国际经济组织、金融组织与各国,以及各国之间在金融政策、金融规制等方面采取共同步骤和措施,通过相互的协调与合作,达到协同干预、管理与调节金融运行,并提高其运行效益的目的。进行金融监管国际协调与合作的主体是主要的国际性经济组织、金融组织,它们共同或联合对经济、金融活动进行干预、管理与调节是协调与合作的最基本特征。

(二)金融监管国际协调与合作的形式

由于受经济发展的不平衡、国家间不同的政治制度和法律制度等因素的影响,各国的金融制度、监管体系与政策措施各具特色,所以,金融监管的国际协调与合作的形式也是多样化的,以适应不同的监管方式。具体说来,金融监管的国际协调与合作有以下主要形式。

1. 从协调与合作的地域范围来看

金融监管的国际协调与合作可分为:全球性的国际协调与合作和区域性的国际协

调与合作。前者是指不同主体在世界范围内进行的协调与合作,它既包括那些全球化的经济组织所进行的国际协调与合作,如国际货币基金组织和世界贸易组织所策划与安排的多边经济、金融政策的协调与合作;也包括由主要国际及地区经济组织进行的对全球经济有重大影响的协调,如西方七国集团首脑会议和经济合作与发展组织的国际协调与合作。后者是指不同的主体在区域范围内进行的多边协调与合作,如欧盟为了全体成员国的利益而在经济、金融等方面进行的协调与合作。

2. 从协调与合作的具体内容来看

金融监管的国际协调与合作可分为:综合性质的国际协调与合作和专门化的国际协调与合作。前者涉及了银行、投资、保险及金融创新等金融领域的各个方面的内容,如在信息交换、政策融合、危机防范、紧急拯救等方面的协调与合作。IMF 和 WTO 等机构组织在这种形式的协调与合作方面具有强大的影响力,尤其是 WTO,它在国际金融、国际贸易与国际投资等方面的作用日益增强。后者是指在某一金融领域内的协调与合作,目前主要是银行、证券、投资等领域的协调与合作,如国际证券事务监察委员会组织(IOSCO)(简称国际证监会组织)和国际证券交易所联合会(FIBV)。

3. 从协调与合作的途径来看

金融监管国际协调与合作可分为:协议、规则性国际协调与合作和制度性的国际协调与合作。前者指有关国际协调与合作的主体通过制定颁布各国应遵守的若干协议、准则,从而达到协调与合作的目的。IMF 协定、《巴塞尔协议》、巴塞尔银行监管委员会和国际证券协会联合颁布的对金融衍生产品风险监管的有关规定等都是典型例子。后者则侧重于通过建立协调国际经济、金融事务的金融制度或体制来实现国际间的协调与合作。在这种指导思想下诞生了布雷顿森林体系、巴塞尔银行监管委员会、欧洲货币联盟等等。

4. 从协调与合作的频率来看

金融监管国际协调与合作可分为:经常性的国际协调与合作和临时性的国际协调与合作。前一种是指对某一领域存在的问题经常、不间断地进行协调,如 IMF 对成员国的国际收支等方面出现的问题进行的协调及成员国之间为协调汇率而进行的合作。后一种协调与合作只是在某一领域内出现突发性问题时才临时进行的,如金融危机发生后,有关国家或地区采取共同措施进行补救。

5. 从协调与合作的主体来看

金融监管国际协调与合作可分为:① 机构协调与合作,是指由特定的经济、金融组织和某些重要的金融机构出面安排和组织的国际政策协调。前者,如 IMF、BIS 和 WTO 等牵头组织的多边经济、金融政策协调;后者,如多家著名银行制定公布的《卧虎斯堡反洗钱原则指针》。② 政府协调与合作,是指有关国家政府经常性或临时性召开的国际经济、金融会议进行的协调与合作,如西方七国财政部长会议、西方七国首脑会议等。

金融监管国际协调与合作还可根据程度不同,分为绝对的国际协调与合作和相对的国际协调与合作;根据态度不同,又可分为被动性协调与合作和主动性协调与合作。

(三) 金融监管国际协调与合作的实践

其实金融监管国际协调与合作在 20 世纪 30 年代就已开始了,但是,由于 20 世纪

30年代以前,经济学崇尚自由主义与自由放任的经济政策,因此,这时期并没有明确的经济、金融协调与合作理论,甚至连一般的金融监管理论也很少。直到20世纪30年代大危机后,凯恩斯主义崛起,各国才开始对金融监管理论进行深入研究。虽然金融监管得到加强,但是金融监管国际协调与合作仍未得到相应的发展,大多只是临时性质的。这是金融监管国际协调与合作的第一阶段。

二战后至1973年,是金融监管国际协调与合作的第二阶段。二战后,为了迅速重振各国经济,整顿金融秩序,国际社会建立了新的国际货币体系——布雷顿森林体系和一系列国际经济金融组织,如IMF、世界银行集团、经济合作与发展组织、关税与贸易总协定等,这标志着各国经济、金融开始走向国际协调与合作。但是,这一时期的金融监管国际协调与合作机制并不健全,其作用的范围也有限。更重要的是,由于该时期的协调与合作的规则主要制定者是发达国家,所以,发展中国家无法在该框架下获得相应的利益。机构性协调与合作是这一时期最为典型的特点。

1973年布雷顿森林体系瓦解后,金融监管国际协调与合作迎来了它大发展的时代,这也是金融监管国际协调与合作的第三阶段。金融监管国际协调与合作在汇率监督与调整、银行业跨国经营、证券市场交易等方面实现了实质性的突破。金融监管国际协调与合作对国际汇率的稳定起到了至关重要的作用,如2000年欧元的大幅贬值就是在各国的联合干预下得到了有效控制。在银行方面,金融监管国际协调与合作的成果主要是成立巴塞尔银行监管委员会,以及制定实施了一系列相应的协议和规则;在证券市场交易和管理方面,金融监管国际协调与合作的重要成果则是于1983年建立了国际证券事务监察委员会组织(IOSCO),它是目前世界上唯一的一个多边证券监管组织,在抑制和惩治证券业欺诈活动的国际合作中发挥了重要作用,尤其是在制定双边和多边监管合作协议、信息交换、对证券衍生品的监管等方面,国际证监会组织更有着无法取代的地位。第三时期的金融监管国际协调与合作与之前相比,显得相对成熟,其渠道和手段也较之前的丰富、灵活,监管协调与合作的内容不再局限于原先的主要汇率监督与汇率制定安排,已经扩展到了银行业、证券市场等领域。

从以上实践我们可以知道,金融监管国际协调与合作在维护金融业在全球范围内的稳定与发展方面发挥了重要作用,主要表现在:对世界性的利率、汇率和股价变动有稳定作用;有利于防范或缓和货币和债务危机;有助于抑制全球性通货膨胀;促进国际银行业稳健发展;维护了新兴国际证券市场的公平性与稳定性;有助于调节国际经济失衡。当然,由于各国对协调时机、方式掌握不一致,协调机制自身不够完善,金融监管国际协调与合作也存在着一些缺陷与不足,如有时做法过于急功近利,协调与合作的作用有限等。但是,毋庸置疑,随着各国对加强金融监管国际协调与合作的认识不断提高,金融监管国际协调与合作必然会进一步发展。金融监管国际化和国际合作要求有统一的监管标准和方法,但在世界各国金融体系和金融机构发展程度差异甚大的情况下,各国金融监管的制度环境和初始条件不同,这必将与日益统一的金融监管产生矛盾。因此,金融监管理论的发展必需对此有所反映。并且在金融国际监管的实践中,各国应本着求同存异的原则,在各国之间积极进行信息交流,加强国际间的协调与合作,建立国际救助机制,制止危机传递。

(四)我国金融监管和国际协调与合作的趋势

金融国际化已成为世界金融发展不可逆转的趋势,如果中国金融业想在世界金融业占有一席之位,必须顺应金融国际化的潮流,使我国的金融制度、监管方式与国际惯例相接轨,中国政府与监管当局清醒地认识到了这一点,已经逐步开始与国际社会在金融领域的协调与合作。

中国于 1996 年加入国际清算银行,这使得我国能及时了解国际金融界主要决策者的政策取向,更好地把握国际金融体系和国际金融市场的重要动态,扩大我国金融监管人员与国际银行监管人员之间的密切合作,促进我国金融业监管水平的提高。虽然中国不是巴塞尔委员会成员,但是我国这些年来一直以《巴塞尔协议》为指导,加强对银行业的监管,并在制定 1997 年有效银行监管的核心原则的过程中,作为联合小组的成员发挥了积极作用。中国还不断加强与国际证券市场及其监管机构的交流与合作。到 2008 年,中国证券监督管理委员会已与香港特别行政区、美国、新加坡等 36 个国家或地区的证券(期货)监管机构签署了监管合作备忘录。中国证监会还于 1995 年 7 月 11 日加入了国际证券事务监察委员会组织(IOSCO),并于 1998 年当选为该组织的执行委员会成员。在此期间,中国证监会积极履行相关义务,并引进了 IOSCO 的监管目标、原则和理念,用以规范中国的证券市场。2000 年,中国保险监督管理委员会加入国际保险监督官协会,进一步加强了我国保险业与国际保险组织的联系与合作。此外,我国于 1980 年分别恢复了在世界银行和国际货币基金组织的合法席位,于 1986 年加入亚洲开发银行,于 2001 年 12 月正式加入 WTO。我国与 IMF、世界银行集团、WTO 及亚洲开发银行等国际金融组织建立了良好的合作关系,业务往来十分频繁。我国与这些国际金融组织在银行业务、防范金融危机等重要问题上,也进行了积极的交流与探讨,加强了协调与合作。这些为我国加强与其他成员国进行双边与多边协调与合作打下了良好的基础。但是,我国在金融监管和国际协调与合作方面还属于初级阶段,需要继续不断地加以深化。

本 章 小 结

金融风险是指在金融活动中,由于金融市场中各种经济变量发生不确定的变化,从而使行为人蒙受损失或获利的可能性。金融风险由金融风险因素、金融风险事件和金融风险结果构成。金融风险不仅具有不确定性、传递性、双重性、普遍性、客观性和可测性等一般特征,也具有高传染性、强破坏性和突发性的时代特征。

为了有效地控制、预测金融风险,我们有必要对金融风险进行一定的归类。根据风险产生的原因,金融风险可以分为:信用风险、流动性风险、利率风险、汇率风险、国家风险、购买力风险、市场风险和经营风险等。按风险是否能分散,金融风险可分为:系统性风险和非系统性风险。

由金融风险的定义可以知道,产生金融风险的根源是不确定性。但是,导致金融风险的具体原因是十分复杂的,主要有:信用脆弱性、金融机构的内在脆弱性、金融市场自身的波动性和金融资产价格的内在波动性。而经济发展的虚拟化、经济全球化,则造成了金融风险的深化。金融风险不但对微观经济产生作用,还将影响宏观经济的运行与发展。

金融体系由于其内在风险性和脆弱性,导致了金融市场容易出现市场失灵现象,所以对金融市场的监管是保证国家和地区的金融、经济健康、有序发展所必不可少的。金融监管是指一国的货币当局或该国政府依法设定的监管部门对金融机构实施的各种监督和管制的行为。金融监管有三大要素:监管主体、监管客体和监管内容。金融监管主体基本可以分为两类:一类是由政府授予权力的公共机构,如各国的中央银行;另一类是非官方性质的民间机构或私人机构,如证券商自律组织。金融监管对象是指从事金融业务的一切金融机构,以及参与市场交易的非金融机构和个人,主要包括银行、证券、保险和从事金融市场业务的会计事务所、律师事务所等。金融监管内容一般包括市场准入、业务运营和市场退出三方面的监管。

在金融监管的实践中,建立发展了三种基本的金融监管理论,即公共效益论、俘虏论和监管经济学。

金融监管的目标是金融安全、金融效率、金融公平。监管主体在进行监管时需要遵循依法监管、系统性风险控制和审慎监管等原则,并使用必要的监管手段,主要有法律手段、经济手段、行政手段和自律管理四种。

金融监管体系,即金融监管当局及其相应的机构运用一系列法规、制度和办法、措施对金融市场主体行为进行宏观监督和管理所形成的一整套管理系统。世界各国的金融监管体系不尽相同,按照金融监管权是否集中在中央一级,金融监管部门是否集中在同一个管理部门的思路来划分,金融监管体系主要可分为:一元多头式、二元多头式和集中单一式;按是否对金融业内不同行业分业监管,又可分为:混业监管体系、分业监管体系和混合监管体系。

由于受经济一体化的影响,金融业突破了国家地域的限制,实现了金融资本的跨国扩张,单个国家已无法进行有效的金融监管,需要国家之间的协调与合作。金融监管国际间的协调与合作主要是指国际经济组织、金融组织与各国,以及各国之间在金融政策、金融规制等方面采取共同步骤和措施,通过相互的协调与合作,达到协同干预、管理与调节金融运行,并提高其运行效益的目的。金融监管的国际协调与合作的具体形式是多样化的,以适应不同的监管方式。

金融监管国际协调与合作开始于 20 世纪 30 年代,经历了临时性质的协调与合作、以机构性协调与合作为特征的初步合作和金融监管国际协调与合作大发展三个不同阶段。现在的金融监管国际协调与合作与之前相比显得更成熟,手段更灵活,范围也更为广泛。金融国际化已成为世界金融发展不可逆转的趋势,如果中国金融业想在世界金融业占有一席之位,必须顺应金融国际化的潮流,使我国的金融制度、监管方式与国际惯例接轨。

重 要 概 念

金融风险　金融风险因素　金融风险事件　金融风险结果　信用风险　流动性风

险 利率风险 汇率风险 国家风险 购买力风险 市场风险 经营风险 系统性风险 非系统性风险 金融监管 金融监管主体 金融监管对象 市场准入监管 业务运营监管 市场退出监管 金融监管体系 一元多头式 二元多头式 集中单一式 混业监管体系 分业监管体系 混合监管体系 金融监管的国际协调与合作

练 习 题

一、判断题

1. 经营风险是指在经营管理过程中,因某些金融因素的不确定性,导致经营管理出现失误,而使经济主体遭受损失的可能性。经营风险又可分为:决策风险、财务风险和操作风险。

2. 某个经济主体所面对的总风险就由系统性风险和非系统性风险两部分组成,即总风险＝系统性风险＋非系统性风险。

3. 金融风险事件是产生金融风险的必要条件,金融风险因素则是其产生的充分条件,金融风险在这两者共同作用下形成。

4. 非官方性质的民间机构,或者私人机构的监管行为具有行政性、强制性和权威性的特点。

5. 金融风险不仅会影响金融市场中主体的收益,还将影响宏观经济的运行、发展。

6. 按照金融监管权是否集中在中央一级,金融监管部门是否集中在同一个管理部门划分,金融监管体系可分为:混业监管体系、分业监管体系、混合监管体系。

7. 世界金融监管体系的发展趋势是,各国的金融监管体系都在逐渐向分业监管体系转变。

8. 英国金融监管体系属于统一监管体系。

9. 混合监管体系具有监管规则统一、监管的步调和力度容易统一和分工明确,具有专业化的优势。

10. 国际性经济组织、金融组织共同或联合对经济、金融活动进行干预、管理与调节是协调与合作的最基本特征。

二、单项选择题

1. _____是指金融市场主体不能履约所导致的风险。
   A 信用风险   B 流动性风险   C 利率风险   D 汇率风险
2. 由一般物价水平的不确定变动而使人们遭受损失的可能性是_____。
   A 国家风险   B 购买力风险   C 市场风险   D 经营风险
3. 以下不是金融风险形成的一般原因的是_____。
   A 经济发展的虚拟化   B 金融资产价格的内在波动性
   C 金融市场自身的波动性   D 金融机构的内在脆弱性理论
   E 信用脆弱性
4. 金融风险发生的必要条件是_____。

A 金融风险因素　　　　　　　　　　B 金融风险事件
C 金融风险结果　　　　　　　　　　D 金融风险概率
5. 负责实施监管行为的监管部门是_____。
A 金融监管的主体　　　　　　　　　B 金融监管的对象
C 金融监管的内容　　　　　　　　　D 以上均不正确
6. 最早出现,也是发展得最为完善的金融监管理论是_____。
A 俘虏论　　　　　　　　　　　　　B 公共效益论
C 监管经济学　　　　　　　　　　　D 以上均不正确
7. 中国的金融监管体系属于_____。
A "二元多头式"金融监管体系　　　　B 混业监管体系
C 分业监管体系　　　　　　　　　　D 混合监管体系
8. 以下属于"一元多头式"金融监管体系的国家是_____。
A 美国　　　　B 英国　　　　C 德国　　　　D 加拿大
9. 以下属于分业监管监管体系的国家是_____。
A 德国　　　　B 日本　　　　C 瑞士　　　　D 英国
10. 金融监管国际协调与合作迎来了它大发展的时代是指_____。
A 20世纪30年代以前　　　　　　　B 20世纪30年代大危机
C 二战后至1973年　　　　　　　　D 1973年布雷顿森林体系瓦解后

三、多项选择题

1. 金融风险具有_____等一般特征。
A 不确定性　　　　　　　　　　　　B 传递性
C 双重性　　　　　　　　　　　　　D 普遍性
E 客观性
2. 当代金融风险具有_____特征。
A 强不确定性　　　　　　　　　　　B 高传染性
C 双重性　　　　　　　　　　　　　D 强破坏性
E 客观性
3. 根据金融风险能否被分散可分为_____。
A 系统性风险　　　　　　　　　　　B 非系统性风险
C 市场风险　　　　　　　　　　　　D 经营风险
E 国家风险
4. 以下是金融风险深化的原因的是_____。
A 信用脆弱性　　　　　　　　　　　B 经济发展的虚拟化
C 金融资产价格的内在波动性　　　　D 金融机构的内在脆弱性理论
E 经济全球化
5. 金融风险由_____构成。
A 金融风险因素　　　　　　　　　　B 金融风险事件

C 金融风险结果   D 金融风险概率

6. 金融监管对象主要包括_____。
A 银行   B 证券公司
C 保险公司   D 基金管理公司
E 投资咨询机构

7. 金融监管内容一般包括_____。
A 市场准入监管   B 业务运营监管
C 市场退出监管   D 机构资格监管
E 业务创新监管

8. 金融市场监管的手段具体来说主要有_____。
A 法律手段   B 经济手段   C 行政手段   D 自律管理

9. 按照金融监管权是否集中在中央一级，金融监管部门是否集中在同一个管理部门划分，金融监管体系可分为_____。
A 一元多头式   B 二元多头式
C 集中单一式   D 混业监管
E 分业监管

10. 以下属于混合监管体系的国家是_____。
A 日本   B 德国
C 加拿大   D 香港
E 瑞士

参 考 答 案

一、1.是 2.是 3.非 4.非 5.是 6.非 7.非 8.是 9.非 10.是
二、1. A 2. B 3. A 4. A 5. A 6. B 7. C 8. C 9. A 10. D
三、1. ABCDE 2. AB 3. AB 4. BE 5. ABC 6. ABCDE 7. ABC 8. ABCD 9. ABC 10. CE

参 考 文 献

1. 陈彪如、马之骕编著：《国际金融市场》，复旦大学出版社，1998
2. 王国刚主编：《全球金融发展趋势》，社会科学文献出版社，2003
3. 张幼文、干杏娣著：《金融深化的国际进程》，上海远东出版社，1998
4. 李扬、黄金老著：《金融全球化研究》，上海远东出版社，1999
5. 中国人民银行总行金融研究所：《近代中国的金融市场》，中国金融出版社，1989
6. 张亦春主编：《现代金融市场学》，中国金融出版社，2002
7. 朱宝宪：《金融市场》，辽宁教育出版社，2001
8. 谢百三：《金融市场学》，北京大学出版社，2003
9. 杰夫·马杜拉：《金融市场与金融机构》，中信出版社，2004
10. 乔治·考夫曼：《货币、市场和金融机构》，经济科学出版社，2001
11. 中国外汇交易中心：《中国货币市场》，中国货币市场杂志社，2003—2005
12. William. F. Sharpe：《投资学》，中国人民大学出版社，1999
13. 弗兰克·J·法博兹：《债券市场分析和策略》，百家出版社，2002
14. 霍文文编著：《证券投资学》(第三版)，高等教育出版社，2008
15. 中国证券业协会编：《证券市场基础知识》，中国财政经济出版社，2008
16. 中国证券业协会编：《证券发行与承销》，中国财政经济出版社，2008
17. 中国证券业协会编：《证券交易》，中国财政经济出版社，2008
18. 中国证券业协会编：《证券投资基金》，中国财政经济出版社，2008
19. 代鹏编著：《金融市场学导论》，中国人民大学出版社，2002
20. 戴国强、张勇、吴许均：《投资基金》，上海译文出版社，2003
21. 李曜：《证券投资基金学》(第二版)，清华大学出版社，2005
22. 何龙灿：《证券投资基金业绩评价》，百家出版社，2003
23. 《证券投资基金运作管理办法》
24. 2005 Investment Company Fact Book(45th Edition)，www.ici.org
25. 《中华人民共和国证券投资基金法》
26. Maurice D. Levi：*International finance*，机械工业出版社，1999
27. 胡奕明：《外汇风险管理》，东北财经大学出版社，1998
28. 王宗军：《金融市场概论》，华中理工大学出版社，1999
29. 陈雨露主编：《国际金融》，中国人民大学出版社，2000
30. 姜波克：《国际金融新编》(第三版)，复旦大学出版社，2003
31. 易纲、张磊著：《国际金融》，上海人民出版社，2002
32. 周洁卿著：《中国黄金市场研究》，上海三联书店，2002
33. 郑振龙、张雯：《各国衍生金融市场监管比较研究》，中国金融出版社，2003

34. 上海期货交易所编著：《全球衍生品市场发展趋势与中国的选择》，百家出版社，2003
35. 王学勤等编著：《世界金融衍生品市场》，中国物价出版社，2001
36. 田文等编著：《金融衍生品的风险防范与化解》，中国物价出版社，2001
37. 朱利安·沃姆斯利著：《新金融工具》，中国人民大学出版社，2003
38. 胡继之主编：《金融衍生产品及其风险管理》，中国金融出版社，1997
39. 夏德仁、王振山主编：《金融市场学》，东北财经大学出版社，2002
40. 路透社编：《金融衍生工具导论》，北京大学出版社，2001
41. 张元萍主编：《金融衍生工具教程》，首都经济贸易大学出版社，2003
42. 黄育华、王力编著：《国际金融中心研究》，中国财政经济出版社，2004
43. 国世平主编：《香港金融监管》，中国计划出版社，2002
44. 白钦先主编：《发达国家金融监管比较研究》，中国金融出版社，2003
45. 刘园主编：《金融市场学》，对外贸易经济大学出版社，2002
46. 吴腾华主编：《金融市场学》，立信会计出版社，2004
47. 沈悦主编：《金融市场学》，科学出版社，2004
48. 李若谷主编：《国际经济一体化与金融监管》，中国金融出版社，2002
49. 孟龙著：《市场经济国家金融监管比较》，中国金融出版社，1995
50. 孟龙著：《醒梦斋随笔》，中国金融出版社，2002
51. 孟龙著：《金融监管国际化》，中国金融出版社，1999
52. 戴小平主编：《金融风险与防范》，西南财经大学出版社，1998
53. 史东明著：《经济一体化下的金融安全：世纪之交的金融发展与金融安全》，中国经济出版社，1999
54. 朱淑珍著：《金融创新与金融风险：发展中的两难》，复旦大学出版社，2002
55. 史福厚著：《金融监管导论》，中国对外经济贸易出版社，2004
56. 白钦先主编：《金融监管的国际协调与合作》，中国金融出版社，2003
57. 陈建华著：《金融监管有效性研究》，中国金融出版社，2002
58. 施兵超、杨文泽著：《金融风险管理》，上海财经大学出版社，2002
59. 约翰·赫尔著：《期权、期货和衍生证券》，华夏出版社，1997
60. 海外货币市场研究课题组：《海外货币市场研究》，经济科学出版社，2001
61. 朱忠明等著：《中国货币市场发展新论》，中国发展出版社，2002
62. 成思危主编：《培育与监管：设计中国的货币市场》，经济科学出版社，2002
63. 张望著：《金融争霸》，上海人民出版社，2008

图书在版编目(CIP)数据

金融市场学教程/霍文文主编.—2版.—上海:复旦大学出版社,2010.4(2020.5重印)
(复旦博学·金融学系列)
ISBN 978-7-309-07154-2

Ⅰ.金… Ⅱ.霍… Ⅲ.金融市场-经济理论-教材 Ⅳ.F830.9

中国版本图书馆 CIP 数据核字(2010)第 040751 号

金融市场学教程(第二版)
霍文文 主编
责任编辑/李 华

复旦大学出版社有限公司出版发行
上海市国权路 579 号 邮编:200433
网址:fupnet@fudanpress.com http://www.fudanpress.com
门市零售:86-21-65642857 团体订购:86-21-65118853
外埠邮购:86-21-65109143 出版部电话:86-21-65642845
大丰市科星印刷有限责任公司

开本 787×1092 1/16 印张 22.5 字数 481 千
2020 年 5 月第 2 版第 13 次印刷
印数 72 001—76 100

ISBN 978-7-309-07154-2/F·1581
定价:33.00 元

如有印装质量问题,请向复旦大学出版社有限公司出版部调换。
版权所有 侵权必究